Intelligenz, Lernen und Lernstörungen

Theorie, Praxis und Therapie

Herausgegeben von G. Nissen

Mit Beiträgen von

A. Agnoli (Rom) P.E. Becker (Göttingen) G. Benedetti (Basel)
R.B. Cattell (Champaign) B. Cronholm (Stockholm)
G.F. Domagk (Göttingen) J.B. Ebersole (South Carolina)
M. Ebersole (South Carolina) H.J. Eysenck (London)
C. Giurgea (Leuwen) G. Guttmann (Wien)
H. Heckhausen (Bochum) K.J. Heinhold (München)
B. Inhelder (Genf) R. Lempp (Tübingen) P. Leyhausen
(Wuppertal) M. Müller-Küppers (Heidelberg) G. Nissen (Berlin)
H. Papoušek (München) H. Remschmidt (Berlin)
M. Schmidt (Mannheim) W. Spiel (Wien)
H.W. Stevenson (Michigan)

Springer-Verlag
Berlin Heidelberg New York 1977

Ergebnisse des Internationalen Symposiums „Lernen, Lernstörungen und ihre Behandlung" der Cassella-Riedel Pharma GmbH, Frankfurt (Main) und der UCB, Division Pharmaceutique, Brüssel, vom 4.–6. Oktober 1976 in Athen

Organisation und Redaktion:

Apotheker Jörg Leibrandt, Cassella-Riedel Pharma GmbH, Hanauer Landstraße 521, 6000 Frankfurt (Main) 61

Herausgeber:

Professor Dr. med. Gerhardt Nissen, Leiter der Abteilung für Psychiatrie und Neurologie des Kindes- und Jugendalters, Ärztlicher Leiter des Humboldt-Krankenhauses, Krankenhausbetrieb von Berlin-Reinickendorf, Frohnauer Straße 74–80, D-1000 Berlin 28

Mit 73 Abbildungen

ISBN 3-540-08164-X Springer-Verlag Berlin-Heidelberg-New York
ISBN 0-387-08164-X Springer-Verlag New York-Heidelberg-Berlin

Library of Congress Catalog Card Number: Internationales Symposium Lernen, Lernstörungen und ihre Behandlung, Athens, 1976. Intelligenz, Lernen und Lernstörungen. Bibliography: p. Includes index. 1. Learning, Psychology of–Congresses. 2. Learning disabilities–Congresses. I. Nissen, Gerhardt, 1923–. II. Agnoli, A. III. Cassella-Riedel Pharma GmbH. IV. Union chimique belge. Division pharmaceutique. V. Title. LB1055.158 1976 370.15′2 77-3316

Satz, Druck und Buchbinderarbeiten Universitätsdruckerei H. Stürtz AG, Würzburg
2126/3140-543210

Vorwort

Der Wunsch nach Sammlung und Sichtung des Wissens über Ursprung und Wesen der Intelligenz, der Lernfähigkeit und von Lernstörungen entstand aus der kinderpsychiatrischen und kinderpsychologischen Arbeit in Ambulanz und Klinik ebenso wie aus der Lehrtätigkeit in der Psychopathologie des Kindes- und Jugendalters, in denen Probleme des Lernens und besonders der Lernstörungen in den letzten Jahren eine zunehmende Bedeutung einnehmen.

In Zeiten, in denen fachgebundene, manchmal ideologiebefrachtete Ansichten und Wertungen gerade im Hinblick auf Fragen der Intelligenz und der Lernfähigkeit dominieren und manchmal als wissenschaftliche Tatsachen imponieren und fehlinterpretiert werden können, wurde eine multidisziplinäre Synopsis dringend notwendig, um durch eine fachübergreifende, kritische Analyse zu einer akzeptablen Basis für die weitere wissenschaftliche und praktische Arbeit zu gelangen. Das Vorhaben, hervorragende Wissenschaftler, Kliniker und Praktiker aus aller Welt zu einem Symposium einzuladen, konnte durch die großzügige organisatorische, personelle und finanzielle Unterstützung der Cassella-Riedel Pharma GmbH/Frankfurt und der UCB, Division Pharmaceutique/Brüssel verwirklicht werden. Dafür und für das vorliegende Buch, gebührt ihnen, auch im Namen der beteiligten Wissenschaftler, Anerkennung und Dank. Um die editorische Vorbereitung und rasche Drucklegung haben sich Herr Prof. Dr. Angermeier und Frau, Köln, und Herr Ap. Leibrandt, Cassella-Riedel Pharma, Frankfurt, besonders verdient gemacht.

Berlin, Oktober 1976

G. NISSEN

Inhaltsverzeichnis

Verzeichnis der Autoren

AGNOLI, A., Prof. Dr.: L.D.E. Specialista in Neuropsichiatria Aiuto
I. Clinica Malattie Nervose e Mentali, Universita Roma, Inc. Neuropsi-
cofarmacologia, Via Nicotera 5, I-00195 Roma (Italia)

BECKER, P.E., Prof. Dr. med.: Institut für Humangenetik, Nikolausber-
ger Weg 5a, D-3400 Göttingen (Deutschland)

BENEDETTI, G., Prof.: Professor der Psychohygiene und Psychotherapie,
Psychiatrische Universitätspoliklinik Basel, Heuberg 12, CH-4051 Basel
(Schweiz)

CATTELL, R.B., Prof.: Research Professor in Psychology, University
of Hawai at Manoa, Department of Psychology, 2430 Campus Road
Honolulu, HI 96822 (USA)

CRONHOLM, B., Prof. M.D.: Department of Psychiatry, Karolinska
Sjukhuset, S-10401 Stockholm (Sweden)

DOMAGK, G.F., Prof. Dr. med. Dipl.-Chem.: Leiter der Abteilung für
Enzymchemie, Physiologisch-Chemisches Institut der Georg-August-
Universität, Humboldtallee 7, D-3400 Göttingen (Deutschland)

EBERSOLE, J.B., Prof. M.D.: Associate Director of Family Practice
Residency Training Program, Richland Memorial Hospital, Depart-
ment of Medical Education, 3301 Harden Street, Columbia, SC 29203
(USA)

EBERSOLE, M., M.S.Ed.: Director-Columbia Achievement Center Inc.,
Columbia, SC 29203 (USA)

EYSENCK, H.-J., Prof. Ph.D., D.Sc.: Department of Psychology, Institute of Psychiatry, De Crespigny Park, Denmark Hill, London SE 5
8 AF (England)

GIURGEA, C., Prof. Dr.: Associate Professor of Neurophysiology, Université de Louvain (UCL), and Head of the Neuropharmacological
Department, UCB Brussels, B-Brussels (Belgium)

GUTTMANN, G., Prof. Dr.: Leiter der Abteilung für allgemeine und
experimentelle Psychologie, Psychologisches Institut der Universität
Wien, Liebiggasse 5, A-1010 Wien (Österreich)

HECKHAUSEN, H., Prof. Dr. phil.: Psychologisches Institut der Ruhr-
Universität, Universitätsstraße 150, D-4630 Bochum-Querenburg
(Deutschland)

HEINHOLD, K.J., Obermedizinaldirektor Dr. med. Dipl.-Psych.: Chefarzt der Heckscher Klinik für Kinder und Jugendliche des Bezirks Oberbayern, Klinisches Institut für Neuropsychiatrie, Psychosomatik, Psychotherapie und Heilpädagogik, Heckscher Straße 4, D-8000 München 40 (Deutschland)

INHELDER, B., Prof.Dr.Dr.h.c., Dr.h.c., Dr.h.c.: Faculté de Psychologie et des Sciences de l'Education Université de Genève 3, place de l'Université CH-1211 Genève 4 (Suisse)

LEMPP, R., Prof. Dr.: Lehrstuhl für Kinder- und Jugendpsychiatrie an der Universität Tübingen, Ärztlicher Direktor der Abteilung für Kinder- und Jugendpsychiatrie am Zentrum Psychiatrie und Neurologie der Universität, Osianderstraße 14, D-7400 Tübingen (Deutschland)

LEYHAUSEN, P., Prof. Dr.: Max-Planck-Institut für Verhaltensphysiologie, Arbeitsgruppe Wuppertal, Boettingerweg 37, D-5600 Wuppertal 1 (Deutschland)

MÜLLER-KÜPPERS, M., Prof. Dr. med.: Psychiatrische Klinik der Universität Heidelberg, Abteilung für Kinder und Jugendliche, Blumenstraße 8, D-6900 Heidelberg (Deutschland)

NISSEN, G., Prof. Dr. med.: Leiter der Abteilung für Psychiatrie und Neurologie des Kindes- und Jugendalters, Ärztlicher Leiter des Humboldt-Krankenhauses, Krankenhausbetrieb von Berlin-Reinickendorf, Frohnauer Straße 74–80, D-1000 Berlin (Deutschland)

PAPOUŠEK, H., Prof. Dr. med.: Max-Planck-Institut für Psychiatrie, Entwicklungspsychobiologie, Kraepelinstraße 10, D-8000 München 40 (Deutschland)

REMSCHMIDT, H., Prof. Dr.med.Dr.phil.: Leiter der Abteilung für Psychiatrie und Neurologie des Kindes- und Jugendalters, Geschäftsführender Direktor der Psychiatrischen und Neurologischen Klinik und Poliklinik der FU Berlin, Platanenallee 23, D-1000 Berlin (Deutschland)

SCHMIDT, M., Prof. Dr. Dr.: Ärztlicher Direktor der Kinder- und Jugendpsychiatrischen Klinik am Zentralinstitut für seelische Gesundheit, J 5-Postfach 5970, D-6800 Mannheim 1 (Deutschland)

SOMMER, H., Dr. rer. nat.: Geschäftsführer der Cassella-Riedel Pharma GmbH, D-6000 Frankfurt 61 (Deutschland)

SPIEL, W., Prof. Dr.: Leiter der neuropsychiatrischen Abteilung für Kinder und Jugendliche, Allgemeines Krankenhaus der Stadt Wien, Lazarettgasse 14, A-1097 Wien (Österreich)

STEVENSON, H.W., Prof.: Professor of Psychology, Center for Human Growth and Development, The University of Michigan, 11 East Catherine Ann Arbor, Michigan 48104 (USA)

Einleitung

Gerhardt Nissen

Lernen heißt neue, nicht ererbte, aber morphologisch und funktionell vorgegebene und damit grundsätzlich mögliche Verhaltensweisen durch motorische, vegetative, emotionale und kognitive Vollzüge zu erwerben, einzuprägen und verfügbar zu halten, um die Entwicklung und die Existenz des Individuums in der Welt zu ermöglichen und die Aufgaben der Gesellschaft zu erfüllen.

Die *Lernfähigkeit* ist abhängig von genetischen und biologischen, aber auch von peristatischen und soziologischen Faktoren. Die moderne Anthropologie hat keine Beweise für die Behauptung einer von der phylogenetischen Entwicklung der Tiere isolierten menschlichen Existenz gefunden. An der Tatsache, daß neben den physischen prinzipiell auch psychische Eigenschaften des Menschen genetisch kodiert sein können, kann nur zweifeln, wer an der biologischen Entität der Welt zweifelt. Bei Tieren ist die Vererbung vieler psychischer Verhaltensmuster und Eigenschaften absolut gesichert. Der Mensch aber ist nur durch seine Kultur, nicht seiner Natur nach der Biologie entwachsen. Die Hypothese von der primären Egalität und tabula rasa aller Neugeborenen-Gehirne ist eine Utopie.

Andererseits hat die Lernforschung durch *Tierexperimente* und *Direktbeobachtungen* an menschlichen Neugeborenen und Säuglingen eindeutig bewiesen, daß nicht nur die Hirnfunktionen und die Entwicklungspotenzen, sondern die Hirnsubstanz selbst durch Milieueinflüsse verändert werden kann. Zwischen der Entwicklung in einem reizarmen oder reizintensiven Milieu etwa bestehen direkte Korrelationen zu der Dicke und dem Gewicht der Hirnrinde, der Größe der Nervenzellen und der Dichte der Hirnvaskularisation.
Im Hinblick auf die sogen. „*Plastizität*" des Gehirns ist als gesichert anzunehmen, daß Milieufaktoren zwar das Entwicklungsniveau bestimmen, aber genetische Limitierungen nicht überschreiten können. Andererseits aber ist, besonders nach sowjetischen Untersuchungen (JEFREMOW), anzunehmen, daß die menschliche Gehirnkapazität gegenwärtig durchschnittlich erst zu 20–30% genutzt wird.

Bei dem *Neugeborenen* befindet sich das Gehirn in einem unreifen Zustand, weil das Menschenkind um ein Jahr zu früh zur Welt gekommen ist, wenn man Hirngewicht und seine psychischen und physischen Fähigkeiten im Vergleich zu anderen Säugern bewertet (PORTMANN). Erst gegen Ende des ersten Lebensjahres läßt sich ein provisorischer Reifungsabschluß konstatieren, der sich auch in einem dem Erwachsenenalter angeglichenen neurologischen Status ausdrückt. Das Telencephalon (Endhirn), das eine Voraussetzung zur Menschwerdung bildet, reift erst langsam bis zur Pubertät und zum Ende der Adoleszenz (SPATZ). Die Gesetzmäßigkeiten und Varianten der Hirnentwicklung sind, nicht zuletzt durch Untersuchungen aus osteuropäischen Ländern (PAWLOW, LESNY, LURIA) relativ gut bekannt. So sind das Raum- und das Zeitbewußtsein, die Erfassung der Dimensionen, von Mimik und Gestik, die Entschlüsselung von Gestalten und Symbolen und das Erkennen spiegelbildlicher Seitenverkehrungen, aber auch die Fähigkeit zum abstrakten Denken nur in enger Beziehung mit der Reifung biochemischer und biophysikalischer Hirnfunktionen verständlich. PAWLOW, PIAGET und FREUD: Neurologe, Psychologe und Psychoanalytiker bestätigen übereinstimmend: Bestimmte psychische Fähigkeiten sind an bestimmte Entwicklungsstufen gebunden.
Jedes Kind benötigt für die *Entwicklung* seiner produktiven und reproduktiven Potenzen Pflege und Anleitung, Vorbilder und Identifikationsobjekte. Die Beziehung des Kindes zur Mutter stellt *nicht* das Urtrauma einer pathologischen Abhängigkeit für das Kind dar, sondern bildet die beste Grundlage für seine seelische und körperliche Entwicklung. Sie bildet natürliche Autoritäten und notwendige Konstanten, die das Kind vor einer seelischen Fehlentwicklung schützen.
Zu den Erfahrungen eines Kindes gehören nicht nur Selbstbestimmung und Erfolg, sondern auch Mißerfolg und Anpassung. Das Sprichwort „Was Hänschen nicht lernt, lernt Hans nimmermehr" hat, wie der sowjetische Kinderneurologe USCHAKOW selbst anführt, durch seine Untersuchungen über die etappenhafte Reifung der Hirnfunktio-

nen eine glänzende Bestätigung erhalten. Entwicklungspsychologie steht in engem Zusammenhang mit Hirnphysiologie, d.h. mit Hirnreifung und Hirnentwicklung, die ihrerseits mobilisierende Anreize und Auslöser aus der Umgebung benötigen.

Wir können davon ausgehen, daß die Lernfähigkeit abhängig ist

1. von *genetischen Faktoren*, etwa der morphologischen Struktur und der Qualität der biochemischen und biophysikalischen Funktionsabläufe des Gehirns,
2. von der *Unversehrtheit des ZNS* (Zentralnervensystem) und anderer Organe, die für seine Funktionsfähigkeit notwendig sind und
3. von dem *Milieu* (Familie, Kindergarten, Schule, Gesellschaft), in dem sich das Kind entwickelt.

Aus diesem komplexen Bedingungsgefüge können sich universelle und partielle Leistungsstörungen entwickeln, die zu einer Hemmung oder Beeinträchtigung der reproduktiven oder der kreativen Potenzen führen, die sich zunächst als Spiel- und erst später als Lern- und Leistungsstörungen manifestieren. Während Lernstörungen sich meistens im Schulzeugnis dokumentieren, bleiben Spielstörungen oft unerkannt, weil sie gewisse Kenntnisse über das alters- und entwicklungstypische Spielverhalten im Kindesalter erfordern.

Genetisch oder organisch lerngestörte Kinder weisen meistens eine psychodiagnostisch meßbare unterdurchschnittliche Intelligenz auf; es lassen sich *universelle*, d.h. mehr oder weniger gleichmäßig über alle kognitiven Bereiche verteilte oder *partielle*, umschriebene Lernstörungen, sogen. „Teilleistungsschwächen", unterscheiden. — Psychogen lerngestörte Kinder sind meistens nicht in ihrer Intelligenz beeinträchtigt, wohl aber sind die „Vorbedingungen der Intelligenz" (JASPERS) betroffen, der emotionale Bereich und die Frustrationsfähigkeit, die motorische Integration und Arbeitsfähigkeit, die Konzentration und Ich-Identität, die soziale Anpassung und die daraus erwachsenden Konflikte.

Die Zahl der Kinder und Jugendlichen, die wegen *Lernstörungen* in psychiatrischen und psychologischen Ambulanzen vorgestellt werden, hat sich in den letzten Jahren vervielfacht. In der Bundesrepublik Deutschland erreichen 25 bis 30% aller Volksschüler nicht die Abgangsklasse. In den Sonderschulen haben ca. 30% der Kinder eine „Volksschulintelligenz" (BLEIDICK). Nur 30% der Sextaner legen das Abitur ab (HAU). Nur 76%

der Studenten legen ein Abschlußexamen ab (GOLDSCHMIDT). Diese Zahlen stehen in keiner diskutierbaren Korrelation zu den insgesamt 10% schwachbegabten und 5% schwachsinnigen Kindern der Gesamtpopulation.

Die absolute *Häufigkeitszunahme* erklärt sich daraus, daß einmal die Anzahl der Kinder, die weiterführende Schulen besuchen, in den letzten Jahren erheblich angestiegen ist. Früher latent gebliebene Lernschwächen werden jetzt manifest. Andererseits sind die Leistungsanforderungen der Eltern und Kinder selbst enorm gestiegen, weil Intelligenz, Schulerfolg und der Zugang zum Hochschulstudium ein übermäßig hohes Sozialprestige haben. Ferner ist in der Schule der Erziehungs- hinter dem Lehrauftrag zurückgetreten. Das Bild des Lehres ist verblaßt, seine Rolle als „Multiplikator" von Lerninhalten und als „Schiedsrichter" über Zensuren und Punkte dominiert. Didaktik und Lerntechniken spielen die primäre Rolle, Charakter und Persönlichkeitsstruktur des Lehrers werden als sekundär betrachtet. Schließlich aber nehmen die Eltern Lernstörungen ihrer Kinder nicht mehr fatalistisch und resigniert hin, sie fordern ärztliche und psychologische Behandlung, die sie in schulpsychologischen und Erziehungsberatungsstellen suchen.

Die Frage der *Überbürdung* der Schulkinder ist so alt wie die allgemeine Schulpflicht. „Es würde falsch sein zu glauben, die Überbürdungsfrage sei erst eine Frage der neuesten Zeit", führte TEMPEL bereits 1899 aus. Schon im Jahre 1836 war der Aufsatz eines Medizinalrates LORENSER mit dem Titel „Zum Schutze der Gesundheit in den Schulen" erschienen, der ebenso heftige Zustimmung wie Ablehnung hervorrief. Der deutsche Kinderpsychiater HOMBURGER stellte 1926 dagegen fest, daß von einer Überbürdung, die in den 90er Jahren des 18. Jahrhunderts zum Schlagwort geworden sei, nicht gesprochen werden könne. „Welcher geistig gesunde und frische Schüler der Oberklassen ließe sich denn dauernd überbürden?" Nicht Überbürdung, sondern im Gefolge des Berechtigungswesens falsch gesteckte Ziele lägen bei der Mehrzahl der Schüler vor, die unter der Last der Schule zusammenzubrechen drohten. Nicht das Schulsystem, sondern die Eltern, die, von schädlichem Ehrgeiz getrieben, ihr Kind der falschen Schulgattung zuführten, hätten Schuld. Auch manche Lehrer seien Gegenstand berechtigter Kritik: Ihre Nüchternheit und Gleichgültigkeit, die innere Fremdheit zwischen Schülern und Lehrern seien Quellen und Anlässe solcher Zusammenstöße.

Fragen zum *Wesen* der Intelligenz, des Lernens und der Lernfähigkeit, von Lernstörungen und ihrer Behandlung haben Eltern und Erzieher bewegt, seitdem es Menschen gibt. ARISTOTELES warnte davor, gleichzeitig körperliche und geistige Anstrengungen zu fordern, da eines das andere hindere. QUINCTELIANUS führte im ersten Buch seiner „Institutiones oratoriae" aus, daß der Lehrer besonders in den ersten Schuljahren die Anlage und Natur, das „Ingenium naturamque", zu erkennen suchen müsse. ROUSSEAU meinte, man müsse auf die eigentümliche Form achten, in welcher das Kind behandelt werden müsse. Man erkenne sie, wenn man es frei gewähren lasse; ohne Kenntnis seiner Individualität handele man aufs Geratewohl und oft ohne Erfolg. BASEDOW warnte davor, „als das vornehmste oder selbst das einzige Ziel der Erziehung die Erwerbung von Kenntnissen und Wissenschaft" zu betrachten und schon OPPENHEIM sah keinen Vorteil darin, „den Menschengeist mit dem Inhalt eines Konversationslexikons" zu bevölkern.

Wie sehr Fragen der Intelligenz und der Lernfähigkeit über den pädagogischen, bildungs- und sozialpolitischen Bereich direkte politische Wirkungen ausüben, ist allen, einigen der hier anwesenden Experten mehr als anderen, bekannt. Namen brauche ich nicht zu nennen, dafür aber möchte ich zwei Literaturzitate anführen. SCHELSKY, ein deutscher Soziologe, führte in seiner Schrift „Anpassung oder Widerstand" an, bei der Gewährung von Chancengleichheit im Bildungssektor die „Gefahr der Züchtung überanstrengter Durchschnittsbegabungen" zu erkennen und zu vermeiden. JEFROMOW wies dagegen darauf hin, daß bei nur „50prozentiger Auslastung seiner Gehirnkapazität der Mensch 40 Sprachen beherrschen und sich 100 000 Stichworte der großen Sowjet-Enzyklopädie einprägen kann und noch vieles andere mehr".

Intelligenz und Lernfähigkeit, insbesondere ihr *Ursprung* und ihre *Entwicklung*, sind zu einem Problem geworden, das nicht nur Geister scheidet, sondern Menschen trennt. Es hat Bekenntnischarakter erhalten. Die Wissenschaftler selbst haben konträre Positionen bezogen. In einigen nationalen Bildungsprogrammen dominieren universalistische Theorien und Lehrpläne, die in letzter Konsequenz eine unbeabsichtigte Diffamierung von Kindern und ihren Eltern beinhalten. An die Stelle der stupiden Erb- und Rassenmythologie in der ersten Hälfte unseres Jahrhunderts trat ein monomaner Psycho- und Soziologismus, der nicht nur biologische Grundlagen ignoriert, sondern auch die eben erst vollzogene Anerkennung der Bedeutung des Milieufaktors für die psychische Entwicklung des Menschen gefährdet.

Jede wissenschaftliche Theorie der Intelligenz und der Lernfähigkeit, die nicht jeweils auch soziologische, psychologische und biologische Gesetzmäßigkeiten berücksichtigt oder nicht anerkennen will, ist nicht nur falsch, sondern inhuman, weil sie einseitig die Verantwortung für die Entstehung von Lernstörungen den Kindern selbst, den Eltern oder der Gesellschaft zuschiebt.

Die Entwicklung der Lernfähigkeit und die Aus- und Weiterbildung unserer Kinder und Jugendlichen wirkt so tief auch auf ihre Charakter- und Persönlichkeitsentwicklung ein, daß sie nicht allein den Pädagogen, den Politikern und den Eltern überlassen werden darf. Soziologen und Psychologen überblicken ebensowenig wie Humangenetiker und Mediziner, Psychoanalytiker und Verhaltensforscher das Ganze, das universelle Bild des Menschen und die Kodierung und die Konditionierbarkeit seiner Intelligenz. Nur durch eine kontinuierliche interdisziplinäre Kooperation lassen sich Bruchstücke und Fragmente zu einem Mosaik zusammentragen, das vorläufig und wohl noch auf lange Zeit nur einen provisorischen Charakter haben wird, aber unfruchtbare Konfrontationen vermeiden helfen kann. Das Ziel dieses Symposiums wäre bereits erfüllt, wenn ein bisher scheinbar unerforschtes Areal, ein kleiner „weißer" oder schwach konturierter Fleck in der wissenschaftlichen Geographie der Lernforschung eine stärkere Konturierung erfahren oder eine pastellene Tönung annehmen würde.

Literatur

BASEDOW, J.B.: In: OPPENHEIM, H., Nervenleiden und Erziehung. Berlin: Karger 1899

BLEIDICK, U.: Über Beziehungen zwischen Milieuschädigung, Erziehungsschwierigkeiten und Lernbehinderung. Z. Heilpäd. **19**, 449 (1968)

GOLDSCHMIDT, D.: Die objektive Studiumsituation der Studierenden in der Bundesrepublik Deutschland als eine Streßreaktion. In: ZIOLKO, H. (Hrsg.), Psychiol. Störungen bei Studenten. Stuttgart: Thieme 1969

HAU, T.F.: Frühkindliches Schicksal und Neurose. Göttingen 1968

HOMBURGER, A.: Psychopathologie des Kindesalters. Berlin: Springer 1926

LESNY, I.: Entwicklungsdiagnostik in der Kinderneurologie. Berlin: Volk und Gesundheit 1965

LURIA, A.R.: Die höheren kortikalen Funktionen des Menschen. Berlin: Deutscher Verlag der Wissenschaft 1970

NISSEN, G.: Psychopathologie des Kindesalters. Darmstadt: Wissenschaftliche Buchgesellschaft (in press)

OPPENHEIM, H.: Nervenleiden und Erziehung. Berlin: Karger 1899

PAVLOV, I.P.: Sämtliche Werke, I–VI. Berlin: Akademie 1954

PIAGET, J.: Die Entwicklung des Lernens, I–III. Stuttgart: Klett 1972

PORTMANN, H.: Zur Gehirnentwicklung der Säuger und des Menschen in der Postembryonalzeit. Bull. schweiz. Akad. med. Wiss. **13**, 489 (1957)

QUINTILIAN, MARCUS, FABIUS: In: BAUMANN, Einführung in die Pädagogik. Leipzig: Veit & Co. 1890

ROUSSEAU, J.J.: In: BAUMANN, Einführung in die Pädagogik. Leipzig: Veit & Co. 1890

SCHELSKY, H.: Anpassung und Widerstand. Heidelberg: Quelle und Meyer 1961

SPATZ, H.: Über die besondere Reaktionsweise des unreifen Zentralnervensystems. Z. Neurol. **53**, 363 (1920)

TEICHMANN, H., GÖLLNITZ, G., GÖHLER, I.: Entstehung und Wirkung hoher Leistungsforderungen durch das Elternhaus. Vortrag auf dem Kongreß soz. Kinderpsychiater in Sofia/Bulgarien 1973

USCHAKOV, G.K.: Prinzip der somato-psychischen Entwicklung. In: Beiträge zur somato-psychischen Entwicklung im Kindesalter (USCHAKOV, G.K., GÖLLNITZ, G., EGGERS, H., eds.). Jena: VEB Fischer 1973

Teil I.
Grundlagen des Lernens

Genetische Grundlagen des Lernens und von Lernstörungen

P.E. Becker

Das menschliche Neugeborene beginnt zu lernen, sobald es das Licht der Welt erblickt hat. Was es im Laufe des Lebens lernt, hängt von der Kultur und Zivilisation ab, in der es aufwächst. Die Überlieferung von Kultur und Zivilisation von einer Generation zur anderen ist so bedeutend, ihr Erfahren und Erleben so eindrucksvoll, daß man über dieser kulturell-zivilisatorischen Vererbung, der Tradierung durch Wort, Schrift und Bild, die biologische Vererbung, die Genetik, fast aus dem Auge verlieren kann.

Selbstverständlich haben Kultur und Zivilisation eine biologische Grundlage insofern, als sie eben typisch menschlich sind und uns von allen anderen Lebewesen unterscheiden. Fast alle Unterschiede zwischen dem Menschen und dem Schimpansen sind erblich, also auch die Fähigkeiten zur Entwicklung von Kulturen und Zivilisation und die Möglichkeit, sie sich in Lernprozessen anzueignen. Das wird jeder bereitwillig zugeben. Wenn man jedoch die kulturellen Unterschiede zwischen verschiedenen menschlichen Bevölkerungen gleichfalls nur auf Unterschiede der erb-

lichen Veranlagung zurückführen würde, dürfte man mit Recht allgemeinen Widerspruch erwarten. Wenn man schließlich die Frage nach den Ursachen unterschiedlicher individueller Teilhabe an den geistigen Gütern des eigenen Kulturkreises stellt, wird die Antwort unterschiedlich ausfallen. Manche werden geneigt sein, Unterschiede des geistigen Besitzes vorwiegend auf die Gunst oder Ungunst der Umwelt zurückzuführen, andere werden genetische Unterschiede der Lernfähigkeit, der geistigen Kapazität vorzüglich verantwortlich machen. Zu verschiedenen Zeiten hatte mal die eine, mal die andere Ansicht das Übergewicht. Meist waren affektiv gesteuerte Meinungen stärker ausschlaggebend als wissenschaftlich begründete Fakten. Das ist selbstverständlich, wenn man bedenkt, daß es hier auch um das Selbstverständnis des Menschen (VOGEL, 1961) geht, und das gründet nicht nur auf Wissenschaft.

Geistiges Eigentum und geistige Leistung beruhen auf Lernfähigkeit, einem sehr komplexen Begriff. Intelligenz ist enger gefaßt, entzieht sich zwar gleichfalls einer scharfen Definition, läßt sich

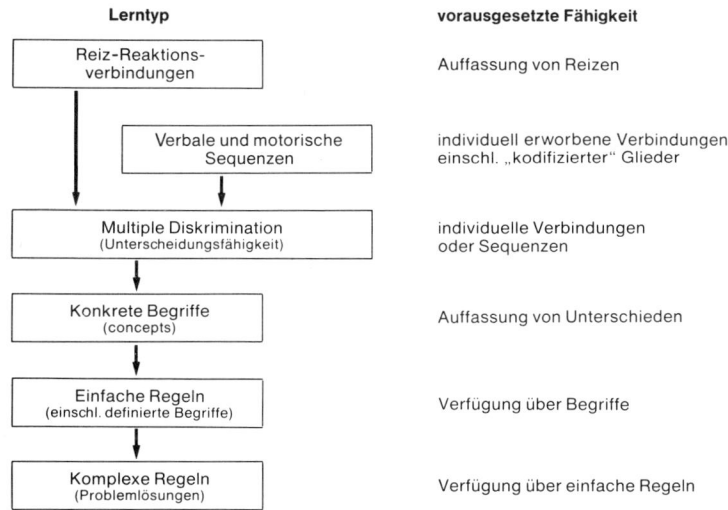

Lerntyp	vorausgesetzte Fähigkeit
Reiz-Reaktions-verbindungen	Auffassung von Reizen
Verbale und motorische Sequenzen	individuell erworbene Verbindungen einschl. „kodifizierter" Glieder
Multiple Diskrimination (Unterscheidungsfähigkeit)	individuelle Verbindungen oder Sequenzen
Konkrete Begriffe (concepts)	Auffassung von Unterschieden
Einfache Regeln (einschl. definierte Begriffe)	Verfügung über Begriffe
Komplexe Regeln (Problemlösungen)	Verfügung über einfache Regeln

Abb. 1. Schematische Darstellung einer allgemeinen Lernhierarchie und ihrer Voraussetzungen. (Nach GAGNÉ, 1968; ergänzt nach GAGNÉ, 1970; aus ROTH et al., 1972)

7

aber mit Hilfe von standardisierten Tests messen. Die Ergebnisse bei verschiedenen Personen werden in Intelligenzquotienten ausgedrückt und sind somit vergleichbar. Bei aller Unvollkommenheit der Meßmethoden hat sich der Intelligenzquotient als brauchbar für begrenzte Prognosen der geistigen Leistungsfähigkeit einschließlich der Fähigkeit, sich Wissen anzueignen, erwiesen. Die Intelligenztests haben ihrerseits dazu beigetragen, Strukturmodelle der Intelligenz zu entwickeln, von denen das nach GAGNÉ (1968, 1970 nach ROTH et al., 1972) (Abb. 1) interessant ist, weil es als hierarchisches Modell kumulativen Lernens eine Verbindung zwischen Intelligenz- und Lernbegriff zu knüpfen scheint.

Die Intelligenzquotienten in der Bevölkerung stellen sich als eine kontinuierliche Reihe in Form einer Gaußschen Kurve, einer Normalverteilung dar (Abb. 2). Schon aus der Verteilung kann man auf das Zusammenwirken von mehreren bis vielen Faktoren am Zustandekommen von Intelligenztestunterschieden schließen. Natürlich läßt

sich der Kurve nicht entnehmen, ob die bedingenden Faktoren erblicher oder umweltlicher Art sind.

Zur Klärung der Frage nach Erbe und Umwelt beim Zustandekommen von Unterschieden des Intelligenzquotienten führen Familienuntersuchungen selbstverständlich nicht weiter, da Korrelationen von Eltern und Kindern sowohl durch Vererbung als auch mit Tradierung interpretiert werden können.

Aufschlußreich ist aber ein Vergleich von Adoptivkindern mit ihren Pflegeeltern einerseits, mit den leiblichen Eltern andererseits. HONZIK (1957) hat bei 100 Kindern, die als Säuglinge in gute Adoptivfamilien gegeben worden waren, im späteren Schulalter den Intelligenzquotienten bestimmt. Dieser wurde dann mit dem der Adoptiveltern verglichen. Die Korrelation war $r = 0,2$, d.h. das pädagogische Milieu der Adoptivfamilien scheint einen gewissen, aber nicht sehr bedeutenden Einfluß auf den Intelligenzquotienten der Adoptivkinder zu haben. Der Korrelationskoeffizient der Adoptivkinder mit den leiblichen Eltern lag beträchtlich höher, bei 0,4. Ein überraschendes Ergebnis, da diese Kinder von ihrer Mutter getrennt lebten und die Korrelation nur wenig niedriger als 0,5 ist, ein Wert, den man zwischen Eltern und Kindern bei einem rein erblichen Merkmal erwarten würde.

Wenn man die Frage nach der Bedeutung von Erbe und Umwelt für Intelligenzunterschiede beantworten will, müßte man eine der beiden Variablen Erbe oder Umwelt möglichst konstant halten. Das ist in etwa der Fall, wenn Adoptivkinder mit den leiblichen Kindern der Adoptiveltern gemeinsam aufwachsen. Das pädagogische Milieu ist für die adoptierten und leiblichen Kinder im großen und ganzen ähnlich, während die Erbanlagen natürlich verschieden sind. Wieder war die Korrelation $r = 0,2$.

Wenn man andererseits getrennt aufgewachsene eineiige Zwillingspartner miteinander vergleicht, ist die Umwelt die Variable, da eineiige Zwillinge erbgleich sind. Der Intelligenzquotient von getrennt aufgezogenen eineiigen Zwillingspartnern korreliert mit ungefähr $r = 0,8$, d.h. sie sind im Intelligenzquotienten sehr viel ähnlicher als in gleicher Umwelt gemeinsam aufgezogene leibliche und Adoptivkinder, und immer noch beträchtlich ähnlicher als gemeinsam aufgewachsene zweieiige Zwillinge (Abb. 3). Das spricht für die Bedeutung von Erbanlagen am Zustandekommen von Unterschieden im Intelligenzquotienten. Aber auch die Umwelt hat Einfluß, das zeigt der Vergleich der getrennt aufgewachsenen eineiigen

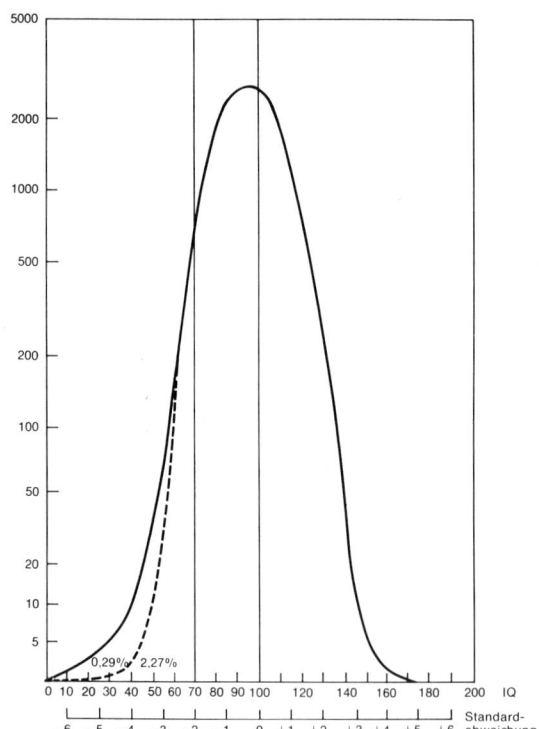

Abb. 2. Theoretische Verteilung der Begabung (ausgedrückt durch IQ) in einer Modellbevölkerung von 100 290 Personen der Altersgruppe 10–14 Jahre. (Nach PENROSE, 1954)

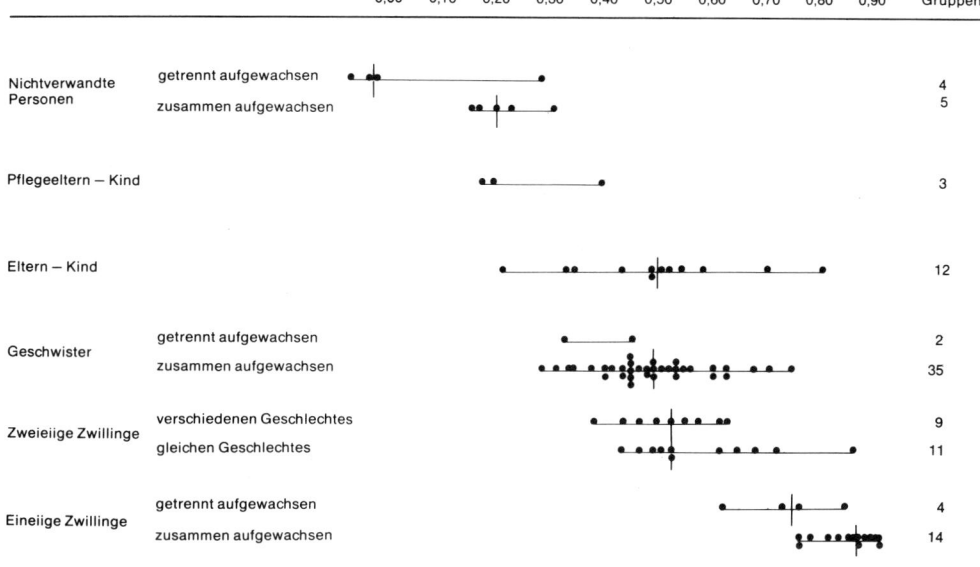

		0,00 0,10 0,20 0,30 0,40 0,50 0,60 0,70 0,80 0,90	Zahl der Gruppen

Nichtverwandte Personen — getrennt aufgewachsen — 4
Nichtverwandte Personen — zusammen aufgewachsen — 5

Pflegeeltern – Kind — 3

Eltern – Kind — 12

Geschwister — getrennt aufgewachsen — 2
Geschwister — zusammen aufgewachsen — 35

Zweieiige Zwillinge — verschiedenen Geschlechtes — 9
Zweieiige Zwillinge — gleichen Geschlechtes — 11

Eineiige Zwillinge — getrennt aufgewachsen — 4
Eineiige Zwillinge — zusammen aufgewachsen — 14

Abb. 3. Zusammenstellung der Korrelationskoeffizienten für „Intelligenzhöhe" aus 52 Untersuchungen. Die Korrelationskoeffizienten wurden zu mehr als zwei Dritteln aus dem IQ errechnet, der Rest wurde aus Spezialtests ermittelt. Die schwarzen Punkte bezeichnen die in den einzelnen Arbeiten mitgeteilten Korrelationskoeffizienten, die dünnen Vertikalstriche die aus sämtlichen Arbeiten errechneten Mittelwerte. (Nach ERLINMEYER-KIMLING und JARVIK, 1963; aus ZERBIN-RÜDIN, 1969)

Zwillinge mit den gemeinsam aufgewachsenen. Allerdings ist der umweltbedingte Unterschied nicht groß, wie man der Zusammenstellung entnehmen kann.

Das pauschale Ergebnis der Beteiligung von Erbanlagen an der Intelligenztestleistung ist noch unbefriedigend. Man kann den Anteil der genetischen Varianz an der Gesamtvarianz, sie sog. Heritabilität, schätzen; sie beträgt als Durchschnitt verschiedener Untersuchungen 0,8 (JENSEN, 1967), d.h. die Varianz der Testintelligenz ist zu $^4/_5$ genetisch und zu $^1/_5$ umweltbedingt. Dieses Ergebnis hat seinerzeit vor allem in den USA nicht nur Pädagogen und Soziologen beunruhigt. Oft ist es mißverstanden worden.

Ich kann auf die Berechnung von Heritabilität nicht eingehen, jedoch den Wert von 0,8 anschaulich machen, indem ich darauf hinweise, daß er der Korrelation des Intelligenzquotienten bei getrennt aufgewachsenen eineiigen Zwillingen entspricht. Hier ist ja die Umwelt die einzige Variable. Allerdings ist Voraussetzung, daß zwischen den Umwelten getrennt aufgewachsener eineiiger Zwillinge keine Korrelation besteht. Wenn man mit Heritabilität die erbliche Varianz meint, so kann man die umweltbedingte Varianz als Envi-

ronmentalität bezeichnen, sie ist der Heritabilität komplementär und müßte 0,2 betragen. Das ist genau die Korrelation, die sich beim Vergleich von gemeinsam aufgezogenen leiblichen und Adoptivkindern, also bei gleicher Umwelt ergeben hat.

Gegen den Begriff der Heritabilität lassen sich manche Einwände vorbringen. Heritabilität ist keine biologische Konstante, sondern gilt nur für die untersuchte Bevölkerung, d.h. für weiße amerikanische und für englische Angehörige der Mittelklasse. In anderen Bevölkerungen und zu anderen Zeiten kann die Heritabilität der Intelligenzleistung einen durchaus anderen Wert haben. Heritabilität bedeutet den Anteil genetischer Varianz an der Gesamtvarianz und nicht, daß im Einzelfall der Intelligenzquotient einer bestimmten Person zu 80% erblich und zu 20% umweltbedingt ist. Die Berechnung der Heritabilität hat zur Voraussetzung, daß die beiden Faktoren Erbe und Umwelt unabhängig voneinander variieren. Das ist jedoch nicht immer der Fall, z.B. wird ein von Natur begabtes Kind im allgemeinen größere Chancen haben, auf eine weiterführende Schule zu kommen als ein unbegabtes. Diese Kovarianz hat man rechnerisch zu korrigieren versucht. Ich meine, daß man sich nicht allzu dogmatisch an eine Heritabilität von 0,8 klammern sollte. Jedenfalls läßt sie der Umwelt immer noch einen weiten Spielraum, und zur pädagogischen Resignation ist kein Grund vorhanden. In dem Maße wie die Umwelt für alle ähnlicher und wie Chancengleichheit verwirklicht wird, steigt der relative Anteil der genetischen Varianz an der Gesamtvarianz.

Bisher war vom Intelligenzquotienten die Rede, und es wurde gezeigt, daß die Partner von getrennt aufgewachsenen eineiigen Zwillingen einander im Durchschnitt ähnlicher sind als die von gemeinsam aufgewachsenen zweieiigen Zwillingen. Im Schulerfolg dagegen korrelieren getrennt aufgewachsene eineiige Zwillinge deutlich niedriger als gemeinsam aufgewachsene zweieiige Zwillinge, d.h. Umwelteinflüsse, wie Anregungen im Elternhaus, Hilfe bei Schulaufgaben und Qualität der Schule sind offenbar wichtig (ZERBIN-RÜDIN, 1975). Aus der Untersuchung von C. BURT (1966)* in London geht hervor, daß Schulerfolge, speziell im Lesen und Schreiben, bei gemeinsam aufgewachsenen eineiigen und zweieiigen Zwillingen annähernd gleich hoch korreliert sind; d.h. Unterschiede in der Qualität des Lesens und Schreibens sind in der von ihm untersuchten Population durch Umwelteinflüsse und nicht durch Erbfaktoren bedingt (ZERBIN-RÜDIN, 1975).

Das gilt für das übliche normale Lesen und Schreiben. Wenn Sir CYRILL BURT in seine Untersuchung auch Hilfsschüler und Schwachsinnige in größerer Zahl einbezogen hätte, wäre das Ergebnis natürlich anders ausgefallen. Es ist nämlich abhängig von der Zusammensetzung der jeweils untersuchten Populationen. Zwillinge mit Schreib- und Leseschwäche oder Dyslexie kommen offenbar unter BURT's Zwillingen nicht vor. Von 19 eineiigen Zwillingspaaren mit Dyslexie aus der Literatur waren 18 konkordant; von 37 zweieiigen Zwillingspaaren waren dagegen nur 12 konkordant, aber 25 diskordant (zit. nach LENZ, 1969). Das spricht für starke Erblichkeit der Dyslexie. Vermutlich ist sie multifaktoriell erblich, vielleicht mit einem dominanten Hauptgen. Mit

---

* Die Ergebnisse BURTS werden neuerlich in Frage gestellt, da Unstimmigkeiten in seinen Publikationen entdeckt worden sind (N. WADE: Science **194**, 916–919 (1976). Die annähernd gleiche Korrelation von 0,951 bei gemeinsam aufgewachsenen EZ und von 0,919 bei ZZ widerspricht der Hypothese der Erblichkeit, die BURT's Zahlen beeinflußt haben soll. Deshalb wurde das Zitat von BURT stehen gelassen."

Schwachsinn hat sie nichts zu tun. Das zeigt schon die erste deutsche Publikation familiären Vorkommens von PLATE (1910) (zit. nach LENZ, 1969). Hier wurde Dyslexie in einer überdurchschnittlich begabten Akademikerfamilie in drei Generationen beobachtet. Dyslexie schwerer Ausprägung hat eine Häufigkeit bis zu 4%. Wenn die Schreib- und Leseschwäche genetisch bedingt ist, muß selbstverständlich umgekehrt auch die Fähigkeit, Lesen und Schreiben zu lernen, genetisch bedingt sein. Nur lernen eben in unserer Zivilisation die meisten Kinder Lesen und Schreiben, und erbliche Unterschiede im Erwerb dieser Fähigkeit kommen unter den schulischen Umweltbedingungen, unter denen Zwillinge in ihrer Familie aufwachsen, kaum zum Vorschein.

Eine der häufigsten Ursachen von allgemeiner Lernstörung ist Schwachsinn. Er ist gegenüber der landläufigen Dummheit schwer abzugrenzen. Es ist üblich, die Grenze zum Schwachsinn bei 2 Standardabweichungen der Verteilungskurve der Intelligenzquotienten anzusetzen, und alle diejenigen Personen, die einen Intelligenzquotienten unter 70 haben, schwachsinnig zu nennen. Die Debilen mit einem Intelligenzquotienten zwischen 50 und 70 machen den größeren Teil aus, die Schwerschwachsinnigen mit einem Intelligenzquotienten unter 50 den geringeren. Die Gaußsche Kurve der Normalverteilung (Abb. 2) umschließt in der Darstellung nach PENROSE 2,27% mit einem Intelligenzquotienten unter 70. 0,29% der Bevölkerung fällt aus der Normalverteilung heraus, sie stellen die eigentlich „pathologisch" Schwachsinnigen dar (ZERBIN-RÜDIN, 1969), während die anderen Minusvarianten der Intelligenzverteilung sind. Für sie gilt Entsprechendes wie für die Intelligenzverteilung überhaupt, nämlich multifaktorielle Vererbung. Diese sind großenteils leicht schwachsinnig, jene dagegen, die „pathologisch" Schwachsinnigen, großenteils schwer schwachsinnig. Bei letzteren ist die Intelligenzminderung oft durch ein spezielles mutiertes Gen, durch eine Chromosomenanomalie oder durch eine exogene Schädigung verursacht.

Die Unterscheidung zweier Gruppen nach dem Schweregrad hat gewisse Bedeutung (Tabelle 1). Die Gruppe der Leichtschwachsinnigen gehört überwiegend, aber nicht ausschließlich, zum sog. idiopathischen multifaktoriellen Schwachsinn, während die Gruppe der Schwerschwachsinnigen überwiegend, aber nicht ausschließlich, den sog. symptomatischen, monofaktoriellen Schwachsinn mit klinischem Defekt ausmacht. Aus der Tabelle gehen einige Unterschiede hervor.

Tabelle 1. Vereinfachte und schematisierte Übersicht über typische Befunde bei Leicht- und Schwerschwachsinnigen. (Nach Penrose, 1963; aus Zerbin-Rüdin, 1967, gering modifiziert)

Grad des Schwachsinns	leicht	schwer
Bezeichnung	Debilität IQ 50–70	Imbezillität, Idiotie IQ < 50
Durchschn. Häufigkeit	häufig (ca. 2%)	selten (ca. 1/4%)
Vermutliche Ursache	vorwiegend erblich	häufig umweltbedingt
Typische erbliche Grundlage	polygen (multifaktoriell) häufige Gene	monogen, seltene Gene, chromosomale Aberrationen
Typische Umwelteinflüsse	Hirntrauma oder -krankheit, schlechte soziale Verhältnisse	intrauterine Einflüsse, Geburtstraumen, Hirntraumen oder -krankheiten im frühesten Leben
Soziale und familiäre Verhältnisse	schlecht	dem Durchschnitt entsprechend
Häufige Nebenbefunde	psychische Auffälligkeiten, soziale Anpassung erschwert	körperliche Schäden, Mißbildungen, neurologischer Befund
Fruchtbarkeit	normal oder überdurchschnittlich	gering oder unfruchtbar
Befunde bei den Verwandten	Eltern und Geschwister häufig schwachsinnig, aber keine scharfe Grenze zum Normalen	Eltern selten, Geschwister gelegentlich schwachsinnig, dann scharf vom Normalen abgegrenzt
Behandlungsziel	Erziehung, soziale Eingliederung	Beibringung von Grundbegriffen, Pflege

Beim idiopathischen Schwachsinn, der, wie gesagt, im allgemeinen den leichten Schwachsinn darstellt, ist das Familienbild anders als beim symptomatischen Schwachsinn, von dem die meisten Fälle in die Gruppe des schweren Schwachsinns gehören. Unter den Angehörigen von Probanden mit leichtem Schwachsinn sind Leichtschwachsinnige und Minderbegabte gehäuft. Auch heute noch sind Familien mit idiopathischem Schwachsinn oft kinderreich, weil keine Familienplanung betrieben wird. Die Kinder wachsen unter ungünstigen Umweltbedingungen auf, denn die oft leichtschwachsinnigen Mütter sind überlastet oder kümmern sich wenig um die Kinder. Diese Familien werden nicht selten asozial. Wenn ein Elternteil schwachsinnig ist, beträgt das Risiko für Kinder, gleichfalls schwachsinnig zu sein, rund 20%; wenn beide Eltern schwachsinnig sind, ungefähr 42%.

Anders stellt sich das Familienbild in der Gruppe des symptomatischen und meist schweren Schwachsinns dar. Öfter sind die Probanden die einzigen Schwachsinnigen in der Familie. Dann nämlich, wenn ein exogener intrauteriner oder frühkindlicher Hirnschaden oder eine Chromosomenanomalie, etwa Mongolismus, vorliegt. Eltern und Geschwister sind dann völlig normal. Schwerer Schwachsinn als Einzelfall in der Familie oder unter Geschwistern kommt besonders bei rezessiv erblichen Stoffwechseldefekten vor, z.B. bei Phenylketonurie, die eine Häufigkeit von ungefähr 1 auf 10 000 Neugeborene hat. Die meisten derartigen mit Schwachsinn verbundenen rezessiv erblichen Defekte sind selten. Aber schon heute sind mindestens 70 Gene bekannt, die im homozygoten Zustand die geistigen Fähigkeiten beeinträchtigen. Man fragt sich, ob nicht die gleichen Gene im heterozygoten Zustand, also bei Vorhandensein in einfacher Dosis, gleichfalls geringfügig die geistige Begabung beeinflussen könnten. Wenn man die durchschnittliche Häufigkeit dieser Stoffwechseldefekte mit 1/100 000 und eine gleichmäßige Verteilung annimmt, wären über 40% der Bevölkerung für ein Gen, das evtl. auf die geistige Begabung einwirken könnte, heterozygot. Diese Hypothese gibt einen Hinweis auf die genetische Variabilität auch im seelischen Verhalten, die in Wirklichkeit natürlich noch viel größer ist.

Nachdem Schwachsinn und Schreib-Leseschwäche als die beiden hauptsächlichen Störungen genannt sind, die die Lernfähigkeit beeinträchtigen, soll wenigstens mit wenigen Worten auf die Frage eingegangen werden, ob nicht schwere Defekte der sensorischen Apperzeption die Lernfähigkeit beeinträchtigen. Vorweg ist zu sagen, daß angeborene Taubheit und wohl auch angeborene Blindheit an sich meist nicht mit unterdurchschnittlicher geistiger Begabung verbunden sind. Salzberger und Jarwik (1963) haben in New York bei Taubstummen eine durchschnittliche Minderung des Intelligenzquotienten um 20 Punkte gefunden. Es scheint so, als ob sensorische Reize für Intelligenzentwicklung gewisse Be-

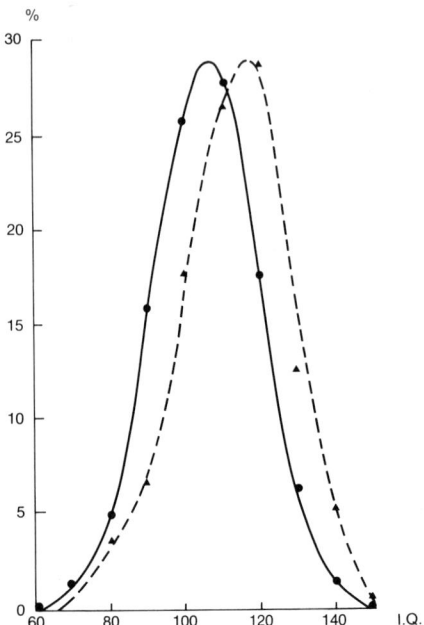

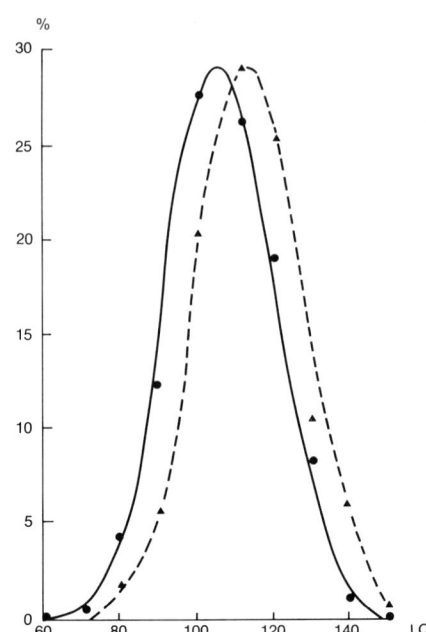

Abb. 4. Verteilung des Intelligenzquotienten von Nichtkurzsichtigen (durchgezogene Linie) und von Kurzsichtigen (gestrichelte Linie), ermittelt mit dem Lorge-Thorndike-Gruppentest bei 17–18jährigen Schülern. (Nach KARLSSON, 1975)

Abb. 5. Verteilung des Intelligenzquotienten von Nichtkurzsichtigen (durchgezogene Linie) und von Kurzsichtigen (gestrichelte Linie), ermittelt mit dem California Mental Maturity-Test bei 7–8jährigen Schülern. (Nach KARLSSON, 1975)

deutung haben. Für die Entfaltung einer weit überdurchschnittlichen Intelligenz bei schwerer Beeinträchtigung der sensorischen Apperzeption ist die berühmte taubstumme und von Geburt an blinde Helen Keller ein Beispiel.

Andererseits ist eine Störung der Wahrnehmung bekannt, die mit überdurchschnittlicher Intelligenz einhergeht. Seit langem weiß man, daß geistig Arbeitende häufiger kurzsichtig sind als körperlich Arbeitende. Eine Beziehung von Kurzsichtigkeit mit Schulleistung oder mit dem Intelligenzquotienten ist von mehreren Autoren festgestellt worden, zuletzt von KARLSSON (1975). Er fand, daß mit steigendem Intelligenzquotienten der Anteil der Kurzsichtigen zunimmt (Abb. 4), und daß unter den 17–18jährigen Schülern der High-School in Napa in Nordkalifornien der Intelligenzquotient bei Kurzsichtigen im Durchschnitt 10 Punkte über dem Nichtkurzsichtigen liegt.

Schon im vorigen Jahrhundert war man der Überzeugung, daß Kurzsichtigkeit die Folge des Schulunterrichts sei, man hat deshalb von „Schulmyopie" gesprochen (LENZ, 1972). Andererseits haben verschiedene Zwillingsuntersuchungen

übereinstimmend gezeigt, daß Kurzsichtigkeit in starkem Ausmaß genetisch mitbedingt ist. Deshalb hat man angenommen, daß Kurzsichtige infolge ihrer Behinderung im Sehen oder infolge des Brillentragens weniger zu Bewegungsspielen und Sport neigen als Normalsichtige, und daß sie durch ihr Handicap mehr auf geistige Interessen, auf Lesen, verwiesen sind; hier können sie kompensieren. Mit einem Wort: Kurzsichtigkeit scheint die Intelligenzentwicklung oft zu begünstigen. Diesen voreiligen Schluß hat KARLSSON widerlegt durch den Nachweis, daß seine kurzsichtigen Probanden schon im Alter von 7–8 Jahren, als sie noch nicht kurzsichtig waren, einen entsprechend höheren Intelligenzquotienten hatten (Abb. 5).

Die Kurzsichtigkeit kann also nicht die Ursache des höheren Intelligenzquotienten sein. KARLSSON meint, die beste Erklärung sei, daß die Gene für Myopie sowohl die Gehirnentwicklung stimulieren als auch die Augenachse verlängern. So recht plausibel ist das m.E. nicht. Vielleicht ist der höhere Intelligenzquotient doch eine Bedingung der Kurzsichtigkeit. Durch Nahsehen beim Lesen und Schreiben wird die Entwicklung der Kurz-

12

sichtigkeit möglicherweise begünstigt, wenn eine entsprechende Veranlagung vorliegt. Das Zusammenwirken von Erbe und Umwelt scheint hier ähnlich kompliziert zu sein, wie bei Unterschieden der Intelligenz und beim Lernen überhaupt. Lernen ist ein komplexer Vorgang, und die genetischen Grundlagen sind gleichfalls komplex. Auch der Faktor g von THURSTONE dürfte, soweit er genetisch bedingt ist, kaum weniger komplex sein als Intelligenz überhaupt. Entsprechendes gilt auch für alle anderen uns bekannten Faktoren, die für Lernen bedeutsam sind, wie Gedächtnis, Antrieb, Stimmungslage, andere Persönlichkeitsstrukturen und für Lernstörungen neurotischer Art. Stets ist das Zusammenwirken von Anlage und Umwelt kompliziert und unübersichtlich. Nur bei einer Reihe von biochemisch definierten rezessiv erblichen Stoffwechseldefekten, die mit Schwachsinn einhergehen, ist die genetische Analyse bis nahe an die molekulare Ebene fortgeschritten. Sie sind deshalb rein erbbedingt unter den üblichen normalen Umständen, unter denen wir leben. Ein Fall ist bekannt, wo durch drastische Veränderung der Umwelt die Genäußerung mit Schwachsinn verhindert werden kann. Wenn man einem Säugling, der homozygot für das Phenylketonuriegen ist, eine phenylalaninarme Nahrung verabfolgt, kann das Auftreten von Schwachsinn verhindert werden. Man sieht, daß die Grenzen der Beeinflussung eines Genotyps durch die Umwelt nicht vorauszusehen sind. Es ist durchaus denkbar, daß auch andere Gene, die die Intelligenz beeinträchtigen, unter speziellen, noch unbekannten Umweltbedingungen in ihrer Äußerung günstig beeinflußt werden können.

Literatur

BECKER, P.E.: Störungen der geistigen Entwicklung. Mkurse ärztl. Fortbild. **23**, 62 (1973)

BECKER, P.E.: Begabung in Abhängigkeit von Erbe und Umwelt. Kurz und Gut (Byk) **2**, 10, 12 (1975)

BURT, C.: Study of monozygotic twins reared together and apart. Brit. J. Psychol. **57**, 137–153 (1966)

GAGNÉ, R.M.: Die Bedingungen des menschlichen Lernens. Hannover: Schroedel 1969

HONZIK, M.P.: Development studies of parent-child resemblance Child Develop. **28**, 215 (1957)

JENSEN, A.R.: How much can we boost IQ and scholastic achievement? Harv. Ed. Rev. **39**, 1–123 (1969)

KARLSSON, J.L.: Influence of the myopia gene on brain development. Clin. Genetics **8**, 314–318 (1975)

LENZ, W.: Erbanlage und Umwelt bei Verhaltensstörungen und Psychosen. Mkurse ärztl. Fortbild. **19**, 212–217 (1969)

PENROSE, L.S.: The Biology of Mental Defect. London: Sidgwick and Jackson 1954

ROTH, E., OSWALD, W.D., DAUMENLANG, K.: Intelligenz. Stuttgart-Berlin-Köln-Mainz: Kohlhammer 1972

SALZBERGER, R.M., JARVIK, L.F.: Intelligence Tests in deaf twins. In: Family and Mental Health Problems in a Deaf Population. (RAINER, J.D., ALTSHULER, K.Z., KALLMANN, F.J., eds.). New York: Columbia University Press 1963

VOGEL, F.: Lehrbuch der allgemeinen Humangenetik. Berlin-Göttingen-Heidelberg: Springer 1961

ZERBIN-RÜDIN, E.: Idiopathischer Schwachsinn. In: Humangenetik. Bd. V/2. (BECKER, P.E., ed.). Stuttgart: Georg Thieme 1967

ZERBIN-RÜDIN, E.: Vererbung der Intelligenz. In: Verh. Dtsch. Zool. Ges., pp. 29–39. Stuttgart: Fischer 1975

Die ethologischen Grundlagen des Lernens

Paul Leyhausen

Die Diskussion um Lernfähigkeit und die sich dabei abspielenden Vorgänge leidet bis zum heutigen Tage unter einer Reihe von unbewiesenen Annahmen und sich daran entzündenden Kontroversen:

1. Lernen sei gewissermaßen eine „höhere" Fähigkeit, die bei höheren Tieren mehr und mehr an die Stelle des ererbten „Instinktes" trete;

2. Lernen sei wesentlich durch Lerninhalt und -erfolg bestimmt; daher lasse sich aus der Bewältigung objektiv gleicher Lernaufgaben auf gleichartige Lernvorgänge schließen;

3. Lernen sei gleichbedeutend mit Intelligenz;

4. Lernfähigkeit bedeute Handlungs- und Entscheidungsfreiheit.

Die Aufzählung ließe sich sowohl vermehren wie weiter unterteilen. Sie soll jedoch genügen, um daran die Einstellung darzulegen, welche die Vergleichende Verhaltensforschung aufgrund objektiver Forschungsergebnisse wie grundsätzlicher, theoretischer Erwägungen gewonnen hat.

Nun hat die Vergleichende Verhaltensforschung in ihren Anfängen kaum Lernvorgänge untersucht; sie beschränkte sich fast ganz auf die Erforschung angeborenen Verhaltens mit biologischen Methoden. Man könnte also ihre Kompetenz in Sachen „Lernen" mit scheinbarem Recht bestreiten. Die allerersten Verhaltensforscher moderner Prägung waren Systematiker: Sie suchten nach neuen Merkmalen zur sicheren Bestimmung von Tierarten und ihrer Verwandtschaft miteinander und waren daher in erster Linie an Verhaltensweisen interessiert, die innerhalb der Art keine oder doch nur äußerst geringe Schwankungen aufwiesen. Je mehr sich dann aber das Interesse der Erforschung des Verhaltens um seiner selbst willen zuwandte, um so mehr waren erlernte oder erworbene Verhaltensanteile im Gesamtrepertoir unübersehbar. Wenn die Verhaltensforscher dennoch weiterhin hauptsächlich angeborene Verhaltensanteile untersuchten, so keineswegs, weil sie etwa die Bedeutung des Erlernten und Erlernbaren unterschätzten. Doch

Lernen wurde ja schon seit längerem intensivst erforscht, während beim Angeborenen ein ungeheurer, selbst jetzt noch längst nicht befriedigter Nachholbedarf vorlag und -liegt.

Oft jedoch haben Eigenschaften oder Funktionen eines Organismus Voraussetzungen und durchliefen stammesgeschichtliche Entwicklungen, die aus ihrer jetzigen Leistung nicht zu erklären sind, während die Leistungen selbst ohne die Kenntnis dieser Zusammenhänge nicht verständlich sind. Mit anderen Worten: Die Ergebnisse der Verhaltensforschung können die verschiedenen Lernleistungen und die Verschiedenartigkeit der ihnen zugrundeliegenden Wirkungsgefüge in einen weiteren Zusammenhang einordnen helfen. Für viele Millionen Jahre lebten, überlebten und entwickelten sich Organismen, ehe sie irgendwelche Lernfähigkeiten erwarben. Lernfähigkeit ist daher keineswegs schon eine Bedingung jedweder tierischer Existenz. Wenn man sich also den Fragen zuwendet, welche Lernen als vorgegebene Fähigkeit wie als Vorgang aufwirft, so muß man wohl folgendes zumindest als Arbeitshypothese annehmen: Bevor irgendein Tier im Laufe seiner Stammesgeschichte zu lernen fähig wurde, hatte es eine ganze Reihe von Eigenschaften und Fähigkeiten bereits erworben, die Lernvorgänge nicht nur ermöglichten, nicht nur sozusagen eine freie Lücke dafür schufen, sondern sie als notwendige Ergänzung „forderten"; d.h., das Funktionsgesamt des Tieres selbst übte einen Selektionsdruck aus, welcher die Entwicklung von bestimmten Lernfähigkeiten aktiv bewirkte. Was, wie und zu welchem Zeitabschnitt seiner individuellen Entwicklung ein Tier lernt, läßt sich also letztlich nur im Zusammenhang seines gesamten, stammesgeschichtlich gewordenen Verhaltens- und Erlebenssystem kausal wie historisch begreifen.

Ehe ich mich nun den vier eingangs ausgewählten Gesichtspunkten im einzelnen zuwende, möchte ich noch etwas über die Rolle des Ererbten im Verhalten aus der Sicht des Verhaltensforschers einfügen. Prof. BECKERS Ausführungen über den Begriff der „Erblichkeit", so völlig richtig sie in ihrem eigenen Zusammenhang waren, könnten sonst doch mißverstanden werden und die alte

Verwirrung noch vergrößern hinsichtlich dessen, was die Verhaltensforscher als „angeboren" bezeichnen und die unglückliche Kontroverse über „Natur-Kultur" (nature-nurture), „Angeboren-Erworben" oder wie immer man dieses angebliche Gegensatzpaar bezeichnen will, erneut im alten, schiefen Licht erscheinen lassen.

Tatsächlich handelt es sich hier um ein zwar altes, aber eigentlich ganz unbegreifliches Mißverständnis über das Verhältnis, in dem die so bezeichneten Sachverhalte zu einander stehen. Denn da, wo Erwerbvorgänge im Leben von Tieren vorkommen, sind sie selbstverständlich ganz natürlich: Auch der Mensch ist „*von Natur* ein Kulturwesen", wie GEHLEN (1941) es ebenso kurz wie präzise ausdrückt. Es ist nie und nirgends so, als stünde das Erworbene bzw. Erwerbbare im Gegensatz zum Angeborenen. Vielmehr wird es durch letzteres erst ermöglicht. Es kann also nur darum gehen, zu klären, wie es sich in den Rahmen des Ganzen einfügt.

Merkwürdigerweise haben die großen Fortschritte, welche die Genetik in den letzten Jahrzehnten gemacht hat, die Verwirrung nicht beseitigt, sondern eher vergrößert. Je mehr man über Gene erfuhr, um so eher schien man zu vergessen, daß wir ja nicht einfach einem Bündel von Genen begegnen, sondern einem Lebewesen, einem Gefüge aus Struktur und Funktion, aus Knochen und Muskeln, Sehnen und Nerven, das atmet und läuft und, und, und ... Wenn also die frühen Naturforscher von erblichen Merkmalen struktureller oder funktioneller Art redeten, so dachten sie dabei weder an Gene noch an phänogenetische Abläufe. Sie meinten damit einfach solche Merkmale, die bei verschiedenen Individuen einer Art keine merklichen Unterschiede aufweisen, selbst wenn diese Individuen unter recht verschiedenen Bedingungen aufwuchsen. Sie nannten solche Merkmale dann umweltstabil (peristostabil). Merkmale, die dagegen unter wechselnden Umweltbedingungen mehr oder weniger stark abänderten, nannten sie umwelt-(peristo-)labil. Mit anderen Worten: Niemand hat je ernsthaft gemeint, Merkmale entwickelten sich allein aus Genen. Man hat immer gewußt und verstanden, daß Umweltbedingungen, sowohl innerhalb der lebenden Zelle und des Organismus (Gen-, Plasma-, Gewebsmilieu usw.) wie auch außerhalb am Zustandekommen jedweden Entwicklungsergebnisses notwendig mitwirken müssen. Die Frage hieß immer nur, wieweit und in welcher Weise schwankende oder wechselnde Umweltbedingungen das Entwicklungsergebnis abwandeln können. In solchen Fällen, wo die Modifikationsbreite im Verhältnis zum Gesamtmerkmal vernachlässigenswert gering oder gar gleich null erscheint, spricht man dann von „erblichen" oder „ererbten" Merkmalen im Sinne des Sprachgebrauchs, wie er vor dem Aufkommen der heutigen Vererbungslehre üblich war.

Häufig meint man auch, ein einfaches Merkmal könne eher umweltstabil sein als ein komplexes, und ein „einfaches" Merkmal müsse auch eine einfachere genetische Basis haben; beides trifft aber nicht zu. Wenn ich oben sagte, daß wir ja nicht unmittelbar einem Bündel von Genen begegnen, so gilt das auch für die natürliche Selektion: Der einzelne Selektionsvorgang betrifft unmittelbar immer nur das strukturelle oder funktionelle Merkmal, niemals ein Gen oder Gengefüge. Die Selektion bestimmter Gene und die Ausmerzung anderer erfolgt immer auf einem Umweg. Da also allein die Merkmale dem unmittelbaren Einfluß selektierender Bedingungen und Umstände unterliegen, macht es gar keinen Unterschied, ob sie selbst oder ihre genetischen Grundlagen verhältnismäßig einfach oder kompliziert sind. Was zählt ist allein, ob unter gegebenen Selektionsbedingungen die Umweltstabilität eines Merkmals für das Überleben der betreffenden Art günstig, gleichgültig oder ungünstig ist. Ist sie günstig, so wird entweder das Merkmal umweltstabil, oder die Art stirbt aus. Ist sie ohne Bedeutung, dann wird das Merkmal vielleicht modifikabel sein, aber die auftretenden Abänderungen helfen dem Individuum nicht ohne weiteres, sich an seine Umwelt anzupassen. Nur wenn ein Selektionsdruck auf individuelle Anpassungsfähigkeit an bestimmte, wechselhafte Umweltbedingungen hinwirkt, entwickelt die Art ontogenetische Entwicklungsmechanismen, welche das Individuum befähigen, sich innerhalb vorgegebener Grenzen qualitativ und/oder quantitativ an solche Bedingungen anzupassen. Adaptive Modifikabilität ist nach Art und Ausmaß in genau gleicher Weise ein Ergebnis stammesgeschichtlicher Entwicklung wie Umweltstabilität.

Noch ein letzter Punkt: Gewiß sind auch umweltstabile Merkmale modifizierbar! Um das zu bewirken, muß man aber Bedingungen schaffen, die es während der stammesgeschichtlichen Entwicklung der Art nie oder nicht lange oder oft genug gab. Da ja Umweltstabilität eine stammesgeschichtlich erworbene Anpassung der Art ist, erscheint uns die Abwandlung eines umweltstabilen Merkmals als abnorm, als Störung der „normelen" Ontogenese. „Normalerweise" entwickelt ein junger Mensch Vordergliedmaßen mit bestimmten Proportionen der Knochen darin und wohlausgebildeten Gelenken; hat aber die Mutter während der Schwangerschaft wesentliche Mengen von Thalidomid eingenommen, so hat sie einen Faktor eingeführt, den es während der ganzen menschlichen Stammesgeschichte noch nie gab. Das System entwickelt sich nicht „richtig". Die entstehenden Mißbildungen sind selbstverständlich Modifikationen, jedoch sicher keine Anpassungen. Der Begriff des umweltstabilen, „ererbten" Merkmals muß daher so verstanden werden, daß er sämtliche Umweltbedingungen mit einschließt, die während der stammesgeschichtlichen Entwicklung dieses Merkmals vorherrschten, weil die natürliche Selektion ja nur innerhalb dieses Bedingungsgesamts wirken konnte. Sie konnte unmöglich das System widerstandsfähig machen gegenüber modifizierenden Einflüssen, die garnicht vorhanden waren.

In der Verhaltensforschung nennen wir Verhaltenselemente, die im hier definierten Sinne umweltstabil sind, einfach „angeboren", obwohl die ontogenetische Entwicklung vielfach mit der Geburt keineswegs abgeschlossen ist und der Begriff, wie ersichtlich, auch keineswegs mit dem in der Medizin üblichen Begriff des Angeborenen (Congenitalen) sich deckt. Es ist das eine höchst unglückliche Ausdrucksweise, und seit langem versuche ich meine Kollegen zu überreden, nur noch von umweltstabilen Verhaltensweisen zu sprechen. Aber alte Gewohnheiten haben ein zähes Leben, wie meine eigenen häufigen Rückfälle beweisen!

Die Verwirrung erreicht aber nun ihr Höchstmaß mit der Behauptung einiger Autoren, nicht die Merkmale selbst seien erblich, sondern nur Merkmals*unterschiede*. Auf genetischer Basis läßt sich für eine derartige Auffassung kaum eine Stütze finden. Ob ein bestimmtes Merkmal sich unberührt von allen „normalen" Schwankungen der Umweltbedingungen entwickelt, läßt sich ohne die geringste Kenntnis von Genetik feststellen. Wollen wir aber das Phänomen mit genetischen Tatsachen in Beziehung setzen, so ergibt sich sofort, daß im streng genetischen Sinne weder die Merkmale noch ihre Unterschiede vererbt werden, sondern eine Zelle, die das genetische Material enthält und ein Cytoplasma, das zumindest für die ersten Schritte ontogenetischer Entwicklung das „Baumaterial" enthält. Das genetische Material ist sozusagen die Bauanleitung für ein neues Individuum der betreffenden Spezies. Diese enthält Anweisungen darüber, was wann zu geschehen hat, welches Material zu verwenden ist, ob es bereits gebrauchsfertig vorliegt oder — wenn nicht — wie es aus vorhandenem herzustel-

len ist, in welcher Menge es in welcher Richtung und welcher Geschwindigkeit zu bewegen ist, wie die Einzelvorgänge aufeinander abzustimmen sind usw. Das ist es, was die Evolution eigentlich hervorbringt: Entwicklungsmechanismen, die zu bestimmten Ergebnissen führen, die wir dann Merkmale nennen. Der Weg von der Bauanleitung über die verschiedenen „Herstellungsverfahren" zu fertigen Ergebnissen bildet das Forschungsfeld der Phänogenetik. Die Bauanleitung, die übrigens sich selbst in Gang setzt und hält, ist also selbstverständlich nicht etwa nur für individuelle Abweichungen verantwortlich (infolge unterschiedlicher Verteilung der in der Population vertretenen Allele auf die einzelnen Individuen oder der vorgegebenen Modifikationsbreite), wie sie etwa beim Blutkreislaufsystem vorkommen, sondern sie sorgt auch und in allererster Linie dafür, daß jedes Individuum ein solches System erhält, und zwar eines, wie es für seine Klasse, Ordnung und Art kennzeichnend ist. In „vor-genetischer" Ausdrucksweise wäre es also ganz unsinnig zu behaupten, die individuellen Unterschiede des Kreislaufsystems seien erblich, das System als ganzes aber nicht.

Fassen wir zusammen: Mit Hilfe wohlausgebildeter Methoden ist es möglich herauszufinden: (1) ob eine bestimmte Verhaltenseinheit bei einer gegebenen Tierart im oben angegebenen Sinne umweltstabil ist oder nicht; (2) ob vorhandene Variabilität genetisch oder modifikatorisch bedingt ist; (3) ob vorhandene Modifikabilität Anpassungswert besitzt oder nicht; (4) welche die umweltstabilen Grenzen individueller Modifikabilität in jedem Einzelfall sind; (5) wie selbst die verwickelsten Verflechtungen vor-angepaßter (umweltstabiler) und anpassungsfähiger (umweltlabiler) Elemente im Verhalten funktionieren.

Nun zu den vier vorgenannten Themen:

1. In einer umfangreichen Arbeit habe ich (1965a) gezeigt, daß zumindest bei Säugetieren die alte Vorstellung, größere und vielseitigere Lernfähigkeiten stellten sich nur im Gefolge von „Instinktverlusten" ein, völlig unzutreffend ist. Entscheidend war die Beobachtung, daß Differenzierung des Instinktsystems die Grundlage für die Vielfalt der Interessenrichtungen ist. Lernfähigkeit als solche bedingt ja noch nicht ihren Einsatz; hierzu bedarf es eines Antriebsmoments. Vielfalt von Antriebsrichtungen bedingt erst die vielfältige Anwendung der Lernfähigkeiten. Anders ausgedrückt: Lernen braucht Motivation von außerhalb der Lernmechanismen im engeren Sinne. Die Theorie von „reinforcement" versäumt zu fragen, warum ein bestimmter Reiz, ein Handlungserfolg,

eine erreichte Situation denn „belohnend" wirken. Stellt man erst die Frage, steht auch schon die Antwort fest: Es ist doch keineswegs selbstverständlich, daß Betätigung des Eßmechanismus nicht nur den Magen füllt und damit Verdauungsvorgänge einleitet, sondern auch eine Befriedigung bewirkt, welche nicht etwa nur das Tier aufhören läßt zu essen, sondern es nach mehr und besserem suchen und sich auch gelegentlich weit über Bedarf vollfressen läßt. Die stammesgeschichtliche Entwicklung von Mechanismen, die „belohnend" wirken und somit das Tier dazu führen, sowohl Wiederholung anzustreben wie sich der zu diesem Ergebnis führenden Umstände zu erinnern, stellt selbst ein legitimes Forschungsthema dar und zwar ganz abgesehen von der Untersuchung jener „Einrichtungen", welche dem Tier die Gedächtnisleistung selbst und den Vergleich und die Kombination vergangener Erfahrungen ermöglichen. Was immer letztlich Lernen antreibt oder erleichtert, ist selbst nicht erlernt und auch garnicht erlernbar. Es muß ja schon *vor* Lernbeginn vorhanden sein! EWER untersuchte das Beutefangverhalten von Raubbeutlern so, wie ich es bei Katzenartigen getan hatte. Dabei erwartete sie in Übereinstimmung mit der überkommenen, oben genannten Vorstellung, daß diese auf niederer Stufe der Hirnentwicklung stehenden Räuber weniger lernten als die Katzen und *deshalb ein reicheres Instinktinventar haben müßten*. Tatsächlich war die Lernfähigkeit der von ihr untersuchten Arten verglichen mit den Katzen recht gering; doch ihr Instinktinventar erwies sich nicht etwa als reicher, sondern als weitaus ärmer als das der Katzen! Es bedarf eines reich differenzierten Antriebssystems, um ebenso reich differenzierte Lernfähigkeiten zu entwickeln und diese auch „gewinnbringend" einzusetzen. Instinktreichtum ist also keineswegs ein Lernhemmnis an sich, sondern schafft im Gegenteil Antriebsvielfalt und damit Interessenvielfalt und produziert dadurch geradezu selbsttätig Lerngelegenheiten. Daher muß man wohl annehmen, daß die Evolution der Instinktsysteme selbst wesentliche Selektionsfaktoren für die Entwicklung der verschiedenen Lernfähigkeiten lieferte. Das scheint mir auch auf höchste menschliche Kulturleistungen zuzutreffen (1973).
Die Rolle, welche umweltstabile Verhaltensanteile, darunter vor allem die Instinkte (in der Definition von LORENZ, 1937), als „angeborene Lehrmeister" spielen, ist von grundlegender Bedeutung für alles, was die Verhaltensforschung zu den Problemen dieses Symposiums etwa beitragen kann. Deshalb möchte ich etwas eingehender

dartun, wie ich zu meinen unorthodoxen Schlußfolgerungen gelangte. Es geschah dies in engem Zusammenhang mit der Analyse hierarchisch gegliederter Verhaltensfolgen, die man sich zu jener Zeit als eine Art Ein-Weg-System vorstellte, wie etwa das in Abb. 1 dargestellte Schema von N. TINBERGEN vom Fortpflanzungsverhalten des Stichlings. Die ganze Folge beginnt mit dem Instinkt 1. Ordnung und geht dann zu immer kleineren Einheiten 2., 3. usw. Ordnung, von denen dann jeweils mehrere auf gleicher Ebene liegen und sich gegenseitig ausschließen. Welcher von ihnen je aktiviert wird, hängt von der angetroffenen Reizsituation ab. Die Einzelheiten können der Abbildung selbst entnommen werden.
Als ich begann, den Beutefang katzenartiger Raubtiere, ein äußerst komplexes Verhaltenssystem, zu untersuchen, versuchte ich zunächst, meine Befunde TINBERGENS Modell entsprechend anzuordnen, und das schien auch ganz gut zu passen (1956). Später jedoch, als ich aus hier nicht zu erörternden Gründen auf die alten Fragestellungen zurückkam, „befragte" ich gewissermaßen die Katzen aufs neue, was „sie davon hielten", und die Antwort fiel sehr negativ aus. TINBERGEN war in seinen Überlegungen in der Tat stark von der alten Vorstellung eines allgemeinen „Fortpflanzungstriebes" beeinflußt, der dann die zeitliche Abfolge der jeweils erforderlichen, immer spezielleren Einzelhandlungen einleiten sollte. Die Reihenfolge selbst bleibt dabei von Stufe zu Stufe absteigend starr und unveränderlich. Der Übergang vom Allgemeineren zum Spezielleren in festgelegter zeitlicher Abfolge erscheint dann als das Organisationsprizip des gesamten Verhaltenssystems, bzw. der diesem unterliegenden neuralen Mechanismen. Vielleicht gibt es Tiere, bei denen das vorkommt; aufgrund unserer bisherigen Kenntnisse kann man das nicht ausschließen. Aber bei höheren Wirbeltieren ist das sicher nicht so. Wenn man die Abfolge der Verhaltenselemente genauer betrachtet, die schließlich zur „Endhandlung" (consummatory act) führen, so ist diese beim Beutefang der Katzen z.B. keineswegs so starr festgelegt, wie das aufgrund des Modells zu erwarten wäre. Es gibt hier, je nach der untersuchten Art, etwa zwei bis drei Dutzend einzelner Verhaltensanteile, von denen aber das Tier beim einzelnen Beutefang jeweils nur verhältnismäßig wenige in je nach Lage unterschiedlicher Folge verwendet. Isoliert man so eine Katze, enthält ihr lebende Beute für längere Zeit vor oder verzögert die Ausführung der Handlung, so erfährt man, daß jede der Einzelhandlungen in gewisser Weise ein Eigenleben führt. Was sie zu

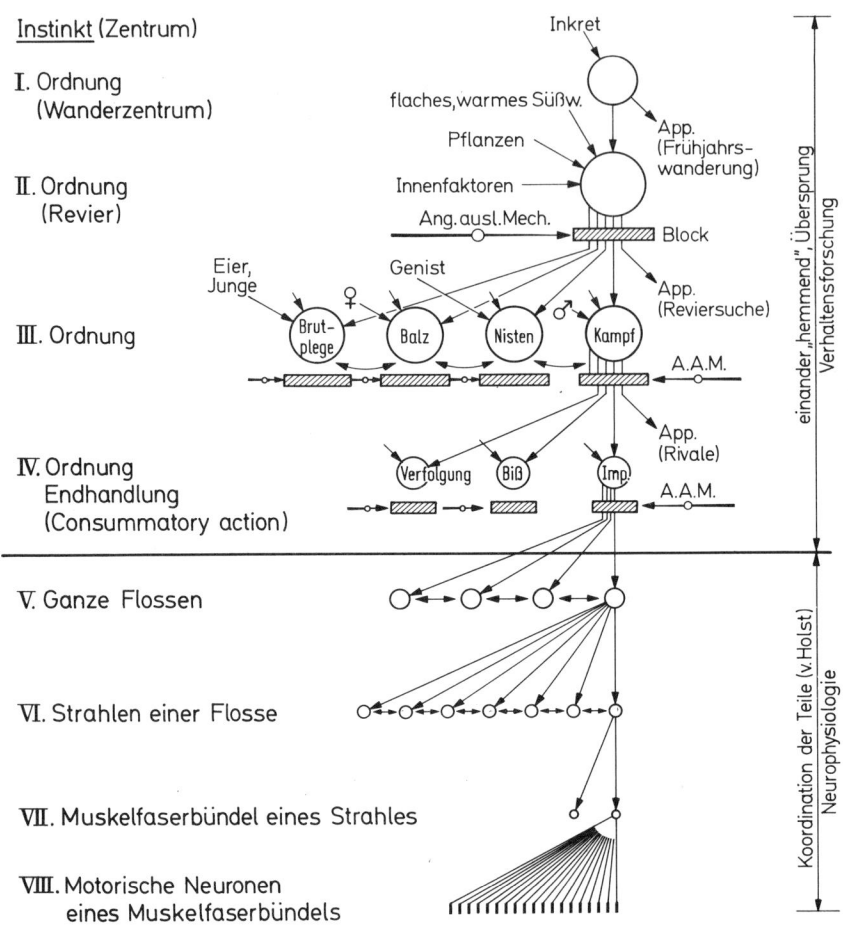

Instinkt (Zentrum)

I. Ordnung
(Wanderzentrum)

II. Ordnung
(Revier)

III. Ordnung

IV. Ordnung
Endhandlung
(Consummatory action)

V. Ganze Flossen

VI. Strahlen einer Flosse

VII. Muskelfaserbündel eines Strahles

VIII. Motorische Neuronen
eines Muskelfaserbündels

Abb. 1. Zentrenhierarchie des Hauptinstinkts Fortpflanzungsverhalten des Stichlingsmännchens.
(Nach TINBERGEN)

einer glatten, scheinbar selbstverständlichen Abfolge zusammenfügt, ist eben die jeweils erstrebte Endhandlung bzw. der diese in Gang setzende und haltende Einzelantrieb. Der spezifische Antrieb zur Endhandlung ist also das organisierende und koordinierende Prinzip für die ganze Handlungsfolge. Dafür, welche Einzelelemente und wie zusammengefügt werden, ist aber nicht nur die äußere Reizsituation, sondern mehr noch die Gesamt-Antriebslage des Tieres entscheidend. Wenn man nun Versuche der oben angedeuteten Art durchführt, so löst sich die zeitliche Ordnung der Einzelhandlungen, die im „Normalfalle", wenn das Tier Beute fängt, „um" zu essen, in zweck- und zielstrebiger Folge ablaufen. Die Katze fängt dann etwa ein Tier, läßt es aber sogleich wieder laufen oder trägt es erst ein wenig umher, nur „um" es dann wieder fangen zu können. In diesem Zustand ist der Antrieb zu „Fangen" stärker als der zu „Töten" oder „Essen", und „Fangen"

spielt jetzt die Rolle der Endhandlung. An dieser Stelle kann ich dies nicht weiter ausführen und verweise auf meine Arbeit von 1965(a). Kurz gesagt besitzen alle die oben erwähnten drei Dutzend Einzelhandlungen ihre eigenen, spezifischen Einzelantriebe, die im Prinzip voneinander unabhängig sind und je nach innerer Gesamtantriebslage entweder vorübergehend selbst erstrebte Endhandlung werden oder von anderen als „Appetenzhandlungen" eingespannt werden können. Daher ist es auch verständlich, daß manche dieser Einzelhandlungen auch in anderen Funktionskreisen und in Zusammenarbeit mit anderen Handlungsanteilen auftreten können (z.B. Nakkenbiß bei Beutetöten, aber auch bei Jungentransport, Begattung und Rivalenkampf). Sind sie gerade nicht auf die Erreichung irgendeines biologischen Endzwecks hin organisiert, so treten sie scheinbar „wahllos" und oft in regelloser Folge auf; wir nennen das dann Spiel. Spielend lernt ein Tier vieles; es gerät in Situationen, die nichts mit unmittelbarer biologischer Zweckerfüllung oder Bedürfnisbefriedigung zu tun haben. Es beschäftigt sich mit Dingen, die ihm sonst nicht begegneten, lernt, diese so zu behandeln und zu verwenden, daß diejenige Einzelhandlung, deren Antrieb gerade beherrschend ist, die besten, subjektiv „erfreulichsten" Gelegenheiten zur Betätigung findet. So lernt in unserem Beispiel die Katze manches über Dinge und Verhältnisse und wie sie zu behandeln sind, die sie nie lernen und erfahren könnte, wenn sie über die Einzelhandlungen immer nur in starrer, unabänderlicher Reihenfolge zum Zwecke des Nahrungserwerbs verfügen könnte. Die zeitweilige, unabhängige Verfügbarkeit der Einzelhandlungen komplexer Verhaltenssysteme ist meiner Meinung nach nicht nur eine äußerst wesentliche Vorbedingung für Lernen, sondern schafft erst die Mannigfaltigkeit der „Interessen", die allein erst die sinnvolle Anwendung von Lernfähigkeiten ermöglicht. Das Tier sammelt so eine Fülle von Erfahrungen, die im Augenblick des Erwerbs ziemlich nutzlos scheinen mögen, die aber im weiteren Leben sich als höchst wertvoll erweisen können. Es entwickelt dabei Fähigkeiten und Können, die es auf andere Weise wohl schwerlich erwerben könnte.

Eine bestimmte Fähigkeit oder ein bestimmtes Können erzeugen aber keineswegs automatisch schon einen Drang, einen Antrieb, sie auch anzuwenden. Ein sehr instruktives Beispiel hierfür liefern die Versuche von ROBERTS u. BERGQUIST (1968) und ROBERTS u. KIESS (1964). Gelegentlich gibt es Katzen, die keine Beute fangen und töten, wie immer man es auch mit ihnen versucht. Das ist wahrscheinlich (selten) genetisch oder (meist) aufzuchtbedingt. Der Unterschied braucht uns hier nicht zu beschäftigen. Pflanzt man Elektroden in bestimmte Zwischenhirnareale und reizt mit schwachem elektrischem Strom, so fangen und töten diese Katzen sofort und genau wie normaltüchtige Beutetöter. Wie oft man aber den Reizversuch auch wiederholt, die Tiere bleiben unfähig, im nicht elektrisch gereizten Zustand Beute zu töten. Was man auch versuchen mag, weder Hunger noch sonst etwas vermag diese Tiere zu Tötern zu machen. So haben wir hier alles, was der engagierte Lerntheoretiker fordern kann: a) ein Raubtier im vollen Besitz der motorischen und sensorischen Verhaltensmechanismen, die zu Beutefangen und -töten erforderlich sind; b) ein zwingendes Bedürfnis (Hunger); c) die passende Reizsituation (eine leicht zugängliche Ratte); d) jede gewünschte Zahl von Versuchen

(sooft wie man eine neue Ratte geben und auf den Knopf des Reizgeräts drücken will). Auch sind die Katzen nicht etwa völlig unfähig, unter elektrischer Reizung etwas zu lernen. Sie lernen z.B. im Reizversuch ein Labyrinth, an dessen Ziel sie eine Ratte finden. Elektrisch ungereizt töten sie zwar nicht, behalten jedoch ihre im Reizversuch erworbene Kenntnis des Labyrinths. Was diesen Katzen fehlt oder bei ihnen jedenfalls zu schwach entwickelt ist, um zum Erfolg zu führen, ist der *Antrieb* zu töten. Dieser kann durch den Reizstrom für je einmalige Ausführung ersetzt, aber nicht zur normalen Eigentätigkeit erweckt werden. Und so lange der spezifische Antrieb fehlt, gibt es auch kein „Einüben" oder „Bedingen". Das ganze Verfahren des klassischen Bedingens funktioniert nur, wenn das Antriebssystem des Tieres intakt ist (LEYHAUSEN, 1975).

2. Weil Katzen sich in bestimmten Labyrinthversuchen schlechter zurechtfanden als Ratten, wollte man auf ihre mindere Intelligenz schließen. In unendlich vielen Versuchsanordnungen hat man seither tierische Intelligenzen vergleichen wollen ohne zu bedenken, daß die objektiv gleiche physikalische Umgebung keineswegs für die verschiedenen Arten die gleiche Ausgangslage bietet. Wenn man einen Goldfisch, einen Pinguin, ein Krokodil und einen Elefanten in nur maßstäblich angepaßte, sonst identische Labyrinthe bringt, so herrscht hier keineswegs Chancengleichheit. Außerdem aber handelt es sich nicht notwendigerweise um gleichartige Lernvorgänge, wenn zwei verschiedene Tiere bei objektiv gleicher Aufgabe gleiche Lernleistung zeigen bzw. gleiche Lernkurven liefern. Es ist bisher durch nichts erwiesen, daß der Vorgang des sogenannten Bedingens, gleich ob mit Reiz- oder Reaktionsauswahl (classical oder instrumental), bei verschiedenen Tierarten grundsätzlich gleicher Natur ist. Ganz im Gegenteil haben FISCHEL (1948) schon vor vielen Jahren und BITTERMANN (1965) in neuerer Zeit nachgewiesen, daß gleichartige Lernerfolge bei verschiedenen Tierarten auf sehr verschiedene Weise zustandekommen können, ohne daß sich dies in der Form der Lernkurven ausdrücken müßte. Ja es erscheint sehr zweifelhaft, ob bei Individuen der gleichen Art gleichartige Lernerfolge immer auf gleiche Weise erzielt werden. Die nur auf den Lernerfolg abgestellten Untersuchungsmethoden etwa des Bedingens nehmen solche Tatsachen und Möglichkeiten aber nicht einmal zur Kenntnis (SKINNER u.a.m.).

So wissen wir heute sehr gut Bescheid über eine Vielzahl von Methoden, mit deren Hilfe man bei einer Vielzahl von Tieren und auch Menschen bestimmte Lernerfolge oder -leistungen erzielen kann. Über die Natur der verschiedenen Lernweisen, ihre Komplexität und ihre physiologischen Grundlagen aber wissen wir so gut wie nichts. Daran ändern auch die Ergebnisse der „Strudelwurm-Jockeys" (flatworm runners) und die angebliche Übertragung von Lernverhalten durch Hirnsubstanz nichts; denn meines Wissens ist bisher in keinem der Versuche, in denen man „ungelernte" Tiere Hirnsubstanz ihrer auf eine bestimmte Aufgabe trainierten Artgenossen essen ließ oder ihnen Hirnextrakte derselben injizierte, der Nachweis erbracht worden, daß konkrete Lern*inhalte* so übertragen wurden, sondern immer nur, daß die so behandelten Tiere schneller lernten. Auch ist nicht erwiesen, daß dieser Lernvorteil für die betreffende Aufgabe spezifisch ist.

3. Lernfähigkeit ist nicht gleichbedeutend mit Intelligenz. Debile sind zuweilen auf bestimmten Gebieten zu erstaunlichen, von keinem „Hochintelligenten" erreichbaren Lern- und Gedächtnisleistungen fähig. Wenn andererseits ein im Sinne der Versuchsanordnung naives Tier eine Umwegaufgabe sofort und ohne herumzuprobieren löst, so ist das eine Intelligenzleistung, die allein von den im Augenblick gebotenen Sinneseindrücken Gebrauch macht. Wie derzeit in der Verhaltensabteilung des Biologischen Instituts der Moskauer Universität unter Prof. KRUSCHINSKY laufende Versuche dieser Art zeigen, ist die nicht einschlägige, oft recht verschiedene, jedoch genauestens aufgezeichnete Vorerfahrung der Tiere (Hunde, Tauben, Krähen) für das Ergebnis nicht entscheidend. Ob das Tier im Versuch außerdem auch etwas lernt, kann natürlich frühestens der zweite, gleichartige Versuch entscheiden. Hohe Lern- und Gedächtnisleistungen und deren Auffüllung mit Inhalten erhöhen natürlich das Anwendungsfeld, den Spielraum intelligenten Denkens und Handelns, aber sie schaffen nicht Intelligenz. Umgekehrt aber erleichtert Intelligenz Lernen. Im übrigen ist Intelligenz mehr noch als „Lernen" ein Sammelbegriff für eine große Zahl verschiedenster, im einzelnen noch völlig unanalysierter Einzelfunktionen und ihrer außerordentlich unterschiedlichen Verschaltungen. Schließlich ist auch hier wieder festzuhalten, daß Intelligenzleistungen ebenso wie Lernleistungen ihre Motivierung nicht aus sich selbst beziehen, sondern auf Antriebskräfte anderer Art angewiesen sind.

4. Lernen ist *eine* der Möglichkeiten des Tieres, sein Verhalten individuell gegebenen Umweltbedingungen anzupassen, aber keineswegs die einzige. Nicht jede Modifikation des Verhaltens,

auch nicht jede anpassende, beruht auf Lernen. Dennoch hat sich hartnäckig die Meinung festgesetzt, die Lernfähigkeit bestimme die individuelle Verhaltens-Anpassungsfähigkeit und damit den Freiraum des Verhaltens. Es führe das Tier aus der determinierenden Diktatur des Ererbten in die Freiheit des dem jeweiligen Fall, der jeweiligen Situation angemessenen Verhaltens. Diese Meinung ist zumindest äußerst einseitig und in gewisser Beziehung sogar grundfalsch. Überall sonst, wo wir bei Organismen mehr oder weniger weitreichende Anpassungsfähigkeiten vorfinden, bedeuten diese für die betroffenen Individuen nicht etwa Freiheit, sondern härtesten Zwang zur Anpassung. Daß dies bei vielen Lernprozessen nicht anders ist, beweist wohl nichts besser als etwa die unerbittliche SKINNERsche Methodik. In der freien Natur ist das nicht anders: Wer lernen kann und es nicht tut, hat sicherlich verminderte Überlebens- und Fortpflanzungsaussichten. In den meisten Fällen hat ein Tier auch gar keine Wahl, ob es sich so oder anders anpassen will. Soweit Lernfähigkeit also Anpassungsfähigkeit bedeutet, ist sie sicher nicht Grundlage der Freiheit.

Wenn das Individuum nicht völlig zum Spielball seiner besonderen Lebensumstände werden soll (was selbstverständlich die Kontinuität der Art gefährden und schließlich aufheben müßte), so muß es also über stabilisierende Elemente *in sich selbst* verfügen, welche gegenüber den Umwelteinflüssen weitgehend unempfindlich sind. Sie sind Ausdruck einer Anpassung an über lange Zeiträume einigermaßen konstante Lebensbedingungen; langfristige Anpassungen engen notwendigerweise den Spielraum der kurzfristigen, auf die Lebensspanne eines Individuums beschränkten Anpassungsfähigkeit ein, sie befreien damit aber auch gleichzeitig dieses Individuum vom Zwang zur Anpassung. Anders ausgedrückt: Was während der Evolution der Art als Anpassung an langfristig wirksame Auslesefaktoren entstand, also gewissermaßen eine Antwort der Art auf bestimmte Umweltforderungen darstellt, erscheint im Individuum *als Forderung an die Umwelt:* Das Einzeltier beugt sich hier nicht irgendeinem Umweltgeschehen, sondern weicht ihm aus, sucht sich Passendes, oder trachtet das Gegebene an sich anzupassen, also zu verändern, „umzuschaffen". Erst das „Erbteil" im Verhalten gibt den höheren Tieren die Freiheit, sich selbst gegen ihre Umwelt zu setzen und durchzusetzen.

Um diese Behauptungen zu stützen, muß ich etwas näher auf die Theorie der Einzelantriebe eingehen.

Bis zum heutigen Tage gibt es eine große Gruppe von Psychologen der verschiedensten Schulen, die fest daran glaubt, ein Lebewesen könne nichts tun, ohne dazu von außen her angeregt, „gereizt" zu sein. Nach ihrer Meinung gibt es nur Antwortverhalten (Re-aktion), kein Spontanverhalten (Aktion). Letzten Endes ist das sogar richtig. Der Unterschied der Auffassung beruht nur auf dem verschiedenen Zeitmaßstab, den man an die Ereignisse legt: Die Antwort, welche die Art während ihrer Stammesgeschichte vor Tausenden, Millionen oder Hunderten von Millionen Jahren in einer sich über viele Generationen hinziehenden Auseinandersetzung mit bestimmten Umweltbedingungen fand, die Re-aktion der Spezies also auf Außenreize, sieht wie spontane Aktion aus, wenn wir sie im Zeitmaßstab der Ontogenie eines Individuums oder gar des Ablaufs einer einzelnen Handlung — der Aktualgenese — betrachten. Letzten Endes sind also die Verhaltensforscher ebensosehr Milieutheoretiker oder „Environmentalisten" wie Experimentalpsychologen und behavioristische Lerntheoretiker.

Modifikationen im Verhalten eines Individuums, die während der Ontogenese eintreten, mögen in manchen Fällen aktualgenetisch ebenso „spontan" erscheinen wie phylogenetisch erworbene Instinktbewegungen; aber sie lassen sich eben auf individualgeschichtliche Einflüsse zurückführen und sind bei unter verschiedenen Bedingungen aufgewachsenen Individuen verschieden. Schließlich aber muß jede Handlung oder Handlungsfolge in Gang gesetzt, aktiviert werden; die phylogenetisch und ontogenetisch entwickelten Verhaltensmechanismen bleiben für den größten Teil der Zeit latent und äußern sich nur in mehr oder weniger langen Zeitabständen. Es gibt viele Beweise dafür, daß die Phylogenese jede Tierart mit zeitabhängigen, inneren Mechanismen ausgestattet hat, welche das Einzeltier an bestimmte Tätigkeiten „erinnern", so daß es diese nicht „vergessen", nicht auf die Dauer unterlassen kann. Diese Mechanismen bilden ein System innerer Antriebskräfte, die im Verhältnis zum Einzeltier und seiner Lebensspanne „spontan" erscheinen. Ihr ständig wechselndes, inneres Gleichgewicht bestimmt und regelt die jeweilige Empfänglichkeit und Empfindlichkeit des Tieres gegenüber eintreffenden Außenreizen, die also in diesem Sinne keineswegs „unabhängige Variable" sind. Diese zeitabhängigen, eigentätigen Antriebskräfte nenne ich Einzelantriebe (propensities); die Verbindung eines Einzelantriebs mit einem oder (in manchen Fällen auch) mehreren umweltstabilen („angeborenen") Bewegungskoordinationen bildet einen Instinkt im Sinne von LORENZ (1937). Es gibt eine Reihe von Gründen dafür anzunehmen, daß die Funktion der Einzelantriebe auf spezifischen, im Stammhirn produzierten Erregungsstoffen beruht, die gespeichert und bei „Abruf" freigesetzt werden (LEYHAUSEN, 1965b). Die wesentlichen Funktionen eines solchen Systems lassen sich etwa so kennzeichnen:

a) Es entstehen Antriebsreserven, die im „Bedarfsfalle" sicherstellen, daß die entsprechenden Verhaltensweisen auch gegenüber auftretenden Hindernissen bis zum biologisch notwendigen Erfolg durchgehalten werden, ohne daß das Individuum subjektiv von dieser Notwendigkeit Kenntnis zu haben braucht bzw. den Erfolg als Ziel anstrebt.

b) Unspezifische Afferenzen wirken wahrscheinlich wenigstens teilweise ebenso wie Hormone auf die Produktion spezifischer Erregungsstoffe ein. Diesen und vielleicht noch anderen, unregelmäßigen, von zufälligen Außenbedingungen abhängigen Einflüssen gegenüber hätten die Erregungsstoffe etwa die gleiche Funktion wie die Feder einer Uhr mit automatischem Aufzug: nämlich die unregelmäßig eintreffenden Impulse in einen geregelten, gleichbleibenden Antriebsfluß umzuwandeln.

(a) und (b) bringen also eine mehr oder weniger weitgehende Stetigkeit des Antriebspotentials mit sich gegenüber jenen Prozessen (einschließlich des Stoffwechsels), die dessen Aufbau bewirken und steuern.

c) Der mit stärkerer Ansammlung des spezifischen Erregungsstoffes entstehende Drang zur Betätigung in jeweils bestimmter Richtung „erinnert" das Tier rechtzeitig — d.h., beispielsweise lange, ehe ein Mangel zu physiologischer Schädigung oder eine Unterlassung zur Schädigung des Artbestandes führt — an die „Fälligkeit" der betreffenden Tätigkeit: Wahrnehmung wie Motorik werden entsprechend in Bereitschaft gesetzt und gehalten, Appetenzverhalten tritt auf, bis die adäquate Situation entweder gefunden oder geschaffen ist.

d) Der Verbrauch eines aktionsspezifischen Erregungsstoffes schwächt vorübergehend dessen Einfluß auf das gesamte Antriebsgeschehen bzw. hebt ihn im Grenzfall ganz auf. Dies zusammen mit der sehr verschiedenen Aufladungsgeschwindigkeit spezifischer Erregungen bedingt einen rhythmischen „Führungswechsel" im spontanen Antriebsgeschehen, der im großen und ganzen dafür sorgt, daß ein Tier jede Tätigkeit so oft und so lange anstrebt und ausführt, wie es seine eigene Lebenserhaltung wie die seiner sozialen

Gruppe und der Art erheischen, und zwar weitgehend unabhängig von der jeweiligen Gunst oder Ungunst der äußeren Situation hinsichtlich der einzelnen Tätigkeit.

e) Die Vielzahl spezifischer Antriebe verhindert im Regelfall, daß sich das gesamte Antriebspotential in *einer* Tätigkeit, in einem einzigen Streben erschöpfen kann, wie es bei einem einheitlichen Reservoir unspezifischer Antriebsenergie, die erst zu „kanalisieren" wäre, nicht nur leicht möglich, sondern geradezu unvermeidlich wäre.

Die unter c) bis e) genannten Eigenheiten dieses Antriebssystems bedingen eine — freilich relative — Autonomie des Verhaltens gegenüber dem Hier und Jetzt der Außenwelt ebenso wie gegenüber mehr indirekten äußeren Einflüssen wie Erfahrungen, Gedächtnisinhalten usw. Wenn auch „Reiz-Reaktion" Teilprinzip der Verhaltensregulation ist, so ist „Aktion-Rückmeldung" mindestens ebenso wesentlich. Das letztere Prinzip aber ist es, worauf die Möglichkeit menschlicher Freiheit beruht: Da das autonome Antriebssystem von der Spezies während ihrer Stammesgeschichte erworben wurde, ist es nicht etwas, was das Individuum nehmen oder weglassen kann, es ist ein für allemal damit ausgestattet; da die Art es erwarb als eine Anpassung, die das Individuum vor den Zufälligkeiten seiner Umweltverhältnisse schützt, wirkt es stabilisierend; es bewahrt gleichsam die individuelle Identität. Und so „befreit" es das Individuum aus der Sklaverei der Außenwelt und befähigt es, diese, wo nötig oder erstrebenswert, zu verändern. Da dieses System relativer Freiheit stammesgeschichtliche Erwerbung der Art ist, kann das Individuum es nur im Tode verlieren: Wie die Geschichte hinreichend erweist, können Menschen sich jeglicher Würde begeben; ihrer Freiheit (und damit ihrer Verantwortung) können sie sich jedoch nicht entziehen. Ob sie ihnen zum Segen oder zum Fluch gereicht, ist natürlich Anschauungssache.

In diesem Licht erscheint das „Angeborene" nicht länger als eine aus finsterer Vergangenheit mitgeschleppte Teufelei, die es im Kampf für menschliche Freiheit und Selbstverwirklichung zu überwinden gilt, sondern als der wahre Kern eben dieses „Selbst". Ein weiterer Aspekt dieses Sachverhalts aber veranlaßt mich, gerade hier in diesem Kreise meinen Ausführungen eine, wie ich glaube, sehr ernst zu nehmende Warnung anzufügen. „Selbstverwirklichung" kann nicht heißen, daß das Individuum alles, was lehr- und lernbar ist, auch lernen soll oder gar muß, daß der gesamte Bereich der Anpassungsfähigkeit des Verhaltens, insbesondere des Sozialverhaltens, auch

bis an die Grenze des Möglichen ausgeschöpft werden müßte oder dürfte. Unsere Kulturentwicklung ist so schnell erfolgt und hat sich geradezu darin überschlagen, Umwelt- und Sozialbedingungen zu schaffen, dauernd zu ändern und auszuwechseln, wie es während der ganzen menschlichen Stammesgeschichte zuvor nie vorkam. Der Versuch, sich dauernd und immer wieder schnellstens und völlig an diesen kaleidoskopischen Wechsel anzupassen, könnte dem, was das wahre stammesgeschichtlich gewordene, innere Wesen des Menschen ausmacht, äußerst gefährlich werden. Anzeichen dafür gibt es schon längst übergenug. Ganz grundsätzlich darf man individuelle Anpassungsfähigkeit jedweder Art nicht als etwas betrachten, das immer bis zur Grenze beansprucht werden soll, sondern als einen Sicherheitsbereich, innerhalb dessen das Individuum bleiben muß, um zu überleben, bei körperlicher und geistiger Gesundheit zu bleiben *und* noch ausreichende Reserven für Notfälle zu haben. Kein vernünftiger und verantwortungsbewußter Autofahrer wird seinen Wagen ständig bis an die Grenze der aktiven Fahrsicherheit treiben, sondern eine gute Sicherheitsreserve für unerwartete Zwischenfälle belassen. Ganz ähnlich halte ich es für geradezu kriminell, jedenfalls ganz unverantwortlich, das Menschenwesen ständig bis an die Grenzen seiner Anpassungsfähigkeit zu drängen. Keinem Lehrer, keinem Psychologen, keinem Soziologen, keinem Wirtschaftler und erst recht keinem Politiker sollte es erlaubt sein, auch nur den Versuch zu unternehmen.

An diesen 4 Punkten hoffe ich darzutun, wie sehr Lernen und Intelligenz von einem Motivationssystem abhängen, das selbst *vor* beiden entstand und deshalb umgekehrt von ihnen nicht abhängt. Ohne eine diese „ganzheitsunabhängigen Bausteine" (LORENZ) des Verhaltens genauer untersuchende Antriebsforschung kann daher meines Erachtens die Lern- und Intelligenzforschung keine für das Ganze des Menschen bedeutsamen Ergebnisse mehr erbringen.

Literatur

BITTERMANN, M.E.: The evolution of intelligence. Sci. Amer. **212**, 92–100 (1965)
EWER, R.F.: Some observations on the killing and eating of prey by two dasyurid marsupials: the mulgara, *Dasycercus cristicauda,* and the Tasmanian devil, *Sarcophilus harrisi.* Z. Tierpsychol. **26**, 23–38 (1969)

FISCHEL, W.: Die höheren Leistungen der Wirbeltier-gehirne. Leipzig 1948

LEYHAUSEN, P.: Verhaltensstudien an Katzen, 1. Aufl. Berlin 1956

LEYHAUSEN, P.: Über die Funktion der relativen Stimmungshierarchie (dargestellt am Beispiel der phylogenetischen und ontogenetischen Entwicklung des Beutefangs von Raubtieren). Z. Tierpsychol. **22**, 412–494 (1965a)

LEYHAUSEN, P.: Das Motivationsproblem in der Ethologie. Hdbch. Psychol. **2** (Motivation), 794–816 (1965b)

LEYHAUSEN, P.: Ethological aspects of human behaviour. Proc. Inter. Conf. The Origin of Man, Rome, October 28–30, 1971, pp. 219–241

LEYHAUSEN, P.: Verhaltensstudien an Katzen, 4. Aufl. Berlin 1975

LORENZ, K.: Über den Begriff der Instinkthandlung. Folia biotheor. **2**, 17–50 (1937)

ROBERTS, W.W., BERGQUIST, E.H.: Attack elicited by hypothalamic stimulation in cats raised in social isolation. J. comp. physiol. Psychol. **66**, 590–595 (1968)

ROBERTS, W.W., KIESS, H.O.: Motivational properties of hypothalamic aggression in cats. J. comp. physiol. Psychol. **58**, 187–193 (1964)

Die Lernfähigkeit verschiedener Populationen

Hans Jürgen Eysenck

Mit der vorliegenden Arbeit möchte ich zusammenfassend einige der Belege dafür darstellen, daß die Fähigkeit, kognitives Material zu lernen, mit bestimmten Persönlichkeitstypen genetisch zusammenhängt. Es gibt natürlich auch Belege, die unterschiedliche intellektuelle Fähigkeiten, ob nun eine generelle Fähigkeit (IQ) oder spezielle Fähigkeiten, wie z.B. verbale, numerische, visuellmotorische, perzeptive usw. betreffen. Mit diesen werde ich mich nicht befassen, da andere Autoren dies tun werden, und die Zeit es nicht erlaubt, zu viele Differenzierungsgrundsätze zu betrachten. Wir werden uns auf derartige Untergruppen wie Introvertierte und Extrovertierte konzentrieren, auf Beständige und Unbeständige, als ob sie verschiedene Populationen bildeten, obgleich natürlich derartige Personen nur Extreme im Verlauf bestimmter Kontinua darstellen. Experimentell können wir Extrovertierte und Introvertierte wahlweise so festlegen, daß sie etwa 25% der Population ausmachen, wobei diejenigen in der Mitte der Stichprobe nach beiden Richtungen tendieren; als Alternative dazu können wir auch eine unausgelesene Stichprobe verwenden und die Lernfähigkeit mit Werten in einem geeigneten Maßstab für Extroversion, wie z.B. dem E.P.I. (EYSENCK u. EYSENCK, 1964), verbinden. Ich will mich nicht im Detail mit den Belegen dafür befassen, daß Persönlichkeitsfaktoren dieser Art weitgehend genetisch bestimmt sind; der Leser sei auf die Zusammenfassungen der Literatur dazu verwiesen (EYSENCK, 1967; EYSENCK, 1976; EAVES u. EYSENCK, 1975). Der Punkt ist für unsere Diskussion nicht entscheidend, da die Ergebnisse, über die berichtet werden soll, sich mit gemessenen Zusammenhängen zwischen Persönlichkeit und Leistung bei Lernaufgaben befassen; die Interpretation dieser Ergebnisse, was die Verallgemeinerung auf Schul- und Universitätsleistungen anbetrifft, kann jedoch unterschiedlich sein, auch im Hinblick darauf, daß wir an den sozialen und politischen Konsequenzen unserer Ergebnisse interessiert sind (EYSENCK, 1973).

Allgemein kann man die Belege unter zwei Gesichtspunkten betrachten, nämlich dem praktischen und dem theoretischen. Untersuchungen des Lernens an Schulen und Universitäten, die sich der Leistungsmessung bedienen, sind gewöhnlich von der ersten Art; ihre Implikationen scheinen auf den ersten Blick offensichtlich zu sein, aber sie sind gewöhnlich nicht spezifisch genug, um eine genaue wissenschaftliche Interpretation oder eine kausale Analyse zu gestatten. Man kann sagen, sie werfen eher Fragen auf, als daß sie zu Antworten führen, die für den Wissenschaftler befriedigend sind. Andererseits kann man in Laboratoriumsuntersuchungen die Versuchsbedingungen so steuern, daß es möglich wird, die Verantwortung für Lerndefekte spezifischen Mechanismen zuzuschreiben (Kodierung, Kurzzeitgedächtnis, Konsolidierung, Langzeitgedächtnis, Wiedergabe usw.). Die Hauptschwierigkeit hier ist der Mangel an direkter Anwendbarkeit auf praktische Situationen; diese Anwendungen müssen selbst theoretisch ausgearbeitet und empirisch dargestellt werden. Sowohl die praktische als auch die theoretisch-experimentelle Seite muß berücksichtigt werden, wenn wesentliche Verallgemeinerungen über die verschiedenen Populationen, die mit unseren Lehrverfahren konfrontiert wurden und die unterschiedliche Lernfortschritte zeigen, vorgenommen werden.

Ich will die umfangreiche Literatur, die sich mit Schul- und Universitätsleistungen befaßt, hier nicht zusammenfassend darstellen; zwei Untersuchungen sollen die Art der allgemein angeführten Ergebnisse darlegen. EYSENCK u. COOKSON (1969) untersuchten eine große Anzahl von Schulkindern und stellten fest, daß diejenigen mit ausgeprägter neurotischer Persönlichkeitsstruktur in allen Altersstufen generell schlechter in ihren Schulleistungen waren; dieser Zusammenhang zwischen Neurotizismus, Angst oder Emotionalität (diese Begriffe werden von verschiedenen Autoren synonym benutzt) einerseits und der Leistung andererseits, wurde von verschiedenen Autoren immer wieder erwähnt. Was die Extroversion anbelangt, so stand diese mit der Leistung in der Grundschule in positivem Zusammenhang, während in der Sekundarschule ein negativer Zusammenhang bestand; mit anderen Worten, wenn das Kind älter und der Unterricht formaler wird, erleichtern introvertierte Verhaltensweisen das Lernen. Auch dieses Ergebnis wurde mehrfach repliziert. Wir stellen also fest, daß Persönlichkeit und Lernen in der Schule auf eine Weise zusammenhängen, die sich zu verschiedenen Zeiten und in verschiedenen Ländern immer wieder zeigt.

Wenn wir uns nun der Universität zuwenden, finden wir, daß auch hier ähnliche Zusammenhänge vorliegen; im großen und ganzen spricht ein hoher Wert für Neurotizismus und Extroversion gegen gute Leistungen auf diesem Niveau des Lernens. WANKOWSKIS Bericht über „Temperament, Motivation und akademische Leistung" (1973) vermittelt ein ausgezeichnetes Bild der Lage. Bei der Untersuchung einer Zufallsstichprobe von Studenten, die in die Universität von Birmingham aufgenommen wurden, stellte er folgendes fest: 1. von den Studierenden, die neu in die Universität eintraten, hatten die Extrovertierten eher schlechtere schulische Vorkenntnisse. 2. Das Leistungsniveau korrelierte negativ mit Extroversion, wobei die Korrelationen im Bereich von −0,3 lagen. 3. Das Leistungsniveau korrelierte mit dem Neurotizismus, wobei die Korrelationen von der gleichen Größenordnung wie bei der Extroversion waren. 4. Es gibt deutliche Temperamentsunterschiede zwischen Studierenden mit erstklassigen Abschlußzensuren, ausreichenden Abschlußzensuren und Durchgefallenen bzw. Frühabgängern. Bei den Durchgefallenen bestand eine Anhäufungstendenz im Quadranten mit hohem E- und hohem N-Wert, bei den Erfolgreichen im Quadranten mit niedrigem E- und N-Wert. Von den neurotisch Extrovertierten erreichte nur einer von acht eine erstklassige Abschlußzensur, verglichen mit einem Verhältnis von eins zu drei in den anderen Quadranten; von den neurotisch Extrovertierten fiel einer von zehn Studenten durch, bei den stabilen Introvertierten jedoch nur einer von 22. Dies sind große Unterschiede, viel zu groß, als daß sie nur auf die Intelligenz zurückzuführen wären; das britische Auswahlsystem garantiert ja, daß praktisch alle, die zum Studium zugelassen werden, einen genügend hohen IQ haben, um erfolgreich zu studieren.

Daneben stellte sich heraus, daß die Persönlichkeit das vom Studenten gewählte Fach bestimmte; dies ist für den Zusammenhang zwischen Lernmotivierung und Persönlichkeit von Bedeutung. Extrovertierte wählten *praktische* und *am Menschen orientierte* Fächer und mieden *theoretische*; Introvertierte wählten *theoretische* Fächer und mieden *praktische* und *am Menschen orientierte*. Neurotische Extrovertierte waren vor allem in den Sozialwissenschaften – z.B. in So-

ziologie – in der Überzahl, stabile Introvertierte in der Physik, Mathematik usw.

Es ist leicht, sich derartige Ergebnisse in theoretischen Begriffen zu erklären. Bei Neurotikern wäre zu erwarten, daß die Fähigkeit des Studierenden, sich auf seine Lernaufgabe zu konzentrieren, reduziert wird, daß er zur Zeitverschwendung bei seinen Bemühungen, mit seinen Problemen fertigzuwerden, verleitet wird und dies schließlich zur Prüfungsangst und so zum Versagen führt. Studierende mit hohen N-Werten konsultieren häufiger die Beratungsstelle der Universität, was auf psychische Schwierigkeiten hinweist, die sich vielleicht nachteilig auf ihr Studium ausgewirkt haben. Es wurde festgestellt, daß die Angst zu dauerhaften Zuständen der Unsicherheit bezüglich der Arbeit und der Fortschritte führte, zu einer ablehnenden Haltung gegenüber der Schule, zu Besorgnis bei Kontakten mit den Lehrern, sowie zu zwanghaften und ritualistischen Methoden des Notizenmachens und andererseits zu chaotischen Studiermethoden. Von Extrovertierten wäre zu erwarten, daß sie mehr Zeit mit nicht studienbezogenen Tätigkeiten, bei Geselligkeiten und Sport, verbringen. Ihr akademisches Arbeiten ist weniger geordnet und ihre intrinsische Motivierung ist fraglich. Diese Vermutungen erscheinen vernünftig und stimmen mit tatsächlichen Beobachtungen und Ergebnissen von WANKOWSKI überein, doch lassen sie die Einzelheiten des Lerndefizits ungeklärt. Dazu müssen wir uns detaillierten Laboratoriumsuntersuchungen zuwenden.

Die entsprechende wissenschaftliche Arbeit auf diesem Gebiet begann mit der Untersuchung, aus der das Yerkes-Dodson-Gesetz (s. BROADHURST, 1959) hervorging; dies sagt, sehr kurz dargestellt, daß Lernen eine *kurvilineare* Funktion des Antriebs ist, wobei ein schwacher Antrieb suboptimal und ein sehr starker Antrieb supraoptimal ist. Ein mittleres Antriebsniveau fördert das Lernen am meisten. In einem zweiten Teil des Gesetzes wird ergänzt, daß der optimale Antrieb von der Schwierigkeit der Aufgabe abhängt. Er ist gering für schwierige und stark für leichte Aufgaben. Ähnliche Ausführungen wurden von HEBB (1955) gemacht, der Antrieb und Leistung in Form einer umgekehrten U-Funktion miteinander zusammenhängend darstellte, und von PAWLOW, mit seinem Gesetz der Stärke und dem zusätzlichen Gesetz der transmarginalen Inhibition. Es gibt eine sehr umfangreiche Literatur, die für eine derartige Formulierung spricht (EYSENCK, 1973). Diese verschiedenen Formulierungen sind ihrem Wesen nach deskriptiver Art und eigentlich nicht in irgendeines der allgemeinen Gesetze der Psychologie integriert. SPENCE (1958; SPENCE u. SPENCE, 1966) stellte eine Verbindung her, als er die Annahme äußerte, das wesentliche Merkmal beim Yerkes-Dodson-Gesetz sei nicht der Schwierigkeitsgrad, sondern vielmehr das Maß der Gewohnheitsstärke ($_sH_R$), die zur Zeit des neuen Lernprozesses vorhanden ist. Diese Formulierung verdankt dem HULLschen System viel, von dem sie sich direkt ableitet. SPENCE wendet die HULLsche Formulierung: „Verhalten = (f) Trieb × erlernte Reaktion (Habit)" auf die einfache Lernsituation an. Wir wollen einmal annehmen, daß der zu erlernende Habit neu ist, und daß es keine bereits vorhandenen Habits gibt, die den neuen behindern oder fördern könnten. Unter diesen Umständen hinge der Antrieb in immer gleicher Weise mit dem Lernen zusammen: je größer der Antrieb, desto größer die Lernergebnisse. Dies wäre der Fall, wenn wir etwa eine Reihe von Assoziationspaaren, wie Tier-Schläfrigkeit, oder von sinnlosen Silben, wie RIW — GOF, lernen sollten. Wir wollen nun jedoch annehmen, daß bereits ältere Habits vorhanden sind, die den neu zu lernenden entgegenstehen, wie im Falle solcher Assoziationspaare wie Tisch — Löwe, und Tiger — Stuhl, bei denen bei den meisten Menschen starke Assoziationen der gegensätzlichen Art, nämlich Tisch — Stuhl, und Löwe — Tiger, bestehen. Nun müßte der starke Antrieb den bereits bestehenden Habit stärken und das Lernen des neuen erschweren. Unter diesen Bedingungen müßte ein starker Antrieb zu schlechtem Lernen führen und ein schwacher Antrieb optimal sein. Eine umfangreiche Reihe von Experimenten hat gezeigt, daß SPENCE mit seiner Theorie richtig liegt, und daß eher die Habitstärke als das Schwierigkeitsniveau der für die Umkehr der monotonen Beziehung zwischen Antrieb und Lernen verantwortliche Faktor ist. SPENCE benutzte die MAS (Manifest Anxiety Scale), als Maßstab für den Antrieb. Diese Skala stellt jedoch leider kein reines Persönlichkeitsmaß dar, sondern vermengt Neurotizismus und Introversion und macht es so unmöglich, die Untersuchungsergebnisse eindeutig einer dieser Persönlichkeitsdimensionen zuzuordnen (EYSENCK, 1973 b). Dennoch stellte SPENCES origineller und wichtiger Beitrag zum ersten Mal eine Verbindung zwischen Persönlichkeit (große gegenüber geringer Angst), Lernen und einem sinnvollen psychologischen Konstrukt mit bekannten theoretischen Eigenschaften her. Dies war ein bedeutendes historisches Ereignis in der Entwicklung einer echten Lerntheorie, und spätere Autoren haben aus SPENCES Beiträgen Nutzen gezogen.

SPENCE ging von den oben beschriebenen theoretischen Konzepten aus; später fügte er noch eine weitere Überlegung hinzu, von der er meinte, sie könne die schlechten Leistungen ängstlicher Studierender erklären. SPENCES zweite Beweisführung bezieht sich auf das Vorhandensein von Triebstimuli (S_D-Variablen) im HULLschen System. Diese können ihrerseits irrelevantes Verhalten hervorrufen, welches das zu erlernende Verhalten stören könnte. „Die Ausweitung unserer Feststellungen auf Trieb und Angst hat mit einem Faktor zu tun, der ‚Reaktions-Interferenz-Hypothese‘ genannt werden könnte. Diese Hypothese behauptet, daß aufgabenirrelevante Reaktionen, die in manchen Situationen eine wirksame Leistung stören können, bei Personen mit großer Angst leichter ausgelöst werden können als bei solchen mit geringer" (SPENCE u. SPENCE, 1966). So kann die Prüfungssituation autonome Reaktionen (schnellen Herzschlag, Schwitzen, schnelles Atmen usw.) hervorrufen, welche die Aufmerksamkeit der Person auf sich ziehen und sie von ihrer Hauptaufgabe ablenken, weil sie sie dazu bringt, diese Triebstimuli, d.h. Stimuli, welche vom Angsttrieb selbst erzeugt werden, zu beachten. So mag der Student dasitzen und sich fragen: Was geschieht mit mir, weshalb bin ich so besorgt, was kann ich dagegen tun usw., statt sich mit seiner Aufgabe zu befassen, die darin besteht, die Prüfungsfragen zu beantworten. Introspektive Hinweise von ängstlichen Studenten bestätigen dieses Bild. Sie sind oft so von diesen Stimuli in Anspruch genommen, daß kaum Energie für die Beschäftigung mit ihrer Prüfung übrigbleibt. Eine detaillierte Betrachtung dieses Mechanismus liegt von EYSENCK (1973 b) vor.
SPENCE verwendet das Konzept des „Triebs" in einem nicht-biologischen Sinn, wobei er eine operationale Definition der Skala der manifesten Angst benutzt. EYSENCK schloß sich HEBB an, als er 1967 ausführte, daß das Triebkonzept in der modernen Lerntheorie mit dem biologischen Konzept der „Erregung" zusammenhängt, d.h. einer Eigenschaft des Cortex, die über Vermittlung der aufsteigenden Formatio reticularis zustande kommt und mit Hilfe des EEG und anderer psychophysiologischer Methoden gemessen wird. Es besteht eine enge Beziehung zur Persönlichkeit, da in der gleichen Theorie der Kausalfaktor in der Extroversion-Introversion-Dimension das habituelle (anhaltende) Erregungsniveau ist. Introvertierte weisen einen hohen Grad kortikaler Erregung auf, Extrovertierte einen niedrigen. Es gibt auch ein biologisches Substrat für Neurotizismus. Von diesem nimmt man an, daß

es als labiles autonomes System bei Personen mit hohem N-Wert und als stabiles autonomes System bei solchen mit niedrigem N-Wert existiert, wobei die Aktivität des autonomen Systems durch das „viszerale Gehirn" oder das limbische System koordiniert wird. Die beiden Systeme sind weitgehend voneinander unabhängig, es sei denn bei Zuständen hoher autonomer Anregung, an denen das kortikale Erregungssystem ebenfalls sowohl direkt als auch indirekt beteiligt ist. Es wird sich herausstellen, daß, wenn diese Theorie in die richtige Richtung zielt, die einfache Verwendung der MAS als Maßstab einer nicht spezifizierten Erregung eine grobe Übervereinfachung ist und daß der aktive Bestandteil in SPENCES Persönlichkeitsmaßstab eher die Extroversion-Introversion-Komponente als die Neurotizismus-Stabilitäts-Komponente war. Eine Untersuchung von WILLOUGHBY (1967) befürwortete diese Behauptung sehr. Er stellte bei der Wiederholung eines der SPENCEschen Experimente fest, daß dort, wo SPENCE eine hohe Determination des Lernens aufgrund von Unterschieden in der MAS feststellte, diese bei Verwendung von Neurotizismusmaßstäben fehlte. Wir würden also sagen, daß für die meisten Lernsituationen, bei denen keine starke emotionale Belastung besteht (die die N-Komponente ins Spiel bringen würde), Extroversion-Introversion die wichtigste Persönlichkeitsvariable ist, und zwar wegen der hier zugrunde liegenden Erregungsunterschiede zwischen Extrovertierten und Introvertierten.

Der Einfluß der Erregung auf das Lernen und Konditionieren ist gut belegt, und wir können die bekannten Tatsachen und Theorien verwenden, um Voraussagen über Persönlichkeitsfaktoren zu machen. Experimentelle Manipulationen der Erregungsvariablen wurden gewöhnlich entweder durch solche Mittel, wie das Einführen von weißem Rauschen in die Versuchssituation, bewirkt, was zu einer Erregungssteigerung führte, oder durch Manipulation des Erregungsniveaus unter Verwendung von verbalem Material mit unterschiedlichen Erregungseigenschaften. So hätte in einem Lernexperiment mit Assoziationspaaren des Wort „Duck" geringe Erregungseigenschaften, während das Wort „Fuck" hohe Erregungseigenschaften hätte. Bei Experimenten, in denen das Erregungsniveau durch die Auswahl von Persönlichkeitstypen (Extrovertierten gegenüber Introvertierten) manipuliert wird, müssen diese Alternativerregungsquellen bei Voraussagen natürlich berücksichtigt werden (EYSENCK, 1973 b). Die Hauptschwierigkeit bei der Planung und Interpretation von Experimenten auf diesem Gebiet liegt im Konsolidierungsprozeß und den dabei auftretenden Eigentümlichkeiten begründet, die bei der Konsolidierung der primären (Kurzzeit-)Gedächtnisspur (gesehen als ein zurückstrahlender neuraler Kreis) über eine sekundäre (Langzeit-)Gedächtnisspur (die als chemische Transformation des Zellmaterials durch eine Art Proteinsynthese konzipiert ist) eine Rolle spielen.

Wenn das Lernen über ausgedehnte Zeiträume hinweg funktionell nutzbar sein soll, muß es in dieser Langzeitspur konsolidiert werden, und es kann nachgewiesen werden, daß die Konsolidierung eine direkte, monotone Funktion der Erregung ist. Das scheint die Annahme nahezulegen, daß Introvertierte am leistungsfähigsten lernen. Dieser Schluß läßt jedoch das wichtige Prinzip, das als WALKERS Theorem (1968) bekannt ist, außer acht. Dieses Prinzip, das auch als Prinzip der *Aktionsminderung* (action decrement), bekannt ist, definiert die Art der Wechselwirkung zwischen Konsolidierung und Wiedergabe. WALKER u. TARTE (1963) stellten es so dar: „1. Jedes psychologische Ereignis ... setzt einen aktiven, anhaltenden Spurprozeß in Gang, der über eine beträchtliche Zeitdauer hinweg anhält. 2. Der anhaltende Prozeß hat zwei wichtige, dynamische Merkmale: a) das dauerhafte Gedächtnis wird allmählich während der aktiven Phase angelegt; b) während der aktiven Periode ist ein gewisser Grad von zeitweiser Erinnerungshemmung, d.h. eine Aktionsminderung vorhanden (dieser negative Einfluß gegen eine Wiederholung dient als Schutz der sich konsolidierenden Spur gegen eine Störung). 3. Hohe Erregung während des assoziativen Prozesses erzeugt einen intensiver wirksamen, spurbildenden Prozeß. Die intensivere Aktivität wird letztlich zu einer besseren Erinnerungsfähigkeit führen, aber auch zu einer größeren zeitweisen Erinnerungshemmung." Anders ausgedrückt: Extrovertierte sollten sich kurz nach dem Lernen besser erinnern, aber auch schnell vergessen; Introvertierte sollten sich kurz nach dem Lernen weniger gut erinnern, aber dann im Laufe der Zeit deutlich besser werden. Dieser Prozeß ist unter dem Fachausdruck „Reminiszenz" bekannt und wurde zuerst von KRAEPELIN und seinen Schülern im 19. Jahrhundert beobachtet (EYSENCK u. FRITH, 1976).

Aufgrund dieses Prinzips, verbunden mit der Hypothese, daß Introvertierte höhere Erregungswerte aufweisen, wäre zu erwarten, daß die Erinnerungskurven von Introvertierten und Extrovertierten sich, gleiches Lernen vorausgesetzt, im Laufe der Zeit kreuzen. Genau dies haben viele

Untersuchungen über durch experimentelle Manipulation erzeugte Erregung erbracht. Abb. 1 zeigt das Ergebnis einer Untersuchung von Howarth u. Eysenck (1968), die dies nachweist. Für das ursprüngliche Lernen von Assoziationspaaren wurden gleich gute Gruppen gebildet. Dann wurden sie nach unterschiedlichen Wiedergabeintervallen von 0 min bis zu 24 Std getestet. Dabei war zu beobachten, daß Introvertierte unmittelbar nach dem Lernen eine schlechte Erinnerungsstärke zeigten und später starke Reminiszenzwerte aufwiesen. Extrovertierte erinnerten sich unmittelbar nach dem Lernen sehr gut, aber vergaßen dann schnell. Wiederholungsuntersuchungen brachten ähnliche Ergebnisse (Eysenck, 1973 b). Der Zeitpunkt der Überprüfung von Lernergebnissen nach Abschluß des Lernens ist deshalb ein wesentlicher Parameter, der mit der Persönlichkeit in Wechselwirkung steht. Die offensichtliche Überlegenheit von Extrovertierten kurz nach dem Lernen, die in Dutzenden von Untersuchungen nachgewiesen wurde, hält nicht an. Im Langzeitgedächtnis sind Introvertierte bei weitem überlegen. Dies dürfte zum Teil die besseren Leistungen von Introvertierten in der Schule, bei Prüfungen usw. erklären. Es ist klar, daß das Lernen, wenn es für Prüfungen und andere Zwecke nützlich sein soll, nicht dem Zeitverlauf folgen darf, der sich in unserem Diagramm für

Extrovertierte zeigt, sondern dem für Introvertierte ähnlich sein sollte. Dies ist ein äußerst wichtiger Punkt, der von Lehrern berücksichtigt werden muß.

Als nächstes müssen wir uns einer allgemeineren Betrachtung der Untersuchungen über das episodische und das semantische Gedächtnis zuwenden. Es ist wahrscheinlich nützlich, diese beiden Arten des Lernens auseinanderzuhalten, zumal Tulving (1972) Belege dafür erbracht hat, daß diese beiden Formen des Gedächtnisses auf verschiedene Weise funktionieren können. Tulving schlägt die folgenden Definitionen vor: „Das episodische Gedächtnis ist das Gedächtnis für persönliche Erfahrungen und deren zeitliche Beziehungen, während das semantische Gedächtnis für die Aufnahme, das Behalten und die Übertragung von Informationen über die Bedeutung von Worten, über Begriffe und die Klassifizierung von Begriffen zuständig ist." Michael Eysenck (1976a) hat eine hervorragende Übersicht über diesen Gegenstand vorgelegt, und unsere eigene Darstellung wird sich eng an diese anschließen. Sie unterscheidet sich in bestimmter Hinsicht von der Übersicht, die der Autor dieser Arbeit selbst zusammengestellt hat (Eysenck, 1973 b), und die ebenfalls mit Nutzen zu Rate gezogen werden kann.

Bezüglich des episodischen Gedächtnisses wurde eine der wichtigsten überprüften Hypothesen bereits erwähnt, nämlich die Verbindung von Spences Hypothese vom Zusammenhang zwischen Trieb und vorhandener Habit-Struktur und der Hypothese, derzufolge Erregung und Introversion miteinander in Verbindung stehen. Gemäß dieser Hypothese würden Extrovertierte bei Aufgaben, die „schwierig" sind oder bei denen konkurrierende Reaktionen eine Rolle spielen, schneller lernen als Introvertierte, ein Vorteil, der bei Aufgaben, die leicht sind oder bei denen konkurrierende Reaktionen kaum eine Rolle spielen, verschwinden oder abgeschwächt werden würde. Eine große Anzahl von Untersuchungen hat Voraussagen dieser Art verifiziert, aber, wie M. Eysenck (1976b) darlegt, „wurden in früheren Untersuchungen die Speicher- und Wiedergabeergebnisse vermengt. Die generell den der Introvertierten überlegenen Leistungen von Extrovertierten in den früheren Untersuchungen, in denen die Wiedergabezeiträume gewöhnlich kurz waren, können gut eher der langsameren Wiedergabegeschwindigkeit der Introvertierten zuzuschreiben sein, als einem besseren Lernen der Extrovertierten." Dieser Einwand illustriert die Bedeutung experimenteller Untersuchungen bei der Erklä-

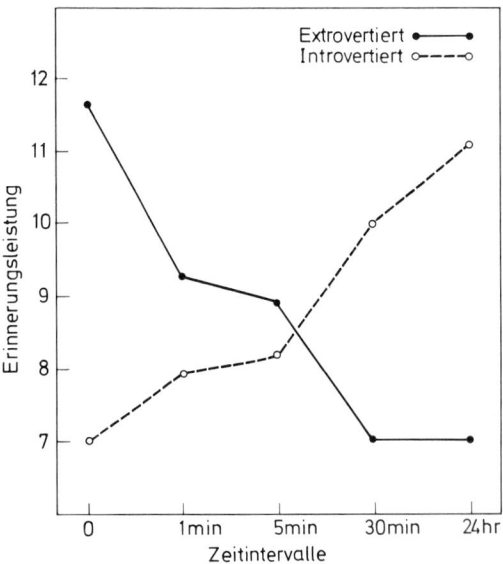

Abb. 1. Erinnerungsleistungen einer Gruppe von Extrovertierten und Introvertierten nach unterschiedlichen Zeitintervallen

rung des genauen Vorgangs „Lernen – Behalten – Wiedergeben". Grobe Leistungsdaten ermöglichen es uns nicht, die Ursachen für gute oder schlechte Leistungen auszumachen; dafür sind spezifische, sorgfältig geplante und kontrollierte Experimente notwendig. M. EYSENCK (1976a, b) hat mehrere Experimente zur Erforschung der Auswirkungen der Extroversion auf die Wiedergabe durchgeführt, in denen das Ausmaß des Lernens bei Introvertierten gleichgesetzt wurde. Er kam zu dem Schluß, daß „es zwischen Introvertierten und Extrovertierten Unterschiede in der Wiedergabegeschwindigkeit zu geben scheint, die über Unterschiede in der Lerngeschwindigkeit hinausgehen." Dies ist eine wichtige Schlußfolgerung.

M. EYSENCK fährt mit dem Versuch fort, die möglichen Ursachen für dieses Phänomen zu erhellen. Wenn Extrovertierte bei schwierigen Aufgaben und bei Aufgaben, in denen konkurrierende Reaktionen eine Rolle spielen, bessere Leistungen erbringen, und wenn sie weniger leicht erregbar sind, dann ist es klar, daß sich SPENCES Hypothese zur Erklärung des Yerkes-Dodson-Effekts nur auf das Lernen bezieht. Wenn der Mechanismus, der den größten Teil der Persönlichkeitsunterschiede erzeugt, eher mit der Wiedergabegeschwindigkeit zu tun hat, dann ist eine andere Art der Erklärung erforderlich. M. EYSENCK (1976a) versuchte, eine Hypothese von BROADBENT, die sich auf die verallgemeinerten Erregungseffekte bezieht, auf das spezifische, hier zur Diskussion stehende Problem unter Zuhilfenahme der folgenden Hypothese anzuwenden: „Hohe Erregung wirkt sich dahingehend aus, daß sie, mehr als das bei niedrigeren Erregungswerten der Fall ist, den Suchprozeß des einzelnen in Richtung auf leicht zugängliche oder funktionell dominante Information lenkt. Mit Zunahme der Aufgabenschwierigkeit nimmt die Zugänglichkeit der erforderlichen Information ab. Diese Hypothese unterscheidet sich von anderen, früher aufgestellten, dadurch, daß sie die Auswirkungen der Introversion-Extroversion im Wiedergabestadium lokalisiert." Diese Hypothese muß natürlich in Hinsicht auf die Zeitdauer bis zur Wiedergabe betrachtet werden. Bei relativ unzugänglicher Information und den kurzen Wiedergabezeiten, wie sie in den meisten in der Literatur erwähnten Untersuchungen üblicherweise verwendet werden, sollten Introvertierte gegenüber Extrovertierten beträchtlich benachteiligt sein, was die Ergebnisse auch bestätigen. Über längere Zeiträume sollte diese Benachteiligung allerdings verschwinden, was sie auch tut.

Unterschiede zwischen Extrovertierten und Introvertierten können zu den Eigenschaften des zu lernenden Materials in Beziehung stehen. So weisen einige Forschungsarbeiten darauf hin, daß hohe Erregung das Gedächtnis auf die physikalischen Kennzeichen verbalen Materials ausrichtet und seine *semantischen* Aspekte gegenteilig beeinflußt. SCHWARTZ (1975) vertrat die Auffassung, daß sowohl Introversion als auch Neurotizismus als Indizes für Erregung angesehen werden können, und daß folglich diese Persönlichkeitsfaktoren das Lernen physikalischer Aspekte verbalen Materials erleichtern sollten, während sie eine entgegengesetzte Wirkung auf semantische Aspekte haben müßten. Er ließ Versuchspersonen eine Liste von Assoziationspaaren bis zum Kriterium lernen; die verschiedenen Reaktionsworte standen entweder in phonemischer oder semantischer Beziehung zueinander. Neurotische Introvertierte (d.h. die am höchsten erregte Gruppe) erbrachten die besten Leistungen in der Liste semantischer Ähnlichkeit, während die beständigen Extrovertierten (die am wenigsten erregte Gruppe) die besten Leistungen in der Liste phonemischer Ähnlichkeit zeigten. Er interpretierte diese Ergebnisse dahingehend, daß Versuchspersonen mit hoher Erregung sich auf die physikalischen Kennzeichen verbalen Materials konzentrieren, und so von phonemischen Ähnlichkeiten nicht beeinflußt werden. In einem weiteren Experiment betrachtete SCHWARTZ (1975) die freie Wiedergabe einer Liste von kategorisierten Worten und fand, daß neurotische Introvertierte, wenn die Worte der Liste in zufälliger Reihenfolge dargeboten wurden, mit weit geringerer Wahrscheinlichkeit als andere Gruppen die Worte in ihrer Kategorie wiedergaben. Die Erklärung dafür wäre wieder, daß diese hocherregten Versuchspersonen von semantischen Kennzeichen des dargebotenen Materials relativ unbeeinflußt bleiben. Diese Resultate legen die Annahme nahe, daß Extrovertierte und Introvertierte möglicherweise qualitativ unterschiedliche Verarbeitungsstrategien beim Lernen, Speichern und Wiedergeben benutzen. Dies ist eine wichtige Schlußfolgerung, die einer Bestätigung bedarf.

Wir müssen uns nun mit dem semantischen Gedächtnis beschäftigen. Hier wurde der Zusammenhang zwischen Extroversion und Gedächtnis, als eine Funktion früheren Lernens, gewöhnlich unter Zuhilfenahme von Untersuchungen studiert, die irgendeinen Test der verbalen oder wortbezogenen Geläufigkeit verwandten. In diesen Untersuchungen wurde von den Versuchspersonen zur Ermittlung der Geläufigkeit gewöhnlich verlangt, innerhalb eines bestimmten Zeitraums so viele Worte wie möglich aufzuschreiben, wobei die Aufgabe darin bestand, Worte einer bestimmten, spezifizierten Kategorie zu finden (z.B. Blumennamen, Worte die mit dem Buchstaben B beginnen usw.). Es wurde gewöhnlich festgestellt, daß Extrovertierte bei Aufgaben dieser Art bessere Leistungen erbringen, wie bereits von SPEARMAN (1927) vermutet. Das Interesse konzentriert sich seit kurzem auf Tests einer abweichenden Fähigkeit unter dem Titel „Originalität" oder „Kreativität", die tatsächlich den älteren Geläufigkeitstests sehr ähnlich sind. In sorgfältiger überwachten Laboratoriumsversuchen, die von M. EYSENCK (1976b) zusammengefaßt wurden, stellte sich auch heraus, daß Extrovertierte dazu imstande sind, mehr Worte aus dem semantischen Gedächtnis (unter Erfüllung verschiedener Einschränkungen) wiederzugeben, als Introvertierte. Diese Ergebnisse können entweder bedeuten, daß Extrovertierte im Wiedergeben aus dem semantischen Gedächtnis besser sind, oder aber, daß sie weniger empfindlich gegenüber Output-Störungen sind (Output-Störungen entstehen, wenn die Wiedergabe von Daten im Anfang der Output-Folge, möglicherweise wegen des Ausprobierens von Ersatzdaten, von der Wiedergabe zusätzlicher Daten in irgendeiner Weise gestört wird.) Die Tatsache, daß Extrovertierte einzelne Reaktionen aus dem semantischen Gedächtnis schneller wiedergeben als Introvertierte (M. EYSENCK, 1974), stimmt mit der obigen Information überein.

Wir stellen also fest, daß sich Extrovertierte von Introvertierten in vielen Stadien der Abfolge „Kodierung – Kurzzeitgedächtnis – Konsolidierung – Langzeitgedächtnis – Wiedergabe" unterscheiden, und ebenso Neurotiker von stabilen Personen. M. EYSENCK (1976b) hat die Ergebnisse mit der Feststellung zusammengefaßt, daß es mehrere wichtige, wiederholbare Ergebnisse gibt. „Extrovertierte lernen z.B. schneller bei schwierigen oder komplexen Aufgaben; Extrovertierte erinnern sich nach kurzen Wiedergabeintervallen eher besser als Introvertierte, während bei langen Intervallen das Gegenteil der Fall ist. Extrovertierte rufen Informationen aus dem semantischen Gedächtnis schneller ab als Introvertierte. Vom theoretischen Standpunkt aus ist es klar, daß die Erklärung der Unterschiede zwischen Introvertierten und Extrovertierten mit Hilfe der Erregungstheorie fruchtbar gewesen ist, sowohl bezüglich bestätigender Ergebnisse als auch im Hinblick auf die Erweiterung der Versuchssituationsarten, die von Forschern auf diesem Gebiet verwendet werden." Diese Ergebnisse können noch durch den Nachweis erweitert werden, daß stimulierende Drogen (z.B. Koffein, Nikotin und Amphetamin) das Erregungsniveau anheben und introvertierende Wirkungen erzeugen, während dämpfende Drogen (z.B. Bromide, Alkohol und Chlorpromazin) zu extrovertierenden Wirkungen führen und das Erregungsniveau senken. Es wurde gezeigt, daß die voraussagbaren Wirkungen derartiger Drogen auf Lernen und Gedächtnis mit denjenigen von persönlichkeitsbedingten Unterschieden im Erregungsniveau vergleichbar sind (EYSENCK, 1967).

Welche Schlußfolgerungen kann der Lehrer aus all diesem Material ableiten? An erster Stelle gibt es Grundsätze des Vorgehens im Unterricht, die sich aus einer Betrachtung des Vorhandenen ergeben. Eine Verringerung der Angst sowohl in der Lernsituation als auch vor und während der Prüfungen ist bei Schülern mit hohen N-Werten von offensichtlicher Bedeutung. An Schulen und Universitäten sollten Betreuungs- oder Beratungsstellen mit klinischen Psychologen vorhanden sein, die mit der Literatur der Verhaltenstherapie vertraut sind, ebenso wie mit der Anwendung der Lerntheorie auf die Bewältigung emotionaler Schwierigkeiten. Erfahrungsgemäß können in den meisten Fällen mit relativ geringen Anstrengungen gute Ergebnisse erzielt werden. Zweitens sollten die Lehrer mit den Unterschieden zwischen Extrovertierten und Introvertierten vertraut sein und in der Durchführung von E- und N-Fragebögen unterwiesen werden, wie denen des E.P.J. (EYSENCK u. EYSENCK, 1964), sowie auch in der Deutung der Ergebnisse. Sie wären dann besser in der Lage, ihr individuelles Vorgehen auf die Persönlichkeit des jeweiligen Schülers einzustellen. Es gibt Hinweise dafür, daß Extrovertierte im Unterricht viel besser auf „Entdeckungsmethoden" ansprechen, und Introvertierte viel besser auf maschinelle Lernmittel reagieren, oder daß Extrovertierte mehr auf Bestrafung, Introvertierte jedoch mehr auf Lob ansprechen. Zu derartigen Informationen über Parameter des Lernprozesses, die außerhalb der tatsächlichen kognitiven Eigenheiten liegen, sollten drittens Informationen über die Unterschiede zwischen Extrovertierten und Introvertierten auf den verschiedenen Stufen des Ereignisablaufs „Kodierung – Kurzzeitgedächtnis – Konsolidierung – Langzeitgedächtnis – Wiedergabe" kommen; die Lehrer sollten in der Lage sein, aus den experimentellen Ergebnissen Nutzen zu ziehen. Natürlich ist auch weiterhin noch viel Forschungsarbeit zu tun, sowohl im Laboratorium zur Verfeinerung unserer Theorien und Ergebnisse, als auch in den Schulen, um die Bedeutung dieser Ergebnisse für die gewöhnliche Unterrichtspraxis nachzuweisen. KURT LEWIN pflegte zu sagen: „Nichts ist so praktisch wie eine gute Theorie." Wir scheinen eine gute Theorie zu haben, die Persönlichkeit und Lernen miteinander verbindet. Wir sollten sie gebrauchen und in der Praxis anwenden.

Literatur

BROADHURST, P.L.: The interaction of tasks difficulty and motivation: The Yerkes-Dodson Law reviewed. Acta psychol. (Amst.) **16**, 321–338 (1959)

EAVES, L.J., EYSENCK, H.J.: The nature of extraversion: a genetical analysis. J. Personal Soc. Psychol. **32**, 102–112 (1976)

EYSENCK, H.J.: The Biological Basis of Personality. Springfield, Ill.: C.C. Thomas 1967

EYSENCK, H.J.: The Inequality of Man. London: Temple Smith 1973a

EYSENCK, H.J.: Personality, learning, and "anxiety". In: Handbook of Abnormal Psychology, 2nd ed. (EYSENCK, H.J., ed.). London: Pitman 1973b

EYSENCK, H.J.: Genetic factors in personality development. In: Human Behavior Genetics (KAPLAN, A.R., ed.). Springfield, Ill.: C.C. Thomas 1976

EYSENCK, H.J., COOKSON, D.: Personality in primary school children. Brit. J. Educat. Psychol. **39**, 109–130 (1969)

EYSENCK, H.J., EYSENCK, S.B.G.: Manual of the EYSENCK Personality Inventory. London: Hodder & Stoughton 1969

EYSENCK, H.J., FRITH, C.: Reminiscence. New York: John Wiley 1976

EYSENCK, M.W.: Individual differences in speed of retrieval from semantic memory. J. Res. Personal. **8**, 303–323 (1974)

EYSENCK, M.W.: Human Memory. London: Pergamon Press 1976a

EYSENCK, M.W.: Extraversion, verbal learning, and memory. Psychol. Bull. **83**, 75–90 (1976b)

HEBB, D.: Drives of the CNS (conceptual nervous system). Psychol. Rev. **62**, 243–254 (1955)

HOWARTH, E., EYSENCK, H.J.: Extraversion, arousal, and paired-associate recall. J. exp. Res. Personal. **3**, 114–116 (1968)

SCHWARTZ, S.: Individual differences in cognition: some relationships between personality and memory. J. Res. Personal. **9**, 217–225 (1975)

SPEARMAN, C.: The Abilities of Man. London: Macmillan 1927

SPENCE, J.T., SPENCE, K.W.: The motivational components of manifest anxiety: Drive and drive stimuli. In: Anxiety and Behavior (SPIELBERGER, C.D., ed.). London: Academic Press 1966

SPENCE, K.W.: A theory of emotionally based drive (D) and its relation to performance in simple learning situations. Amer. Psychol. **13**, 131–141 (1950)

TULVING, E.: Episodic and semantic memory. In: Organization of Memory (TULVING, E., DONALDSON, W., eds.). London: Academic Press 1972

WALKER, E.L.: Action decrement and its relation to learning. Psychol. Rev. **65**, 129–142 (1968)

WALKER, E.L., TARTE, R.D.: Memory storage as a function of arousal and time with homogeneous and heterogeneous tests. J. Verb. Learn. Verb. Behavior **2**, 113–119 (1963)

WANKOWSKI, J.A.: Temperament, Motivation and Academic Achievement. Birmingham: University of Birmingham Survey and Counselling Unit 1973

WILLOUGHBY, R.H.: Emotionality and performance in competitive and noncompetitive paired-associates. Psychol. Rep. **20**, 659–662 (1967)

Lernfähigkeit, Persönlichkeitsstruktur und die Theorie des strukturierten Lernens

Raymond B. Cattell

Meine Aufgabe auf dieser Ärztetagung besteht darin, die Ansichten eines akademischen Psychologen über die moderne Lerntheorie darzulegen. Wegen unserer verschiedenen Spezialgebiete wird es gewisse Verständigungsschwierigkeiten geben, aber ich hoffe, daß wir diese überwinden können. Ich glaube nämlich, daß das, was ich zu sagen habe, sehr gut zu den genetischen, sozialen, neurologischen und physiologischen Gesichtspunkten der anderen Vortragenden paßt.

Ich möchte betonen, daß, wenn ich Lerntheorie sage, ich nicht beim traditionellen Reflexlernen nach PAVLOV-SKINNER haltmachen werde, sondern daß ich darauf ein zweites Stockwerk völlig neuer Prinzipien aufbaue, welche als *Theorie des strukturierten Lernens* (Structured Learning Theory) bezeichnet worden sind. Der Fortschritt kommt aus zwei Quellen: Erstens entstammt er der „Auswirkung der gewaltigen Zunahme der objektiven Kenntnis über die Persönlichkeits- und Fähigkeitsmerkmalstrukturen während der letzten 50 Jahre auf die traditionelle Lerntheorie". Zweitens verdanken wir ihn den technisch-methodologischen Entwicklungen multivariater experimenteller Ansätze, insbesondere der Faktorenanalyse, im Vergleich zu den älteren, bivariaten Methoden. Die gesteigerte Reichhaltigkeit im Hinblick auf die meßbare Struktur mag Ihnen durch die Schriften von EYSENCK in England, PAWLIK, SCHMIDT, HÄCKER und anderen in Deutschland und von mir und vielen Kollegen in Amerika bekannt sein (s. HUNDLEBY et al., 1965). Wegen der Anwendbarkeit auf die Emotions- und Interessenstrukturen muß ich Sie auf das hinweisen, was als *dynamische Denkweise* (dynamic calculus) bezeichnet wird (CATTELL u. CHILD, 1975). Gleich zu Beginn sollte festgestellt werden, daß die Theorie über strukturiertes Lernen ein Denkansatz für kognitives sowie für emotionales Lernen ist, daß sie ihre Wurzel in Lernexperimenten sowohl mit Tieren als auch mit Menschen hat, und daß sie sowohl auf normalen wie auf anormalen oder klinischen Beispielen aus unserer Bevölkerung basiert.

Unglücklicherweise läßt die Begrenzung meiner Zeit keinerlei Hinweise auf die experimentellen Grundlagen zu, die das Verständnis und die Auswertung erleichtern würden, und ich muß Sie bitten, meine Feststellung zu akzeptieren, daß die etwas esoterischen statistischen Methoden das theoretische Modell selbst stützen, so daß ich mich auf dieses beschränken werde. Das Rückgrat des Modells für strukturiertes Lernen liegt in dem, was ich hier im Folgenden als die Bestimmungsgleichung für das Verhalten festlege:

$$a_{hijk} = b_{hjk1} T_{1i}$$
$$+ b_{hjk2} T_{2i} + \cdots + b_{hjks1} S_{1i} + b_{hjks2} S_{2i} \quad (1)$$

Das a links steht für die Größe einer Reaktion oder Leistung des Typs j, mit Reaktion auf den Fokusreiz h, im Falle eines Individuums i, in der Umweltsituation k. Diese vier Merkmale genügen, um die Einzigartigkeit jedes psychologischen Ereignisses zu definieren und die konkrete und besondere Art des Meßwertes a festzulegen. Die Symbole auf der rechten Seite von (1) sind: T für Eigenschaften und S für Zustände zu einem gegebenen Zeitpunkt. Sie tragen Nummernbezeichnungen zur Identifizierung und die Bezeichnung i, um zu zeigen, daß ihre Werte sich auf das spezifische Individuum i beziehen. Die T könnten Intelligenz, Egostärke, Extrovertiertheit usw. bedeuten, und die S Beklemmungen, Depression, Aufregung usw. Lassen Sie sich durch die umfangreichen Bezeichnungen nicht darüber hinwegtäuschen, daß dies die elementarste algebraische Gleichung ist, die einfach besagt, daß die Verhaltens-Reaktion ein gewichtiges Ergebnis aller Eigenschaften und Zustände ist, die sich im Individuum finden.

Die b in der Gl. (1) werden *Verhaltensindizes* genannt, und ihre Bezeichnungen h, j und k zeigen, daß sie Besonderheiten der Handlung oder Leistung a_{hjkx} und jeder Eigenschaft oder jedes Zustands, auf die sie sich beziehen, sind. Diese Werte werden als Ladungen durch Faktorenanalyse erzielt, in deren technische Einzelheiten ich meinem Versprechen gemäß nicht abschweifen werde; sie sagen uns, wieviel jede Eigenschaft oder jeder Zustand zu dem gegebenen Verhalten in der gegebenen Situation beiträgt. Diese Werte sind nicht wie die T und S typisch für ein Individuum, sondern, wie ihre Bezeichnungen zeigen, typisch für einen Stimulus, eine Art von Reaktion und eine allgemeine Umweltsituation. Nehmen Sie bitte bei dieser Gelegenheit gleich zur Kenntnis, daß wir uns bei diesem Modell nicht dem Vorwurf aussetzen, daß eine Eigenschaftstheorie die spezifischen Eigenheiten der Umgebung außer acht läßt. Hier spiegelt sich die Umgebung ordnungsgemäß im Verhaltensindex wider.

Aus dieser linearen und additiven Gleichung ergibt sich folgendes: Wenn die Psychometrie uns die Standardwerte einer Person in puncto Intelligenz, Egostärke, Beklemmung usw. gegeben hat, und wenn die Forschung uns die Verhaltensindizes für eine spezielle Leistung oder Größe eines Symptoms in einer gegebenen Lebenslage liefert, dann kann man diese beiden Sätze von Werten in die Gleichung einsetzen. Mit der Hilfe eines Computers könnte man dann die beste Schätzung erhalten, welche Punktzahl die Person bei der Leistung erreichen wird, oder welches die Wahrscheinlichkeit einer bestimmten symptomatischen Handlung, z.B. Selbstmord oder Entwicklung einer Phobie, sein könnte. (Sie werden bemerken, daß das oben eine Verhaltensgleichung für eine *Schätzung* ist, nachdem ich aus Vereinfachungsgründen das ausgelassen habe, was der Fachmann eine *irrtumsspezifische Bedingung* nennt.)

Etwas ist in dieser Gleichung nicht ganz so einfach, nämlich, daß die T und S nicht willkürliche Eigenschaften und Zustände sind, die ein Psychiater vielleicht subjektiv bezeichnen möchte, sondern sie müssen ausschließlich als allgemein anerkannte funktionelle Einheiten definiert werden, die von der faktorenanalytischen Forschung mit Bewertungen, Fragebogen und objektiven Verhaltensmessungen belegt sind. Zum Beispiel kann man nicht irgend jemandes Definition von Intelligenz oder Beklemmung verwenden, um die Daten zu erhalten, sondern muß solche Kriterien zugrunde legen, von welchen Faktorenanalysen, geprüft und gegengeprüft, gezeigt haben, daß sie die wirklichen strukturellen und funktionellen Einheiten der Persönlichkeit darstellen. Wir sind der programmatischen Forschung von SPEARMAN, EYSENCK, BUTCHER und CHILD in England, THURSTONE und meinen Kollegen in Amerika und PAWLIK, SCHMIDT, HÄCKER und anderen in Deutschland bezüglich dieser Faktorenstrukturen großen Dank schuldig dafür, daß sie uns eine zuverlässige Systematik und ein Maßsystem zur Verfügung gestellt haben, die eine echte Eigenschaftsgrundlage für die Verhaltensgleichung bilden. Damit will ich nichts mehr weiter über die Eigenschaftsgrundlage als solche sagen.

Lassen Sie uns als nächstes die Folgerungen aus der in der Verhaltensgleichung vorgelegten Analyse bezüglich der Lerntheorie selbst betrachten. Seit über 70 Jahren bedeutete die Lerntheorie für die meisten Psychologen das, was ich als *reflexologische Lerntheorie* (reflexological learning theory) bezeichnen möchte, die von PAVLOV über WATSON, HULL und MOWRER bis SKINNER und anderen heute reicht. Ich möchte doch meinen, daß die starren experimentellen Paradigmen klassischer und operanter Konditionierung ihren möglichen Beitrag zu den Lerngesetzen überwiegend ausgeschöpft haben und daß es Zeit ist, zu einer neuen Synthese überzugehen, die ich hier als *Theorie des strukturierten Lernens* bezeichnet habe. Diejenigen unter uns, die sich während der letzten 40 Jahre mit Forschungen auf den Gebieten der Persönlichkeit und Motivationsstruktur durch objektive, experimentelle Ansätze beschäftigt haben, haben die Reflexologen seit langem angefleht, die Person oder den Organismus in die Lerngleichung aufzunehmen. Nachdem sie sich aufgrund irgendeiner wissenschaftlichen Idee auf einen oberflächlichen S-R-Satz von Elementen festgelegt hatten, haben sie das nie getan oder wenn, dann nur mit halbem Herzen. Das reflexologische Modell war

$$S \to R \qquad (2)$$

Das Modell, nach dem wir gefragt haben, ist

$$S \to O \to R \qquad (3)$$

wobei die Eigenschaften des Organismus O in die Vorhersage eingebracht worden sind. Die Spezifikationsgleichung, oben, bezieht den Organismus und die Reizsituation in gesteigertem Maße ein, wie in (4) gezeigt wird.

$$
\begin{array}{c}
R \qquad\qquad O \\
\updownarrow \qquad\qquad \updownarrow \\
a_{hijk} = b_{hjk1}\,T_{1i} + b_{hjk2}\,T_{2i} + \cdots + b_{hjkn}\,T_{ni} \qquad (4) \\
\updownarrow \\
S
\end{array}
$$

Hierin wird sichtbar, daß der Organismus O nun von einem Vektor dargestellt wird, d.h. einer geordneten Reihe von Zahlen, von Eigenschaftswerten und der Reizsituation S, dementsprechend von einem Vektor von Verhaltensindizes, die die Besonderheit des Umwelteinflusses definieren.

Es dürfte eine Hilfe bei der Erklärung der Theorie des strukturierten Lernens sein, wenn ich es zum Teil dadurch einführe, daß ich es den klassischen Lerntheorien, die den Psychologen bekannt sind, gegenüberstelle. *Ich werde jetzt sechs Hinzufügungen oder Erweiterungen zum Reflexlernen beschreiben.*

1. Zuerst werden, wie in der Gl. (4) angegeben, Art und Lernfähigkeit des Organismus selbst ins Verständnis des gesamten Lerneffekts eingeführt, und zwar als ein Vektor wesentlicher und meßbarer Merkmalseinheiten und Zustände. Irgendwie haben die Reflexologen diese Termini nie benützt, vielleicht weil sie sich überwiegend mit Ratten beschäftigen, deren Unterschiede in der Persönlichkeit sie anscheinend ignorieren können. BUTCHER und ich konnten in unserem Buch „The Prediction of Achievement and Creativity" zeigen, daß beim Menschen die Berücksichtigung von Daten über Faktoren wie Fähigkeit, Persönlichkeit und Motivation bei der Erstellung der Bestimmungsgleichung für eine wichtige Art des Lernens — des schulischen Lernens — eine Voraussage von bis zu dreiviertel der gesamten Varianz der Klassenleistung ermöglicht (BUTCHER und CATTELL, 1968). Im folgenden ein Beispiel der tatsächlichen Resultate:

$$A = 0.5 T_1 - 0.3 T_2 + 0.3 T_3 \ldots + 3 M_1 + 0.3 M_2 + 2 M_3 \qquad (5)$$

Hierin bedeuten:

A = Erfolgsgrade in der Schule	M_1 = Selbstgefühl
	M_2 = Über-Ich
T_1 = Intelligenz	M_3 = Einstellung
T_2 = Antrieb	gegenüber der
T_3 = Unabhängigkeit	Schule selbst

Es ist interessant festzustellen, daß Fähigkeit, Persönlichkeit und dynamische Motivation als Faktoren *gleich* wichtig sind, daß jeder für etwa ein Drittel der von jedem Bereich vorhergesagten Varianz verantwortlich ist. Ganz nebenbei sind dies präzise und greifbare Beweise für jene Lehrer, die sich der Bedeutung von Persönlichkeit und Motivation selbst für Wahrnehmungsleistungen bewußt sind.

2. Der zweite und noch wichtigere Beitrag des strukturierten Lernens ist, daß es nicht nur die vorhandene Persönlichkeitsstruktur als Mittel zur Lernvorhersage verwendet, sondern auch versucht, das Entstehen dieser Struktur selbst zu erklären. Seit einer Generation messen die Psychometriker wohlgeprüfte Eigenschaftsfaktoren; aber die atomistischen Konzepte des bedingten Reflexes konnten diese Strukturen nicht erklären und boten nur ein Chaos unzusammenhängender, spezifischer, konditionierter Reaktionstendenzen an. Für die Erklärung der Entstehung von Eigenschaften durch die Theorie über strukturiertes Lernen sind Formulierungen erforderlich, die für eine kurze Behandlung an dieser Stelle zu komplex sind, und ich muß Sie auf mein kürzlich erschienenes Buch „Personality and Learning Theory" verweisen, in welchem das Entstehen dessen, was wir Gefühlsstrukturen, wie z.B. Selbstgefühl, nannten, durch drei Lernprinzipien erklärt ist.

3. Ein dritter und bedeutender Fortschritt ist die Darstellung einer Lernänderung selbst in Form von Vektor und Matrix anstelle einer einzigen nicht analysierten Skalengröße. Uns allen sind die Lernkurven bekannt, die nach Daten von Ratten in Labyrinthen oder von Menschen, welche Wortserien lernen, aufgezeichnet werden; das sind Aufzeichnungen irgendeiner Einzelleistung. Wenn Sie Ihre Aufmerksamkeit wieder der grundsätzlichen Bestimmungsgleichung zuwenden wollen, werden Sie sehen, daß der methodologische Wechsel von bivariaten zu multivariaten experimentellen Anordnungen all dies ändert. Statt daß die Lernänderung in einem einzigen Wert auf der linken Seite festgehalten wird, gibt uns die Faktorenanalyse eine Änderung in zwei Vektorgrößen, die wir folgendermaßen darstellen können:

Vor dem Lernen

$$a_{hijk} = b_{hjk1} T_{1i} + b_{hjk2} T_{2i} + \cdots + b_{hjkn} T_{ni} \qquad (6\,a)$$

$$a'_{hijk} = b'_{hjk1} T'_{1i} + b'_{hjk2} T'_{2i} + \cdots + b'_{hjkn} T'_{ni} \quad \begin{matrix} \leftarrow X1 \\ \leftarrow X2 \end{matrix} \qquad (6\,b)$$

Nach dem Lernen

$X1$ = Neuer Verhaltensindexvektor, $X2$ = Neuer Eigenschaftsvektor, n bezeichnet die Zahl der verschiedenen Merkmalssätze.

Die Gleichung nach dem Lernen ist in zwei Zeilen angeordnet, um zu betonen, daß zwei Vektoränderungen stattfinden. Zuerst erkennen wir, daß anzunehmen ist, daß die Lernerfahrung nicht nur eine einzige Leistung ändern wird, sondern eine ganze Reihe von Eigenschaften, wobei aus jedem T ein T' wird, sowie eine ganze Reihe von Verhaltensindizes, wobei jeder von b zu b' wird. Das erste ist einfacher gesunder Menschenverstand, obwohl es sofort einleuchtet, daß, wenn eine Person eine bestimmte Tätigkeit erlernt — sagen wir die, ein Flugzeug zu führen — daß es dann nicht nur eine Veränderung in dieser speziellen Tätigkeit gibt, sondern daß eine gewisse Veränderung über das gesamte Spektrum seiner Persönlichkeit eintritt.

Die entsprechende Veränderung bei den *b* hat jedoch eine subtilere und noch weiterreichende Bedeutung. Sie besagt, daß das Lernen etwas hervorgerufen hat, was, volkstümlich ausgedrückt, eine Änderung *im Stil* der Leistung genannt würde. Tatsächlich werden Sie bemerken, wenn Sie einen Moment über die Art einer linearen Gleichung nachdenken, daß ein einzelner Bewegungswert, wie er in der traditionellen reflexologischen Lerngraphik verwendet wird, eine unendliche Vielzahl möglicher Lernvorgänge verbirgt. Die Unzulänglichkeit der klassischen reflexologischen Behandlung wird noch deutlicher durch die Tatsache klargemacht, daß es möglich ist, daß in a_{hjk} *überhaupt keine Veränderung* stattfindet und daß doch beachtliches strukturiertes Lernen stattgefunden hat, wie rechts deutlich wird. Psychologisch gesehen ist dieser Lernvorgang als eine Änderung in der *Art*, wie etwas gemacht wird, aufzufassen. Durch fortgesetztes Lernen erreicht die Person vielleicht das gleiche Leistungsniveau, aber mit weniger Energieaufwand oder mit einer geringeren Belastung z.B. der Intelligenz und einer größeren Anstrengung hinsichtlich manueller Geschicklichkeit. Die Vektorenanalyse des Lernens bietet enorme Möglichkeiten zur präzisen Darstellung dieses wesentlichen Teils des kognitiven und gefühlsmäßigen Lernens, der in der Hauptsache eine Änderung im Stil und in der Anpassung an die Aufgabe ist.

4. Der vierte Punkt, in welchem strukturiertes Lernen der reflexologischen Position voraus ist, besteht in der Bereicherung der Lernprinzipien dadurch, daß die sogenannte Verstärkung in der Konditionierung in einen informativeren Rahmen dynamischer Ziele versetzt wird. Um zu verstehen, was dies bedeutet, müssen wir auf die Fortschritte eingehen, die auf dem Gebiet gemacht wurden, das ich oben als dynamische Denkweise, als Grundlage strukturierten Lernens bezeichnet habe.

In meinen einleitenden Bemerkungen gab ich meinem Bedauern Ausdruck, daß ich nicht in der Lage sein würde, das Modell bis hinab zu den stützenden, detaillierten, experimentellen Grundlagen zu verfolgen, aber an dieser Stelle ist es unbedingt erforderlich, darauf hinzuweisen, daß das, was ich die Stärke einer Reaktion oder eines Interesses im Verlauf einer Handlung, die von einer Haltung definiert wird, genannt habe, durchweg mit objektiven Mitteln von nachgewiesener psychometrischer Gültigkeit gemessen wird. Diese Mittel umfassen die Reaktionszeit bei der Wortassoziation, Veränderungen des Hautwiderstandes, Blutdruckänderungen, Geläufigkeit des Themas, Projektion, verzerrte Vorstellungen usw., die alle als Reaktion auf Stimuli, welche die Haltungsaktion definieren, gemessen werden. Typischerweise sind etwa 50 verschiedene Haltungsinteressen gemessen worden, jede in einem Test von etwa 12 min, anhand von etwa 300 Personen. Wenn diese 50 Haltungsstärken bei den 300 Personen miteinander in Wechselbeziehung gebracht werden und eine Faktorenanalyse durchgeführt wird, dann scheinen zweierlei Faktoren aufzutreten. Etwa neun davon sind als Ergs erkennbar — d.h. angeborene Triebanlagen wie Sex, Furcht, Selbstbestätigung, Neugier usw. — und etwa ein Dutzend lassen sich als erworbene Gefühlsstrukturen bestimmen, z.B. hinsichtlich Beruf, Familie, Religion usw., die offensichtlich zu institutionellen Einheiten innerhalb der Kultur in bezug stehen.

Soweit ich weiß, liefert diese faktorenanalytische Arbeit die stärksten Beweise — auf der Grundlage einer anderen Methode als der von McDougall, Jung, Freud oder anderen klinischen Beobachtern — für die tatsächliche Anzahl und Art menschlicher Triebe, und es ist interessant, daß diese experimentelle Annäherung gut mit dem übereinstimmt, was die Ethologen bei den Primaten sehen. Die Andersartigkeit der Faktorenstrukturen, die als Gefühle bezeichnet werden, liegt darin, daß ihre Muster anscheinend durch Lernvorgänge erworben werden. Man hat festgestellt, daß die diesbezüglichen Haltungen sich auf eine Art und Weise gruppieren, die deutlich die Einwirkung sozialer Institutionen, wie jemandes Beruf, Familie, Religion, Hobby usw., widerspiegeln.

Jetzt ändern die psychometrischen Fähigkeiten, die wir erreicht haben, um die Spannungen ganz besonderer Ergs zu identifizieren und zu messen, die gesamte Art, wie Verstärkung in der Lerntheorie angewendet wird. Die Belohnung, die für die Verstärkung bei der operanten Konditionierung oder beim *Mittel-zum-Zweck-Lernen,* wie wir es nunmehr besser nennen würden, verantwortlich gehalten wird, und zwar beim Erlernen einer bestimmten Reaktion, kann jetzt ausgedrückt und gemessen werden als eine meßbare Spannungsreduktion in einem bestimmten Erg, die bei Erreichen des Zieles stattfindet, zu welchem die gegebene Reaktion führt. Im Unterschied zu Ratten, die einem vom Experimentator angegebenen Ziel nachrennen, z.B. der Nahrung, ist im menschlichen Alltagsleben die ergische Belohnung im allgemeinen ergisch komplex. Aber das strukturierte Lernen versetzt uns jetzt in die Lage, diese Komplexität genau darzustellen, und zwar mit einem Vektor, der seinerseits die relativen Belohnungen über die ganze Reihe bekannter Ergs darstellt. Wenn wir so z.B. eine Verhaltensweise bei Heranwachsenden nehmen, die definiert ist als „Ich will öfter ins Kino gehen", so finden wir, wenn wir viele verschiedene Haltungen zusammen in ihre Faktoren zerlegen, daß diese Verhaltensweise folgende Anteile hat: .4 auf dem Sexerg, .3 auf Streitsucht, .3 auf Bedarf nach Geselligkeit, usw.

Sie werden, nebenbei bemerkt, feststellen, daß dies auf eine quantitative Psychoanalyse hinausläuft, und zum mindesten soweit parallel zur Psychoanalyse verläuft, als die Formel besagt, daß eine bestimmte Leistung oder ein bestimmtes Symptom in verschiedenen Graden auf die Befriedigung verschiedener spezifischer Ergs zurückgeführt werden kann. Wir haben hier in der vielfach variablen, faktorenbezogenen Analyse gemessener experimenteller Variablen die Grundlage einer objektiven quantitativen Analyse der Motivation, die bereits in mehreren Forschungsprojekten mit klinischen Daten verglichen worden ist. Dies hat zwei wichtige Konsequenzen für die Lerntheorie, die alles überragen, was durch die begrenzten Paradigmen der Reflexologie möglich ist. Zunächst können wir jetzt eine relativ genaue Beschreibung dessen mit einschließen, was im allgemeinen „gefühlsmäßiges Lernen" genannt worden ist; zum zweiten können wir diese Begleiterscheinung quantifizieren. Außerdem können wir uns jenem höchst komplizierten Lernvorgang zuwenden, der von einer Zunahme in der Persönlichkeitsintegration angezeigt wird, die durch Charaktererziehung geschaffen wird und durch Psychotherapie wiederhergestellt werden soll.

Lassen Sie mich dies zeigen, indem ich die Bestimmungsgleichung wiederhole, mich dabei aber jetzt ausschließlich auf die dynamischen Bedingungen konzentriere und Fähigkeiten und Temperamenteigenschaften außer acht lasse. Um den Anfang einfach zu halten, wollen wir nur die dynamischen Eigenschaften durch ergische Spannungen darstellen, die wir als E niederschreiben. Die Werte dieser E entsprechen den üblichen Belohnungen durch den gegebenen Handlungsverlauf a_{hjk}. Wir haben jetzt:

$$a_{hijk} = b_{hjk1} E_{1i} + b_{hjk2} E_{2i} + \ldots b_{hjkn} E_{ni}. \qquad (7)$$

Die E sind die Punktzahlen für die ergische Bedarfsstärke der Person. Die b sind Indizes ihres Interesses, wie aus früherer Erfahrung der Befriedigungen, die sie aus dem Verlauf der Haltungshandlung a_{hijk} gewonnen haben, gelernt. Als konkretes Beispiel die Haltung „Ich will in meiner Karriere tüchtig sein", und die Handlungsverläufe, die mit dieser Haltung einhergehen, wurden folgendermaßen analysiert:

$$A_{\text{Beruf}} = .37E_1 + .69E_2 + .45_M \qquad (8)$$

(und einige kleinere Werte bei anderen Ergs und Gefühlen.)

Hierbei ist E_1 das Erg für das Geborgenheitsbedürfnis (Furcht), E_2 ist das selbstbestätigende Erg, und M ist das Selbstgefühl. Demzufolge würde es scheinen, als ob das Erg für Beherrschung oder Selbstbestätigung am meisten beteiligt ist, danach das Bedürfnis, der Anschauung über sich selbst zu entsprechen und dann das Bedürfnis nach Geborgenheit.

Jetzt ändert sich die verhaltensmäßige Beteiligung der verschiedenen Ergs im gleichen Handlungsverlauf durch die Erfahrung gefühlsmäßigen Lernens und wechselnder Anpassungen in den Befriedigungen des Lebens. Die Haltung gegenüber einem Ehepartner, die z.B. während der Flitterwochen mit einer starken Betonung des Sexuellen anfing, entwickelt sich später in eine Partnerschaft, an welcher Befriedigungen des Gesellschaftsergs beteiligt sind. Dies zeigt sich in der Faktorenanalyse der objektiven Interessensmessungen als eine Verschiebung im Vektor der Verhaltensindizes hin zu einer stärkeren Gewichtung des Gesellschaftsergs (E).

Ganz abgesehen vom theoretischen Wert dieser Analyse der dynamischen Denkweise und ihrem Wert für das Lehren und die Therapie sehen wir, daß sie der Bedeutung der Verstärkung in der Reflexologie eine neue Dimension hinzufügt. Die Verschiebung vom Ausdruck *operante Konditionierung* zum Mittel-zum-Zweck-Lernen ist notwendig, um den Beitrag der strukturierten Theorie richtig einzuschätzen, denn die Verstärkung ist nicht mehr ein Wert wie „Freude" oder „Erfolg", sondern ein besonderer, definierbarer Belohnungsvektor durch Reduktion der ergischen Spannungen, mit einem ganz spezifischen Muster, das dazu gehört, daß eine gegebene Reaktion in einem gegebenen Handlungsverlauf stattfindet. Die Konditionierungsparadigmen von PAVLOV und SKINNER haben in ihren oberflächlichen S und R Elementformulierungen keine Möglichkeit, zu dieser Formulierung der Theorie des strukturierten Lernen weiter zu schreiten, die im Konzept reicher, aber noch immer quantitativ und experimentell ist.

Um die fünfte und letzte Ergänzung zu verstehen, die heute diskutiert werden soll — die des *Lernens durch Integration* — müssen wir die Tatsache untersuchen, daß in jeder dynamischen Bestimmungsgleichung im Experiment typischerweise eine Reihe von negativen ergischen Ladungen offengelegt wird. Was bedeuten sie? Eine Ladung ist eine Form von Korrelation, und die Richtung der Kausalaktion eines Korrelationskoeffizienten kann nicht ohne weiteres festgelegt werden. In diesem Fall ist die wahrscheinlichste Interpretation die, daß größere Aktion, d.h. Reaktion, entlang dem Handlungsverlauf a_{hjk}, mehr Ausdruck der positiv geladenen Erg bedeutet und damit weniger Ausdruck bei einem negativ geladenen in der Bestimmungsgleichung. Dieser reduzierte Ausdruck ist relativ; er bedeutet einfach, daß die Situation im kulturellen Leben so ist, daß Erg *A* nur Ausdruck finden kann, wenn Erg *B* unterdrückt wird. Zum Beispiel könnte durch einen bestimmten Handlungsverlauf das Erg für Geselligkeit nur dann mehr Ausdruck erhalten, wenn das Individuum Feindseligkeit unterdrückt, oder mehr Ausdruck für das Erg Geborgenheitsbedürfnis nur, wenn Sex unter Kontrolle gehalten wird.

Daraus ergibt sich, daß man für jede gegebene Haltungsaktion a_{hjk} ein Maß für den innewohnenden Konflikt erhalten kann, indem man dieses Verhalten durch Summierung der negativen Anteile erklärt, denn diese absorbieren und löschen eine gleiche Quantität ergischer Energie, die in den positiven Anteilen bei anderen Ergs angesiedelt ist. Im Vorüberziehen sei bemerkt, daß JUNG ein mit diesem verwandtes Konzept hatte mit seiner Vorstellung, daß das Individuum „dem Schatten gegenübertreten" muß. Das heißt, jede tatsächliche Befriedigung verweigerte dem Individuum einen alternativen Schattensatz von Befriedigungen. Jetzt, wo wir uns psychometrisch hinreichend guten Messungen bestimmter ergischer Spannungen nähern, wird es möglich, sich an ein prüfbares Modell zu halten, in dem wir unterstellen, daß der gesamte negative Anteil bei einem Handlungsablauf eine gleiche Menge positiver Anteile bei anderen Ergs absorbiert und löscht. Dies steht also für den Reibungsverlust im System, und wir konnten es als *C* definieren und darstellen, die absolute Konfliktgröße bei einer Haltung oder einem Gefühl, also:

$$C = \sum b^2(-). \qquad (9\,a)$$

Diese Gleichung definiert die Summierung der negativen ergischen Anteile, quadriert, um das Vorzeichen zu vermeiden. Auf andere Weise könnte dies als die *Proportion* des Konflikts ge-

schrieben werden, nämlich als *C*, also:

$$C = \frac{\sum b^2(-)}{\sum b^2(+)} \qquad (9\,b)$$

Nun könnte man einen solchen Wert entweder für einen einzelnen spezifischen Reaktionsablauf berechnen oder für eine größere Gefühlsstruktur oder, wenn wir umfassende Beispiele für die Lebenshaltung heranziehen, für die Gesamtheit einer Persönlichkeit. Wenn wir darauf vorbereitet sind, Persönlichkeitsintegration als das Gegenstück zum Gesamtkonflikt des Individuums anzusehen, dann können wir eine einfache Formel für *I*, völlige persönliche Integration, wie folgt erhalten:

$$I = \frac{\sum b^2(+) - \sum b^2(-)}{\sum b^2(+) + \sum b^2(-)} \qquad (10)$$

Dies definiert Integration als den Teil der gesamten ergischen Investition, der zum Ausdruck kommt. Für Kliniker und Analytiker, die daran gewohnt sind, an Libido oder vergleichbare Antriebsenergiekonzepte zu denken, könnte der Nenner der gesamten ergischen Investition als Äquivalent der „Libido" denkbar sein. Ich möchte jedoch die Tatsache nicht übergehen, daß einige verwickelte statistische Argumente in den Übergang von strikt handlungsbezogenen Anteilen zum Konzept der Antriebs*energie* hineinspielen würden. Dieser Integrationsindex gilt natürlich nur dann für die Messung individueller Unterschiede, wenn man für alle betroffenen Personen eine geschichtete, vergleichbare Stichprobe der gesamten Lebensaktivitätshaltungen nimmt.

Ich fürchte, daß diejenigen, die mit dem Prozeß der Verarbeitung von Daten zu faktorenanalytischen Ableitungen weniger vertraut sind, sich an dieser Stelle beschweren mögen, daß die Konstruktionen eine einigermaßen schwindelerregende Höhe über den Grundlagen experimenteller Messungen erreicht haben. Integration ist eines der schwierigsten Konzepte der Persönlichkeit, aber glücklicherweise kann diese Arbeitskonzeption in einem neuen Gebiet wieder auf den Boden der Tatsachen zurückgebracht werden — nämlich in der klinischen Pathologie. Mein früherer Schüler, Dr. WILLIAMS (1959) verglich sechs klinisch-stationär aufgenommene Psychotiker und sechs normale Kontrollpersonen hinsichtlich des obigen Integrationsindexes, auf der Grundlage der *P*-Technik zur Faktorisierung von Individuen, und fand selbst mit dieser geringen Anzahl einen statistisch bedeutungsvollen Unterschied, nämlich daß der Index erwartungsgemäß für die Normalen höher war. Man fand auch, daß der Index in einer bedeutungsvollen negativen Korrelation zur Beklemmung steht, nach den Messungen mit meiner faktorisierten Beklemmungsskala oder EYSENCKS N und in einer positiven zur Egostärkenskala auf den 16 Persönlichkeitsfaktorenskalen (CATTELL et al., 1970). Man kann daher Psychotiker als Individuen ansehen, die kein Glück hatten beim Erlernen der Kompromißintegrationen, die ergischen Ausdruck steigern (Ausdruck der Libido, wenn Sie wollen). Man kann sich einen psychotischen Prozeß vorstellen, in welchem die Steigerung einer allgemeinen Unzufriedenheit beginnt, Brüche in der Wahrnehmung der Realität zu verursachen, die in einem unheilvollen Kreislauf die Chancen für einen adaptierten ergischen Ausdruck weiter verringern.

Der Anspruch, daß die Konzepte der dynamischen Denkweise in der Lage sind, Integration zu messen, wie von diesem Ausflug in klinische Beobachtungen gestützt, hat seine Bedeutung für die augenblickliche Diskussion über das Lernen insofern, als wir, wenn wir Integration messen können, eine quantitative Grundlage zum Studium dessen, was ich *Integrationslernen* (integration learning) genannt habe, besitzen. Dies habe ich hier als das fünfte Geschenk des strukturierten Lernens an den Fortschritt der Lernkonzepte über den Umfang der klassischen Reflexologie hinaus aufgeführt. Wir werden sehen, daß es ein echtes Geschenk ist. Denn adäquate Integration ist in sozialer Hinsicht lebensnotwendig dafür, daß das Individuum neurotische und kriminelle Anomalien vermeidet sowie für seine eigene Selbstverwirklichung. Wenn wir sie einmal messen können, ist der Weg offen zur objektiven Auswertung der erzieherischen, sozialen und therapeutischen Verfahren, die behaupten, dies zu fördern.

Zum Abschluß dieses ziemlich konzentrierten Überblicks über die Theorie des strukturierten Lernens will ich mit dem sechsten und letzten Prinzip schließen: Dies ist eine Erklärung, in der versucht wird, über den beschreibenden, reflexologischen Ausdruck „Verstärkung" (reinforcement) hinaus zu dem Kausalmechanismus vorzudringen, der es ermöglicht, daß nach einem Ereignis die Erfahrung eines Befriedigungserlebnisses irgendwie dem Gedächtnis die Verbindung der Reizerlebnis-Reaktion einprägt, die zu dieser Befriedigung beitrug. Wie ich angedeutet habe, haben wir bereits das berühmte reflexologische Modell von HULL verlassen, welches eine Bezeichnung D für die „allgemeine Antriebsstärke" zur Zeit des Lernens eingeführt hat. Schon das Tierexperiment brachte diese Annahme zu Fall, indem es die Verschiebung des Lernens aufzeigt in dem, was MACKINTOSH (1974) „Antriebsverschiebung" nennt, d.h. Lernverlust bei einer Änderung der ergischen Zielbelohnung, z.B. bei Labyrinthlernversuchen. Sowohl diese Experimente als auch die klinischen Untersuchungen zeigen, daß die Neuerungen des strukturierten Lernens, bei dem die Lernleistung teilweise einem ganz bestimmten Vektor ergischer Befriedigungen zugeordnet wird, notwendig sind. Es gibt keine rein theoretische Verstärkung. Es ist sogar durchaus möglich, daß die Experimente, die jetzt fortschreiten können mit solchen Mitteln zur Messung spezifischer ergischer Spannungen wie dem MAT, zeigen werden, daß die Bedingungen des Lernens und der Erinnerung an das Erlernte unter einem ergischen Antrieb wie z.B. Furcht, ganz verschiedene Eigenschaften und Gedächtnisparameter haben als z.B. die unter Sex oder Selbstbestätigung. Das klassische Lernen ist dieser Frage ausgewichen.

Das sechste Prinzip beim strukturierten Lernen, welches zu erklären sucht, wie eine bestimmte Art ergischer abschließender Befriedigung die ihr vorangegangene Verbindung Reizerlebnis-Reaktion stärkt, ist das Erg-Engramm-Prinzip genannt worden. Meine Zeit erlaubt mir nicht, mehr vorzutragen als eine beschreibende Feststellung, daß die Theorie unterstellt, daß bei jeder Wahrnehmung eines Reiz-Reaktionserlebnisses eine fortgesetzte, abnehmende Reflektion dieses Ereignisses im Kurzzeitgedächtnisapparat stattfindet. Das Ausmaß der Restreflektion (magnitude of the residual reverberation) zum Zeitpunkt der abschließenden Belohnung bestimmt einerseits die Stärke des Engramms der Verbindung; andererseits bestimmend ist die Höhe der Belohnung, definiert als die *ergische Spannungsreduktion* (ergic tension reduction) zu diesem Zeitpunkt. Dieses Prinzip des ergischen Engramms erklärt ein Ergebnis, das andernfalls eine Form von Kausalität, rückwirkend und teleologisch, erfordern würde, die für die Wissenschaft nicht annehmbar ist. Außerdem bringt es uns dazu, gemeinsam mit ESTES et al. (1975), statistische Grundlagen bezüglich der verschiedenen Wirkungen von Reaktionen in aufeinanderfolgenden Versuchen zu erarbeiten, die unerläßlich sind für eine Ausweitung des Modells zur Berechnung des besten Ausdrucks für die Wechselwirkung von Belohnung und Reflektionswerten.

Abschließend darf ich sagen, daß die hervorragenden Beiträge zu diesem Symposion sowie deren elegante Anordnung mir klargemacht haben, daß meine Aufgabe darin lag, den allerneuesten Stand der strukturellen Analyse des Verhaltens und der Verhaltensänderung selbst vorzulegen. Um einen vollständigen Überblick über ein Gebiet von so umfangreichem Wachstum in neuerer Zeit und von solcher statistischer und mathematischer Kompliziertheit zu geben, habe ich Sie keinen Blick nach rechts oder links in benachbarte Bereiche werfen lassen. Zum Beispiel habe ich von Hinweisen auf soziale Werte oder dringende klinische Probleme unserer Zeit abgesehen und habe mich auf die zentrale Entwicklung eines theoretischen Verfahrens konzentriert, das andere auf diese praktischen Probleme anwenden mögen. Ich bin zuversichtlich, daß sich herausstellen wird, daß dieses theoretische Modell sich ohne Schwierigkeiten mit der Erkenntnis genetischer Faktoren in Dr. BECKERs Arbeit vereinen lassen wird und daß es Parallelen zur Psychometrie in der ethologischen Betrachtungsweise von Dr. LEYHAUSEN bietet; gleichzeitig hoffe ich, daß es wirklich sinnvolle Verhaltensmessungen liefert, zu welchen die Beobachtungen über die neurologischen und biochemischen Aspekte der Lernens von Dr. GUTTMANN und Dr. DOMAGK Äquivalente finden können.

Obwohl diese Ausführungen theoretische bleiben mußten, glaube ich doch, daß diejenigen, die den notwendigen experimentellen Grundlagen in den angegebenen Werken weiter nachgehen, finden werden, daß die Theorie des strukturierten Lernens ein äußerst wirkungsvolles neues Verfahren ist. Es wird uns die Mittel zur Verfügung stellen, weiter nach Erkenntnissen über erkennendes und gefühlsmäßiges Lernen, die nicht mehr im Bereich bloßer Mutmaßungen, wie so viele heute, bleiben müssen, zu forschen. Vielleicht muß ich mich nicht dafür entschuldigen, daß ich in dieser Stadt, in der so viele radikale Ideen das Licht der Welt erblickt haben, einige radikal neue und ungewöhnliche Theorien vorgestellt habe. Zum mindesten ist es unwahrscheinlich, daß Sie und ich heutzutage als Folge unserer Arbeit aufgefordert werden, den Schierlingsbecher zu leeren, und es steht tatsächlich zu hoffen, daß unsere großzügigen Schirmherren, Cassella-Riedel und UCB Brüssel, unsere Analysen von Nutzen finden werden bei der Entwicklung von Bechern einer wesentlich nützlicheren Art zur Verbesserung der Lernkapazität des menschlichen Gehirns.

Neuropsychologie des Lernens

Giselher Guttmann

Auf die entscheidenden Grundfragen jeder Lerntheorie konnte die traditionelle, rein erlebnispsychologisch orientierte Forschung nur wenige, allgemein akzeptierte Antworten liefern:
Ist Lernen ein kontinuierliches Geschehen oder aber gehorcht das „Speichern" einem Alles-oder-Nichts-Gesetz? Kann man „Lernen" überhaupt als *einen* einheitlichen, homogenen Prozeß ansehen oder ist dieser Ausdruck ein nahezu vorwissenschaftlicher Oberbegriff für ein Geschehen, das in zahlreichen aufeinanderfolgenden Phasen mit ganz unterschiedlichen Gesetzlichkeiten abläuft? Nicht einmal die bis in die jüngste Zeit mit so viel Affekt diskutierte Frage, welche Bedeutung und welches Gewicht den Lernprozessen gegenüber den angeborenen Mechanismen zukommt, wurde einigermaßen befriedigend gelöst.
Fortschritte im Bereich der genannten Problemkreise wurden jedoch erzielt, sobald die biologischen Grundlagen des Lernens faßbar wurden. Daß dieser Weg — dessen Ergiebigkeit den psychologischen Forschern schon seit Anbeginn der Lernforschung bewußt war — erst in jüngster Zeit zu brauchbaren Ergebnissen führte, hat seine Ursache darin, daß gerade die biologischen Korrelate des Lernens an der Grenze des eben Meßbaren und Erfaßbaren liegen: Erst die Beobachtung von Spannungsschwankungen im Mikrovoltbereich und der Nachweis von Veränderungen auf molekularem Niveau haben unsere Kenntnisse über die neuronale Informationsspeicherung erweitert. Zwar kann ein geschlossenes, neuropsychologisches Modell des Lernens zur Zeit noch nicht formuliert werden. Ich möchte jedoch die wesentlichsten Grundbausteine eines solchen und vor allem die Forschungsstrategien, die sich als ergiebig erwiesen haben, an Hand von einigen repräsentativen Beispielen illustrieren und zur Diskussion stellen, die ich aus neueren Arbeiten meines Instituts herausgreife.
Die erste Phase der neuronalen Informationsverarbeitung kann als weitgehend erschlossen angesehen werden: jedem aktuellen Erleben bzw. Verhalten liegen Erregungsprozesse zugrunde, die mit geeigneten Hilfsmitteln nunmehr unmittelbar registriert und beobachtet werden können. Die schon vor Jahren von FECHNER postulierte „innere Psychophysik" ist damit realisiert worden, und für die Psychologie in gewissem Sinne die fundamentale und entscheidende Barriere des Fremdpsychischen gefallen. Wir können beispielsweise durch Beobachtung der sensorisch evozierten Potentiale die individuelle Eigenart eines Wahrnehmungssystems überprüfen, ohne auf Introspektion und sprachliche Mitteilung des Betroffenen zurückgreifen zu müssen.

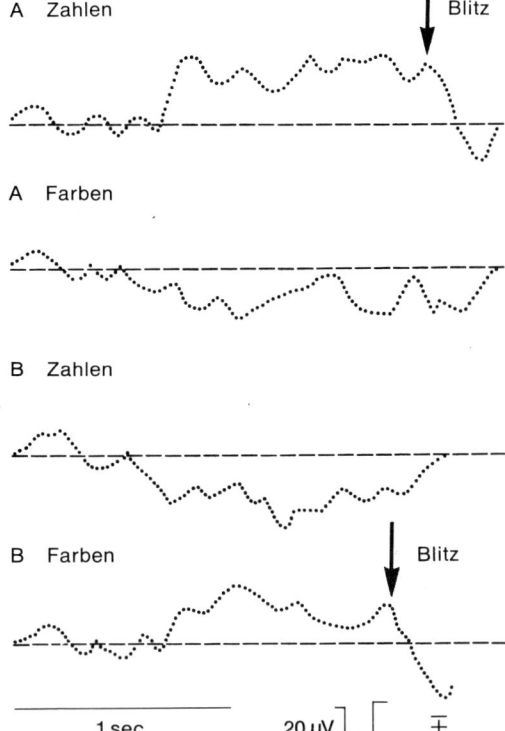

Abb. 1. Objektivierung der Begriffsdiskrimination. *A* Vp: Der Lichtblitz kommt immer nach Zahlen. Diese Unterscheidung zeigt sich in einer CNV (kontingente negative Variation) nach Zahlen und in einer DPV (diskriminative positive Variation) nach Farben. *B*: Umgekehrte Blitzfolge als Kontrollversuch

40

Zahlen 20 dB

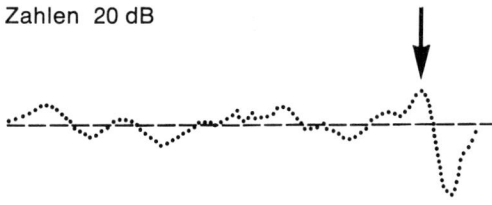

Farben 20 dB

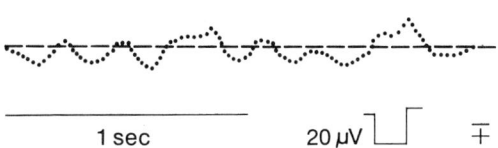

|—————————————————| |————| 20 μV ⌐_ ⏓

1 sec

Abb. 2. Die Wörter sind für die Vp zu leise. Die Vp weiß daher nicht, wann die Lichtblitze auftreten

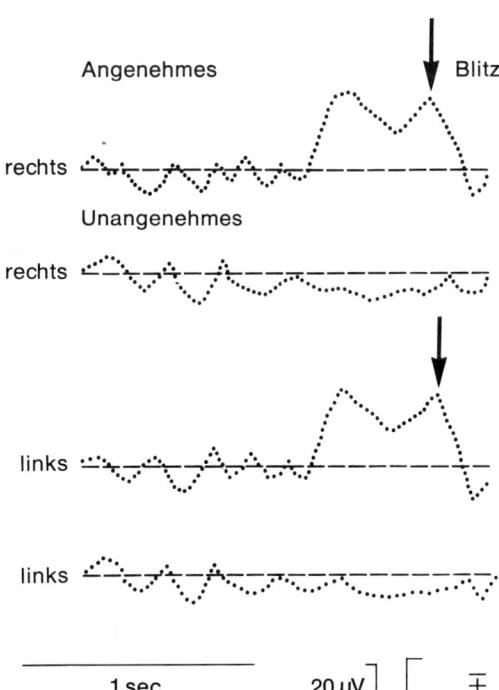

Abb. 3. Objektivierung der Begriffsbildung. Um den Blitz immer „richtig" erwarten zu können, muß die Vp aus den vorgegebenen Wörtern zwei Begriffe bilden. Vp: „Die Blitze kommen nach den angenehmen Dingen."
Objektiv: CNV und schwache DPV nach monauraler Beschallung (rechtes Ohr) über beide Hemisphären symmetrisch

Daß sich sogar semantische Aspekte der Perzeption auf diesem Weg objektivieren lassen, zeigt die Untersuchung von BRIX (1975). Er konnte die Fähigkeit der Begriffsdiskrimination durch eine Versuchsanordnung hirnelektrisch objektivieren, in welcher — analog der üblichen CNV-Situation (Vorsignal — Reiz, bewirkt nach einigen Kopplungen eine kortikale Depolarisation im Anschluß an das Vorsignal — CNV, Erwartungswelle) als Vorsignal Wörter verwendet wurden, wobei auf bestimmte Begriffe (z.B. auf alle Farben) nach einer Sekunde ein Lichtblitz folgte, während nach anderen (z.B. Zahlen) kein optischer Reiz geboten wurde. Bei sämtlichen Personen, die diese Begriffe verstehen und diskriminieren können, bildete sich in kurzer Zeit im Anschluß an alle den Blitz ankündigenden Reizwörter eine markante Erwartungswelle aus, während die Kontrollwörter keine solche Depolarisierung (in vielen Fällen sogar eine leichte Positivierung) auslösten.

Werden die Wörter nicht erfaßt (aufgrund einer Perzeptionsstörung, schwellennaher oder verrauschter Darbietung usw.), verschwindet die Erwartungswelle bei den Kontrollwörtern und macht dadurch die gestörte Begriffserfassung erkennbar.

Werden Wörter verwendet, die einem weniger leicht erfaßbaren Oberbegriff angehören, der erst im Laufe des Experiments gebildet wird (etwa „Angenehmes" versus „Unangenehmes") kann sogar der Zeitpunkt der individuellen Begriffsbildung am Auftreten der CNV objektiviert werden.

Diese Beispiele sollen nicht nur die praktische Bedeutung illustrieren, die eine Beobachtung der unmittelbaren Erlebens- und Verhaltenskorrelate für die angewandte Psychologie besitzt. Sie wurden auch deshalb gewählt, weil sie einer der wichtigsten elektrophysiologischen Kenngrößen des Lernens gewidmet waren — dem kortikalen Gleichspannungsniveau.

In der folgenden Phase des Einprägungsprozesses wird entschieden, ob ein aktuelles Erregungsgeschehen wieder spurlos abklingen oder durch Vermittlung (= vorübergehende Miterregung) bestimmter neuronaler Strukturen ein Prozeß in Gang gesetzt werden soll, der eine Speicherung dieser Informationen bewirkt. Der Übergang in einen solchen „lernbereiten" Zustand ist von der Miterregung bestimmter Teile des Aktivierungssystems abhängig. Werden diese experimentell angeregt, so läßt sich das Speichern von aktuellen Erregungen willkürlich steuern. Die Aktivität dieser so wichtigen Steuerstrukturen wird aber auch an ganz bestimmten Veränderungen der hirnelektrischen Aktivität sichtbar. Neben der wichtigsten dieser Größen, dem kortikalen Gleichspannungsniveau, sind es auch Frequenzeigenheiten der Spontanaktivität, die den Beginn einer Phase erhöhter Lernbereitschaft erkennen lassen. Hierfür soll als Beispiel ein Experiment von HINGER genannt werden, in dem überprüft wurde, ob Lernmaterial tatsächlich unterschiedlich gut behalten wird, wenn es in Phasen von geringfügig unterschiedlicher Lernbereitschaft geboten wird, wobei diese rein physiologisch, nämlich durch geeignete Parameter des EEG definiert werden sollten.

An 50 Vpn wurden in einem Vorversuch das EEG (Occiput − Mastoid) registriert, um Häufigkeit und Eigenart des individuellen Alpha-Wellen-Verlaufs festzustellen. Sodann wurden 10 vierbuchstabige, nach Sinnfreiheit und Schwierigkeit geeichte Silben dargeboten, um die individuelle Lernleistung objektivieren zu können.

Nach Alphatyp und Lernleistung wurden sodann Personenpaare gebildet, die nach einem Zufallsverfahren der Versuchs- bzw. Kontrollgruppe zugeordnet wurden. Je zwei zugehörige Vpn wurden im Hauptexperiment simultan untersucht, das EEG laufend registriert und durch eine Maximum-Minimum-Analyse mit geeignetem Amplitudenlimit eine Frequenzanalyse durchgeführt, durch welche der Beginn einer Alpha-Phase dargestellt werden konnte. Jeder Person der Versuchsgruppe wurde, vom EEG aus getriggert, sofort nach Erreichen dieses Kriteriums eine Silbe geboten. Der Kontrollperson wurde gleichzeitig dieselbe Silbe dargeboten, wodurch bei ihr eine Zufallsverteilung der Darbietungszeitpunkte im Hinblick auf den individuellen EEG-Verlauf erreicht wurde, die auch empirisch kontrolliert wurde. Um ein Memorieren der Silben zu unterbinden, wurde in den Zwischenphasen eine Ablenkaufgabe gestellt.

Die statistische Auswertung zeigte, daß die Vpn, denen das Lernmaterial in einem geringfügig desaktivierten, weniger lernbereiten Funktionszustand geboten worden war, signifikant schlechter gelernt hatten als die Personen der Kontrollgruppe. Der „lernbereite" Zustand, in dem Informationen leichter aufgenommen bzw. beständiger gespeichert werden, läßt sich nicht nur durch bestimmte EEG-Parameter objektivieren; vielmehr kann durch diese sogar in einer geeigneten Versuchsanordnung eine Optimierung des Darbietungszeitpunktes erreicht werden.

Ist eine bestimmte Rindenregion in speicherbereitem Zustand, so ist der verläßlichste Kennwert hierfür eine lokale Depolarisation. Eine solche

kann auf natürlichem Wege durch Erregung der zuständigen Strukturen des unspezifischen Aktivierungssystems zustande kommen. Aber auch eine experimentell induzierte Depolarisation — etwa durch Anlegen von Oberflächenelektroden — hat denselben Effekt.

Eine solche lokale kortikale Depolarisation kann auch von einer menschlichen Vp willkürlich herbeigeführt bzw. beendet werden, wenn wir ihr durch eine geeignete unmittelbare Rückmeldung Informationen über das jeweilige kortikale Gleichspannungsniveau zukommen lassen. Hierfür kann das folgende Experiment von LAUBER als Beispiel dienen, in welchem die instrumentelle Konditionierbarkeit dieses wichtigen Parameters erstmals empirisch bestätigt werden konnte.

Die Vpn wurden instruiert, auf einen optischen „count down" zu achten, der von Zeit zu Zeit auf einem Oszilloskopschirm ablief: Zuerst erschienen an den beiden Begrenzungsrändern zwei Striche, die in Sekundenintervallen aufeinander zuliefen und nach 5 sec in eine geschlossene Linie übergingen. Dies war das Zeichen, daß nun der „kritische Reiz", ein Buchstabe, geboten wurde. Nach 1 sec wurde der Bildschirm für 5 sec gelöscht (Dunkelphase) und danach das Ende eines Versuchsdurchgangs angezeigt. Die Vpn waren instruiert worden, sich so zu verhalten, daß während der Darbietung des kritischen Reizes (Buchstabe) bzw. in der darauffolgenden Fünf-Sekundenphase Veränderungen des kortikalen Gleichspannungsniveaus eintreten sollten. Das Gleichspannungsniveau wurde durch akustisches Biofeedback angezeigt. Der Erfolg wurde unmittelbar nach der Dunkelphase als Gewinn rückgemeldet. Nach 80 gleichbleibenden Versuchsdurchgängen wurde für jede Vp das Versuchsziel umgekehrt, d.h. Personen, die zunächst eine Negativierung anzustreben hatten, sollten nunmehr eine Positivierung erreichen und umgekehrt.

Die statistische Auswertung zeigte, daß es möglich ist, durch ein Reinforcement der verwendeten Art in kurzer Zeit nach Belieben eine lokale Positivierung bzw. Negativierung bestimmter kortikaler Regionen auszulösen — also gewissermaßen den Übergang in den „lernbereiten" Zustand zu lernen.

Während der Konsolidierungsphase kann eine Reihe von stofflichen Veränderungen im Zentralnervensystem beobachtet werden, deren Interpretation bisher mehr Verwirrung als Klarheit mit sich gebracht hat. Zwar wird das Auftreten von qualitativ neuartigen Ribonucleinsäuren im Zuge eines Lernprozesses in den an diesen Lernprozessen beteiligten Nervenzellen durch die unmittel-

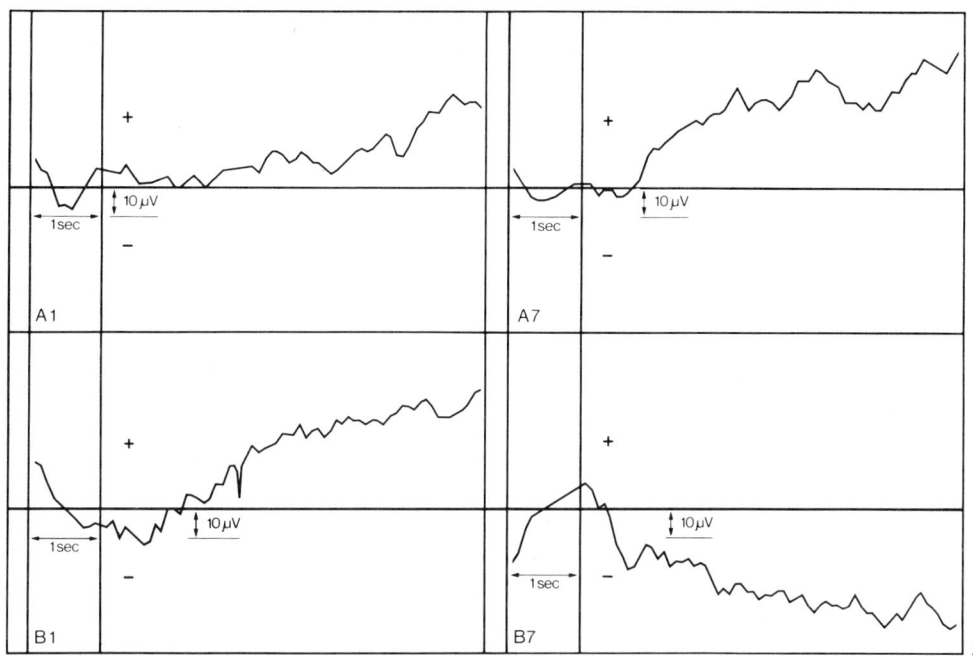

A 1 A 7 B 1 B 7

Abb. 4

baren Überprüfungen HYDÈNS allgemein akzeptiert. Die Möglichkeit, Substanzen dem Gehirn eines trainierten Lebewesens zu entnehmen und nach geeigneter Applikation eine Lernersparnis bei einem naiven Empfängertier zu bewirken, wird jedoch nach wie vor eher kritisch diskutiert. Nicht zuletzt fehlt für diese Experimente eine akzeptable Interpretationsgrundlage, die erklärlich machen kann, wie beispielsweise intraperitoneal injiziertes Gehirnhomogenat in einem Empfängertier überhaupt an den entscheidenden Orten eingebaut wird, um dort wirksam zu werden.

Eine Beobachtung, die auch diese Problematik zu klären vermag, lieferten Untersuchungen meines Instituts in Zusammenarbeit mit der Tierärztlichen Universität Wien (KMENT und NIEDERMÜLLER): Ausgangspunkt war die von KMENT et al. erstmals gesicherte Tatsache, daß Organhomogenate, die Empfängertieren appliziert werden, bevorzugt von diesen in homologen Organen inkorporiert werden. Dies wurde durch radioaktiv markierte Leber-Herz-Nierenhomogenate im Tierversuch nachgewiesen.

Die Hypothese, daß makromolekulare Strukturen von einem Empfängerorganismus ebendort eingebaut werden, wo sie strukturell „passen", wäre auch für eine einfache Interpretation des biochemischen Lerntransfers entscheidend.

Eine erste Bestätigung dieser Vermutung lieferte die folgende Arbeit:

140 männliche Sprague-Dawley Ratten wurden in einem T-Labyrinth durch 8 Wahlstellen bis zum Erreichen eines geeigneten Leistungskriteriums trainiert. Durch intracerebrale Injektion von 25 mCi L-Histidin-2,5-T wurden die Proteine, durch 25 mCi Uridin-5-T die Ribonucleinsäuren markiert. Der Kontrollgruppe wurden analog 6 ml blutisotone Warmblüter-Ringerlösung injiziert. Nach Erreichen des Kriteriums wurden die Spendertiere nach kurzer Chloroformnarkose durch Halsschnitt entblutet, die Gehirne entnommen, durch Einwerfen in flüssigen Stickstoff schockgefroren und alle 30 Gehirne der trainierten Spendertiere sowie die 30 Gehirne der untrainierten Spendertiere jeweils zusammen homogenisiert. Die Ribonucleinsäuren wurden nach bewährten Techniken isoliert und den Empfängertieren in drei verschiedenen Zeitabständen vor Beginn des ersten Trainings subkutan injiziert.

Die nativen Proteine wurden nach der Homogenatzentrifugation aus dem Plasmaüberstand gewonnen. Auch sie wurden in denselben zeitlichen Abständen subkutan injiziert.

Das Hauptergebnis dieses Experiments, in dem die Auswirkung der Übertragung von Proteinen und Nucleinsäuren von trainierten bzw. untrainierten Tieren in verschiedenen Zeitabständen vom Trainingsbeginn kontrolliert werden konnte, erbrachte auf Verhaltensebene und auf biochemischem Niveau ein eindeutiges und überraschendes

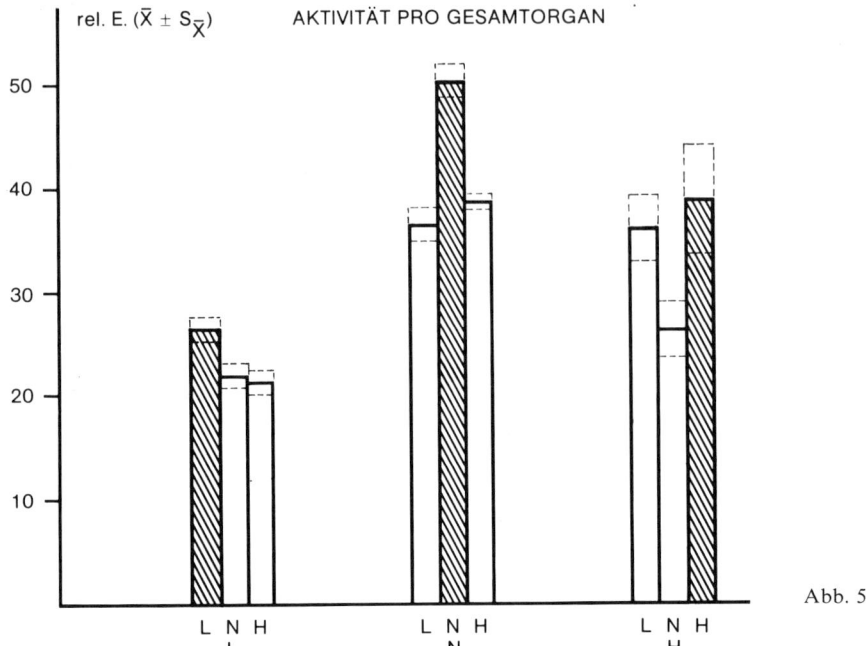

rel. E. ($\bar{X} \pm S_{\bar{X}}$)   AKTIVITÄT PRO GESAMTORGAN

Abb. 5

Ergebnis. Die Versuchstiere, denen Proteine trainierter Tiere injiziert wurden, zeigten gegenüber den Kontrolltieren eine hochsignifikante Verbesserung der Lernleistung.

Dieses über den ganzen Lernverlauf gültige Ergebnis geht vor allem auf einen Varianzanteil zurück, der dem zweiten Trainingstag entstammt und damit erkennen läßt, daß im Anschluß an eine einmalige Substanzübertragung die Lernerleichterung in einem relativ eng begrenzten Zeitabschnitt wirksam wird.

Die Applikation von Nucleinsäuren hatte in unserem Experiment keine nachweisbare Veränderung der Lernleistung, sondern lediglich einen unspezifischen Aktivierungseffekt zur Folge, der sich vor allem auf die motorische Aktivität der Tiere auswirkte. Zwischen dem Effekt von Nucleinsäuren trainierter und untrainierter Tiere war hierbei kein Unterschied feststellbar.

Die Empfängertiergehirne wurden mit demselben Verfahren wie die der Spendertiere entnommen und in Hippocampus und Resthirn geteilt. Proteine und Nucleinsäuren wurden im weiteren für Resthirn- bzw. Hippocampus-Homogenate getrennt mittels Szintillationsspektrophotometer gemessen. Die Ergebnisse dieser Messungen ließen eindeutig erkennen, daß HISTIDIN aus den Proteinextrakten von trainierten Ratten in signifikant größerer Menge im Hippocampus der Versuchstiere eingebaut werden, während die Einlagerung von Ribonucleinsäuren — gleichgültig, ob Nucleinsäuren von trainierten oder von nicht trainierten Tieren betrachtet werden — in Hippocampus und Resthirn in gleicher Menge erfolgt.

Diese Daten stehen in ausgezeichnetem Einklang mit einer Reihe von gesicherten neuropsychologischen Erkenntnissen. Darüber hinaus liefern sie aber noch einen ersten Hinweis auf eine Deutung der Transferexperimente: Eine Inkorporation erfolgt nicht nur mit einer besonderen Affinität zum homologen Organ; selbst innerhalb des betreffenden Organs läßt sich ein Einlagerungsmaximum in bestimmten Teilstrukturen (hier: Hippocampus) erkennen.

Literatur

BRIX, R.: Objektivierung der Begriffsdiskrimination und der Begriffsbildung im EEG des Menschen. Z. klin. Psychol. **4**, H. 1 (1975)

HINGER, A.: Elektroencephalogramm und Lernleistung Phil. Diss. (unpubliziert)

LAUBER: Instrumentelle Konditionierung des kortikalen Gleichspannungsniveaus. Phil. Diss. (unpubliziert)

NIEDERMÜLLER, E.: Die Auswirkung der Übertragung von Proteinen und Ribonukleinsäuren aus dem Gehirn trainierter und untrainierter Ratten auf das Lernvermögen von jungen Ratten.

KMENT, A., NIEDERMÜLLER, H., HOFECKER, G., PAPADOPOULOS, E.: Untersuchungen über die Einlagerung radioaktiv markierter Gewebshomogenate in verschiedene Organe der Ratte. Radioaktive Isotope in Klinik und Forschung **11**, 98 (1974)

Zur Biochemie des Lernens

Götz Friedrich Domagk

An der Bedeutung des Zentralnervensystems für die Speicherung angeborener und erworbener Informationen besteht heute kein Zweifel. Der Mensch hat, verglichen mit anderen Tieren gleicher Größe, ein beachtlich großes Hirngewicht entwickelt. Das absolute Gehirngewicht des Menschen wird von manchen Tierarten erreicht und zum Teil überboten; vernünftiger ist es wohl, einen Quotienten Hirngewicht: Körpermasse zu betrachten, wobei dann die bezüglich geistiger Leistungen ungewöhnliche Stellung des Homo sapiens erkennbar wird.

Von der *chemischen Zusammensetzung* her bietet das Gehirn, verglichen mit anderen Organen, keine Besonderheiten, wenn man von dem auf Kosten der Proteinfraktion vermehrten Lipidanteil absieht (Tabelle 1).

Tabelle 1. Die chemische Zusammensetzung einiger menschlicher Organe (Angaben in %)

	Leber	Gehirn	Mus-kulatur
Anteil am Körpergewicht	2,7	2,3	43
Wasser	71	78	76
Proteine	20	10	20
Lipide	4,2	10	2,5
Kohlenhydrate	3,6	0,8	0,8

Auch im Bereich der einzelnen Molekülarten haben sich bisher kaum Verbindungen entdecken lassen, die absolut hirnspezifisch sind und die ungewöhnliche Funktionen des Zentralnervensystems erklären könnten. Durch mikroskopische Untersuchungen sind die wesentlichen strukturellen Bestandteile des Gehirns schon lange bekannt: Die *Neuronen* und die Gliazellen. Die Anzahl der Nervenzellen wird für das menschliche Gehirn auf 10^{10} geschätzt. — Die makroskopisch unterscheidbaren grauen und weißen Teile des Gehirns deuten auf einen besonders hohen Gehalt dieser Areale an Zellen bzw. Nervenfasern hin.

Letztere sind sehr zahlreich und mengenmäßig bedeutend: man hat überschlagen, daß eine Aneinanderreihung aller Nervenfasern des menschlichen Körpers eine Länge von 40 000 km ergeben würde. Von den zahlreichen Fortsätzen der meisten Nervenzellen ist einer das impulsableitende Axon; die anderen wirken impulssammelnd und liefern die von anderen Nervenzellen eingehenden Impulse zentripetal zum Zellkörper, der dann die Summe hemmender und erregender Reize integriert. Wie Abb. 1 zeigt, ist die „Verdrahtung" der zur Zeit der Geburt vorgegebenen Anzahl von Nervenzellen im wesentlichen ein Prozeß der postnatalen Periode (CONEL, 1959). Hierbei werden Umwelteinflüsse stark wirksam. Zahlreiche Tierversuche der letzten Jahre haben gezeigt, daß eine künstliche Abschirmung des heranwachsenden Organismus z.B. durch Abdeckung der Augen oder durch Beschränkung der optischen Eindrücke auf sehr monotone Muster zu histologisch und chemisch nachweisbaren Defekten führt (CYNADER et al., 1973). Solche Mangelentwicklungen geben sich dann auch funktionell zu erkennen.

Die *Plastizität des Gehirns* ist ein besonders von ECCLES (1975) betontes Phänomen. Wie die Abb. 2 zeigt, kommt es in Abhängigkeit von der Funktion zu morphologisch deutlich erkennbaren Veränderungen im Synapsenbereich.

Synapsen sind diejenigen Punkte, in denen die Ausläufer der Nervenzellen Kontakte mit anderen Neuronen haben. Diese Kontaktstellen finden sich am Zellkörper, am Axon oder an den Dendriten. Ihre Zahl wird für das menschliche Gehirn auf 10^{13} geschätzt. Jeder dieser Kontaktpunkte stellt morphologisch eine Diskontinuität des Nervensystems dar; funktionell wird der elektronenmikroskopisch nachweisbare synaptische Spalt durch chemische Vorgänge übersprungen. Am axonalen Ende kommt es bei Eingang eines Nervenreizes zur Freisetzung von *Transmittersubstanzen*. Seit der Entdeckung des Acetylcholins vor gut einem halben Jahrhundert ist etwa ein Dutzend anderer kleinmolekularer organischer Verbindungen dazugekommen, die alle nach demselben Prinzip zu arbeiten scheinen: im axonalen

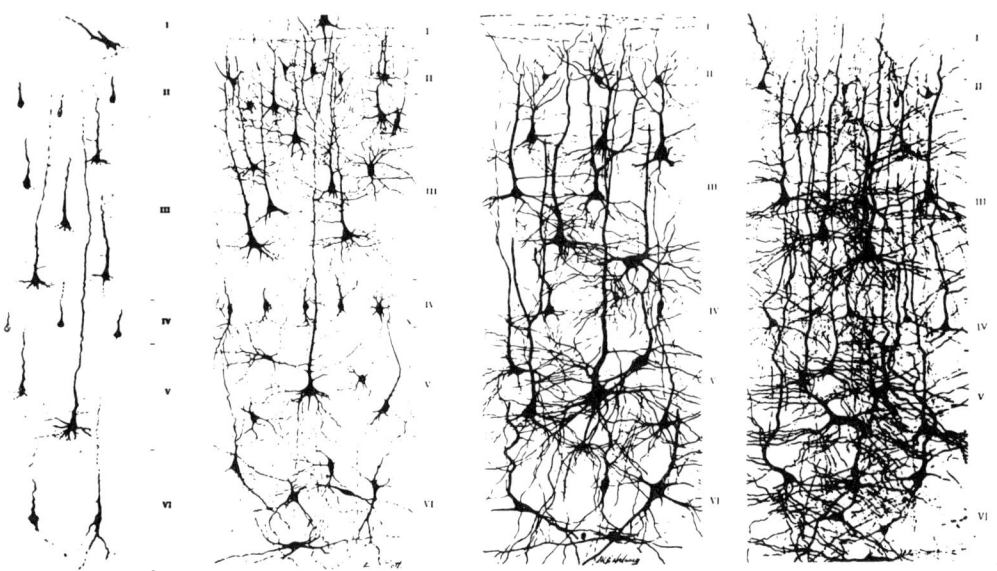

Abb. 1. Stadien der menschlichen Hirnreifung. Dasselbe Areal der Hirnrinde im Alter von 0, 3, 15 und 48 Monaten. (Nach CONEL, 1959)

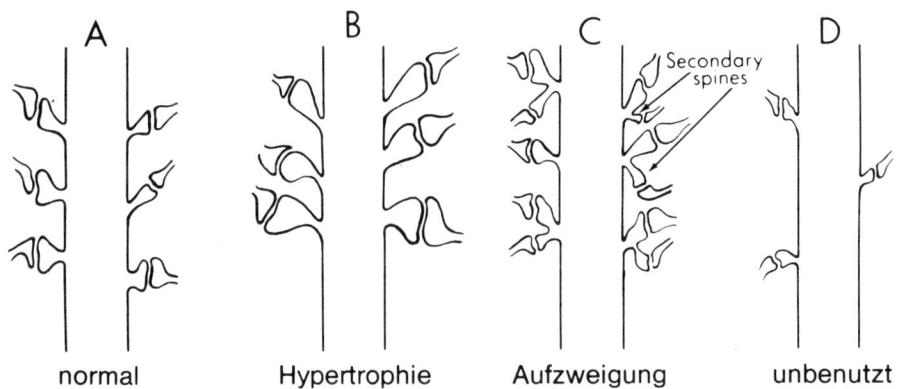

Abb. 2. Plastizität von dendritischen Spinesynapsen. Die Zeichnungen sollen die plastischen Veränderungen an Spinesynapsen zeigen, deren Auftreten bei Wachstum in *B* und *C* und bei Regression in *D* postuliert wird. (Nach ECCLES, 1975)

Terminus finden sich sogenannte *synaptische Bläschen*. Diese subzellulären Vesikeln enthalten die Transmittersubstanz, z.B. Acetylcholin, in hoher Konzentration und entlassen den Wirkstoff bei Eintreffen eines Impulses in den synaptischen Spalt. Auf der anderen Seite des Spalts finden sich in der postsynaptischen Zelle spezielle Rezeptoren, Proteine, die bei einer Wechselwirkung mit dem kleinmolekularen Transmitter kurzfristig die Permeabilität in der nachfolgenden Nervenzelle ändern, was dann zur Impulsweiterleitung führt. Abb. 3 zeigt eine nach elektronenmikroskopischen Untersuchungen gezeichneten Nerventerminus. Durch vorsichtiges Homogenisieren und fraktioniertes Zentrifugieren lassen sich gefüllte synaptische Bläschen präparativ anreichern (WHITTAKER, 1973).

Eine durch äußere Reize gesteigerte Funktion des Nervensystems führt zu chemischen Veränderungen des Organs. Am eindruckvollsten ist eine

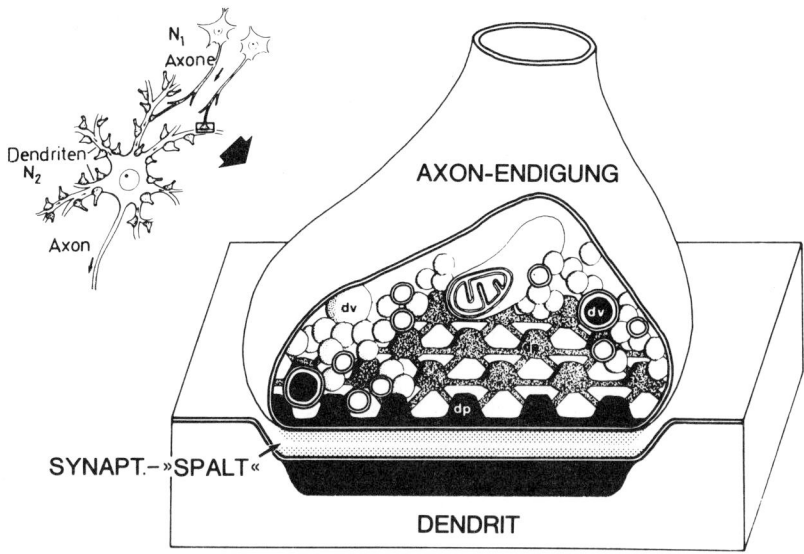

Abb. 3. Synaptische Bläschen im axonalen Terminus. (Nach Akert, Klin. Wschr. **49**, 516 (1971))

Vermehrung des Nukleinsäure- und des Eiweißgehalts. Auf diese Molekülarten haben sich so auch die Hauptinteressen der meisten Neurobiologen konzentriert. Hydén (1962) hat schon in den frühen 60er Jahren eine Rolle der Ribonukleinsäuren für die Speicherung des erworbenen Individualgedächtnisses postuliert und in sehr beeindruckenden Experimenten nachgewiesen (Hydén, 1962). Damals war gerade die Bedeutung der DNA für das von Generation auf Generation übertragene Artgedächtnis verständlich geworden. Als in den folgenden Jahren die Molekularbiologen für alle bekannten RNA-Arten eine Beteiligung bei der Proteinsynthese nachwiesen, haben sich auch die Gedächtnisforscher mehr diesen Makromolekülen zugewandt. So sieht wohl auch Hydén (1970) heute die nachgewiesenen RNA-Veränderungen im Gehirn nur als Durchgangsstufe für eine Synthese dauerhafter spezieller Proteine an. Von ihm und anderen Forschern wird eine Bedeutung des hirnspezifischen S-100-Proteins für die Gedächtnisbildung diskutiert (Hydén u. Lange, 1970). Zahlreiche Hemmstoffe, die eine inhibitorische Wirkung auf die Proteinbiosynthese ausüben, verhindern gleichzeitig die Ausbildung des Langzeitgedächtnisses. Hier sei auf die beeindruckenden Experimente von Agranoff (1967), Flexner (1967) und Barondes (1967) hingewiesen, die eine solche Wirkung für die Antibiotika Puromycin, Cycloheximid und Anisomycin nachweisen konnten. So hat sich die Anschauung, daß das Langzeitgedächtnis von einer intakten Proteinsynthese ab

hängt, heute weit durchgesetzt. Im Laboratorium des Autors erhobene Befunde, daß zufällig (?) alle 3 genannten Inhibitoren zugleich Hemmstoffe der Gehirn-Acetylcholinesterase sind, sollte vielleicht nicht außer acht gelassen werden (Zech u. Domagk, 1975).

Neuerdings scheinen auch Glykoproteine (Damastra-Entingh et al., 1974) und Ganglioside (Maccioni et al., 1974) von großer Wichtigkeit zu sein für die Speicherung erworbener Informationen im Gehirn.

Durch die holländische Arbeitsgruppe von Dewied (1974) wird die Bedeutung des ACTH und anderer „Streßhormone" für die Lernvorgänge besonders betont (Dewied, 1974).

Anfang der 60er Jahre hatte der amerikanische Psychologe McConnell gefunden, daß sich durch Training erworbenes Gedächtnis bei Plattwürmern durch Kannibalismus auf untrainierte Tiere übertragen läßt. Diese damals als „memory transfer" in die Literatur eingeführte Arbeitsrichtung ist seither vielfach eingeschlagen worden und hat zu spektakulären Erfolgen, aber auch zu vielen Fehlschlägen geführt.

Die derartigen Versuche werden heute meist als „chemische Übertragung erworbener Eigenschaften" bezeichnet. Unter Bedingungen intensiven Trainings entstehen im Gehirn der Tiere informationsspezifische Makromoleküle, die sich in vielen Fällen isolieren und zur Injektion in untrainierte Tiere verwenden ließen. Grundsätzlich muß der biologische Verhaltenstest zur Auswertung herangezogen werden. Ungar (1972) ver

47

gleicht das gegenwärtige Studium dieser Arbeiten mit der Situation der Hormonforschung vor einem halben Jahrhundert. Abb. 4 zeigt, wie die Übertragung der Inkubationslösung eines über den Vagus stimulierten Herzens ein zweites, denerviertes Herzpräparat zu langsamer Schlagfrequenz bringt; genauso bringt die Injektion eines Hirnextraktes, aus trainierten Spendern bereitet, die damit injizierten Empfängertiere zu einem spezifischen Verhalten, das dem der trainierten Spender entspricht (MITCHELL, BEATON u. BRADLEY, 1974).

UNGAR (1974) in Houston, Texas, hat es mit der Isolierung solcher „Gedächtnismoleküle" am weitesten gebracht: etwa ein Dutzend spezifisch wirkender Peptide wurde von ihm isoliert, zum größten Teil konnten die Primärstrukturen dieser Substanzen, das heißt die Reihenfolge der zum Peptid verknüpften Aminosäuren, aufgeklärt werden, und in einigen Fällen ist sogar eine chemische Synthese der biologisch hochwirksamen Substanzen möglich gewesen.

Auch in Göttingen wurden und werden Versuche durchgeführt zum Nachweis einer durch Lernvorgänge veränderten Gehirnchemie. Dabei ist das experimentelle Vorgehen folgendermaßen: Ein Versuchstier wird entweder durch Bestrafung mit leichten Elektroschocks dazu gebracht, ein bestimmtes, ihm sympathisches Verhalten einzustellen, *oder* eine bei „richtiger" Versuchsausführung regelmäßig gegebene Belohnung (Futter oder Trinken) bringt das Tier dazu, ein ihm zunächst unsympathisches Verhaltensmuster mehr und

mehr durchzuführen. Die letztgenannte straffreie Dressur hat den Vorteil, daß es dabei nicht durch Angst und Schmerz zur Produktion unspezifischer Streß-Substanzen kommen kann. Wir werden nachfolgend Beispiele für beide Trainingsmethoden kennenlernen.

Die Gehirne der ausreichend trainierten „Spender" werden dann entnommen und extrahiert. Eine Injektion dieser Hirnextrakte in untrainierte Empfängertiere bewirkt dann bei diesen eine vorübergehende Verhaltensänderung in Richtung auf das Verhalten der trainierten Spender. Kontrollen werden durchgeführt durch Injektion von Extrakten aus Gehirnen nichttrainierter Spender.

In unseren ersten, 1969 durchgeführten Experimenten wurden von ZIPPEL hungrige Goldfische durch Futterbelohnungen dazu gebracht, nicht zum spontan bevorzugten Rot, sondern zur zunächst abgelehnten grün beleuchteten Beckenseite zu schwimmen (Abb. 5 und 6). Die Spender wurden i.p. mit dialysierten Hirnextrakten injiziert, wobei nur kleinmolekulare Verbindungen verwendet wurden. Größere Proteine oder RNA kommen also als Wirkstoffe hier nicht in Frage. Wie die Abb. 6 zeigt, ist bei den mit „trainiertem Extrakt" injizierten Tieren vom 2. bis 7. Tag eine deutliche Grünpräferenz festzustellen, die dann aber nachläßt, da die Empfängertiere ja nie ihr Futter zusammen mit dem Grünreiz erhalten („Extinktion").

Inkubation der Hirnextrakte mit Trypsin führte zu einem Verlust der biologischen Wirksamkeit, woraus wir auf das Vorliegen von Polypeptiden

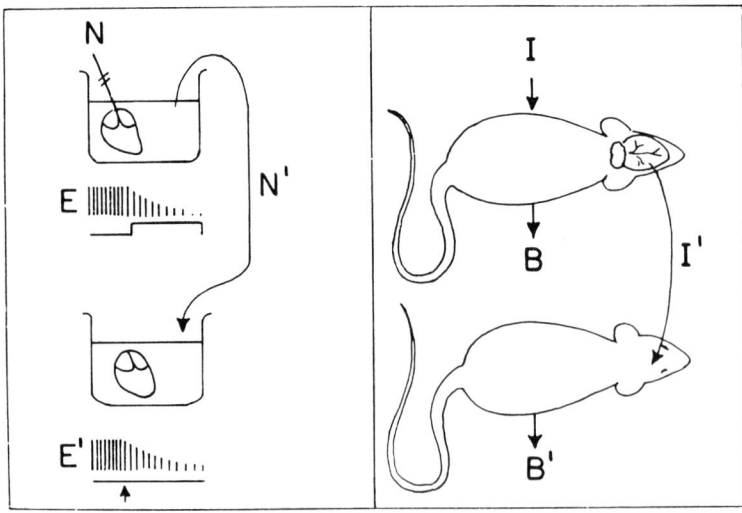

Abb. 4. Der biologische Test (links zum Nachweis des Hormons Acetylcholin nach LOEWI, rechts zum Nachweis verhaltenswirksamer Peptide. (Nach UNGAR, 1972)

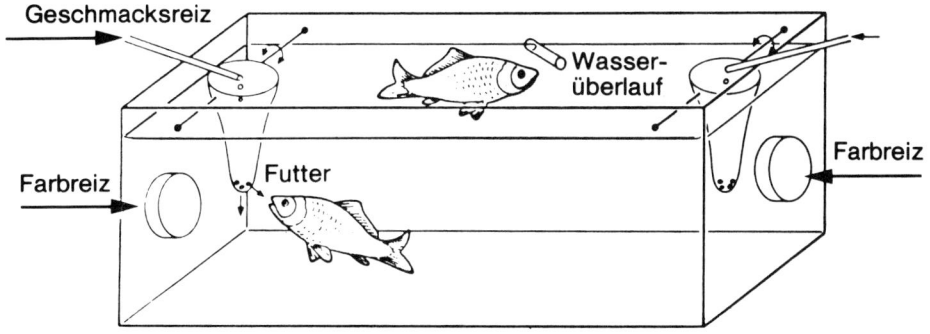

Eingewöhnungsphase: *einmal pro Tag Fütterung durch die schwenkbaren Plastiktrichter*
Trainingsphase: *tägliche Fütterung der Tiere jeweils nach Darbietung des*
   bedingenden Reizes (Farbe oder Geschmack)
Testphase: *der Reiz wird ohne anschließende Fütterung angeboten,*
   Registrierung der Trichterbewegungen über Zweikanal-
   Schreiber (aus Domagk: Chemie in unserer Zeit 7 [1973], 1)

Abb. 5. Apparatur zum Training bzw. Testen von Goldfischen bei der Farb- bzw. Geschmacksdifferenzierung (ZIPPEL, 1969)

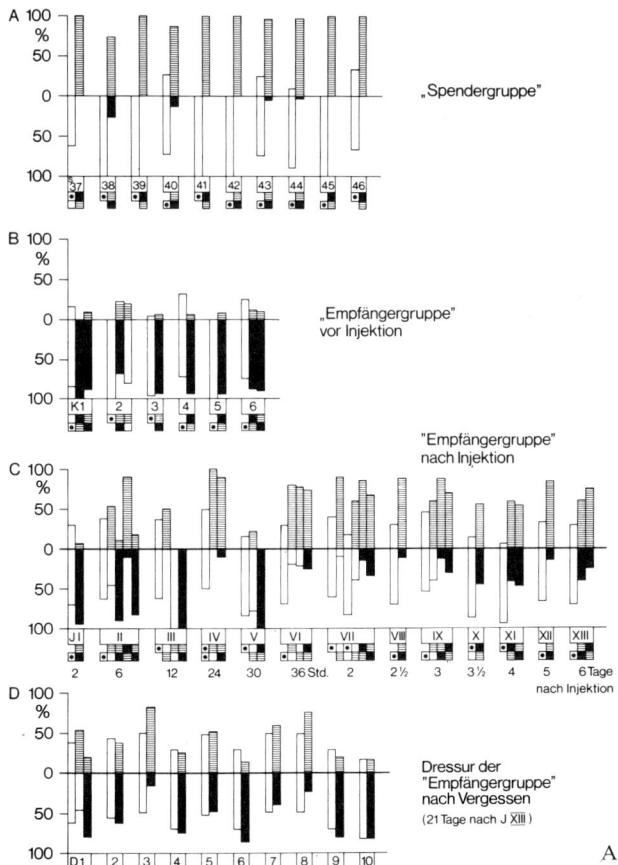

Abb. 6. Chemische Übertragung einer erworbenen Grünbevorzugung bei Goldfischen

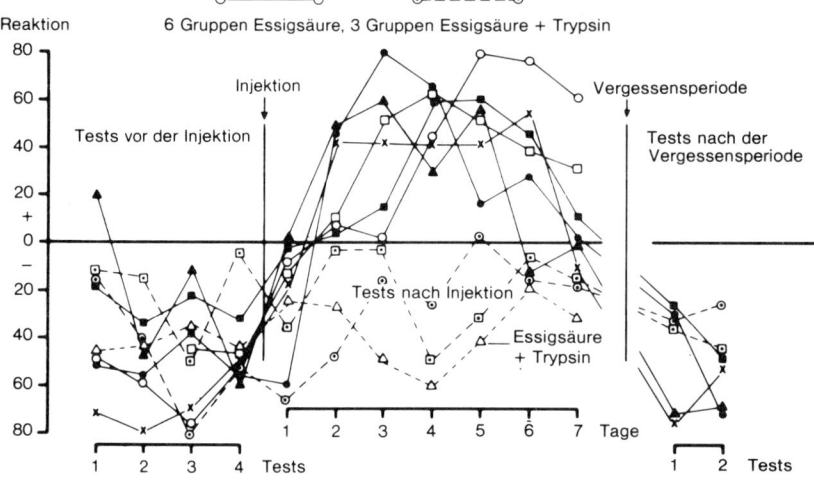

Verhalten der Fische in einem Becken mit Geschmacksgradienten.
Über der x-Achse: Essigsäure bevorzugt
Unter der x-Achse: Glucose bevorzugt

Abb. 7. Chemische Übertragung einer trainingsabhängigen Geschmackspräferenz. Trypsin-Behandlung führt zum Verlust der biologischen Aktivität. (ZIPPEL u. DOMAGK, 1971)

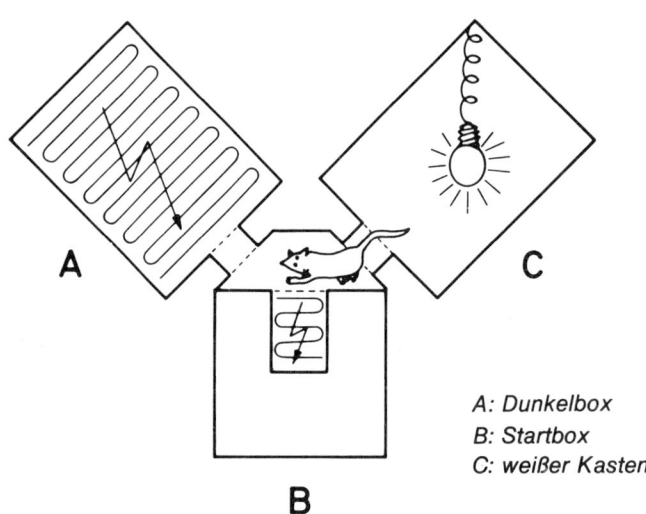

A: Dunkelbox
B: Startbox
C: weißer Kasten

Abb. 8. Modifizierte Apparatur zur Ausbildung einer Dunkelfurcht bei Ratten. (PENSCHUCK: Med. Diss. Univ. Göttingen 1975)

in der aktiven Fraktion schlossen (ZIPPEL u. DOMAGK, 1969). Da das Gehirngewicht der von uns trainierten Goldfische 80–100 mg beträgt, haben wir eine chemische Aufarbeitung der Extrakte damals für unmöglich gehalten. Inzwischen hat aber der amerikanische Pharmakologe UNGAR nach Modifikation unserer Methode ein Massentraining von etwa 20000 Goldfischen durchgeführt und Mikrogramm-Mengen von sogenannten Chromodiopsinen gewonnen. Deren Injektion in naive Fische bewirkt bei diesen Empfängern eine spezifische Blau- bzw. Grünfurcht.

Die von ZIPPEL (1971) entwickelte straffreie Dressur auf eine Farbdiskriminierung war zeitlich recht aufwendig. Die auch von ZIPPEL gefundene spontane Bevorzugung oder Ablehnung von Geschmacksreizen konnte zur Grundlage eines modifizierten Trainingsverfahrens gemacht werden. Auch hierbei konnte, wie Abb. 7 zeigt, das trainingsspezifische Verhalten mit Hilfe von extrahierten Peptiden auf Empfängertiere übertragen werden (ZIPPEL u. DOMAGK, 1971).

Das erste in seiner Struktur aufgeklärte und durch chemische Synthese erhaltene verhaltenswirksame Peptid war eine von UNGAR Scotophobin genannte Substanz. Hierbei wurde bei Ratten, die spontan einen dunklen Käfig einem hell erleuchteten Aufenthaltsraum vorziehen, durch Fußschock eine Dunkelfurcht induziert. Die Aufarbeitung von 4000 Rattengehirnen ergab 0,3 mg einer noch in ng-Mengen hochwirksamen Substanz, die als Pentadecapeptid erkannt und Scotophobin genannt wurde. Nach der Aufklärung der Struktur gelang dem in Texas arbeitenden deutschen Chemiker PARR die chemische Synthese des auch bei Mäusen und Fischen voll wirksamen Scotophobins. Nachdem amerikanische Forscher UNGARS Arbeiten als nicht reproduzierbar bezeichnet hatten, haben wir die Induktion des Dunkelfurcht-Peptids in Göttingen nachgearbeitet und eindeutig positive Ergebnisse erhalten (DOMAGK, 1974). Die Abb. 8 und 9 zeigen den von PENSCHUK modifizierten Trainingsapparat und unsere Transfer-Ergebnisse.

Literatur

AGRANOFF, B.W.: Memory and protein synthesis. Sci. Amer. **226**, 115–122 (1967)

BARONDES, S.H., COHEN, H.D.: Comparative effects of cycloheximide and puromycin on cerebral protein synthesis and consolidation of memory in mice. Brain Res. **4**, 44–51 (1967)

CONEL, J.L.: Postnatal Development of the Human Cerebral Cortex, Vols. I–VI. Cambridge, Mass.: Harvard University Press 1939–1959

CYNADER, M., BERMAN, N., HEIN, A.: Cats reared in stroboscopic illumination: effects on receptive fields in visual cortex. Proc. nat. Acad. Sci. (Wash.) **70**, 1353–1354 (1973)

DAMASTRA-ENTINGH, T., ENTINGH, T., WILSON, J.E., GLASSMAN, E.: Environmental stimulation and fucose incorporation into brain and liver glycoproteins. Pharmacol. Biochem. Behav. **2**, 73–78 (1974)

DEWIED, D.: Pituitary-adrenal system hormones and behavior. In: The Neurosciences, Third Study Program (SCHMITT, F.O., WORDEN, F.G., eds.). Boston, Mass.: M.I.T. Press 1974

DOMAGK, G.F.: Versuche zur chemischen Übertragbarkeit erworbener Informationen. In: Biochemistry of Sensory Functions (JAENICKE, L., Hrsg.). Berlin-Heidelberg-New York: Springer 1974

DOMAGK, G.F., LAUFENBERG, G., KÜBLER, H.: Chemical transfer of acquired information in mice. J. Biol. Psychol., im Druck (1976)

ECCLES, J.C.: Das Gehirn des Menschen. München: Piper-Verlag 1975

FLEXNER, L.B., FLEXNER, J.B., ROBERTS, R.B.: Memory in mice analized with antibiotics. Science **155**, 1377–1383 (1967)

HYDÉN, H.: The neuron and its glia- a biochemical and functional unit. Endeavour **21**, 144–155 (1962)

HYDÉN, H., LANGE, P.W.: S100 brain protein: correlation with behavior. Proc. nat. Acad. Sci. (Wash.) **67**, 1959–1966 (1970)

MACCIONI, A.H.R., GIMENEZ, M.S., CAPUTTO, B.L., CAPUTTO, R.: Labelling of the gangliosidic fraction from brains of chickens exposed to different levels of stimulation after injection of (6-^{3}H) glucosamine. Brain Res. **73**, 503–511 (1974)

MITCHELL, S.R., BEATON, J.M., BRADLEY, J.R.: Biochemical transfer of acquired information. Int. Rev. Neurobiol. **17**, 61–83 (1974)

UNGAR, G.: Molecular coding of information in the nervous system. Naturwissenschaften **59**, 85–91 (1972)

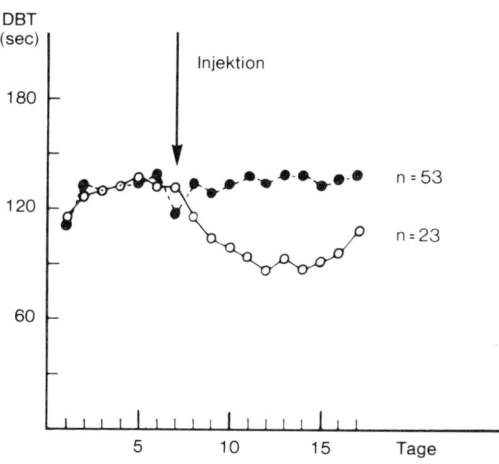

Ordinate: sec Aufenthalt in der Dunkelbox (max. 180 sec.)
Abszisse: Zeit in Tagen
23 Versuchstiere erhielten 0,2 Hirnäquivalent aus trainierten Tieren,
53 Kontrolltiere 0,2 Äquivalent Normalgehirn i. p. injiziert.
Die Abnahme der Aufenthaltszeit im Dunkelkasten (DBT) ist signifikant
(p < 0,001) verkürzt (Penschuck 1975).

Abb. 9. Durch Injektion von Gehirnextrakt induzierte Dunkelfurcht bei Ratten. Dunkelfurcht bei Ratten nach Injektion mit Hirnextrakt aus trainierten Spendern. 53 mit Extrakten aus Normalgehirn injizierte Tiere zeigten keine Veränderungen ihrer Dunkelpräferenz, wohingegen die mit „trainiertem Hirnextrakt" injizierten 23 Ratten signifikant mehr Zeit im Hellen verbrachten

UNGAR, G.: Peptides and behavior. Int. Rev. Neurobiol. **17**, 37–60 (1974)

WHITTAKER, V.P.: The biochemistry of synaptic transmission. Naturwissenschaften **60**, 281–289 (1973)

ZECH, R., DOMAGK, G.F.: Puromycin and cycloheximide as inhibitors of human brain acetylcholinesterase. Brain Res. **86**, 339–342 (1975)

ZIPPEL, H.P., DOMAGK, G.F.: Versuche zur chemischen Gedächtnisübertragung von farbdressierten Goldfischen auf undressierte Tiere. Experientia (Basel) **25**, 938–940 (1969)

ZIPPEL, H.P., DOMAGK, G.F.: Transfer of taste preference from trained goldfish into untrained recipients. Pflügers Arch. **323**, 258–264, 265–272 (1971)

Spinale Plastizität, Lernen und pharmakologische Reaktivität

C. Giurgea

Einleitung

Der Ausdruck *Reaktivität* wird für das Zentralnervensystem in dem Sinn verwendet, daß er die Fähigkeit des Systems darstellt, durch Stimulation rezeptiver Organe aktiviert zu werden. *Plastizität* ist dann die Fähigkeit, die Reaktivität als Ergebnis früherer Aktivierungen oder, allgemein ausgedrückt, früherer Erfahrungen zu ändern (KONORSKY, 1967).

Gedächtnis und Lernen gehören zu den gebräuchlichsten Beispielen von ZNS-Plastizität.

Soweit es das Rückenmark angeht, werden Modelle in diesem Bereich ohne weiteres für psychophysiologische Vorgänge, wie z.B. Gewöhnung oder Sensibilisierung, akzeptiert. Im Gegensatz dazu begegnet die Anwendung des Reflexbogens im Rückenmark als Modell für das Lernen oder, allgemeiner, für assoziative Vorgänge und Gedächtnisanaloge ernstem Widerstand. Die Gründe für diese Situation sind sowohl ideologisch (Überbleibsel des alten platonischen und cartesianischen Dualismus) als auch physiologisch, da FLOURENS (erwähnt bei BORING, 1957) und dann später PAWLOW daran festhielten, daß Konditionierungsvorgänge, also das gesamte Lernen, selektiv im Bereich der Großhirnhemisphären integriert würden, während niedere ZNS-Zentren und besonders das Rückenmark lediglich als mechanische, starre Reflexstationen angesehen wurden.

Es liegen jedoch jetzt experimentelle Beweise vor, die die Ansicht bestätigen, daß innerhalb bestimmter Grenzen die Rückenmarkplastizität die Ausarbeitung erworbener Verhaltensweisen ermöglicht, d.h. von Verhaltensweisen, die auf früheren Erfahrungen beruhen und deshalb mit denen vergleichbar sind, die von Anpassungsvorgängen herrühren.

Ohne uns einen allgemeinen Überblick über das Problem anzumaßen, können wir kurz erwähnen, daß die Arbeit von POLTYREV u. ZELIONY (1929) aus der Pawlowschen Schule den Ausgangspunkt aller subkortikalen Lernmodelle darstellt. Sie berichteten über die Auslösung elementarer bedingter Reflexe (CR) bei Hunden, denen die Großhirnrinde entfernt war. BELENKOV (1957) erhielt ähnliche Resultate bei Katzen, denen die Großhirnrinde entfernt war. Später befaßten sich vor allem CULLER (1937), SHURRAGER u. CULLER (1940) und ihre Kollegen mit der klassischen spinalen Konditionierung.

Sie erhielten bei spinalen Hunden klassische CR durch Verbindung von CS (Druck oder Schocks auf den Schwanz) mit US (Schocks auf die Hinterpfoten). Ferner beschrieben sie die Auslöschung des spinalen CR. KELLOGG und seine Gruppe (1946) haben jedoch die Interpretation der spinalen Konditionierung angefochten und seitdem wurden viele Studien dem Verständnis des Modells gewidmet. Bei kritischer Beurteilung seiner eigenen Ergebnisse sowie der älterer und neuerer Arbeiten auf diesem Gebiet (FITZGERALD u. THOMPSON, 1967; BÜRGER u. DAWSON, 1968, 1969; PATTERSON et al., 1973; DURKOVIC, 1975; LIGHT u. DURKOVIC, 1974) kommt PATTERSON (1975a, b) zu dem Schluß, daß man die Tatsache der spinalen Konditionierung akzeptieren darf, weil es jetzt klare Beweise dafür gibt, daß es nur dann zu beachtlichen Steigerungen der Reaktionsformen gegenüber dem CS kommt, wenn der CS mit einem US verbunden wird und nicht während nicht-verbundener Reizdarbietungen. Dies spricht daher gegen die Kelloggsche Annahme eines einfachen spinalen Sensibilisierungsmechanismus.

Vielleicht könnten Rückenmarkpräparate Modelle liefern, die die neurophysiologische Analyse von zumindest einigen, elementaren, aber grundlegenden Aspekten des Lernens erleichtern.

Spinale Fixierungszeit

Die Fixierung einer Erfahrung im spinalen Bereich wurde frühzeitig von DI GIURGIO (1929) und durch CHAMBERLAIN et al. (1963a, b), beobachtet. PALMER et al. (1968, 1969, 1970a, b, c) verwendeten neugeborene Ratten und zeigten, daß Stoffwechselhemmer wie Puromycin und Actinomycin-D ebenso wie Eserin und Reserpin die spinale Fixierung beeinträchtigen.

1. Das Modell

Unsere eigenen Untersuchungen begannen 1967–1968 mit erwachsenen Ratten und das allgemeine Ergebnis wurde von GIURGEA und MOURAVIEFF-LESUISSE (1971), wie auch von GIURGEA et al. (1973) wiedergegeben.

Die Entfernung einer Hälfte des Kleinhirnvorderlappens ruft eine Haltungsasymmetrie der Hinterläufe hervor: eine gleichseitige, hypertone Flexion und eine kontralateral hypotone Extension. Die Durchtrennung des Rückenmarks bei T-7 innerhalb von 35 min nach Einsetzen der Asymmetrie der Hinterläufe verursacht ihre Aufhebung, während eine Durchtrennung nach 45 min oder später eine Retention (d.h. Erhaltenbleiben der Asymmetrie nach Durchschneidung des Rückenmarks) in 96–98% der Versuchstiere erzeugt. In dieser bestimmten Situation beträgt die Zeit zur Fixierung dieser besonderen Erfahrung im Rückenmarkbereich deshalb mindestens 45 min und wird „spinale Fixierungszeit" SFT (s. Abb. 1) genannt.

TIKHOMIROVA'S (1969) Bericht ist offenbar der einzige, der eine neurophysiologische Grundlage zur Erklärung unserer Befunde liefert. Sie beschreibt bei dezerebrierten Ratten nach halbseitiger Kleinhirnentfernung gleichseitige Steigerungen und kontralaterale Verminderungen monosynaptischer Reflexreaktionen motorischer Einheiten im Rückenmark. Dies mag mit der gleichseitigen Flexion und kontralateralen Extension in Verbindung stehen, die nach Rückenmarkdurchschneidung bestehen bleiben. Vom biochemischen Gesichtspunkt aus schlagen PALMER et al. (1968, 1969, 1970a, b, c) vor, daß Kleinhirnschädigungen komplexe spinale biochemische Änderungen in Gang setzen, die das Reflexgleichgewicht in motorischen Kernen des Rückenmarks verändern.

2. Ähnlichkeiten zwischen spinaler Fixierungszeit (SFT) und den üblichen Lernmodellen

a) Elektroschock (ECS)-Reaktivität (MOURAVIEFF-LESUISSE u. GIURGEA, 1970). Wenn ein maximaler, bitemporaler ECS 2 min nach Einsetzen der zerebellar-induzierten Asymmetrie (d.h. vor Rückenmarkdurchtrennung) angewandt wird, verlängerte sich die SFT bis zu ungefähr ihrem zweifachen Kontrollwert, d.h. von 45 min (normale SFT) auf 90 min. Arzneimittel, die die SFT unter normalen Umständen (s.u.) verkürzen, kehrten die ECS-Wirkungen teilweise um. Tatsächlich erzeugte die Kombination eines wirksamen Arzneimittels mit ECS gewöhlich eine SFT von weniger als 65–70 min.

b) Pharmakologische Reaktivität in Beziehung zum Lernen und zum Gedächtnis (GIURGEA u. MOURAVIEFF-LESUISSE, 1971). Die Reflexbahnung der Fixierung einer Erfahrung im Rückenmarkbereich bedeutet in unserem Modell eine Verkürzung der SFT. Es wurden Substanzen gefunden, die die SFT verkürzen, d.h. obwohl die Rückenmarkdurchtrennung nur 35 min nach Beginn der Asymmetrie ausgeführt wurde, hält sie bei behandelten Tieren nichtsdestoweniger an. Es handelt sich um Stoffe, die bekannt dafür sind, daß sie eine gewisse Lernreflexbahnung bei konventionellen Modellen herbeiführen (TCAP, Strychninsulfat, Pemolin, Diphenylhydantoin, Procainamid, Piracetam — s. Abb. 2 und 3).

Eine Verlängerung der SFT (d.h. Verlust der Hinterlaufasymmetrie nach Rückenmarkdurchtrennung, obwohl letztere 45 min nach Einsetzen der cerebellar-induzierten Asymmetrie ausgeführt wurde) wurde umgekehrt mit Präparaten gesehen, die gewöhnlich gedächtnishemmend wirken, wie 8-Azaguanin und Cycloheximid (s. Abb. 4).

Spinale Fixationszeit

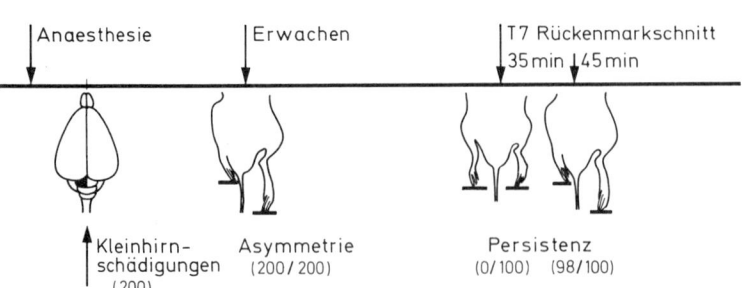

Abb. 1. Versuchsverlauf bei spinaler Fixierung

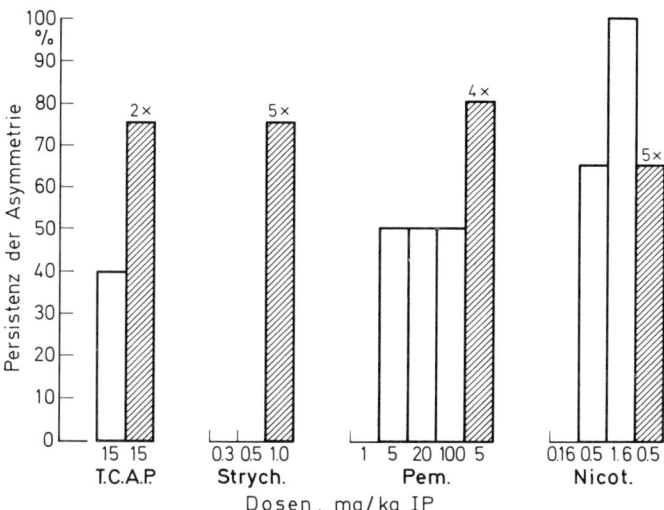

Abb. 2. Pharmakologische Einwirkungen auf die spinale Fixierungszeit. Gestrichelte Kolumnen und das x-Zeichen bedeuten, an wie vielen Tagen das Präparat gegeben wurde (z.B. Strychnin-Sulfat wurde 5 Tage lang — pro Tag 1 mg/kg appliziert. Die letzte Injektion erfolgte am Tag der Bestimmung der spinalen Fixierungszeit)

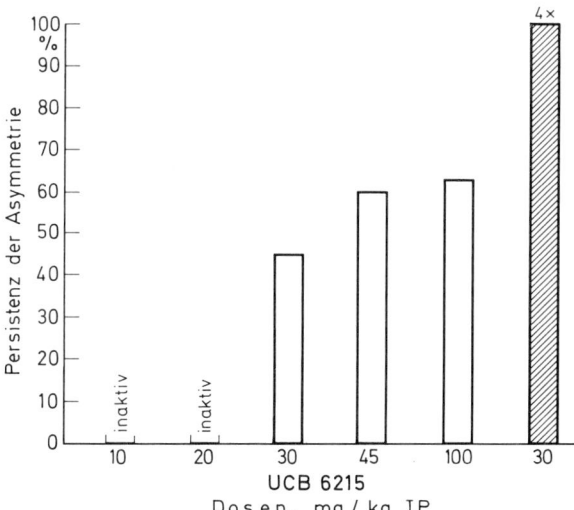

Abb. 3. Pharmakologische Einwirkungen auf die spinale Fixierungszeit; der Einfluß von Piracetam (UCB 6215) (Warenbezeichnungen in Westdeutschland: Nootrop® (UCB-Chemie, Sindorf); Normabrain® (Cassella-Riedel, Frankfurt/M.)

Schließlich muß betont werden, daß pharmakologische Modulationen der SFT recht spezifisch sind, da Kochsalzlösung wie auch eine große Anzahl von ZNS-wirksamen Arzneimitteln in Dosierungen, die gewöhnlich in herkömmlichen Tests wirksam sind, die SFT nicht beeinträchtigen. Es wurden angewendet: Tranquillizer (Chlorpromazin, Chlordiazepoxid), Antidepressiva (Desipramin), Stimulantia (Koffein, d-Amphetamin, Methylphenidat, Picrotoxin, Pentylentetrazol, Fene- tyllin, Theophyllin), halluzinogene Mittel (Mescalin), Hypnotika (Thalidomid), Krampfmittel (Primidon), anticholinergische Präparate (Scopolamin, Scopolamin-Butylbromid), GABA, 1-Glutaminsäure, etc.

Jedes Präparat wurde an zwei verschiedenen Gruppen von Ratten getestet, bei denen das Rückenmark nach einem Intervall von entweder 35 oder 45 min durchtrennt war und, wie vorhergesagt, beeinträchtigte keines von beiden die SFT.

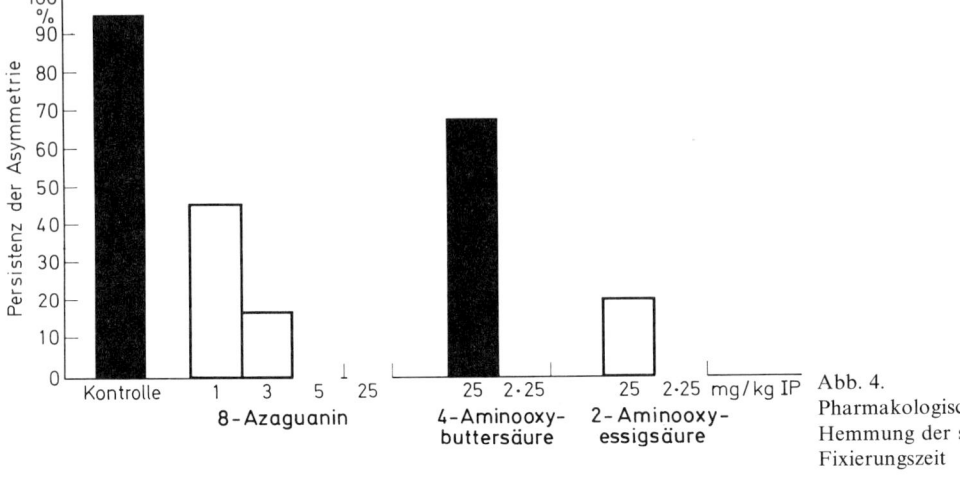

Abb. 4.
Pharmakologische
Hemmung der spinalen
Fixierungszeit

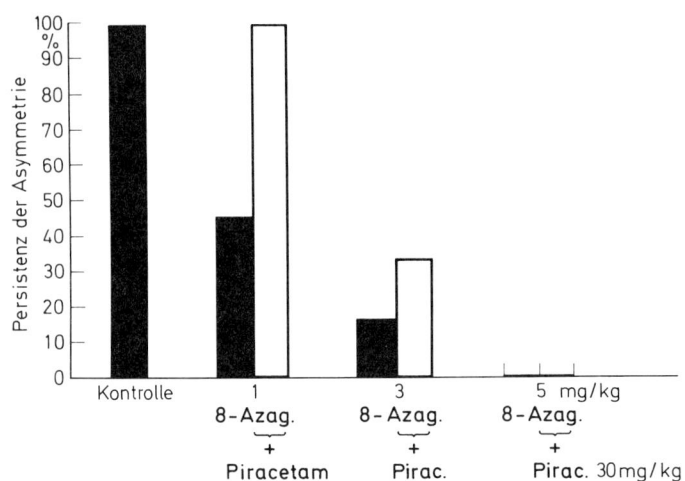

Abb. 5. Pharmakologische Hemmung der spinalen Fixierungszeit; Schutzwirkung des Piracetam gegen 8-Azaguanin

3. SFT und „Transfer" vermittels Gehirnextrakt

Untersuchungen aus der Mitte der 60er Jahre legten nahe, daß das Gedächtnis durch Gehirnex-
trakte beeinflußt werden könnte (allgemeine
Übersichten s. G. UNGAR, 1970, 1976). Dies ver-
anlaßte uns (DALIERS u. GIURGEA, 1969; GIURGEA
et al., 1971), die Wirkungen von Gehirnextrakten
auf die SFT zu bestimmen. Spenderratten mit
Asymmetrie verursachenden Kleinhirnläsionen
wurden für unterschiedliche Zeiträume ohne
Rückenmarkdurchtrennung gehalten. Man fand,
daß ein Chloroform-Methanol-HCl-(C-M-HCl)
oder ein Phenolextrakt des Spenderhirns die SFT

bei den Empfängertieren, die die Extraktinjektion
i.p. am Tag vor oder selbst zur Zeit der Kleinhirnläsion erhielten, verminderte.
Dies traf jedoch nur zu, wenn
— das Spendertier mindestens 4 Std in Asymmetrie zubrachte, bevor das Gehirn entfernt
  wurde
— die Läsion bei dem Spendertier eine eindeutige
  Asymmetrie hervorrief.
Der Extrakt war beim Empfängertier selbst dann
noch wirksam, wenn sein Rückenmark gerade
durchschnitten war, nachdem festgestellt worden
war, daß die Kleinhirnläsion in den Spendertieren
Asymmetrie erzeugte, so daß sie tatsächlich 4 Std
ohne sichtbare Asymmetrie der Hinterläufe zu-

brachten. Die Wirksamkeit des Gehirnextraktes hing deshalb nicht von einem propriozeptiven Feedback ihrer Gliedmaßen zum Gehirn ab. Je nach Art des Extraktionsverfahrens wurden entweder ein RNA-reicher (Phenol-) oder ein RNA-armer (C-M-HCl-)Extrakt gewonnen. Da beide wirksam waren, war der Überträger-„Stoff" wahrscheinlich nicht RNA, sondern ein Oligopeptid von bisher noch nicht bekannter Zusammensetzung. Der Transfer selbst war wahrscheinlich eher eine Art Reflexbahnung für die bestimmte „Aufgabe", als eine echte „Information". Wahrscheinlich ruft ein wirksamer Extrakt, der an Empfängertiere verabreicht wurde, die nie eine Asymmetrie gehabt haben, diese auch nicht hervor.

Spender und Empfänger mit rechtsseitiger Laesion

Extrakt aus der linken Hirnhälfte

Extrakt aus der rechten Hirnhälfte

4 stündige Asymmetrie

0/8   7/8

Abb. 6. Experimente mit Hirn-Extrakten; nur die ipsilaterale Seite (zur cerebellären Läsion) enthält aktives Transfer-Material. Allen Spendern wurden rechtsseitige Kleinhirnläsionen zugefügt; nach vierstündiger Asymmetrie wurden ihre Hirne herausgenommen und Extrakte gesondert aus jeder Gehirnhälfte bereitet; die Exakte wurden (i.p.) Empfängern injiziert, die ebenfalls rechtsseitigen Kleinhirnläsionen unterworfen worden waren und deren Rückenmark dann nach 35 min durchtrennt wurde. Der Extrakt der kontralateralen (linken) Gehirnhälfte war inaktiv: Keine der 8 Ratten behielt die Asymmetrie bei. Der ipsilaterale (rechte) Extrakt war dagegen aktiv: 7 von 8 Empfängern behielten die Asymmetrie bei

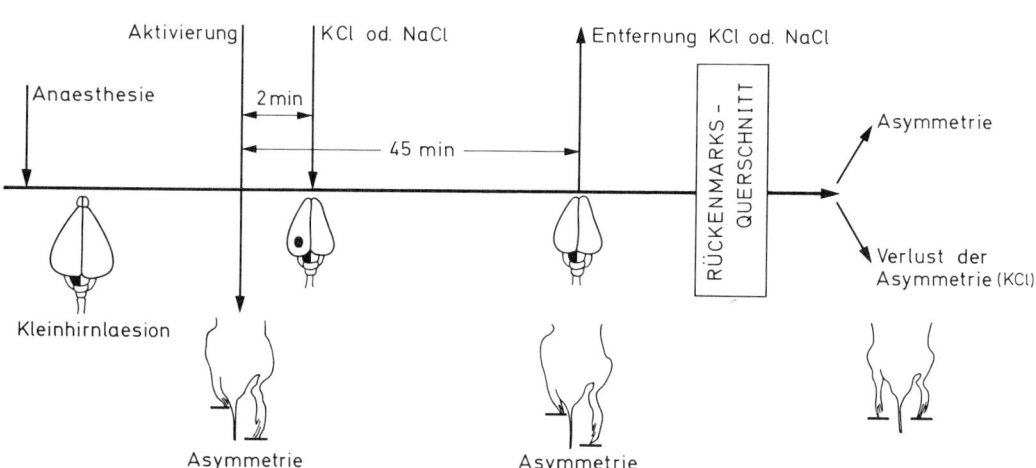

Abb. 7. Corticale „Spreading Depression" und spinale Fixierungszeit: Allgemeiner Versuchsverlauf. Es ist bemerkenswert, daß weder KCl noch Salzlösungen (NaCl) einen Einfluß auf die cerebellar induzierte Asymmetrie haben. Nachdem das Rückenmark nach 45 min durchtrennt worden war, verloren die mit KCl behandelten Ratten ihre Asymmetrie

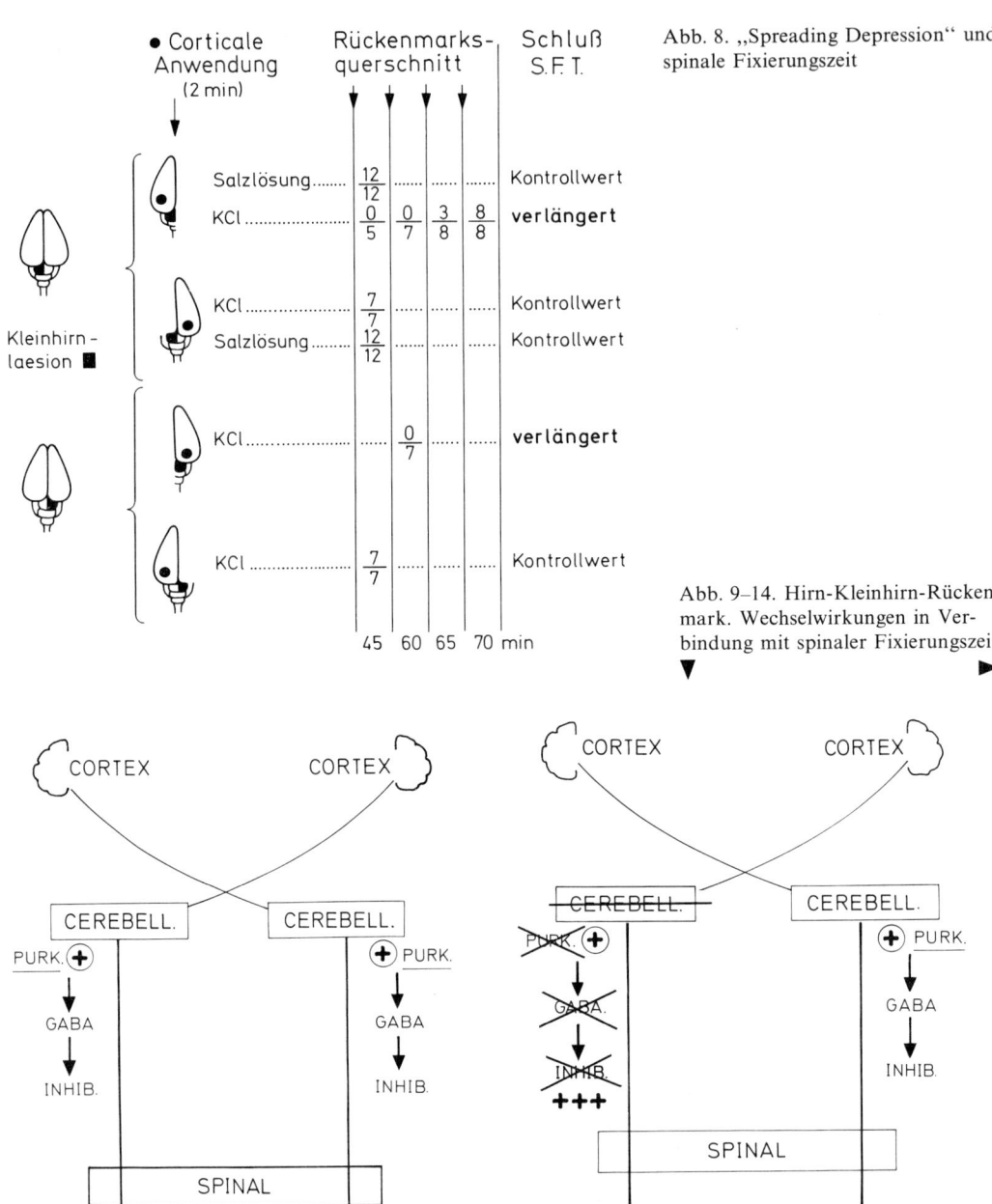

Abb. 8. „Spreading Depression" und spinale Fixierungszeit

Abb. 9–14. Hirn-Kleinhirn-Rückenmark. Wechselwirkungen in Verbindung mit spinaler Fixierungszeit

Abb. 9

Abb. 10

4. Kortikale Modulation spinaler Fixierung

Wir haben gesehen, daß sich geeignete Hirnextrakte auf die Fixierung einer Erfahrung im Rückenmarkbereich als wirksam erwiesen haben. An-derseits stellt dieses Rückenmarkpräparat die Merkmale eines Lernversuchsmodells dar.

Es war deshalb interessant herauszufinden, ob die SFT irgendwie von der funktionellen Integrität der Großhirnrinde abhinge. Zu diesem Zweck haben wir die Methode der „cortical spreading

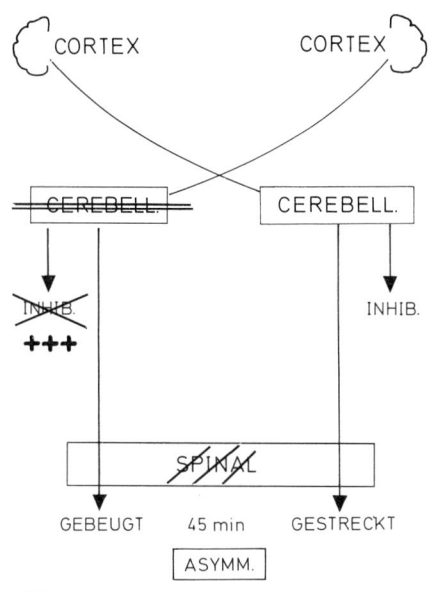

Abb. 11

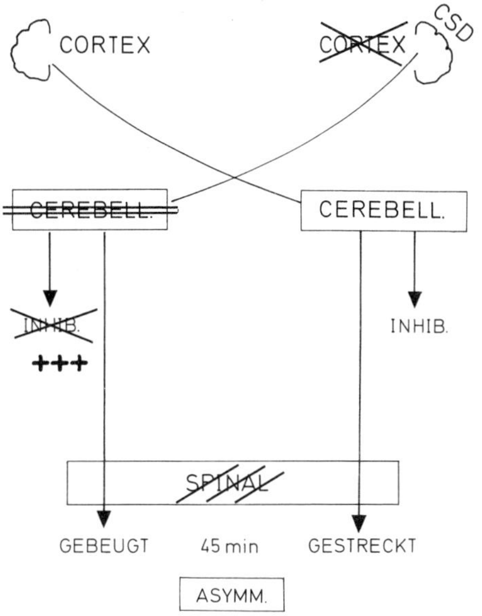

Abb. 12

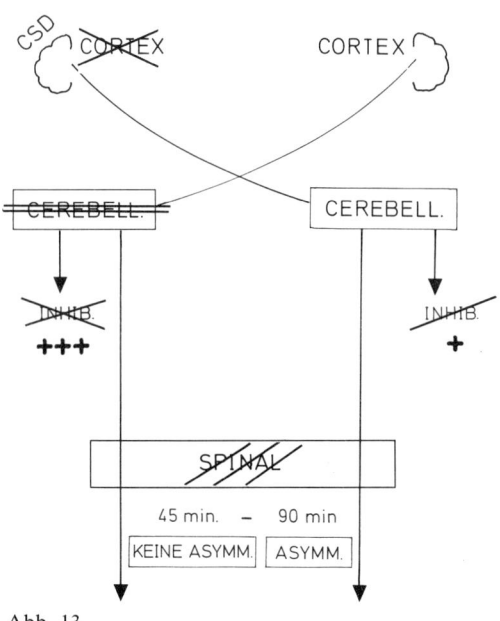

Abb. 13

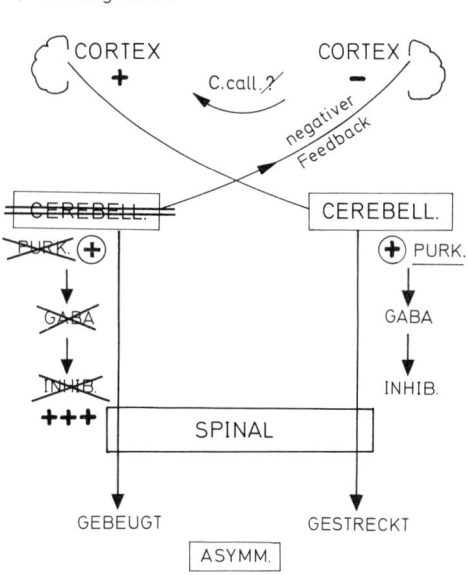

Abb. 14

depression" (CSD) angewandt, die bei der Ratte als reversible, funktionelle Dekortikation angesehen wird (BURES et al., 1976). Wie an anderer Stelle beschrieben (MOURAVIEFF-LESUISSE u. GIURGEA, 1973) haben wir in 2,5%iger KCl-Lösung getränkte Filterpapierscheiben auf die Dura mater auf der gleichen Seite oder kontralateral zur Kleinhirnläsion aufgelegt und die Wirkung auf die SFT untersucht. Das Schema des Experiments ist in Abb. 7 wiedergegeben.

Man kann sehen, daß die Applikation von Kochsalzlösung (Kontrolle) auf der gleichen oder kontralateralen Seite wirkungslos ist. Tatsächlich haben wir alle (24) Ratten nach einem Zeitintervall von 45 min asymmetrisch gefunden. Im Gegensatz dazu verlängert KCl die SFT signifikant, wenn es auf der Seite, auf der die Läsion ist, aufgelegt wird. Es ist in Abb. 7 auch deutlich, daß CSD die SFT nur dann hemmt, wenn sie auf der gleichen Seite, auf der sich die Kleinhirnläsion befindet, ausgeführt wird. Schließlich ist es wichtig festzuhalten, daß CSD die Kleinhirnasymmetrie selbst nicht beeinträchtigt, sondern nur die Fixierung dieser besonderen Erfahrung im Rückenmarkbereich.

CSD verlangsamt also den spinalen Fixierungsvorgang und zeigt damit, daß die Großhirnrinde zur Herbeiführung dieser Wirkung nicht notwendig ist, daß sie aber die Geschwindigkeit des Erwerbs reguliert. Nebenbei gesagt, war CHAMBERLAIN (1963) in der Lage, spinale Fixierung bei dezerebrierten Tieren auszulösen.

Wir besitzen keine experimentellen Unterlagen zum besseren Verständnis dafür, warum nur gleichseitige CSD die SFT reguliert oder, ob dieser Vorgang auf einer kortiko-zerebellaren oder kortiko-spinalen Beziehung beruht.

Da kontralaterale CSD die SFT nicht beeinflußt, ist das mindeste, was wir annehmen können, daß die Wirkung der gleichseitigen CSD nicht auf einer unspezifischen Funktionsminderung des ZNS beruht.

Schlußbetrachtungen

Spekulationen über Rückenmarkplastizität mögen zu einigen praktischen und theoretischen Implikationen führen, von denen wir hier nur wenige Beispiele anführen wollen. Anhand der Rückenmarkplastizität konnten neurophysiologische Kenntnisse über Gewöhnung und Sensibilisierung (GROVES u. THOMPSON, 1970) wie auch über die morphophysiologischen Konsequenzen des Gebrauchs oder Nichtgebrauchs einer Synapse (SHARPLESS, 1964) gewonnen werden. Dies sind Vorgänge, die das Verhalten direkt beeinflussen, so daß spinale Modelle auf diesem Gebiet von großem Nutzen sein können, da sie geeignete Bedingungen für die biochemische und grundlegende analytische Neurophysiologie schaffen.

Direktere human-klinische Implikationen dieser Betrachtungen werden in den Arbeiten von DENSLOW et al. (1947) gefunden. DENSLOW fand, daß die Reizschwellen für EMG-Aktivität in Streckmuskeln große Unterschiede innerhalb der Rückenmarkabschnitte beim normalen Menschen zeigen. Der sensorische Zustrom zu Segmenten mit hohen Reizschwellen förderte die Aktivität in denjenigen mit niedriger Reizschwelle. Es wurde die Hypothese vorgebracht, daß eine Bahnung das Ergebnis eines veränderten, sensorischen Zustromes (Streß, Entzündungen, displaced articulations etc.) in spinalen Zwischenneuronensystemen darstellt und eine Art von spinalem, physiopathologischem „Fixierungs"-Vorgang erzeugt.

Spinale Konditionierungsverfahren bei Tieren bieten zusätzlich den Vorteil, es mit einer begrenzten Zahl von möglichen Reflexen, die zu Modifikationen zur Verfügung stehen, zu tun zu haben. Es zeigte sich, daß SFT ein besonders geeignetes Modell für voraussagende pharmakologische Untersuchungen darstellt.

Andererseits sind, wie SZENTAGOTHAI (1964) ausführt, die propriospinalen Verbindungen sensorischer Zuströme so organisiert, daß sie in der Lage sind, eine diffuse Verteilung der sensorischen Information innerhalb des Rückenmarks zu erzeugen, die viele motorische Felder und eine große Anzahl von Zwischenneuronensammelstellen erreicht.

Es gibt also für die motorische Tätigkeit eine Anzahl von Möglichkeiten, die in spinalen Reflexen enden, Möglichkeiten, die sowohl von den Mustern des Zustroms als auch von einem eingebauten Programm von Verbindungen abhängen. Diese Betrachtung mag die allgemeine neurophysiologische Grundlage des spinalen „Lernens" darstellen.

Spinales Lernen kann folglich nicht als Gegensatz, sondern als vereinfachter Ausdruck des allgemeinen Grundsatzes der „vorübergehenden Verbindung" angesehen werden, welche PAWLOW als das Hauptgeschehen im Gehirn vorschlug, das während eines bedingten Reflexes abläuft. In der Tat wird heute allgemein anerkannt, selbst von der Pawlowschen Schule (ANOKHIN, 1974), daß subkortikale ZNS-Bereiche relativ einfache Aufgaben integrieren können. Jedoch schließt die Tatsache, daß ein subkortikales, ja sogar ein spinales Präparat etwa „lernen" kann, in keiner Weise aus, daß selbst diese Aufgabe beim intakten Tier eine Art kortikale „Kontrolle" erfährt, d.h. durch geeignete kortiko-subkortikale funktionelle Feedbacks reguliert werden kann. Dementsprechend haben unsere Experimente mit CSD gezeigt, daß Fixierung einer Erfahrung im spinalen Bereich teilweise einer kortikalen Kontrolle unterworfen ist.

Literatur

ANOKHIN, P.K.: Biology and Neurophysiology of the Conditioned Reflex and Its Role in Adaptative Behavior. Oxford: Pergamon Press 1974.

BELENKOV, N. IU.: The function of some analyzers in animals after decortication [In Russian]. I.P. Pavlov J. Higher Nervous Activity 7, 291–298 (1957)

BORING, E.G.: A History of Experimental Psychology. 2nd ed. New York: Appleton-Century-Crofts 1957

BUERGER, A.A., DAWSON, A.M.: Spinal kittens: Long-term increases in electromyograms due to a conditioning routine. Physiol. Behav. 3, 99–103 (1968)

BUERGER, A.A., DAWSON, A.M.: Spinal kittens: Effect of clamping of the thoracic aorta on long-term increases in electromyograms due to a conditioning routine. Exper. Neurol. 23, 457–464 (1969)

BURES, J., BURESOVA, D., KRIVANEK, J.: The mechanism and application at Leads spreading depression after electroencephalographic activity. Progue: Academica Praha 1976

CHAMBERLAIN, T.J., HALICK, P., GERARD, R.W.: Fixation of experience in the rat spinal cord. J. Neurophysiol. 26, 662–673 (1963)

CHAMBERLAIN, T.J., ROTHSCHILD, G.H., GERARD, R.W.: Drugs affecting RNA and Learning. Proc. Nat. Acad. 49, 918–924 (1963)

CULLER, E.: Observations on the spinal dog. Psychol. Bull. 34, 742–743 (1937)

DALIERS, J., GIURGEA, C.: Effect of Brain Extracts on the Fixation of Experience in the Rat Spinal Cord, pp. 191–197. Budapest: Akademiai Kiado 1969

DENSLOW, J.S.: An analysis of the variability of spinal reflex thresholds. J. Neurophysiol. 7, 207–215 (1944)

DENSLOW, J.S., KORR, I.M., KREMS, A.D.: Quantitative studies of chronic facilitation in human motoneuron pools. Amer. J. Physiol. 105, 229–238 (1947)

DI GIORGIO, A.M.: Persistenza nell'animale spinale, di asimmetrie posturali e motorie di origine cerebellare. Nota I–III. Arch. Fisiol. 27, 518–580 (1929)

DURKOVIC, R.G.: Classical conditioning, sensitization, and habituation of the flexion reflex of the spinal cat. Physiol. Behav. (in press, 1975)

FITZGERALD, L.A., THOMPSON, R.F.: Classical conditioning of the hindlimb flexion reflex in the acute spinal cat. Psychon. Sci. 8, 213–214 (1967)

GIURGEA, C., MOURAVIEFF-LESUISSE, F.: Pharmacological studies on an elementary model of learning — The fixation of an experience at spinal level: Part 1: Pharmacological reactivity of the spinal cord fixation time. Arch. int. Pharmacodyn. 191, 279–291 (1971)

GIURGEA, C., DALIERS, J., RIGAUX, M.L.: Pharmacological studies on an elementary model of learning — The fixation of an experience at spinal level: Part II: Specific shortening of the spinal cord fixation time (SFT) by a brain extract. Arch. int. Pharmacodyn. 191, 292–300 (1971)

GIURGEA, C., MOURAVIEFF-LESUISSE, F., DALIERS, J.: Spinal fixation time as a model for central plasticity. Paper presented at the IVth Internat. Neurobiol. Symposium, Magdeburg, May 1973

GROVES, P.M., THOMPSON, R.F.: Habituation: A dual-process theory. Psychol. Rev. 77, 419–450 (1970)

KELLOGG, W.N., PRONKO, N.H., DEESE, J.: Spinal conditioning in dogs. Science 103, 49–50 (1946)

KONORSKY, J.: Integrative Activity of the Brain. Chicago: University of Chicago Press 1967

LIGHT, A.R., DURKOVIC, R.G.: Effect of unconditioned stimulus intensity on spinal conditioning. Paper presented at Fourth Ann. Meeting, Soc. for Neuroscience, St. Louis, 1974

MOURAVIEFF-LESSUISSE, F., GIURGEA, C.: Influence of electroconvulsive shock on the fixation of an experience at spinal level. Arch. int. Pharmacodyn. 183, 410–411 (1970)

MOURAVIEFF-LESUISSE, F., GIURGEA, C.: Cortical regulation of the fixation of an experience at spinal-level. Paper presented at Meeting Assoc. Physiologistes, Bordeaux. May 1973

PALMER, G., WARD, J.W., DAVENPORT, G.R.: Biochemical and pharmacological investigation of abnormal spinal reflex activity. Anat. Rec. 160, 405 (1968)

PALMER, G.C., DAVENPORT, G.R.: Involvement of phospholipids in the fixation of abnormal spinal reflexes in newborn rats. Brain Res. 13, 394–396 (1969)

PALMER, G.C., DAVENPORT, G.R., WARD, J.W.: The effect of neurohumoral drugs on the fixation of spinal reflexes and the incorporation of uridine into the spinal cord. Psychopharmacologia 17, 59–69 (1970a)

PALMER, G.C., DAVENPORT, G.R., WARD, J.W.: Involvement of RNA synthesis in the fixation of abnormal reflexes in the newborn rat. Exper. Neurol. 26, 263–274 (1970b)

PALMER, G.C., DAVENPORT, G.R., WARD, J.W.: Involvement of protein synthesis in the fixation of spinal reflexes in the newborn rat. Brain Res. 17, 372–375 (1970c)

PATTERSON, M.M.: Mechanisms of classical conditioning and fixation in spinal mammals. In Advances in Psychobiology, (RIESEN, A., THOMPSON, R.F., eds.), Vol. III. New York: Wiley 1975

PATTERSON, M.M., CEGAVSKE, C.F., THOMPSON, R.F.: Effects of a classical conditioning paradigm on hindlimb flexor nerve response in immobilized spinal cats. Comp. physiol. Psychol. 84, 88–97 (1973)

POLTYREV, S.S., ZELIONY, G.P.: Der Hund ohne Großhirn. Amer. J. Physiol. 90, 475–476 (1929)

SHARPLESS, S.K.: Reorganization of function in the nervous system — Use and disuse. Ann. Rev. Physiol. 26, 358–388 (1964)

SHURRAGER, P.S., CULLER, E.: Conditioning in the spinal dog. J. exper. Psychol. **26**, 133–159 (1940)

SZENTAGOTHAI, J.: Neuronal and synaptic arrangement in the substantia gelatinosa Rolandi. In: Organization of the Spinal Cord (ECCLES, J.C., SCHADE, J.P., eds.). New York: Elsevier Publ. 1964

TIKHOMIROVA, L.I.: Fixation in the spinal cord of asymmetry of monosynaptic reflexes caused by removal of half of the cerebellum. Dokl. Akad. Nauk SSSR **185**, 307–309 (1969)

UNGAR, G.: Role of proteins and peptides in learning and memory. In: Molecular Mechanisms in Memory and Learning (UNGAR, G., ed.). New York: Plenum Press 1970

UNGAR, G.: A la recherche de la mémoire. In: Expérience et Psychologie. Paris: Publ. A. Fayard 1976

Die neurologischen Aspekte des Lernens: eine neuropharmakologische Untersuchung des Kurzzeitgedächtnisses

A. Agnoli und G. Squitieri

Bei der Untersuchung des Gedächtnisses spielen zahlreiche klinische und pharmakologische Einflüsse eine Rolle.

Zwar soll eine große Anzahl von Pharmaka das Gedächtnis beeinflussen, aber über den Mechanismus und die Art solcher Einflüsse ist sehr wenig bekannt.

Daraus ergibt sich die Notwendigkeit, etwaige Methodologien zu untersuchen, die dazu dienen könnten, die Wirkungen verschiedener Arten von Pharmaka auf das Gedächtnis sowohl von einem pharmakologischen als auch von einem psychologischen Standpunkt aus zu prüfen.

Unter diesem Gesichtspunkt haben wir uns in letzter Zeit als erstem Schritt mit der Beziehung zwischen Neurotransmittern und Kurzzeitgedächtnis befaßt.

Unser Ziel war eine vorläufige Untersuchung des Menschen, zu der wir ein grob vereinfachtes neuropharmakologisches Modell der Funktionsweise des zentralen Nervensystems benutzt haben sowie psychologische Tests, um die Wechselbeziehungen zwischen Pharmaka und Gedächtnis auszuwerten.

Einige Stufen unserer Untersuchung werden hier beschrieben.

Methode

1. Akute Untersuchung

Jedes experimentell verwendete Pharmakon wurde an sechs männlichen und weiblichen Studenten als bezahlten Freiwilligen erprobt. Eines der zu untersuchenden Pharmaka wurde ihnen parenteral verabreicht, woraufhin sie einzeln in einer etwa 2 Std dauernden, experimentellen Sitzung getestet wurden. Eine festgesetzte Dosis des Pharmakons wurde, ungeachtet des Körpergewichts der Versuchsperson, verabreicht und Gedächtnistests wurden nach einem Zeitraum von 20 min bis 1 Std, je nach Medikament, durchgeführt. Die Ergebnisse, die in solch einer Sitzung unter medikamentöser Wirkung erzielt wurden, verglichen wir mit den Ergebnissen, die dieselben Versuchspersonen ohne medikamentöse Einwirkung oder nach Verabreichung von Placebo erreicht hatten. Zum besseren Verständnis der von uns verwendeten Auswertungskriterien müssen, von einem psychologischen Gesichtspunkt aus, einige Erklärungen abgegeben werden.

1. Zunächst nahmen wir an, daß sich beim Gedächtnis ein Kurzzeit- von einem Langzeitgedächtnissystem unterscheiden läßt.

2. Was das Kurzzeitgedächtnis anbetrifft, hielten wir es durchaus für möglich, daß sowohl Überlagerung als auch Schwund über kurze Merkperioden hinweg zum Vergessen führen können.

3. Für das Kurzzeitgedächtnis nahmen wir an, daß Informationen aus verschiedenen Sinnesgebieten (auditiv, visuell etc.) durch dieselben Registrierungs- und Vergessensmechanismen geleitet werden.

Im Folgenden werden die in unseren Experimenten verwendeten Tests erklärt:

1. Test von TOULOUSE und PIERON: Dieser Test wird im allgemeinen dazu verwendet, die Ablenkbarkeit der Testperson zu messen[*]. Die Testper-

Tabelle 1. Untersuchungen zum Kurzzeitgedächtnis

Akut (bei jungen Freiwilligen)
Test von TOULOUSE-PIERON Zahlenreihentest (WAUGH und NORMAN, 1965) Gedächtnistest für motorische Reaktionen (ADAMS und DIJSTRA, 1966)
Chronische Behandlung (bei cerebrovaskulären Störungen in der nicht-dominanten Hemisphäre) WAIS Bender Seguin (I–IV)- Reitan griechisches Kreuz Reaktionszeiten

[*] Wir möchten in diesem Zusammenhang Prof. R. LAZZARI (Psychologische Abteilung, School of Medicine, Rom) unseren Dank aussprechen.

son muß einige kleine geometrische Figuren nach einem vorgegebenen visuellen Vergleichskriterium unter anderen ähnlicher, jedoch nicht ganz gleicher Art, herausfinden.

Auslassungsfehler und Zeit werden registriert. Dieser Test wurde sowohl zu Beginn als auch zu Ende der Testserie durchgeführt.

2. Der Probe-Digit-Test (Zahlenreihentest) von WAUGH und NORMAN testet das Kurzzeitgedächtnis auf verbale Stimuli. Listen mit 16 willkürlichen Zahlen (von 1–9) wurden auf Tonband aufgenommen. Die letzte Zahl in jeder Reihe wurde „Probe-Digit" genannt und war von einem Ton mit hoher Frequenz begleitet, um der Testperson das Ende der Liste anzuzeigen.

Die Versuchsperson muß sich an diejenige Zahl erinnern, die in der Liste derjenigen Ziffer folgt, die der „Probe-Digit" entspricht. Durch Verwendung mehrerer Listen kann man so jede Stelle innerhalb der Liste testen. In unserem Experiment haben wir den Originaltest quantitativ verändert, d.h. wir haben die Anzahl der Wiederholungen verringert. So haben wir in jeder der experimentellen Sitzungen insgesamt 59 Listen vorgelegt (6 für jede der 9 möglichen Positionen der „Probe-Digit", +5 Übungslisten) mit nur einer Bandgeschwindigkeit (1 Zahl pro Sekunde). Die Ergebnisse der ursprünglichen Untersuchung NORMANS und WAUGHS zeigten, daß die Anzahl der interferierenden Punkte den einzigen für die Erinnerung entscheidenden Faktor bildete und die Daten unterstützten die Interferenztheorie in bezug auf das Kurzzeitgedächtnis.

3. Gedächtnistest für motorische Reaktionen von ADAMS und DIJSTRA: Er beurteilt das Kurzzeitgedächtnis für einfache lineare motorische Reaktionen; die grundlegenden Variablen sind Zeitdauer des Erinnerungsintervalls und die Anzahl der Wiederholungen und Verstärkungen. Das dazu verwendete Gerät war eine Metallstange, die 75 cm lang und in Millimetereinheiten unterteilt war und auf der sich zwei frei bewegliche Gleitelemente befanden. Einer der Schieber hatte eine Stellschraube mit der der Prüfer den Schieber an einer Stelle festschrauben konnte, um die Länge einer Reaktion, die von der Testperson verlangt wurde, zu bestimmen. Auf dem anderen Schieber befand sich ein Knopf, der mit den Fingerspitzen umfaßt werden konnte, und der von der Testperson für die Reaktion verwendet wurde. Um sicherzustellen, daß die Reaktion aufgrund motorischer und nicht einer Kombination motorischer und visueller Reize stattfand, wurden der Testperson die Augen verbunden. Ein Versuch bestand aus Verstärkung und Wiedergabe einer vom Prüfer festgesetzten Strecke. Die absolute Irrtumsquote wurde berechnet aufgrund der Differenz zwischen der vom Prüfer vorgegebenen Strecke und derjenigen, die die Testperson nachvollzog.

In unserem Experiment haben wir den Test quantitativ verändert; wir arbeiteten mit einer Gesamtzahl von 20 Versuchen, die in zwei Serien mit jeweils einer bzw. 10 Verstärkungen und 10 bzw. 30 sec Latenzintervall unterteilt waren.

In ADAMS und DIJSTRAS Originalwerk stellt die Irrtumsquote eine abnehmende Funktion der Verstärkung dar. Die Interpretation richtete sich nach dem rasch abnehmenden Erinnerungseindruck, der durch Verstärkung zunehmend stabilisiert wird.

Diese Tests wurden in der obengenannten Reihenfolge vorgelegt. Eine statistische Analyse mit χ^2- und F-Tests fand statt.

2. Chronische Untersuchung

100 cerebrovaskuläre Patienten doppelblind; willwillkürlich ausgewählt.

Alle Patienten hatten einen Gehirnschlag in der nicht-dominanten Hemisphäre erlitten.

3 Pharmaka (Placebo; Prolintan, 10 mg 3 × tägl.; Piracetam*, 800 mg 3 × tägl.)

4 wöchige Behandlung.

Wahl der Bewertungsskala: aus SALZBURG's Daten, 1976.

Ergebnisse: Nur 45 Patienten (erste Phase): keine Statistiken, weil das Ende der Untersuchung abgewartet werden muß; nur Prozentwerte und Eindrücke.

Neurotransmitteruntersuchung

a) Das dopaminerge System und das Kurzzeitgedächtnis. Zahlreiche Autoren weisen auf eine mögliche Beteiligung von Catecholaminen bei der Gedächtnisbildung hin.

Untersuchungen mit Menschen sind auf diesem Gebiet spärlich und verwirrend. Sie befassen sich mit der Verabreichung von „L-Dopa" an Patienten mit Parkinson oder Depressionen und dessen Auswirkung auf das Lernen, und es ist unmöglich, irgendwelche Schlußfolgerungen daraus zu ziehen. Untersuchungen mit Tieren sind auf-

* Warenzeichen in Westdeutschland: Nootrop® (UCB-Chemie, Sindorf); Normabrain® (Cassella-Riedel, Frankfurt a.M.).

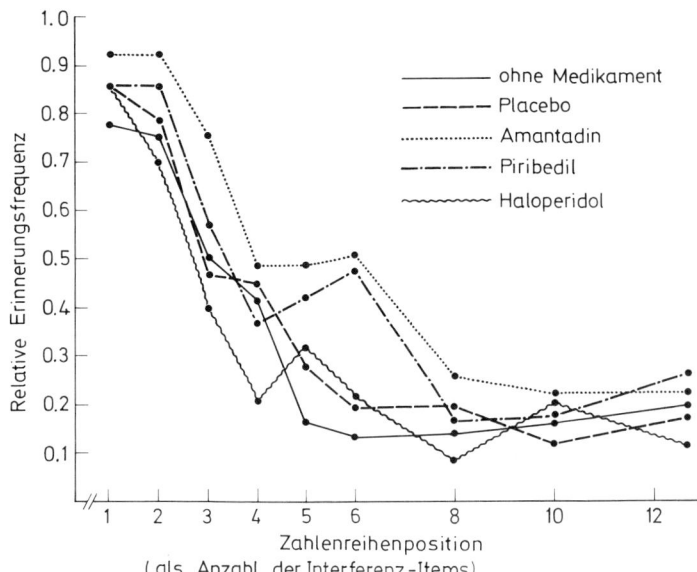

Abb. 1. Ergebnisse des Zahlenreihentests nach Verabreichung dopaminerger Pharmaka. Die relative Erinnerungsfrequenz ist im Verhältnis zur Zahlenreihenposition graphisch dargestellt, d.h. zu der Position innerhalb der Reihe, die die Zahl, an die die Testperson sich erinnern sollte, innehatte. Diese Position ist dargestellt in Form der dazwischentretenden Punkte, d.h. der Anzahl von Ziffern, die innerhalb der Reihe zwischen die zu merkende Zahl und das Ende der Reihe tritt: daher entspricht Punkt 1 in Wirklichkeit der 14. Stelle auf der Liste und ist daher am leichtesten zu merken; im Gegensatz dazu entspricht Punkt 12 der 3. Stelle auf der Liste und ist am schwersten zu merken

schlußreicher. Bei Tierexperimenten hat L-Dopa die Beeinträchtigung der konditionierten Ausweichreaktion, die durch die Verabreichung von Reserpin oder Alpha-Methylpara-Tyrosin hervorgerufen worden war, wieder rückgängig gemacht, während, Berichten zufolge, Amantadin und Apomorphin die Hemmung der konditionierten Ausweichreaktion, die durch Haloperidol hervorgerufen wurde, überwindet.

Bei der Auswertung der Wirkungen von Amantadin, Apomorphin, Amphetamin und L-Dopa auf das Erlernen einer konditionierten Ausweichreaktion wurde berichtet, daß alle vier Medikamente eine wesentliche dosisabhängige Verbesserung der Lernfähigkeit bei geringer Dosierung zur Folge hatten. Amantadin brachte die besten Ergebnisse sowohl bei Injektionen vor als auch nach dem Versuch.

Wir haben die folgenden Pharmaka verwendet:

1. Piribedil (1,5 mg, intravenös), ein spezifisches Dopaminrezeptor-stimulierendes Mittel,
2. Amantadin (150 mg, intravenös), ein Medikament, das sowohl auf präsynaptischer als auch auf postsynaptischer Ebene auf die dopaminergen Synapsen einwirken kann und ebenso, wenn auch in geringerem Ausmaße, auf die noradrenergen;
3. Haloperidol (1 mg, intravenös), ein Dopaminrezeptor-blockierendes Mittel.

Unsere Ergebnisse erwiesen sich als interessant.

Beim Zahlenreihentest ließ sich eine wesentliche Steigerung der relativen Erinnerungsfrequenz, sowohl nach Verabreichung von Piribedil als auch — in noch größerem Ausmaß — nach Verabreichung von Amantadin, feststellen. Dieses letztere Ergebnis war vom statistischen Standpunkt aus sehr bedeutsam (Abb. 1).

Im Gegensatz dazu „störte" Haloperidol ganz eindeutig die Aufgabendurchführung, wenn auch nicht auf systematische Weise. Die relative Erinnerungsfrequenz verschlechtert sich jedoch schon vom 4. Punkt an bis zur Vermutungsebene. Bei diesem Punkt ist der Unterschied zu den Kontrollwerten statistisch signifikant.

Weder der Test für motorische Reaktionen noch der von Toulouse und Pieron erbrachten wirklich signifikante Resultate.

Unsere Ergebnisse in bezug auf Piribedil weisen auf eine Beteiligung des dopaminergen Systems am Kurzzeitgedächtnis hin, was durch die schlechten, wenn auch nicht immer signifikanten Resultate mit Haloperidol bestätigt wird.

Es muß jedoch betont werden, daß die besten Ergebnisse mit Amantadin erzielt wurden, welches sowohl auf dopaminerge als auch auf noradrenerge Neuronen wirkt.

Da wir mit recht groben Parametern gearbeitet haben, können wir nicht mit Sicherheit sagen, ob es sich dabei um eine Frage der Dosierung handelt oder ob es andere Erklärungsmöglichkeiten dafür geben könnte.

Gewiß liefert die Hypothese, daß sowohl das dopaminerge als auch das noradrenerge System für das Kurzzeitgedächtnis eine Rolle spielen, vorläufig eine teilweise Erklärung für unsere Entdeckungen. Aus diesem Grund wäre Amantadin, das auf beide Systeme einwirkt, wirkungsvoller als Piribedil.

Weitere Hypothesen wären möglich, aber sie bedürften alle genauerer Untersuchungen.

b) Das cholinerge System und das Kurzzeitgedächtnis. Daß zwischen dem cholinergen System und dem Gedächtnis eine Beziehung besteht, ist bewiesen.

Anhand zahlreicher Tieruntersuchungen wurde gezeigt, daß Scopolamin die Lernfähigkeit in bezug auf viele Arten von Konditionierungsaufgaben behindert, und DEUTSCH (1971) hat eine interessante Lerntheorie formuliert, die auf der Annahme beruht, daß in cholinergen Synapsen die synaptische Leitfähigkeit infolge von Lernen verändert wird.

Was Menschen anbetrifft, hat Scopolamin erwiesenermaßen sowohl in klinischen als auch in experimentellen Situationen amnestische Wirkung gezeigt.

Seine Wirkung scheint spezifisch mit dem Erinnerungsprozeß in Verbindung zu stehen und besonders die Übertragung von Information vom Kurzzeitgedächtnis in eine dauerhafte Form zu betreffen.

Diese Auswirkung würde mit einer Beeinträchtigung der cholinergen Komponente des hippocampo-mamillo-thalamischen Kreises in Verbindung stehen, dessen Beziehung zum Erinnerungsprozeß heute weitgehend anerkannt wird.

Wir verabreichten Physostigmin, Scopolamin und Methscopolamin. Nur eine der Datengruppen, die wir erhielten, soll hier kommentiert werden (Abb. 2).

Scopolamin ist, wie hinreichend bekannt, ein spezifisch anticholinerges Mittel, das die Blut-Hirn-Schranke überschreiten kann. Es wirkt sowohl zentral als auch peripher indem es den Acetylcholin-Rezeptor an der Synapse blockiert. Wenn es in Dosen von 0,6 mg subkutan verabreicht wird, blockiert es völlig die positive Wirkung der multiplen Verstärkung im Test für motorische Reaktionen.

Wie aus Abb. 3 ersichtlich, entsprechen sich die Leistungen der Testpersonen, die nach dem Durch-

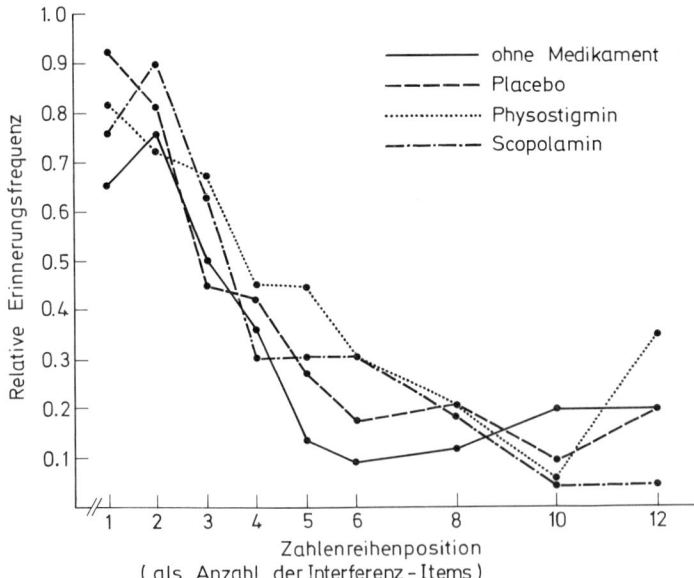

Abb. 2. Wirkung cholinerger Pharmaka auf die relative Erinnerungsfrequenz im Zahlenreihentest: es war keine signifikante Differenz zu den Kontrollwerten festzustellen.

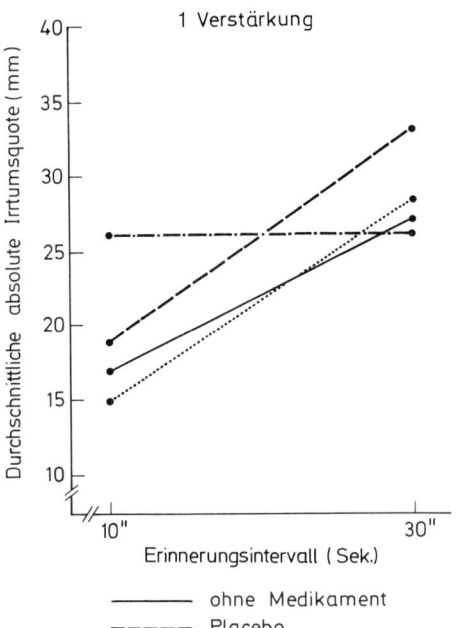

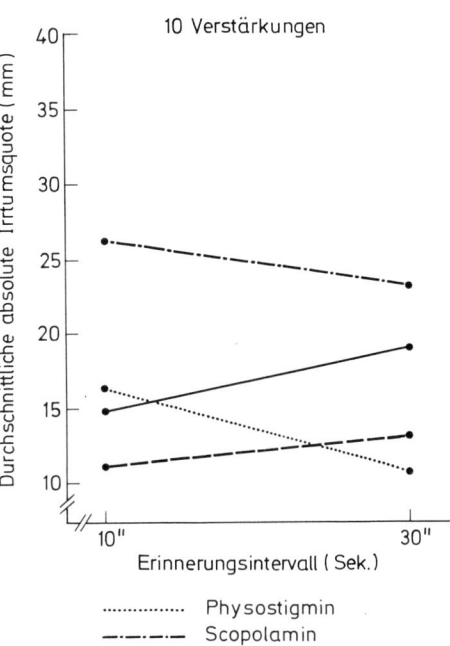

———— ohne Medikament
- - - - - Placebo
.... Physostigmin
-·-·-·- Scopolamin

Abb. 3. Leistungen der beiden Verstärkungsbedingungen als Funktion des Erinnerungsintervalls. Im Diagramm ist der Durchschnittswert der allgemeinen Irrtumsquote im Vergleich zum Erinnerungsintervall graphisch dargestellt. Bei einer Verstärkung wird die Leistung im allgemeinen schlechter wenn das Erinnerungsintervall 30 sec beträgt (d.h. sich vergrößert). Bei 10 Verstärkungen ist normalerweise eine allgemeine Leistungssteigerung festzustellen. Das trifft jedoch nicht auf die Scopolamin-Testpersonen zu; ihre Leistungen verbleiben auf dem gleichen Stand wie mit nur einer Verstärkung

schnitt der absoluten Irrtumsquote ausgewertet wurden, in beiden Tests, sowohl mit nur einer als auch mit 10 Verstärkungen, nahezu völlig, während normalerweise die Leistungen der Testpersonen in den Tests mit 10 Verstärkungen eindeutig besser waren.

Dieses Ergebnis ermöglicht es uns, eine der Wirkungsweisen von Scopolamin — und wahrscheinlich aller zentralen anticholinergen Mittel — auf das Gedächtnis genau zu bestimmen. Um es mit HEBBS Worten (1961) auszudrücken, wird eine unstabile „Aktivitätskurve" durch Verstärkung zu einer stabileren „strukturellen Kurve". Scopolamin blockiert die Wirkung von Verstärkung und verhindert dann die Fixierung von Erinnerungsspuren durch aufeinanderfolgende Wiederholungen von Information.

Nooanaleptische und nootrope Pharmaka

Es ist wohl bekannt, daß der Gedächtnisprozeß durch eine Reihe von sogenannten psychostimulierenden oder nooanaleptischen Mitteln wie z.B.

Amphetamin, Koffein, Nikotin, Pemolin erleichtert werden kann.

Es wird ebenfalls angenommen, daß diese Mittel nicht direkt durch einen bestimmten Mechanismus wirken, sondern ganz im Gegenteil durch eine Wechselwirkung mit anderen biochemischen Substanzen, darunter in erster Linie Neurotransmitter.

Vorhandenen Daten zeigen, daß eine Stimulierung der catecholaminergen Transmission ihre wahrscheinlichste Wirkungsweise ist. Jedoch sind Auswirkungen auf andere Transmittersysteme (nämlich auf das serotoninerge und cholinerge) von vielen dieser Mittel bekannt. Hinzu kommt, daß einige davon (z.B. Koffein) erwiesenermaßen die Phosphodiesterase hemmen, das Enzym, welches zyklisches Adenosinmonophosphat aufspaltet, dessen intrazelluläre Konzentration daher steigt.

Neurophysiologische Untersuchungen lassen vermuten, daß die meisten davon auf zwei, sich vermutlich gegenseitig hemmende, subcorticale Aktivierungssysteme wirken, die verschiedene Arten von Aktivierung zur Folge haben. Das Aktivierungssystem, das mit der Formatio reticularis in

Zusammenhang steht, scheint die allgemeine Reaktionsfähigkeit des Organismus zu kontrollieren, während das zweite System (das mit dem Limbischen System verbunden ist) Reaktionen durch Reize kontrolliert.

Im Gegensatz dazu ist der Wirkungsmechanismus sogenannter nootroper Mittel ganz verschieden, bisher noch unbekannt und steht gewiß in keinem Zusammenhang mit den Aktivierungssystemen.

Ihre Wirksamkeit in bezug auf ein Erleichtern des Erinnerungsvorgangs wird noch diskutiert.

Die Ergebnisse der Untersuchungen an Tieren waren verwirrend und widersprüchlich, während sich jedoch diese Pharmaka im klinischen Bereich für das Funktionieren des Gedächtnisses bei cerebraler Insuffizienz als nutzbringend erwiesen.

Aus diesen Gründen hielten wir es für interessant, ihre Wirkung auf das Kurzzeitgedächtnis zu untersuchen.

a) Akute Untersuchungen. Als Nooadrenergikum ist Prolintan (20 mg intravenös) ein Phenyl-Äthylamin-Derivat. In früheren Untersuchungen wurde seine gute psychostimulierende Wirkung gezeigt. In bezug auf die moderne Pharmakologie ist dieses Mittel noch nicht klar definiert, aber es wird angenommen, daß es in enger Beziehung zu Neurotransmittern steht, vor allem zu Catecholaminen. Wir wählten es zudem auch wegen

seiner geringen, amphetaminartigen Nebenwirkungen.

Piracetam (2 9 intravenös) ist ein zyklisches Derivat von GABA dessen Wirkungsmechanismus wahrscheinlich metabolischer Art ist. In Tierexperimenten hat es sich positiv auf die Lernfähigkeit ausgewirkt.

Prolintan erbrachte die folgenden Resultate:

Im Zahlenreihentest war die relative Erinnerungsfrequenz bei Testpersonen mit Prolintan durchwegs höher (mit Ausnahme der ersten und letzten Punkte) als die von Personen ohne Medikamente oder mit Placebo (Abb. 4).

Der Unterschied ist statistisch signifikant und nimmt bei den Punkten in der Mitte der Zahlenreihe zu, wo er statistisch hochsignifikant wird.

Im Gegensatz dazu zeigen die Resultate mit Piracetam im Zahlenreihentest keine signifikanten Unterschiede zu den Kontrollwerten mit nur einer, wenn auch wichtigen, Ausnahme, nämlich der relativen Erinnerungsfrequenz an Punkt 6, die signifikant höher war als normal (Abb. 5).

Diese Resultate mit Piracetam sind nicht deutlich genug, scheinen uns aber keinen Beweis für die Leistungsverbesserung der Testpersonen zu liefern. Die anderen beiden Tests, die einen Teil unserer Serie bildeten, lieferten uns keine signifikanten Ergebnisse: weder nach Verabreichung von Prolintan noch von Piracetam zeigten die Leistungen der Testpersonen wesentliche Veränderungen.

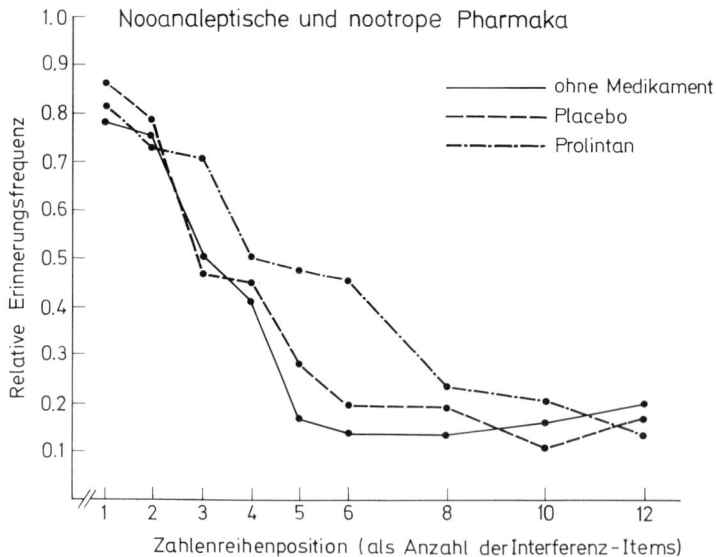

Abb. 4. Wirkung von Prolintan auf die Leistungen im Zahlenreihentest: die relative Erinnerungsfrequenz nach Verabreichung von Prolintan ist fast durchweg höher als bei den Kontrollwerten

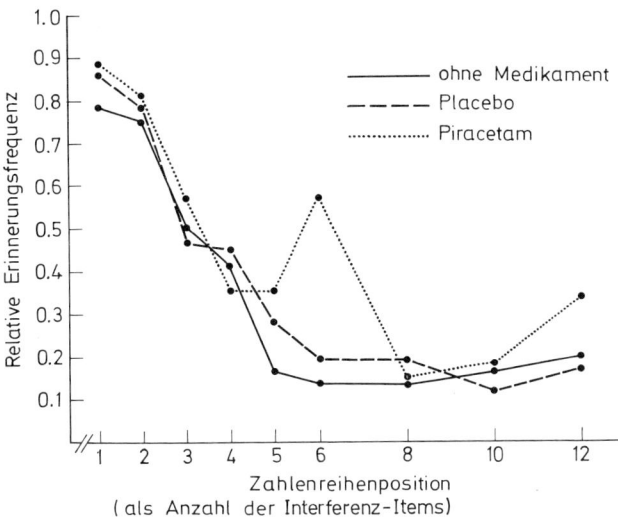

Abb. 5. Wirkung von Piracetam auf die Leistungen im Zahlenreihentest: die relative Erinnerungsfrequenz bei Piracetam ist nur jeweils für Punkt 6 höher als der Kontrollwert

Zusammenfassend kann man aus den Ergebnissen der akuten Untersuchungen einige Schlüsse ziehen:

Zunächst wurde, wie aus den Leistungen im Zahlenreihentest hervorging, das Kurzzeitgedächtnis durch Prolintan verbessert; wie durch die besonderen Kennzeichen des Tests angedeutet wird, wurden diese Ergebnisse durch eine Reduktion des retroaktiven Interferenzeffektes erzielt.

Die fördernde Wirkung sogenannter nooanaleptischer Pharmaka, vor allem von Prolintan, auf das Kurzzeitgedächtnis wird durch unsere Daten bestätigt, während keine Wirkung auf die Fixationsphase des Gedächtnisses nachgewiesen wurde, zumindest nicht durch die Auswertung mit unserer Testserie;

Zweitens war das Allgemeinverhalten unserer Prolintan-Testpersonen innerhalb der Testserie demjenigen sehr ähnlich, das nach der Verabreichung von dopaminergen Pharmaka beobachtet worden war; diese Entdeckungen bedürften noch weiterer Bestätigung, würden jedoch, wenn diese erfolgt, wiederum die enge Verwandtschaft zwischen nooanaleptischen Mitteln und catecholaminergen Neurotransmittern betonen.

In bezug auf Piracetam scheinen unsere Ergebnisse etwas verwirrend zu sein:

Die allgemeine Tendenz der Leistungen der Testperson weist nicht eindeutig auf eine tatsächliche Verbesserung des Kurzzeitgedächtnisses hin, zumindest nicht unter unseren Versuchsbedingun-

gen, d.h. akuter Verabreichung an normale Testpersonen.

Die ausgezeichneten, wenn auch vereinzelt dastehenden Leistungen in bezug auf Punkt 6 im Zahlenreihentest könnten zu weiteren Forschungen Anreiz geben.

Ich möchte hier einige Ergebnisse der ersten 45 Patienten, die 4 Wochen lang behandelt wurden, darlegen. Die verwendeten Pharmaka waren: Piracetam (800 mg, 3× tägl.), Prolintan (10 mg, 3× tägl.) und Placebo (3× tägl.)

Abb. 6 zeigt die Eindrücke eines Psychologen, der nicht weiß, welche Medikamente verwendet wurden und man kann das spezielle Verhalten in den angewandten psychologischen Tests beobachten, d.h. Piracetam scheint die Ergebnisse der Bender- und Seguin-Tests zu verbessern, die Symptome an Patienten mit cerebrovaskulären Störungen in der nicht-dominanten Hemisphäre aufzeigen können.

Im Gegensatz dazu werden REITANS griechisches Kreuz und die Reaktionszeiten durch Prolintan, einem Nooanaleptikum und Psychostimulans, verbessert; Placebo liefert nur einige wenige wirre und unwichtige Ergebnisse in bezug auf Reaktionszeiten.

Die letzte Abbildung (Abb. 7) zeigt nur die prozentuale Verbesserung zweier Arten von Tests, d.h. Zahlenreihe vorwärts und rückwärts und Reaktionszeit.

Dazu ein Vergleich zwischen der Gruppe von 45 Patienten, mit der bereits begonnen wurde,

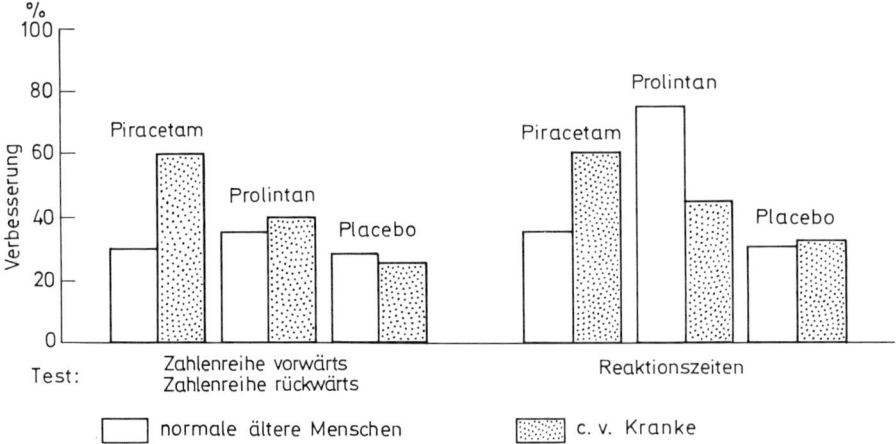

%
100

80

Verbesserung

60 — Piracetam

40 — Prolintan

20 — Placebo

Prolintan

Piracetam

Placebo

0

Test: Zahlenreihe vorwärts
Zahlenreihe rückwärts

Reaktionszeiten

☐ normale ältere Menschen   ▨ c. v. Kranke

Abb. 7. Wirkung von Pharmaka auf das Kurzzeitgedächtnis bei normalen älteren Menschen und bei Patienten mit cerebrovasculären Störungen

Chronische Behandlung (4 Wochen willkürlich)

Placebo
Prolintan   10 mg x 3
Piracetam 800 mg x 3

Test	Pharmaka		
	Piracetam	Prolintan	Placebo
Bender	↑	=	=
Seguin	↑	=	=
Reitans griech. Kreuz	=	↑	=
Reaktionszeiten	=	↑	↑↓

Abb. 6. Wirkung von Pharmaka auf psychologische Testleistungen bei Patienten mit cerebrovaskulären Störungen

und einer Gruppe von 100 normalen älteren Menschen aus einer früheren Untersuchung. Es ist interessant festzustellen, daß Piracetam bei den Patienten mit cerebrovaskulären Störungen eine stärkere Verbesserung zu erzielen scheint als bei den normalen Patienten — vor allem beim Zahlenreihentest vorwärts und rückwärts. Obwohl sich auch mit Piracetam die Reaktionszeit bessert, ist im Gegensatz dazu, wie erwartet, bei normalen Menschen eine stärkere Verbesserung mit Prolintan zu beobachten, welches, wie oben erwähnt, ein stimulierendes Mittel ist. Mit Placebo ergibt sich die wohlbekannte 25–30% Reaktion und bei normalen Erwachsenen entspricht die Wirkung

sowohl von Piracetam als auch von Prolintan beim Zahlenreihentest rückwärts und vorwärts etwa der Reichweite der Placebowirkung.

Ich habe über eine vorläufige Untersuchung berichtet, in der Pharmaka verwendet wurden, um festzustellen, ob einige Neurotransmitter für unser Kurzzeitgedächtnis eine Rolle spielen. Das scheint der Fall zu sein, vorausgesetzt, daß unsere psychologische Testreihe Gültigkeit besitzt und unsere Ergebnisse korrekt sind. Die Resultate sind natürlich gültig in bezug auf die verwendeten psychologischen Tests und den untersuchten Personentyp. Gegenwärtig können wir annehmen, daß es sich bei der cholinergen und der dopaminergen Vermittlung im Kurzzeitgedächtnis um Punkte handelt, die noch weiterer Forschung bedürfen.

Literatur

AGNOLI, A., SQUITIERI, G.: A study upon short term memory-interaction with nooanaleptic and nootropic drugs. In: Proc. Symposium Nooanaleptic and Nootropic Drugs (AGNOLI A., ed.), 3rd Congr. Internat. Coll. Psychosom. Med., Rome, Sept. 17, 1975

ADAMS, J.A., DIJSTRA, S.: Short term memory for motor responses. J. exp. Psychol. **71**, 314–318 (1966)

BEAUVOIS, M.F., LHERMITTE, F.: Déficits mnésiques électifs et lésions corticales restreintes. Rev. neurol. (Paris) **131**, 3–22 (1975)

CORRODI, H., FARNEBO, L.O., FUXE, K., HAMBERGER, B., UNGERSTEDT, U.: E.T. 495 and brain catecholamine mechanisms: evidence for stimulation of dopamine receptors. Europ. J. Pharmacol. **20**, 195–204 (1972)

CROW, T.J., GROVE-WHITE, I.G.: An analysis of the learning deficit following hyoscine administration to man. Brit. J. Pharmacol. **49**, 322–327 (1973)

DAVIES, J.A., JACKSON, B., REDFERN, P.H.: The effect of antiparkinsonian drugs on haloperidol-induced inhibition of the conditioned avoidance response in rats. Neuropharmacology **12**, 735–740 (1973)

DAVIES, J.A., JACKSON, B., REDFERN, P.H.: The effect of amantadine, L-dopa, amphetamine and apomorphine on the acquisition of the conditioned avoidance response. Neuropharmacology **13**, 199–204 (1974)

DEUTSCH, J.A.: The cholinergic synapse and the site of memory. Science **174**, 4011, 788–794 (1971)

DISMUKES, R.K., RAKE, A.V.: Involvement of biogenic amines in memory formation. Psychopharmacologia **23**, 17–25 (1972)

DRACHMAN, D.A., LEAVITT, J.: Human memory and the cholinergic system. Arch. Neurol. (Chic.) **30**, 113–121 (1974)

DUNDEE, J.W., PANDIT, S.K.: Anterograde amnesic effects of pethidine, hyoscine and diazepam in adults. Brit. J. Pharmacol. **44**, 140–144 (1972)

HEBB, D.D.: Distinctive features of learning in the higher animal. In: Brain Mechanisms and Learning (Delafresnaye, J.F. ed.). Oxford: Blackwell 1961

KETY, S.S.: The biogenic amines in the central nervous system: their possible roles in arousal, emotion and learning. In: The Neurosciences: Second Study Program (SCHMITT, F.O. ed.). New York: Rockefeller University Press 1970

MURPHY, D.L., HENRY, G.M., WEINGARTNER, H.: Catecholamines and memory: enhanced verbal learning during L-dopa administration. Psychopharmacologia **27**, 319–326 (1972)

OLIVERIO, A.: Neurohumoral systems and learning. In: Psychopharmacology: A Review of Progress 1957–1967 (EFRON, D.H., ed.). Public Health Service Publication No. 1836, 1968

PAPESCHI, R.: Amantadine may stimulate dopamine and noradrenaline receptors. Neuropharmacology **13**, 77–83 (1974)

PLETSCHER, A., DAPRADA, M.: Mechanism of action of neuroleptics. In: Neuropsychopharmacology (BRILL, H., ed.). Amsterdam: Excerpta medica 1967

SEIDEN, L.S., HANSON, L.C.F.: Reversal of the reserpine induced suppression of the conditioned avoidance response in the cat by L-dopa. Psychopharmacologia **6**, 239–244 (1964)

TOULUSE, PIÉRON, H.: Technique de Psychologie Expérimentale. Paris 1911

VAN BUREN, J.M., BORKE, R.C.: The mesial temporal substratum of memory. Brain **95**, 599–632 (1972)

WAUGH, N., NORMAN, D.A.: Primary memory. Psychol. Rev. **72**, 89–104 (1965)

Teil II.
Entwicklung der Lernfähigkeit

Entwicklung der Lernfähigkeit im Säuglingsalter

Hanus Papoušek

Der Säugling als Forschungsobjekt

Jedem, der Säuglinge über längere Zeit studiert, wird die Erfahrung vertraut sein, daß seine Ausführungen im Publikum mit gemischten Gefühlen aufgenommen werden. Der Zuhörer mag zwar anerkennen, daß sich der Säuglingsforscher um wichtige Fragen bemüht und Interessantes beobachtet, bleibt gewöhnlich jedoch skeptisch im Hinblick auf die ethischen Aspekte. Welche Studien sind überhaupt bei einem so zarten, empfindlichen Organismus erlaubt und wie groß ist der Spielraum für exakte wissenschaftliche Arbeit?

Als wir vor über 20 Jahren mit unseren Lernstudien bei Säuglingen begannen, waren die Lerntheorien bereits sehr entwickelt. Die Lernversuche hatten sich jedoch lange auf erwachsene Tiere und Menschen konzentriert, während der Säugling, zumindest bis zu den 50er Jahren, ein schwer zugängliches und deshalb äußerst seltenes Forschungsobjekt war. Dennoch blieben die, die sich einmal den Säuglingen verschrieben hatten, dieser Arbeit erstaunlich treu, und dies sicherlich nicht nur, da sie dem Kindchenschema à la LORENZ erlegen oder von einem Messias-Komplex besessen waren, ganz neu in ein noch völlig unerschlossenes Forschungsgebiet einzudringen. Hier lassen sich eine Reihe gewichtiger Gründe anführen:

a) das Bedürfnis, zum besseren Verständnis des menschlichen Verhaltens neben den Tieren auch den Menschen zu untersuchen;

b) das Interesse für die Beziehungen zwischen der Phylogenese der adaptiven Fähigkeiten und der menschlichen Ontogenese, die die phylogenetische Entwicklung gewissermaßen rekapituliert;

c) die bessere Voraussagbarkeit des Verhaltens auf den frühesten Entwicklungsstufen, entsprechend der noch besser überschaubaren zentralnervösen Organisation;

d) der um so überraschendere Umstand, daß die frühe Entwicklung des Säuglings eine „terra incognita" darstellte.

Der Säugling war damals quasi eine unbekannte „Spezies". Uns als Pädiater verwunderte die erhebliche Diskrepanz zwischen den allgemeinen Kenntnissen über die Biochemie, die Morphologie und pathologischen Abweichungen und denen über die normale Verhaltensentwicklung, die Wahrnehmung, das Lernen und die kognitiven Fähigkeiten. Noch heute, nach dem „Babyboom" der letzten 20 Jahre in der Psychologie, ist z.B. im Hinblick auf die beiden wichtigsten natürlichen Lernsituationen des Säuglings — das Spiel und die soziale Interaktion — die Forschung im Anfangsstadium.

Theoretische Grundlagen und Forschungsansatz unserer Studien

Es würde der Tradition eher entsprechen, wenn ich in meinem Beitrag einen historischen Überblick über die Lernforschung im Säuglingsalter geben und die wichtigsten Studien anführen würde. Dies würde mir jedoch kaum besser gelingen, als es BRACKBILL u. THOMPSON (1967), CARMICHAEL u. MUSSEN (1970) oder STEVENSON (1972) bereits geleistet haben. Im Rahmen dieser Arbeit glaube ich eher ein lebhaftes Bild von der allgemeinen Entwicklung der Lernforschung vermitteln zu können, wenn ich Ihnen statt eines transsektionalen Überblicks eine longitudinale Analyse unserer eigenen Lernstudien im Säuglingsalter gebe, in denen sich die allgemeine Entwicklung von Beginn der 50er Jahre an niedergeschlagen hat.

Unsere Fragestellungen gingen weit über die Frage nach dem Beginn des Lernens hinaus. Vielmehr ging es uns um die frühe postnatale Entwicklung der adaptiven Regulationsprozesse des Verhaltens auf dem Hintergrund der natürlichen Interaktionen des Neugeborenen und Säuglings mit seiner biologischen und sozialen Umwelt. Aus unseren Beratungsaufgaben als Arzt und Psychologe in der Säuglingspflege und -erziehung erwuchs darüber hinaus ein besonderes Interesse für das Spektrum der individuellen Unterschiede und die Entwicklung der Individualität. Voraussetzung dafür war jedoch ein besseres Verständnis der allgemeinen Grundlagen der Verhaltensentwicklung.

Die lückenhaften Kenntnisse über den Säugling zwangen uns methodisch zu einem ähnlich breit angelegten Vorgehen, wie es die Ethologen beim Studium einer unbekannten Tierart benötigen. Die üblichen experimentellen Methoden, insbesondere die der Lernpsychologie, waren für den empfindlichen Organismus des menschlichen Säuglings nicht geeignet. Es galt daher zunächst, eigene Methoden zu entwickeln, geeignete Parameter herauszufinden und das gesamte komplexe Verhalten zu beobachten und verstehen zu lernen. Eine Kombination von empirischen quasi-ethologischen Beobachtungsmethoden und Experimenten im Labor schien uns am besten geeignet.

Das breite Spektrum unserer Fragestellungen wurde durch unsere Entscheidung für die Konditionierungsmethoden nicht eingeengt. Zwar hieß Lernen seinerzeit nahezu ausnahmslos Konditionierung. Die Wahl zwischen den beiden Hauptalternativen, der assoziativen und der operanten Konditionierung, schien eher von der geographischen Lage des Labors abhängig zu sein als auf theoretischen Entscheidungen zu beruhen. Ich selbst habe mich zur Wahl der bedingten Reaktionen jedoch nicht zuletzt auch dadurch inspirieren lassen, daß sie indirekt einen Weg zur Analyse von Konzeptbildung und Denkprozessen eröffneten. Von Anfang an wurden die Lernmethoden für andere Fragestellungen ausgenutzt. Das komplexe Phänomen der Konzeptbildung wurde beispielsweise mit Hilfe der operanten Konditionierung erfolgreich angegangen (FIELDS, 1932; HERRNSTEIN u. LOVELAND, 1964). Was das klassische assoziative Lernen angeht, beeindruckten mich vor allem die Arbeiten von KRASNOGORSKIJ, den ich bei einem Besuch in Leningrad kennenlernte. Er wendete als erster die Pavlovsche Konditionierungsmethode, die ursprünglich die Speichelsekretion bei Hunden betraf, bei Kindern an und entwarf, u.a. mit VOLKOVA (KRASNOGORSKIJ, 1958; VOLKOVA, 1954) Experimente zum Studium der menschlichen Denkprozesse. Eine bedingte Speichelsekretion, die durch saure Bonbons ausgelöst wurde, wurde mit der Zahl 18 als bedingtem Signal assoziiert. Er ließ dann Schulkinder einfache Rechenaufgaben mit dem Ergebnis 18 lösen. Die Latenzzeit und die Intensität der konditionierten Speichelsekretion gaben Aufschluß über den Ablauf der geistigen Operationen und über den relativen Anteil von motorisch-verbalen und autonom-vegetativen Reaktionen (Tabelle 1).

Tabelle 1. Klassische Konditionierungsmethode, modifiziert nach KRASNOGORSKIJ zur Untersuchung logischer Operationen (nach KRASNOGORSKIJ, 1958). (Bedingter Reiz: „achtzehn"; unbedingter Reiz: kandierte Moosbeere; bedingte Reaktion: Speichelsekretion).

Arithmetische Aufgaben	Parameter der bedingten Speichelsekretion	
	Latenz (sec)	Sekretionsmenge (Tropfen)
9+9	2	17
90:5	6	13
72:4	11	7
Aufgaben zu schwierig	allgemeine Hemmung und/oder chaotische Reaktionen	

Die Kernpunkte unserer Interessen bildeten zwar die Konditionierungsprozesse, um sie herum kristallisierten sich jedoch Fragestellungen in zwei Richtungen: hin zu den biologischen Grundformen und hin zu den komplexeren, für den Menschen als kennzeichnend angesehenen Formen des adaptiven Verhaltens. Die „Nebenprodukte", die unsere Lernstudien abwarfen, gewannen in Zusammenhang mit der raschen Weiterentwicklung in den Neurosciences und Biosciences an Bedeutung und stellten für uns wichtige Ansatzpunkte dar, neue Konzepte über die allgemeine Verhaltensregulation, über die innere Motivation und über komplexere Formen der Integration von Erfahrungen auszuarbeiten. Welche Bedeutung diesen Konzepten für das Verständnis der Verhaltensentwicklung zukommt, wird uns um so deutlicher, seit wir zum Studium der sozialen Interaktionen des Säuglings und des Spiels übergegangen sind.

Methodologische Konsequenzen unseres Forschungsansatzes

Bereits beim Studium des Konditionierungsprozesses wichen wir von Anfang an von den üblichen Verfahren ab, bei denen typischerweise in einer Sitzung Blocks von Stimulationen gegeben werden und die Auswirkungen von Belohnung oder Strafe pro Block statistisch analysiert werden. Um auch den Ablauf des Lernens analysieren und feinere individuelle Unterschiede entdecken zu können, wählten wir vielmehr als Parameter des Lernens das Erreichen eines vorausgegebenen Kriteriums. Ein solches Vorgehen war auch deshalb erforderlich, um anschließend mit vergleichbarer Ausgangssituation Löschung und konditionierte Differenzierung untersuchen zu können.

Wir trafen noch eine weitere wichtige Entscheidung: wir kombinierten Elemente von beiden Konditionierungsformen, der assoziativen und der operanten, in einem Versuchsplan. Dadurch wurden die Versuche den natürlichen Lernsituationen angenähert, in denen das Kind lernt, durch seine eigene Tätigkeit eine relevante Belohnung zu erreichen, in denen aber gewisse situative Beschränkungen ihm dies nur unter bestimmten Bedingungen erlauben. In unserem Plan war die kontingente Belohnung nur in Gegenwart eines bedingten Signales zugänglich, was wir noch ausführlich erläutern werden.

Im Interesse unserer Fragestellung lag uns daran, die Säuglinge täglich über mehrere Monate und womöglich mit mehreren Methoden parallel zu untersuchen und sie während des gesamten Zeitraumes auch in nichtexperimentellen Situationen zu beobachten. Dafür bot sich uns eine einzigartige Lösung: die Einrichtung einer speziellen Forschungsabteilung mit der Möglichkeit, gesunde Neugeborene auch zusammen mit den Müttern für die ersten sechs Monate aufzunehmen.

Aus ethischen Gründen beschränkten wir uns auf solche Untersuchungsmethoden, die dem Kind nicht unangenehm waren und bei den täglichen Wiederholungen nur einer einfachen und raschen Vorbereitung bedurften. Um Hospitalismusschäden aller Art zu vermeiden, erhielten die Säuglinge ein reiches Angebot verschiedener Anregungen, überwiegend im Rahmen sozialer Interaktionen mit vertrauten Bezugspersonen (Besuche des Vaters, Ersatz einer fehlenden Mutter durch eine Ersatzmutter, ausgearbeitete Erziehungsprogramme).

An den Studien war ein ganzes Team beteiligt. Die einen untersuchten den Schlaf-Wach-Zyklus, andere die somatische Entwicklung und den Gesundheitszustand, wieder andere die sensomotorische Entwicklung, die sozialen Interaktionen mit den Bezugspersonen oder spielerische Betätigungen des Kindes. Für die Lernstudien wählten wir zwei verschiedene motorische Reaktionen aus: eine einfache aversive Reaktion (Blinzeln) und eine komplexere, jedoch auch schon früh koordinierte Reaktion (Kopfbewegungen). Da wir darüber hinaus an der komplexen Koordination adaptiver Verhaltensänderungen interessiert waren, registrierten wir in allen Lernstudien gleichzeitig auch begleitende Reaktionen: das allgemeine motorische Verhalten, vegetative Komponenten (Atmung und Herztätigkeit), sowie Vokalisationen und mimische Reaktionen als emotionelle Komponenten. Neben dem Erwerb konditionierter Reaktionen untersuchten wir auch einfachere adaptive Prozesse wie die Orientierungsreaktionen und ihre Habituation, ebenso wie auch komplexere Prozesse wie die Löschung, die konditionierte Differenzierung zweier Signale, die Umkehr der Differenzierung und die Konzeptbildung in Zusammenhang mit der operanten Konditionierung. Auch über so schwer zugängliche Probleme wie das Gedächtnis und das Erlernen des Lernens konnten wir mit Hilfe unserer Versuchsanordnung wichtige Aufschlüsse gewinnen.

Viele von den wichtigeren Daten habe ich bereits früher publiziert und dabei auch die Methoden ausführlich beschrieben (PAPOUŠEK, 1961 a, 1967 a, 1969). Es wäre überflüssig, sie in Einzelheiten zu wiederholen, wenn ich auch nicht ganz darauf verzichten will. Es bleibt jedoch mehr Raum für die „Nebenprodukte", die allgemeineren Aspekte, die bisher weniger beachtet wurden, gerade heute aber an Bedeutung gewonnen haben und einen neuen Blick auf die Lernprozesse ermöglichen.

Lernen im Neugeborenenalter

Unsere Lernstudien bei Neugeborenen wurden seinerzeit mit großem Interesse aufgenommen: nicht nur waren die psychischen Funktionen des Neugeborenen eine „terra incognita", nicht nur war die wissenschaftliche Auseinandersetzung um „nature" vs. „nurture" in voller Blüte, sondern die ersten Konditionierungsversuche bei Neugeborenen (WICKENS u. WICKENS, 1940; USOLTSEV u. TEREKHOVA, 1958; RENDLE-SHORT, 1961) hatten sich als erfolglos oder fraglich erwiesen. Diese Situation macht es verständlich, daß sich das allgemeine Interesse an Ergebnissen auf die Frage konzentrierte, *ob* und *ab wann* das Neugeborene lernen kann und daher unsere Daten vor allem unter dem Aspekt zitiert und kommentiert wurden, daß sie die Lernfähigkeit des Neugeborenen überzeugend unter Beweis stellen (HOROWITZ, 1968; KESSEN et al., 1970; LIPSITT, 1966; STEVENSON, 1972). Für uns stand jedoch von vornherein die Frage im Vordergrund, *wie* das Neugeborene lernt.

Heute ist über viele Aspekte bereits mehr bekannt, die als intervenierende Variable bei der Analyse der Lernprozesse in Betracht zu nehmen sind: allein die Wahrnehmung wird heute als Lernprozeß angesehen, der kognitive Prozesse einschließt (GIBSON, 1969). In der Reihe der Wahrnehmungsmodalitäten rückt die früher vernachlässigte propriozeptive und kinästhetische Wahrnehmung in den Vordergrund. Die Motivationsforschung hat auf die Rolle der inneren Motivation aufmerksam gemacht, die kognitive Lernpsychologie auf die Beteiligung kognitiver Funktionen. Soziale Komponenten sind ebenso wie biologische Faktoren (biologische Rhythmen, Verhaltenszustände, vegetative Reaktionen) eingeschlossen. Der Lernprozeß ist Ausdruck der komplexen Interaktion des Organismus mit seiner Umwelt.

Unter diesen Gesichtspunkten halten wir es für lohnend, auf unsere alten Daten zurückzukommen.

Unsere *Methode* war so ausgewählt, daß das Neugeborene durch seine eigene Aktivität eine biologisch relevante Verstärkung erreichen konnte. Es sollte lernen, beim Klingeln einer elektrischen Glocke seinen Kopf nach links zu drehen. Nur wenn die Kopfwendung auf das akustische Signal hin erfolgte, wurde es mit einer Portion Milch belohnt. Wir kombinierten dabei die Vorteile beider Konditionierungsformen: das bedingte Signal (Glocke) ermöglichte uns, auch die Latenzzeit als einen aussagekräftigen Parameter zu erfassen. Das operante Moment in der Versuchsanordnung spielte eine Rolle für die Motivation des Neugeborenen, durch möglichst rasches Reagieren die Verstärkung zu erreichen. Die Latenzzeit dient somit als ein Maß für die Adaptation. Wir konnten davon ausgehen, daß die willkürliche Kontrolle der Kopfbewegungen bei der Geburt ausreichend entwickelt ist. Unsere vorausgegangenen Studien hatten erwiesen, daß 3- und 5monatige Säuglinge unter entsprechenden Bedingungen zu lernen vermögen.

Wie bei den früheren Studien diente das Erlernen der bedingten Kopfbewegungen als Grundlage für weitere Lernstudien bei denselben Kindern wie Löschung, Wiedererlernen der bedingten Kopfbewegung, konditionierte Differenzierung zwischen zwei unterschiedlich verstärkten akustischen Signalen und wiederholte Umdifferenzierung. Um dafür eine womöglich stabile und vergleichbare Ausgangsbasis zu schaffen, definierten wir den erfolgreichen Erwerb der konditionierten Reaktion durch ein relativ striktes *Kriterium* von fünf aufeinanderfolgenden richtigen Antworten

innerhalb einer Sitzung. Dies ist, vor allem bei den jüngeren Säuglingen, erst auf einer fortgeschrittenen und bereits stabilen Stufe der Anpassung möglich (PAPOUŠEK, 1961 b).

Wir untersuchten 14 gesunde, voll ausgetragene Neugeborene, die alle auf unserer speziell eingerichteten Forschungsabteilung am „Forschungsinstitut für Mutter- und Kindfürsorge" in Prag aufgezogen wurden und im Hinblick auf Gestationsalter und Schwangerschafts- und Geburtsverlauf sorgsam ausgewählt waren. Zu Beginn der Versuche waren die Neugeborenen durchschnittlich 3,42 Tage alt (S.D. 1,01).

Das Neugeborene lag in einem stabilimetrischen Kinderbettchen, der Kopf war in einer Plastikschale fixiert, die mit Schaumstoff gepolstert war. Die Schale drehte sich mit dem Kopf und war so konstruiert, daß das relativ hohe Gewicht des Kopfes ausgeglichen wurde und das Neugeborene ohne Schwierigkeiten den Kopf drehen oder in der Mittellinie halten konnte.

Als konditionierter Reiz diente der Klang einer elektrischen Glocke, und zwar aus der Mittellinie, um orientierende Kopfbewegungen nach der Reizquelle zu vermeiden. Als unkonditionierte Verstärkung wurde durch den Assistenten, der hinter dem Kopf des Neugeborenen saß, Milch von der linken Seite verabreicht. Die Dauer der Reize und der Intervalle wurde elektronisch gesteuert. Ein 7-Kanal-Polygraph zeichnete während der Versuche die Kopfwendungen, die Atmung, die motorische Gesamtaktivität und die Zeitpunkte der Reizgabe auf. Aus der Aufzeichnung der Kopfbewegungen waren Intensität und Latenz ablesbar. Lautäußerungen, mimische und orale Reaktionen und Veränderungen im allgemeinen Verhalten wurden beobachtet und in kodierter Form protokolliert (Näheres s. PAPOUŠEK, 1967 b).

Diese Beobachtungsgrößen wählten wir als minimale, aber ausreichende Information über den Ablauf der Lernprozesse aus. Sie konnten bei den täglichen Beobachtungen wiederholt registriert werden, ohne das Kind zu beeinträchtigen, und dienten dazu, den Verhaltenszustand und das kommunikative Verhalten des Kindes, zwei wichtige Aspekte im Hinblick auf die kognitiven Funktionen, zu erfassen.

Da der *Verhaltenszustand* in Zusammenhang mit Schlaf und Nahrungsaufnahme biologisch-rhythmischen Schwankungen unterliegt, wurde der Tagesablauf der Säuglinge so vergleichbar wie möglich gestaltet, ohne auf der anderen Seite die individuellen Bedürfnisse eines Kindes zu mißachten. Alle Versuche wurden am Vormittag, etwa

10 min nach dem regulären Schlaf durchgeführt. Die Abfolge Schlaf−Füttern−längere aktive Wachperiode−Schlaf hielten wir konstant, so daß die Säuglinge bei Beginn der Versuche in einem vergleichbaren Hunger- und Wachzustand waren. Aufgrund des Verhaltens unterschieden wir vier Wachstadien:

Stadium I: regelmäßige Atmung, Augen geöffnet, keine Bewegungen, keine Vokalisation;

Stadium II: unregelmäßige Atmung, ruhige Bewegungen der Augen, des Kopfes oder distale Bewegungen der Extremitäten, keine Vokalisation;

Stadium III: lebhafte Bewegungen aller Extremitäten (auch proximal) oder des Rumpfes und/oder Vokalisationen mit Ausnahme von Weinen oder Schreien;

Stadium IV: unkoordinierte, ausfahrende Bewegungen und/oder Weinen oder Schreien.

Unsere Beobachtungen begannen mit einer Baseline der Kopfbewegungen, denen fünf 10 sec lange Darbietungen des akustischen Reizes ohne Belohnung und 1 oder 2 vorexperimentelle Fütterungen folgten, um die Anpassung an die Versuchssituation zu erleichtern. Von der ersten experimentellen Sitzung an wurde der Klang der Glocke mit Milchzufuhr von der linken Seite gepaart. Das akustische Signal dauerte maximal

10 sec. Blieb es ohne Reaktion, suchte der Assistent die Kopfwendung durch Berührung des linken Mundwinkels mit dem Schnuller oder durch Drehung des Kopfes auszulösen. Sobald der Säugling auf das Signal mit einer Kopfwendung um 30° nach links reagierte, wurde er mit Milch belohnt. Wenn der Säugling zu saugen begann, wurde die Glocke ausgeschaltet. Am Ende jeder Verstärkung drehte der Assistent den Kopf in die Mittellinie zurück und entfernte den Schnuller während einer spontanen Saugpause. Eine Sitzung bestand aus 10 derartigen Versuchen. Die Intervalldauer zwischen den Versuchen war randomisiert, um eine zeitliche Konditionierung auszuschließen. Da die Sitzungen zur Zeit der regulären Vormittagsmahlzeit stattfanden und der Säugling dabei seine Mahlzeit erhielt, war das Erlernen der bedingten Kopfbewegungen für das hungrige Neugeborene biologisch relevant.

Das Kriterium eines stabilen Lernerfolges erreichten die Neugeborenen im Durchschnitt in der 18. Sitzung, d.h. nach 177,14 Versuchen (S.D. 93,40). Abb. 1 zeigt den durchschnittlichen Verlauf der Lernprozesse in der Gesamtgruppe und die individuellen Lernkurven, dargestellt in Vincentkurven, die zum Vergleich in Fünftel aufgeteilt sind.

Das Erreichen des Kriteriums am Ende des ersten Lebensmonates kann nicht als *früheste Evidenz eines Lerneffektes* angesehen werde (s.o.). Vielmehr ist bereits eine signifikante relative Zunahme der richtigen Reaktionen Ausdruck eines Lernerfolges. In diesem Sinn war die Differenz

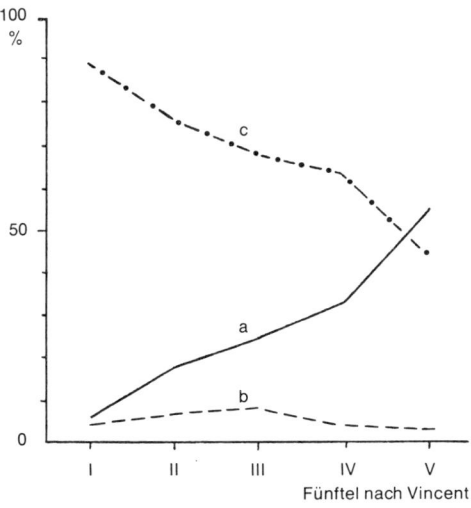

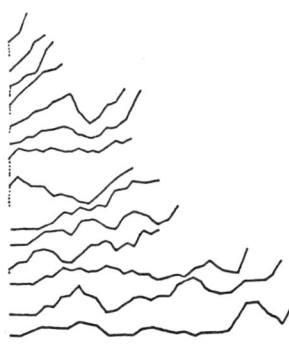

Abb. 1. Ablauf der Konditionierung bei Neugeborenen. Vincent-Kurven zeigen die Prozentsätze der richtigen Reaktionen (*a*), der Reaktionen nach der Gegenseite (*b*) und der ausbleibenden Reaktionen (*c*). Rechts die individuellen Lernkurven

zwischen richtigen und falschen Reaktionen in der Gesamtgruppe schon in der 4. Sitzung am Ende der ersten Lebenswoche signifikant ($p < 0,05$). Die Lernfähigkeit von Neugeborenen in der 1. Lebenswoche wurde entsprechend von anderen Autoren bestätigt (SIQUELAND u. LIPSITT, 1966; SAMEROFF, 1968). Dies Ergebnis hat in dem alten „nature-nurture-Streit" zur Entwicklung von Interaktionsmodellen beigetragen: Schon im Verhalten des Neugeborenen wirken sich nicht nur genetische, sondern auch Umweltfaktoren bzw. Lernprozesse aus. Das Neugeborene lernt, und zwar mit einer angeborenen Bereitschaft zum Lernen. Es ist sozusagen zum Lernen genetisch vorprogrammiert und wird mit einem Repertoire von unbedingten Reaktionen auf bestimmte Reizstrukturen in der Umwelt geboren, von Reaktionen, die wichtige Komponenten des Lernprozesses bedeuten. Dies wird in Zusammenhang mit unserer Analyse der Motivation zum Lernen weiter erläutert (s.u.).

Eine longitudinale Analyse der Lernprozesse zeigt, daß das endgültige Erreichen eines stabilen Lernerfolges bei dem einzelnen Kind schon in frühem Alter voraussagbar ist. Das erstmalige Erscheinen einer Folge von 2 bzw. 3 richtigen Antworten korrelierte mit dem Erreichen des Kriteriums ($r = 0,71$, $p < 0,01$ bzw. $r = 0,86$, $p < 0,01$).

Die *Löschung einer bedingten Reaktion,* die ihre Bedeutung verloren hat, kann biologisch als ebenso wichtiger adaptiver Prozeß angesehen werden wie das ursprüngliche Erlernen der Reaktion. Wir untersuchten daher die Löschung als eine weitere Form des Lernens. Sie dient darüber hinaus als Beweis, daß es sich beim Erlernen der bedingten Reaktion um eine echte Konditionierung und nicht um eine Pseudokonditionierung handelte. Unser Kriterium, daß die Neugeborenen in einer Sitzung fünfmal nacheinander auf das Glockenspiel *nicht* mit der bedingten Kopfwendung reagierten, wurde durchschnittlich in der 3. Sitzung nach 26,83 Versuchen (S.D. 12,90) erreicht (Abb. 2).

Wichtiger als die Daten über den Lernerfolg scheinen uns die Informationen über den *Ablauf des Lernens.* Hier ist gerade das Studium der Neugeborenen aufschlußreich, da bei ihnen wie in einem Zeitlupenfilm die einzelnen Phasen des Lernprozesses und die interindividuellen Unterschiede sehr deutlich erscheinen, die bei älteren Säuglingen wegen des rascheren Lernablaufs bereits der Aufmerksamkeit entgehen.

Während der Baseline bewegten die Neugeborenen ihren Kopf nicht über 15° von der Mittellinie hinaus. Taktile Reize mit dem Schnuller waren

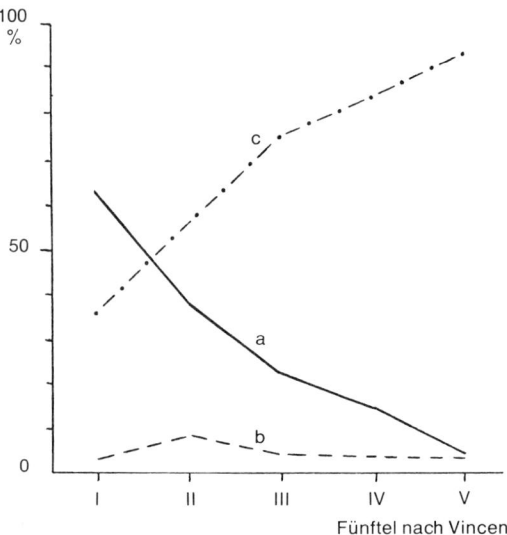

Abb. 2. Ablauf der Löschung der bedingten Kopfwendung bei Neugeborenen. Vincent-Kurven zeigen die Prozentsätze der richtigen Reaktionen (*a*), der Reaktionen nach der Gegenseite (*b*) und der ausbleibenden Reaktionen (*c*)

anfangs kaum wirksam. Während nur 3 Kinder den Kopf bei der ersten Berührung des Mundwinkels nach links wendeten, waren bei den übrigen 3–22 Reizungen ($\bar{x} = 6,57$) nötig, ehe sie auf die Berührung reagierten. Das akustische Signal rief anfangs nur unspezifische Orientierungsreaktionen hervor wie weites Öffnen der Augen, Veränderung der Atmung und Abnahme der Bewegungen.

Die *erste Phase der Konditionierung,* eine Phase mühsamer Anpassungsversuche, verlief bei den Neugeborenen zunächst in Form intensivierter Orientierungsreaktionen. Die allgemeine Motorik war gesteigert. Die ersten konditionierten Reaktionen waren schlecht koordiniert. Oft waren Teilkomponenten der erwünschten Reaktion isoliert zu beobachten wie Kontraktion des linken Mundwinkels, Augenbewegungen nach links oder Kopfwendung ohne Blickwendung. Nur schrittweise wurden diese Komponenten zu komplexen Mustern mit glatterem, schnellerem und ökonomischerem Ablauf integriert, wie es für die älteren Säuglinge kennzeichnend war. Während dieser *Integrationsphase* waren die Neugeborenen oft unruhig, verdrießlich oder weinerlich mit entsprechenden Äußerungen in Mimik und Vokalisation.

Wir beobachteten solche Schwierigkeiten bei 50% der Neugeborenen, bei 5monatigen Säuglingen unter denselben Bedingungen nur bei weniger als 1%.

Die *zweite Phase* der noch unbeständigen Konditionierung war durch eine allmähliche Zunahme konditionierter Reaktionen mit anhaltenden Fluktuationen der Häufigkeit gekennzeichnet. Die Neugeborenen waren anfänglich unfähig, mehrere richtige Antworten nacheinander auszuführen: 60,7% der ersten 10 richtigen Reaktionen erschienen einzeln, 32,9% in einer Folge von 2 und nur 6,4% in Folgen von 3 oder mehr richtigen Reaktionen. Im Vergleich dazu waren es bei 3monatigen Säuglingen 47,9%, bei 5monatigen Säuglingen 60,6% der ersten 10 richtigen Antworten, die in Folgen von 3 oder mehr zu beobachten waren. In dieser Phase waren auch häufige Kopfwendungen zwischen den einzelnen Versuchen und überschüssige Reaktionsmuster wie Begleitbewegungen des ganzen Körpers infolge einer Generalisierungstendenz charakteristisch.

Während der *Endphase* vor dem Erreichen des Kriteriums wurden die konditionierten Reaktionen rascher, ökonomischer und besser koordiniert und waren durch kürzere und weniger variable Latenzzeiten gekennzeichnet. Die überschüssigen Reaktionen verschwanden und die Kinder blieben zwischen den Versuchen ruhig. Auch in dieser Phase war eine Unbeständigkeit der gelernten Reaktion nicht ungewöhnlich. Auch nach Sitzungen mit 100% richtigen Antworten wurden wir manchmal durch eine plötzliche Abnahme überrascht. Die konditionierten Reaktionen wurden nicht mehr von Zeichen emotional unangenehmer Erfahrungen begleitet, vielmehr gingen sie mit ruhigem Verhalten und ersten, wenn auch in diesem Alter noch schwachen freudigen Äußerungen in Mimik und Vokalisation einher. Bei den Neugeborenen tauchte Lächeln in solchen Situationen sogar früher auf als in sozialen Interaktionen.

Die Beobachtung der unterschiedlichen emotionalen Komponenten während der mühsamen Integrationsphase und der erfolgreichen Adaption hat sich uns bei älteren Säuglingen mehrfach bestätigt.

Im *Ablauf der Löschung* erschienen dieselben Phasen in umgekehrter Reihenfolge. Nach anfänglicher Fortsetzung der konditionierten Reaktionen intensivierten die Kinder vorübergehend ihr Bemühen, die Belohnung von neuem zu erreichen. U.U. zeigten sich dabei erneut verdrießliche Äußerungen. Wie in der Phase der unbeständigen Konditionierung nahmen darauf die Zahl, Intensität und Koordination der bedingten Reaktionen wieder ab, die Latenz wurde länger und die Integration der einzelnen Komponenten der Reaktion wurde gestört, bis schließlich gewöhnlich als letztes die Augenbewegungen zur Seite der vorherigen Verstärkung verschwanden.

Anders als bei den älteren Säuglingen rief das unerwartet ohne Verstärkung dargebotene bedingte Signal bei den Neugeborenen nicht selten einen plötzlichen Wechsel des Verhaltenszustandes vom Wachstadium IV zum Wachstadium I hervor. Selbst wenn das Signal keine bedingten Reaktionen mehr auslöste, war es alles andere als wirkungslos. Vielmehr hatte es einen deutlich hemmenden Effekt, wenn es wiederholt gegeben wurde, indem es zu einem Übergang von den Wachstadien II, III oder IV zum Stadium I führte.

Sowohl die Konditionierung wie die Löschung kann für ein Neugeborenes eine so schwierige Anpassung bedeuten, daß die Grenzen seiner Belastbarkeit überschritten werden. In solchen Situationen beobachteten wir ebenfalls einen plötzlichen Wechsel des Verhaltenszustandes, wobei das Neugeborene vorübergehend regungslos dalag, sein Blick ohne Konvergenz ins Leere starrte, die Atmung regelmäßig und tief war wie im ruhigen Schlaf und es auf keine Anregung mehr reagierte. Auf diese einem Totstellreflex vergleichbare Verhaltensänderung werden wir in Zusammenhang mit der Verhaltensregulation noch ausführlich eingehen (s.u.).

Zusammenfassend erlauben unsere Lernstudien bei Neugeborenen nicht nur den Schluß, daß das Neugeborene lernt, sondern auch, daß es in der Umweltstruktur die Veränderungen entdecken kann, die mit seiner eigenen Aktivität kontingent sind und sich darauf anzupassen vermag. Selbst wenn dies einen schwierigen Prozeß darstellt, ist es zum Lernen motiviert und begleitet seine Lernerfolge mit freudigen Äußerungen.

Interessant ist die Diskrepanz zwischen den erfolgreichen (PAPOUŠEK, 1961; SIQUELAND u. LIPSITT, 1966) und den erfolglosen (WICKENS u. WICKENS, 1940; RENDLE-SHORT, 1961) Versuchen, Lernen bei Neugeborenen nachzuweisen. Ein wesentlicher Unterschied lag darin, daß das erfolgreiche Lernen der bedingten Kopfbewegungen instrumentales Lernen einschloß, während mit Hilfe der reinen klassichen Konditionierung bei Neugeborenen kein Lernerfolg zu erzielen war. Die Diskrepanz wurde von SAMEROFF (1971) dahin interpretiert, daß die klassische Konditionierung die Integration von verschiedenen Wahrnehmungsmodalitäten erforderte, und zwar im Hinblick auf den konditionierten und den unkonditionierten Reiz, was die Entwicklung kognitiver

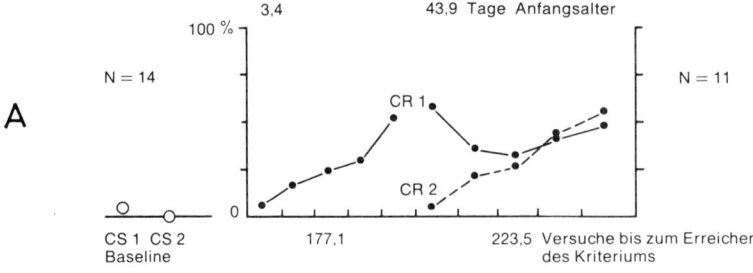

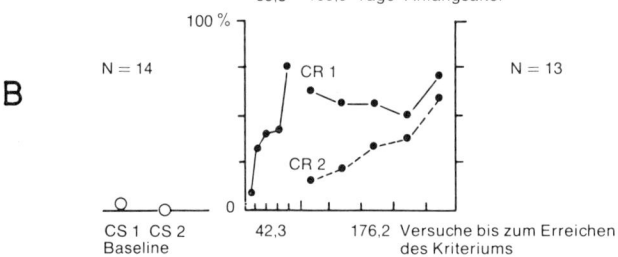

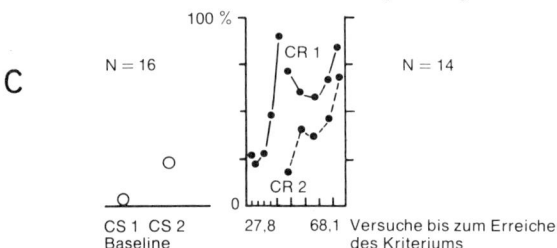

Abb. 3 A–C. Ablauf der Konditionierung und der bedingten Differenzierung bei drei Altersgruppen im ersten Lebensjahr. (A) Neugeborene; (B) 3monatige Säuglinge; (C) 5monatige Säuglinge

Systeme voraussetze. Er zitiert in diesem Zusammenhang unsere eigenen Studien als Beweis dafür, daß eine solche Integration erst am Ende des 1. Lebensmonates erfolgreich sei. Uns scheint eine andere Interpretation näher zu liegen. Auch in unserer Studie mußten die Neugeborenen ein akustisches Signal mit einem Geschmackssignal assoziieren. Nimmt man auch andere Wahrnehmungsmodalitäten in Betracht, vor allem die kinästhetische Wahrnehmung, aus der im frühen postnatalen Alter ein wesentlicher und relativ hoher Anteil der Informationen stammt, so wird deutlich, daß auch eine einfache operante Versuchsanordnung (SIQUELAND u. LIPSITT, 1966) die Integration von mindestens zwei Modalitäten verlangt. In unserer Studie bearbeiteten somit die Neugeborenen wenigstens drei Modalitäten.

Unsere eigene *Interpretation der diskrepanten Ergebnisse* steht in engem Zusammenhang mit der frühen postnatalen Regulation der motorischen Aktivität. Bei der operanten Konditionierung er-

reicht der Säugling die Belohnung durch seine eigene Aktivität, d.h. die Belohnung ist kontingent mit seinen Kopfbewegungen. Das Erkennen von Kontingenzen ist bereits im Neugeborenenalter angelegt. Es ermöglicht dem Neugeborenen, Erwartungen über den Ablauf und die Konsequenzen seiner Bewegung auszubilden, Erwartungen, deren Erfüllung bei Wiederholung der Bewegung Freude auslöst. Solche angenehmen emotionalen Erfahrungen stellen wirksame innere Belohnungsmechanismen dar, eine wichtige Komponente der inneren Motivation (s.u.). Zusammenfassend können wir den Schluß ziehen, daß Lernen beim Neugeborenen um so wahrscheinlicher ist, je eher es dem neugeborenen Organismus ermöglicht wird, eine biologisch relevante Umweltveränderung kontingent mit seiner eigenen Aktivität zu erreichen.

Auffallend waren zu Beginn des postnatalen Lebens die großen *interindividuellen Unterschiede* im Ablauf der Lernprozesse, obwohl die Studien unter relativ vergleichbaren äußeren Bedingungen durchgeführt wurden. Es ist zwar möglich, daß sich gerade bei den Neugeborenen Unterschiede im Schwangerschafts- und Geburtsverlauf auswirken, auch wenn die Kinder streng im Hinblick auf eine normale Schwangerschaft und Geburt ausgewählt waren. Die übrigen äußeren Faktoren waren jedoch für alle Kinder sehr ähnlich und unter Kontrolle und die postnatale Vorgeschichte extrem kurz. Um so überraschender war das Ausmaß der individuellen Unterschiede in der Geschwindigkeit des Lernens (s. Abb. 1), in den Latenzzeiten und in der Intensität der bedingten Kopfbewegungen.

Unsere Studien gaben auch über *Gedächtnisfunktionen beim Neugeborenen* Aufschluß. In der Literatur findet sich darüber nur äußerst spärliche Evidenz, die ohnehin nur das Kurzzeitgedächtnis im Minutenbereich betrifft. Zwischen den einzelnen Sitzungen unserer Lernversuche waren jedoch Pausen von meist 24 Std, über das Wochenende sogar von 72 Std. Durch die Pausen wurde die zuvor erlernte Fähigkeit zu richtigen Reaktionen nicht beeinträchtigt, vielmehr in einigen Fällen sogar verbessert. Unsere Daten geben damit einen deutlichen Beweis dafür, daß Neugeborene in dem Zeitbereich von 24–72 Std Erlerntes im Gedächtnis zu behalten vermögen.

Die weitere Entwicklung der Lernfähigkeit bei älteren Säuglingen

Bei zwei weiteren Gruppen von 14 bzw. 16 Säuglingen begannen wir mit analog durchgeführten Lernstudien im Alter von 3 bzw. 5 Monaten. Unser Ziel war es, altersabhängige Veränderungen in den Lernprozessen zu entdecken. Dabei gilt es zu beachten, daß solche Veränderungen nicht notwendig reifungsbedingt sein müssen, sondern bereits auf den vorausgegangenen Lernerfahrungen, d.h. der Einübung von Lernfunktionen beruhen können.

Die 3- und die 5monatigen Säuglinge lernten unter identischen Versuchsbedingungen rascher und erreichten das Kriterium bereits nach 42,28 (S.D. 18,38) resp. 27,75 (S.D. 13,70) Versuchen, d.h. in der 5. bzw. der 3. Sitzung (s. Abb. 3). Die altersbedingten Unterschiede zwischen den drei Gruppen waren hoch signifikant ($p < 0,005$). Entsprechend nahm die durchschnittliche Latenzzeit von 4,95 sec bei den Neugeborenen auf 3,92 sec bzw. 3,55 sec bei den 3- und 5monatigen

Säuglingen ab. Die *Akquisitionskurven* wurden steiler und glatter. Den Ergebnissen zufolge entwickelt sich die Lernfähigkeit im 1. Lebenshalbjahr sehr rasch, in besonderem Maße in den ersten 3 Monaten.

Bei der *Löschung* der konditionierten Kopfbewegung waren dagegen keine altersabhängigen Unterschiede festzustellen. Alle drei Gruppen erreichten das Kriterium in der 3. Sitzung, die Neugeborenen nach 26,83 (S.D. 12,90), die 3monatigen Säuglinge nach 25,07 (S.D. 10,39) und die 5monatigen Säuglinge nach 27,31 (S.D. 15,29) Versuchen.

Im *Ablauf der Lernprozesse* waren bei den älteren Säuglingen die einzelnen Phasen, die bei den Neugeborenen so deutlich hervortraten, wesentlich kürzer und oft nur flüchtig. Auch qualitativ fanden wir deutliche Unterschiede. Eine mangelhafte Integration der einzelnen Komponenten der konditionierten Reaktion in der ersten Phase war bei den älteren Säuglingen kaum noch zu beobachten. In der 2. Phase der unbeständigen Konditionierung war bei den Neugeborenen eine allgemeine unspezifische Steigerung der Aktivität vorherrschend. Bei den älteren Säuglingen zeigte sich dagegen eher eine Aktivierung der spezifischen Reaktionen und der emotionalen Äußerungen. Vor allem, wenn die Anpassung erfolgreich war, drückten sie in Mimik und Vokalisation sehr viel deutlicher Freude aus.

In allen drei Gruppen wurde nach der Löschung dieselbe konditionierte Kopfwendung erneut bis zum Kriterium ausgearbeitet, was als Ausgangsbasis für die Untersuchung eines weiteren und komplexeren Lernprozesses, der *bedingten Differenzierung,* diente. Die Säuglinge lernten dabei, zwischen zwei akustischen Signalen zu differenzieren, zwischen dem Klang einer Glocke und dem eines Summers und darauf mit unterschiedlichen Kopfwendungen zu reagieren. Im übrigen war die Versuchsanordnung gegenüber den früheren Lernversuchen unverändert. Bei Ertönen der Glocke erhielt der Säugling auf eine Linkswendung des Kopfes hin die Verstärkung wie zuvor von der linken Seite, während der Summton eine Verstärkung von der rechten Seite bei Kopfwendung nach rechts signalisierte. In jeder Sitzung wurden beide Signale je fünfmal in randomisierter Reihenfolge gegeben. Zu Beginn der Versuche hatten die drei Gruppen ein durchschnittliches Alter von 49,90, 105,92 bzw. 159,92 Tagen erreicht. Wenn die Säuglinge das Endkriterium für die Differenzierung erreichten, d.h. 6mal nacheinander in einer Sitzung richtig reagierten, wurde die Bedeutung der beiden Signale ausgetauscht, so daß nun der Glockenton die Verstärkung von rechts, der Summton die Verstärkung von links signalisierte. Hatten die Säuglinge diese Umdifferenzierung erfolgreich erlernt, folgte in entsprechender Weise eine nochmalige Umdifferenzierung.

Die bedingte Differenzierung erwies sich für alle Säuglinge erwartungsgemäß als wesentlich schwieriger im Vergleich zu der vorangegangenen Konditionierung. Sie benötigten vergleichsweise sehr viel mehr Versuche bis zum Erreichen des Kriteriums, obwohl sie inzwischen im Alter fortgeschritten waren. In der Gruppe der jüngsten Säuglinge, die als Neugeborene mit der Konditionierung begonnen hatten, wurde das Kriterium des erfolgreichen Erkennens der bedingten Differenzierung durchschnittlich in der 23. Sitzung im Alter von $2^1/_2$ Monaten erreicht, das Kriterium der *1. Umdifferenzierung* in der 20. Sitzung mit $3^1/_2$ Monaten und das Kriterium der *2. Umdifferenzierung* in der 10. Sitzung mit 4 Monaten. Die Fähigkeit zur bedingten Differenzierung nahm in den beiden Gruppen der älteren Säuglinge rasch zu. Die 3monatigen Säuglinge erlernten die bedingte Differenzierung in der 18. Sitzung im Alter von $4^1/_2$ Monaten, die 1. Umdifferenzierung in der 12. Sitzung im Alter von 5 Monaten, die 2. Umdifferenzierung in der 9. Sitzung im Alter von $5^1/_2$ Monaten. Die 5monatigen Säuglinge benötigten für die bedingte Differenzierung nur noch 7 Sitzungen und für die 1. und 2. Umdifferenzierung jeweils 8 Sitzungen. Sie waren bei Beendigung der Versuche $6^1/_2$ Monate alt (Tabelle 2).

Die Abb. 3 veranschaulicht die Lernerfolge bei der Ausarbeitung der bedingten Differenzierung in den 3 Gruppen. Die altersbedingten Unterschiede in der Lerngeschwindigkeit erwiesen sich als hochsignifikant ($p < 0,005$). Auch die Latenzen der Reaktionen auf beide bedingten Signale waren bei den älteren Säuglingen signifikant geringer als in der Gruppe der jüngsten ($p > 0,005$). Altersabhängige Unterschiede ergaben sich auch im *Ablauf des Erlernens der bedingten Differenzierung und Umdifferenzierung,* der auch bei den älteren Säuglingen ähnliche Phasen erkennen ließ, wie wir sie bei der einfachen Konditionierung der Neugeborenen beschrieben haben. In der ersten Phase kam es zu einer Desintegration der einzelnen Komponenten der zuvor erlernten Fähigkeiten, die etwa zu so extremen Beispielen führte, daß der Säugling auf eines der Signale den linken Mundwinkel kontrahierte, während er gleichzeitig den Blick nach rechts wendete. In der jüngsten Gruppe verursachte die Einführung der neuen Reizbedingungen ein deutliches Absinken der zuvor erlernten bedingten Reaktionen. Erst allmählich nahm die Häufigkeit beider bedingten Reaktionen wieder zu und unterlag auch weiterhin großen Schwankungen. Bei den älteren Säuglingen war eine derartige Beeinträchtigung der bereits erlernten Fähigkeiten nicht zu beobachten. Die allmähliche Zunahme der richtigen Reaktionen auf den neuen Reiz ging höchstens mit einer flüchtigen Abschwächung der Antworten auf das primäre Glockensignal einher. Vor allem bei den jüngsten Säuglingen traten nicht selten Perioden auf, in denen abwechselnd einmal eine Präferenz für die linke Seite, einmal für die rechte Seite dominierte, d.h. die Säuglinge reagierten auf beide Signale gleich mit einer Kopfwendung nach links bzw. nach rechts.

Eine longitudinale Analyse der ganzen Abfolge von Konditionierungsversuchen, von Konditionierung, Löschung, erneuter Konditionierung, bedingter Differenzierung und zweifacher Umdifferenzierung läßt erkennen, daß die mit dem Alter einhergehende Verbesserung der Lernfähigkeit nicht nur von der Reifung, sondern auch von den vorausgegangenen Lernerfahrungen, von der *Einübung der Lernmechanismen* abhängig ist.

In der Abb. 4 werden die Lernerfolge bei der bedingten Differenzierung mit denen bei der 1. und 2. Umdifferenzierung für jede der drei Gruppen verglichen. Es überraschte uns, daß in der Gruppe der ältesten Säuglinge mit dem zunehmendem Alter und der weiteren Übung keine weitere Verbesserung der Lerngeschwindigkeit in der Abfolge der Konditionierungsprozesse mehr zu erzielen

Tabelle 2. Zweifache Umdifferenzierung der bedingten Kopfwendungen in drei Altersgruppen von Säuglingen

Gruppe	1. Umdifferenzierung		2. Umdifferenzierung	
	Ausgangsalter in Tagen	Anzahl der Versuche bis zum Kriterium	Ausgangsalter in Tagen	Anzahl der Versuche bis zum Kriterium
A	76,4	195,2	107,5	94,6
B	135,6	120,0	155,4	82,4
C	170,0	79,4	182,8	77,6

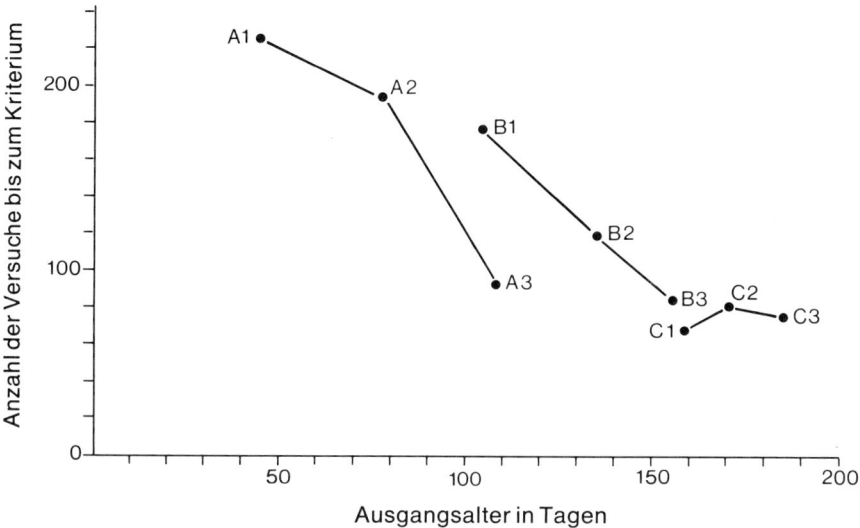

Abb. 4. „Savings-Effekt" bei wiederholter Lernerfahrung. *A, B, C* = drei Altersgruppen im ersten Lebenshalbjahr. *1 = bedingte Differenzierung, 2* = 1. Umdifferenzierung, *3* = 2. Umdifferenzierung

war. Womöglich handelt es sich bei diesen Ergebnissen um einen „Decken-Effekt" in dem Sinne, daß die Säuglinge im Alter von etwa 6 Monaten im Hinblick auf die bedingte Differenzierung ein Optimum ihrer Lernfähigkeit erreichten. Statt dessen lernten die jüngeren Säuglinge in den beiden Gruppen bei der 1. und 2. Umdifferenzierung signifikant rascher als bei der Differenzierung. Diese zunehmende Beschleunigung der Lernprozesse im Verlauf wiederholter Lernerfahrungen haben REESE u. LIPSITT (1970) als „*Saving-Effekt*" interpretiert, für den es bis dahin im 1. Lebensjahr keine anderweitige Evidenz gab. Daß der „Saving-Effekt" nicht nur reifungsbedingt ist, sondern auch vom Beginn der frühesten Lernerfahrungen und von der Dauer der vorausgegangenen Einübung abhängt, wird aus Abb. 4 deutlich. Die Gruppe der jüngsten Säuglinge, die bereits als Neugeborene mit den Lernversuchen begonnen hatten, erzielten bereits mit $3^{1}/_{2}$ Monaten nahezu dieselbe Lerngeschwindigkeit, wie die Gruppen der ursprünglich 3monatigen Säuglinge mit $5^{1}/_{2}$ Monaten. Sie überholten die ursprünglich 3monatigen Säuglinge in der Lerngeschwindigkeit im Alter von $3^{1}/_{2}$–4 Monaten, da sie zu dieser Zeit bereits mehr Lernerfahrungen hatten.
Noch deutlicher traten die Auswirkungen von Reifung und Lernerfahrung auf die Lernfähigkeit hervor, als wir in Zusammenhang mit KRULIŠOVÁ die Frage untersuchten, von welchem Alter ab ein Säugling frühestens zum Erlernen der bedingten Differenzierung fähig ist. Wir ließen zunächst

bei einer Gruppe von Neugeborenen nach dem erfolgreichen Lernen der bedingten Kopfbewegung die Löschung und erneute Konditionierung aus, wodurch wir mit der bedingten Differenzierung schon im Alter von 31 Tagen, d.h. 13 Tage früher als in der ursprünglichen Gruppe, beginnen konnten. Dennoch wurde das Kriterium nicht früher erreicht, d.h. anstatt im Alter von 72 Tagen am 71. Tag, und das Erlernen der bedingten Differenzierung war verlangsamt (s. Abb. 5). Wir ließen darauf eine 3. Gruppe von Neugeborenen ohne vorausgegangene Lernversuche die bedingte Differenzierung erlernen. Dabei kamen wir zu einem überraschenden Resultat: die Neugeborenen ohne Lernerfahrung erreichten das Kriterium erst im Alter von 128 Tagen und benötigten mehr als doppelt so viele Versuche wie die zweite Gruppe für Konditionierung und Differenzierung zusammen. Offenbar dienten die einfacheren Lernversuche zu Beginn als Vorübung, die die folgenden schwierigen Aufgaben der bedingten Differenzierung erleichterte. Als eine weitere Interpretation käme in Frage, daß ein allzu früher Beginn mit schwierigen Lernaufgaben, zu einer Zeit, in der der Organismus sie noch nicht zu bewältigen vermag, zu einer Protrahierung der Lernprozesse führt.
Die *individuellen Unterschiede* in Geschwindigkeit und Ablauf des Lernens und in der Latenz und Intensität der bedingten Reaktionen waren in allen Altersgruppen sehr deutlich ausgeprägt und in ihrem Umfang vergleichbar. Das Ausmaß der

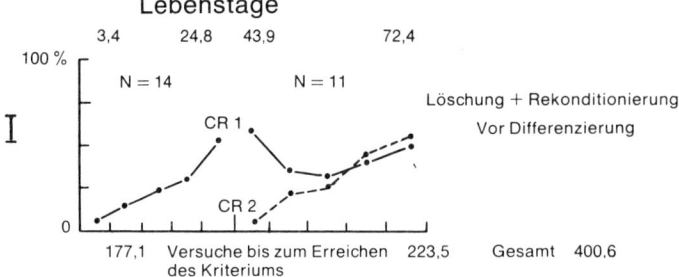

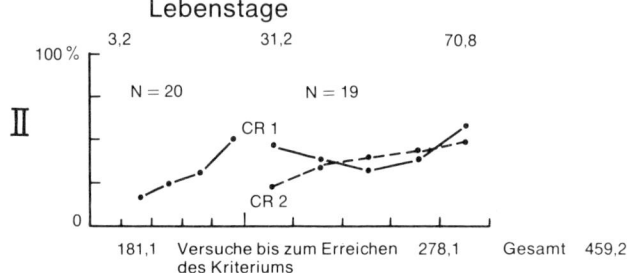

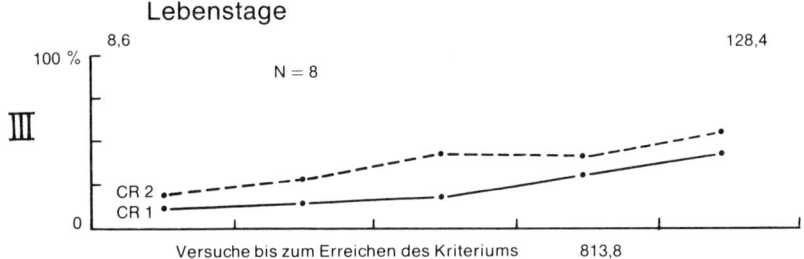

Abb. 5. Ablauf der bedingten Differenzierung bei den jüngsten Altersgruppen von Säuglingen. (I) nach Konditionierung, Löschung und Rekonditionierung; (II) nach bloßer Konditionierung; (III) als erste Lernerfahrung

individuellen Unterschiede wurde von JANOŠ bei denselben Kindern in anderen Lernversuchen (bedingte Lidschlagreaktion) bestätigt (JANOŠ u. PAPOUŠEK, 1966). Sie ließen sich weder auf Unterschiede im Geschlecht, noch in der somatischen Entwicklung, noch in den jahreszeitlichen Einflüssen zurückführen, sondern waren offenbar Ausdruck von Unterschieden in den zentralnervösen Funktionen. Daß im Verlauf des 1. Lebenshalbjahres die interindividuelle Schwankungsbreite nicht signifikant abnahm, war für uns eine wichtige Kontrolle, da die „vergleichbaren äußeren Lebensbedingungen" auf unserer Forschungsstation auch zu einer Uniformierung der Kinder hätte beitragen können.

Komplexere Prozesse der Informationsbearbeitung im Rahmen der Konditionierung

Bei dem schrittweisen Übergang von der einfachen Konditionierung zu den schwierigeren Formen der bedingten Differenzierung und ihrer Umarbeitung bewegten wir uns offenbar nahe an den Belastbarkeitsgrenzen der Säuglinge. Wiederholtes Versagen beim Versuch, die richtige Lösung zu finden, führte in den Anfangsphasen regelmäßig zu Unruhe, Koordinationsschwierigkeiten und übertriebenen Bewegungen, verdrießlichen Äußerungen in Mimik und Vokalisation bis hin zu völliger Abwendung und plötzlichem Absinken der allgemeinen Reaktivität. Während solches Verhalten bei den Neugeborenen schon beim Erlernen der einfachen Konditionierung sehr ausgeprägt war, erschien es bei den älteren Säuglingen, die die einfachen Lernaufgaben rasch und problemlos zu lösen vermochten, bei den schwierigeren Aufgaben. Diese Beobachtungen gaben uns über allgemeine Aspekte der Verhaltensregulation beim menschlichen Säugling Aufschluß. Wir wollen hier vor allem auf das Verhalten in Problemsituationen und auf die Motivation zum Lernen eingehen.

Es ist wichtig, sich vor Augen zu halten, daß die in unseren Konditionierungsversuchen ausgewählten Signale und Reaktionen nur Teilkomponenten der sehr viel komplexeren Interaktion des Organismus mit seiner Umgebung sind. Bei der Auseinandersetzung des Organismus mit einer Umweltsituation werden auf der einen Seite die Mechanismen in Gang gesetzt, die die Zufuhr und Bearbeitung der Information erleichtern, auf der anderen Seite entsprechend der Informationsbearbeitung unterschiedliche adaptive Prozesse koordiniert. In Tabelle 3 sind die bekanntesten Adaptationsprozesse aus der kognitiven Psychologie und der Lernpsychologie in der Rangfolge wachsender Komplexität aufgeführt. Auf seiten der Informationszufuhr haben sich in der Reizstruktur einer Umweltsituation drei entscheidende Faktoren herausgestellt, die für die Integration der Anpassungsreaktionen bedeutungsvoll sind: die Wiederholung eines vertrauten Reizes, der Zusammenhang eines Reizes mit biologisch relevanten Ereignissen und die Kontingenz eines Umweltereignisses mit der eigenen Aktivität des Organismus.

Diese Faktoren können einmal einfach und rasch zu entdecken sein, ein anderes Mal jedoch ein schwieriges Problem darstellen, so daß die Anpassung lange Zeit erfolglos bleibt. Unseren Erfahrungen nach ist bereits das Neugeborene so intensiv motiviert, alles einzusetzen, um eine erfolgreiche Lösung zu finden, daß ihm leicht eine Überlastung droht. Gegen solch eine Überforderung scheint eine biologische Sicherung eingebaut zu sein, von der man sich vor allem in den ersten beiden Lebensmonaten überzeugen kann: statt zu weiterer Aktivierung kommt es plötzlich zu einer Art Totstellreflex, zu einer vollständigen inneren Isolation von der Umwelt. Ältere Säuglinge sind bereits eher in der Lage, auf derartige Überforderungen mit aktiver Abwendung und Flucht oder auch Protest zu reagieren.

Wir sehen die Aktivierung der Anpassungsmechanismen und die Vermeidungsreaktionen als Teil eines *basalen kognitiven Regulationssystems* an (PAPOUŠEK u. PAPOUŠEK, 1975). das ein enges Zusammenwirken der kognitiven Funktionen mit der motorischen Koordination, mit der vegetativen Regulation, mit emotionalem resp. sozialem Verhalten und mit der Regulation der Verhaltenszustände einschließt (s. Abb. 6). Die oben beschriebenen vier Verhaltenszustände spiegeln im Grunde genommen nur unterschiedliche Aktivationsgrade der Mechanismen wider, die die Aufnahme und Bearbeitung der Information und die Organisation der Anpassungsreaktionen ermöglichen.

Eine der zentralen Komponenten in unserem Regulationsmodell wurde ursprünglich als Orientierungsreaktion beschrieben (PAVLOV, 1953; SOKOLOV, 1963) und als wichtige Determinante der Aufmerksamkeit betrachtet (LYNN, 1966). Die verschiedenen Komponenten der Orientierungsreaktion lenken nicht nur die Sinnesorgane zur Quelle unbekannter Umweltreize hin, sondern erleichtern auch die Aufnahme und Weiterleitung der Information durch Erhöhung der Nervenleitgeschwindigkeit und Erniedrigung der Reiz-

Tabelle 3. Formen der Informationsbearbeitung im Zusammenhang mit der Informationsstruktur

Struktur der Information	Informationsbearbeitung
Einfache Regelhaftigkeiten	Habituation latentes Lernen
Veränderung in Abhängigkeit von der eigenen Aktivität	operante Konditionierung
Veränderung in Beziehung zu biologisch-relevanten Ereignissen	assoziative Konditionierung
komplexe Regelhaftigkeiten	Ausbildung von Reaktionsketten, multiple Diskrimination, nonverbale Konzepte und Regeln nonverbale Lösung von Problemen
verbale Symbole	Entwicklung der Sprache, logisches Lösen von Problemen, Theorienbildung auf verschiedenen Abstraktionsebenen

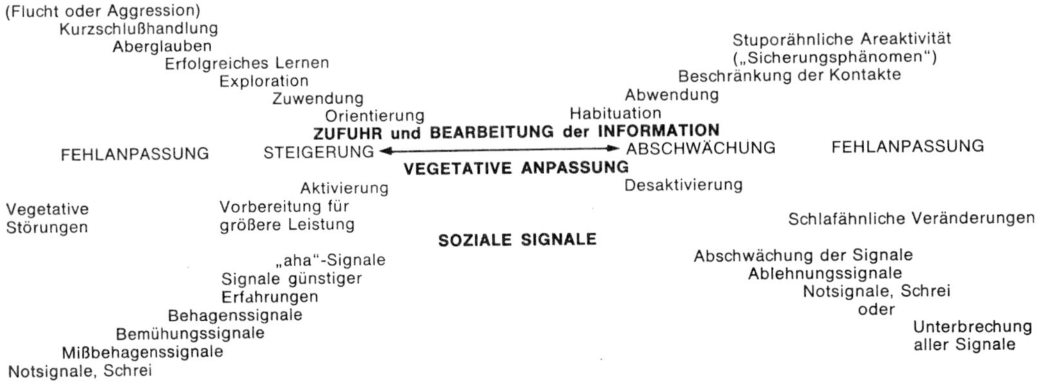

(Flucht oder Aggression)
Kurzschlußhandlung
Aberglauben
Erfolgreiches Lernen
Exploration
Zuwendung
Orientierung

Stuporähnliche Areaktivität
(„Sicherungsphänomen")
Beschränkung der Kontakte
Abwendung
Habituation

ZUFUHR und BEARBEITUNG der INFORMATION

FEHLANPASSUNG   STEIGERUNG ◄──────────► ABSCHWÄCHUNG   FEHLANPASSUNG

VEGETATIVE ANPASSUNG

Aktivierung   Desaktivierung

Vegetative   Vorbereitung für
Störungen   größere Leistung   Schlafähnliche Veränderungen

SOZIALE SIGNALE

„aha"-Signale   Abschwächung der Signale
Signale günstiger   Ablehnungssignale
Erfahrungen   Notsignale, Schrei
Behagenssignale   oder
Bemühungssignale   Unterbrechung
Mißbehagenssignale   aller Signale
Notsignale, Schrei

Abb. 6. Basale Regulation des adaptiven Verhaltens

schwellen und aktivieren hormonal-vegetative Regulationsprozesse, die bei einer Steigerung der motorischen Aktivität die notwendigen metabolischen Reserven gewährleisten.

Nach SOKOLOV werden Orientierungsreaktionen immer dann ausgelöst, wenn ein neuer Reiz von den bereits im Gedächtnis gespeicherten Erfahrungen und Konzepten abweicht. Das „Einschalten" der Orientierungsreaktionen wird nach SOKOLOV gemeinhin als On-Off-Mechanismus betrachtet. Wir haben jedoch allen Grund zur Annahme, daß die Regulation der Mechanismen, die die Informationsaufnahme und -bearbeitung und die Integration der Anpassungsreaktion kontrollieren, in zwei Richtungen wirkt. Zwischen der Aktivierung und der aktiven Hemmung der genannten Mechanismen gibt es einen fließenden Übergang mit erhöhter Aufmerksamkeit, Orientierungsreaktion, Exploration und Experimentieren auf der einen Seite und Abnahme der Aufmerksamkeit, Habituation, Vermeidung und völliger innerer Loslösung auf der anderen Seite. Entsprechend lassen sich im beobachtbaren Verhalten Veränderungen der Verhaltenszustände beobachten, die, wie wir gezeigt haben, nicht nur die Qualität der adaptiven Reaktion bestimmen, sondern auch vom Ablauf der Informationsbearbeitung abhängen.

In Problemsituationen, die für den Organismus eine Überforderung darstellen, bedeutet die Auslösung von aktiven Vermeidungsreaktionen oder einer allgemeinen Hemmung einen wirksamen Schutz vor Überlastung. Über die Grenzen einer erfolgreichen Anpassung hinaus erscheinen in beiden Richtungen jedoch Zeichen gestörter Anpassung: Koordinationsstörungen, Aggression oder Flucht bzw. Totstellreflex, Immobilisierung oder Depression (s. Abb. 6).

Das Regulationssystem umfaßt sehr einfache motorische Reaktionen wie Zuwendung des Blicks zur Reizquelle oder Abwendung und höchst differenzierte Verhaltensweisen und kognitive Funktionen zur Entdeckung komplexer Zusammenhänge und relevanter Umweltveränderungen. Es schließt auch soziales und emotionales Verhalten ein, was vor allem im Neugeborenen- und Säuglingsalter so deutlich erscheint, da es die Säuglinge nicht verbergen. In der ganzen Abfolge unserer Konditionierungsexperimente wiederholte sich unsere Erfahrung, daß die Veränderungen in Vokalisation, mimischem Ausdruck und gewissen Bewegungsmustern, die ebenso als emotionale Reaktionen wie als soziale Botschaften interpretiert werden können, regelmäßig auf den Ablauf der Lernprozesse speziell bzw. der allgemeinen Informationsbearbeitung bezogen waren. Schwierigkeiten bei der Integration des adaptiven Verhaltens riefen unangenehme Gefühle hervor, während eine erfolgreiche Anpassung Freude auslöste. Beide Reaktionen erschienen in unseren Experimenten unabhängig von der Anwesenheit sozialer Bezugspersonen und bei den Neugeborenen sogar früher als entsprechende Reaktionen in sozialen Interaktionen.

Stellt die Auseinandersetzung des Säuglings mit der Umweltsituation eine Problemsituation dar, zu deren Lösung er alle Reserven mobilisiert und selbst unangenehme Schwierigkeiten überwindet, stellt sich mit Recht die Frage nach seiner *Motivation*. Wir mußten davon ausgehen, daß in unseren Lernstudien der Hunger als motivierender Faktor eine gewisse Rolle spielte, da Fütterung mit Milch zur Zeit der regulären Mahlzeit als Verstärkung diente. Wir analysierten daher den Einfluß der Sättigung auf den Ablauf der Konditionierung (s. Abb. 7). Erstaunlicherweise konnten wir im

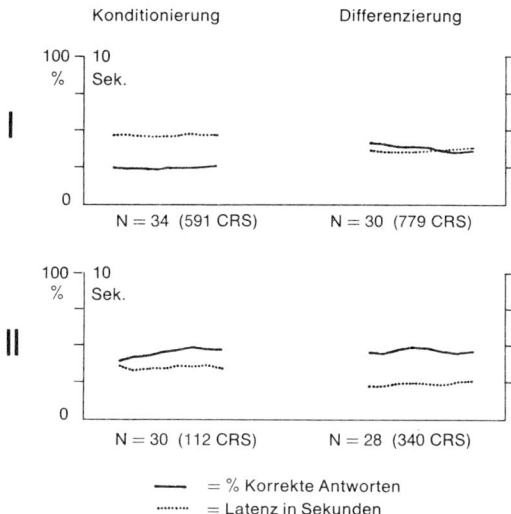

Konditierung   Differenzierung

——— = % Korrekte Antworten

········· = Latenz in Sekunden

Abb. 7. Ablauf der Konditionierung und der bedingten Differenzierung in Abhängigkeit vom Sättigungsgrad. (I) 0–3monatige Säuglinge; (II) 3–6monatige
Säuglinge. Vertikal: Prozentsatz der richtigen Reaktionen und Latenz in Sekunden. Horizontal: durchschnittlicher Ablauf einer Sitzung von 1.–10. Versuch,
links bei der Konditionierung, rechts bei der bedingten
Differenzierung

Verlauf einer Sitzung keine Beziehung zwischen
dem Sättigungsgrad und der Ausübung der konditionierten Reaktionen feststellen, wie aus dem
Prozentsatz der richtigen Antworten und ihren
Latenzen hervorgeht. Daraufhin untersuchten wir
systematisch den Einfluß maximaler Sättigung
auf den Lernverlauf in einer Gruppe von 4mona-
tigen Säuglingen in unmittelbarem Anschluß an
die üblichen Konditionierungsversuche. Die
Säuglinge beantworteten auch nach vollständiger
Sättigung, wenn sie bereits jede weitere Milchauf-
nahme ablehnten, alle folgenden Signale mit raschen und intensiven richtigen Kopfbewegungen
und begleiteten ihre Reaktionen mit Lächeln und
mit freudigen Vokalisationen. Offenbar wirkte
die erfolgreiche Anpassung allein als effektive innere Motivation.

Es war eine schwierige, wenn auch nach den ersten Versuchen von WATSON u. RAYNER (1920)
und JONES (1924) verlockende Aufgabe, die emotionalen Reaktionen bereits in diesem frühen Alter
zu operationalisieren. Wiederum war es die Methode der bedingten Kopfbewegungen, die uns
ermöglichte, emotionales Verhalten unter experimentelle Kontrolle zu bringen (PAPOUŠEK,
1967a). 15 Säuglinge im Alter von 88–201 Tagen
wurden in die Studie einbezogen, nachdem sie

erfolgreich die bedingte Differenzierung der beiden akustischen Signale (Glocke und Summer)
erlernt hatten. In den folgenden Versuchen wurde
weiterhin die bedingte Kopfwendung nach links
mit süßer Milch belohnt, während auf die bedingte Kopfwendung nach rechts eine Verstärkung mit einer schwachen, bitteren Chininlösung
folgte. Sehr rasch reagierten die Säuglinge auf
die beiden bedingten Signale mit unterschiedlichem emotionalem Verhalten, das den verschiedenen Verstärkungen entsprach: auf den Glok-
kenton mit ruhigem, zufriedenem Saugen und
Kopfwendung nach links, auf den Summton mit
Erregung, Verziehen des Gesichtes, verstärkter
Speichelsekretion und aversiven Zungenbewegun-
gen. Wurde in dieser Situation die Bedeutung der
beiden Signale ausgetauscht, tranken die Säuglinge für geraume Zeit auf den Summton hin die
bittere Lösung von der linken Seite ohne Zeichen
von Mißbehagen, während sie auf den Glockenton hin die süße Milch von der rechten Seite
zurückwiesen. Für eine gewisse Zeit wirkten sich
somit die konditionierten Signale stärker aus als
die unkonditionierten Verstärkungen. Dies
dauerte solange, bis die Säuglinge die Umdifferenzierung erfolgreich erlernten und damit auch
emotional adäquat reagierten. Diese Studie zeigt,
wie leicht emotionales Verhalten konditionierbar
ist, was im Alltagsleben des Kindes eine große
Rolle spielen kann.

Die Beobachtung und Analyse des Ablaufs der
Lernprozesse erlaubte uns auch wichtige Einsichten darüber, wie die Säuglinge die Erfahrungen
aus den Lernsituationen integrierten, um zu einer
optimalen adaptiven Reaktion zu gelangen. Die
Integration zeigte sich beispielsweise in der
schrittweisen Korrektur und zunehmenden Koordination der einzelnen Bewegungskomponenten,
in dem Abbau überschüssiger Reaktionen, die infolge einer anfänglichen Generalisationstendenz
häufig waren, in der Ökonomisierung der konditionierten Bewegungsabläufe, in der Speicherung
der erworbenen Lernfähigkeit im Gedächtnis und
in der Erleichterung späterer Lernprozesse infolge
der vorausgegangenen Lernerfahrungen.

Während die Säuglinge die bedingte Differenzierung erlernten, konnten wir wiederholt eine über-
raschende Beobachtung machen: Wir gaben die
beiden konditionierten Signale in randomisierter
Reihenfolge, wodurch sich hin und wieder scheinbare Regelmäßigkeiten in der Folge der Signale
ergaben. War ein Säugling vor Erlernen der bedingten Reaktion dabei zufällig erfolgreich, so
neigte er dazu, in seinen weiteren Reaktionen eher
der vermeintlichen Regel zu folgen als den tat-

sächlich gegebenen Signalen. Solches Verhalten, das aus der Tierpsychologie als „abergläubisches Verhalten" bekannt ist, ließ uns vermuten, daß die Säuglinge bereits in der Lage waren, in der Stimulationsstruktur eine gewisse Regelhaftigkeit zu entdecken, darüber ein Konzept auszubilden und ihre Reaktionen entsprechend anzupassen.

Konzeptbildung bei 4monatigen Säuglingen

In einer weiteren Studie wollten wir uns davon überzeugen, wieweit der menschliche Säugling im präverbalen Alter, bzw. im Alter von 4 Monaten, fähig ist, in der Umweltstruktur Regeln zu entdecken und darüber Konzepte und entsprechende Verhaltensstrategien auszubilden (PAPOUŠEK u. BERNSTEIN, 1969). Wir benutzten dafür eine rein operante Variante unserer Methode der bedingten Kopfbewegungen. Die richtige Kopfwendung um mindestens 30° nach einer bestimmten Seite war die Bedingung dafür, daß für 5 sec eine attraktive visuelle Stimulation mit blinkenden Farblichtern eingeschaltet wurde. Die Lichtstimulation wurde in der Mittellinie 45 cm über dem Kopf des liegenden Säuglings dargeboten. Solange die Lichtstimulation ohne Zusammenhang mit den Bewegungen des Kindes angeschaltet wurde, erwies sie sich als attraktive Reizquelle. Die anfänglichen Orientierungsreaktionen wurden nach mehrfacher Wiederholung erwartungsgemäß halb habituiert.

Die Lernversuche wurden in zwei 5minütigen Blocks in einer Sitzung pro Tag durchgeführt. Die Säuglinge lernten zunächst, den Kopf nach rechts und rasch wieder zurück in die Mitte zu wenden, wo die visuelle Verstärkung erschien. Die bedingte Kopfbewegung entwickelte sich gewöhnlich bald zu einer typischen „Einschaltbewegung", die in der polygraphischen Registrierung leicht zu differenzieren war, einer an die Situation angepaßten, sehr ökonomischen Bewegung (s. Abb. 8).

Das erfolgreiche Lernen der Einschaltreaktion nahmen wir zum Ausgangspunkt für eine Serie von weiteren Experimenten, in denen ohne Instruktion neue Regeln für das Einschalten der Lichtstimulation eingeführt wurden. Die polygraphischen Aufzeichnungen auf den folgenden Abbildungen demonstrieren, welche verschiedenen Regeln die Säuglinge zu entdecken vermochten und welche Bewegungsstrategien sie entwickelten, um sich optimal an diese Regeln anzupassen. Die

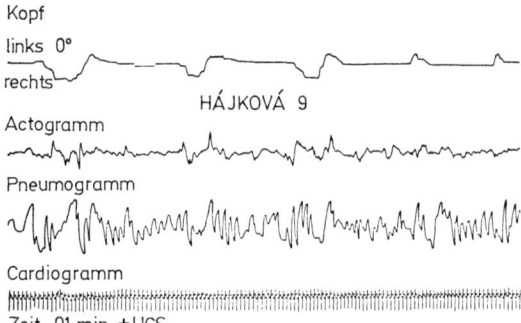

Abb. 8. Adaptive Umwandlung der spontanen Kopfbewegungen zu „Einschaltbewegungen". (Polygraphische Ableitungen von oben nach unten: Kopfbewegungen, Gesamtbewegungen, Atmung, Elektrokardiogramm, Zeitsignal 0,01 min und Darbietung der Verstärkung)

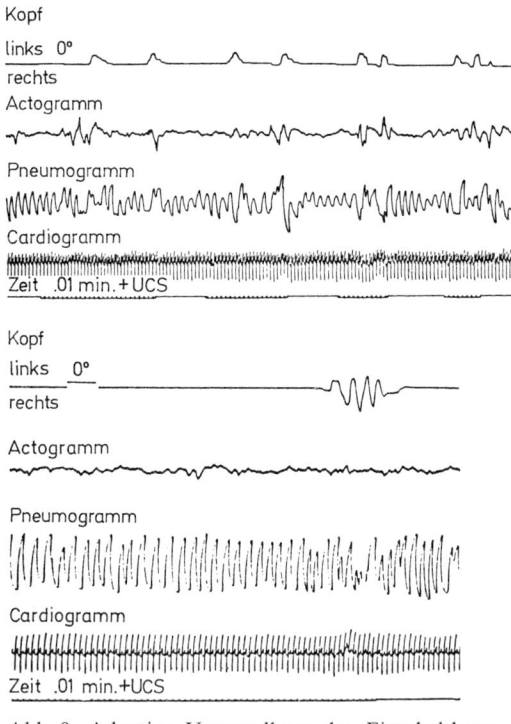

Abb. 9. Adaptive Umwandlung der Einschaltbewegungen des Kopfes zu Dyaden bzw. Triaden entsprechend den eingeführten Regeln

Anpassung der Kopfbewegungen an die Bedingungen, daß nur jede zweite oder dritte Wendung nach einer bestimmten Seite belohnt wurde, führte zu typischen Paaren oder Triaden (Abb. 9)

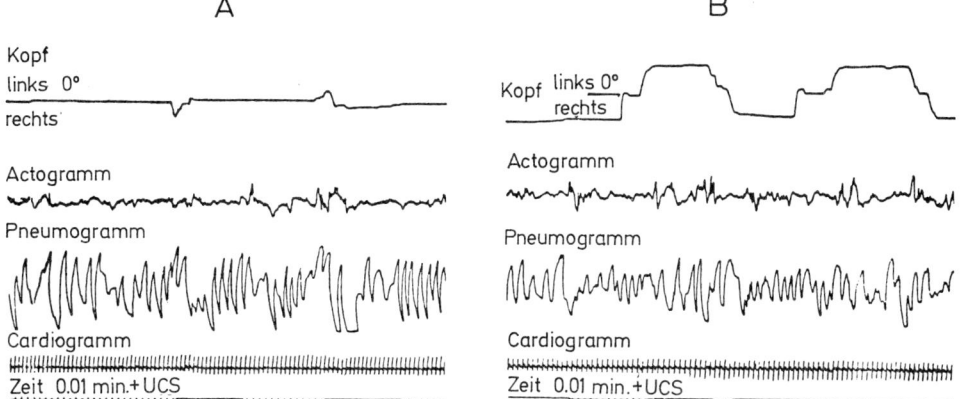

A   B

Kopf
links 0°
rechts

Actogramm

Pneumogramm

Cardiogramm
Zeit 0.01 min.+UCS

Kopf links 0°
        rechts

Actogramm

Pneumogramm

Cardiogramm
Zeit 0.01 min.+UCS

Abb. 10 A u. B. Adaptive Umwandlung der Einschaltbewegungen des Kopfes entsprechend der Regel
rechts-links-Wechsel mit (A) und ohne (B) zwischen-
zeitliche Beobachtung der Verstärkung

von sehr rasch und ökonomisch durchgeführten
Bewegungsmustern. Auch an die Bedingung, ab-
wechsend den Kopf einmal nach links, einmal
nach rechts zu drehen, vermochten sich die Säuglinge anzupassen (Abb. 10), während eine ab-
wechselnde Belohnung im Verhältnis 2:2 oder
2:3 zu schwierig war.
Auch bei diesen Versuchen war das erfolgreiche
Erlernen der richtigen Strategie eine ausreichende
Motivation für die Kinder, die Reaktionen mit
deutlichen Zeichen von Freude fortzusetzen, oft
sogar, ohne die belohnende Lichtstimulation
überhaupt noch anzuschauen. Ein solches Beispiel zeigt die Abb. 10 aus dem Versuch mit den
regelmäßig nach links und nach rechts abwechselnden Kopfbewegungen.
Die richtigen Bewegungsstrategien auszubilden,
ist ohne Instruktion auch für den Erwachsenen
eine schwierigere Aufgabe, als man erwarten
würde. So genügte z.B. ein belangloser Fehler
oder auch nur eine Ungenauigkeit in einer der
Reaktionen, um den weiteren Ablauf zu stören.
War nur eine von drei erforderten Kopfwendungen schwächer als das Kriterium von 30°, so blieb
bereits die Belohnung aus und führte zu unrichti-
gen Konzepten. Vor Erlernen der richtigen Bewe-
gungsfolge wiederholten die Säuglinge daher oft
Ketten von anderen vermeintlich richtigen Strategien, wobei sie aufgrund der jeweiligen Erfahrungen verschiedene Hypothesen zu testen schie-
nen.
Zusammenfassend konnten wir mit Hilfe dieser
Studien nachweisen, daß bereits 4monatige Säuglinge fähig sind, in der Struktur der Umgebung
einfache Regeln zu entdecken, darüber Konzepte

wie „zweimal", „dreimal" und „rechts-links-
Wechsel" zu entwickeln und entsprechend Verhaltensstrategien auszubilden.
Durch solche und andere kognitive Fähigkeiten
ist der junge Säugling im Denken weitgehend dafür vorbereitet, was ihn im 2. Halbjahr erwartet
— die Entwicklung der Sprache. Wir sehen eine
wichtige Voraussetzung für die Sprachentwicklung in der Fähigkeit, in der Umwelt, besonders
im Verhalten der sozialen Bezugspersonen, die
wesentlichen und beständigen Komponenten zu
entdecken und kognitiv zu bearbeiten. Erst auf
dieser Grundlage kann die Fähigkeit wachsen,
Konzepte auszubilden, Begriffe zu abstrahieren,
diese mit Worten zu assoziieren und schließlich
durch die mit der Sprache erworbene Symbolisa-
tionsfähigkeit das Denken auf einer weit komplexeren Ebene weiterzuentwickeln.

Schlußwort

Indem wir uns in unseren Ausführungen auf unsere eigenen Lernstudien beschränkt haben, sind
wir dem Leser einen Überblick über das breite
Spektrum der modernen Forschung schuldig ge-
blieben, haben jedoch versucht, die wichtigsten
Meilensteine ihrer Entwicklung in den letzten
20 Jahren zu illustrieren.
Die Forschung über die frühe Entwicklung der
Lernprozesse basierte vor allem auf den Konditionierungsmethoden, die einen methodischen
Durchbruch in einem Gebiet darstellten, das zu-

vor einer exakten wissenschaftlichen Erhellung verschlossen war. Das nur beschränkt bekannte Verhaltensrepertoire des Säuglings zwang ohnehin zu einem so grundlegenden und einfach konzipierten methodischen Zutritt. Sobald jedoch die wichtigsten Fragen beantwortet werden konnten, wandte sich das wissenschaftliche Interesse sehr viel komplexeren Lernprozessen zu und eroberte dies Neuland durch früher kaum geahnte methodische Möglichkeiten.

Es wurde nicht nur der Beweis erbracht, daß das Neugeborene bereits lernen kann, sondern es eröffneten sich auch fast parallel dazu Möglichkeiten zur Erklärung, warum sich seine Lernfähigkeiten nur in bestimmten, nämlich operanten Lernsituationen nachweisen lassen. Der Säugling hat sich auch in den weiteren Lebensmonaten als sehr kompetent erwiesen. Mit Hilfe der Konditionierungsmethoden konnten wir seine Fähigkeit zu bedingter Differenzierung entdecken. Die Analyse der bedingten Kopfbewegungen gab Aufschluß über die Integration des motorischen Verhaltens. Die Methode der bedingten Pupillenreaktionen trug die grundlegenden Informationen über die Regulation des vegetativen Nervensystems bei (BRACKBILL et al., 1967). Andere Modifikationen der Konditionierungsmethoden ermöglichten interessante Analysen des emotionalen Verhaltens (WATSON u. RAYNER, 1920; JONES, 1924; PAPOUŠEK, 1967a) und der Entwicklung der Vokalisation (RHEINGOLD et al., 1959; EIMAS et al., 1971).

Nicht nur das Beobachten menschlicher Subjekte, sondern vielleicht gerade die spezielle intensive Aufmerksamkeit, die der Erwachsene gewöhnlich den Säuglingen widmet, enthüllte im Ablauf des Lernens unweigerlich bald auch komplexere kognitive Operationen: In deren Analyse boten bereits entsprechende Modifikationen der Konditionierungsmethode gangbare Wege, z.B. für die Untersuchung der Konzeptbildung (PAPOUŠEK u. BERNSTEIN, 1969). Weit mehr jedoch suchte man nach neuen Zutritten, nicht zuletzt unter dem Einfluß der allgemeinen Wende der Interessen zur kognitiven Psychologie, wozu das Bekanntwerden der Arbeiten von PIAGET und die Einrichtung des Zentrums für kognitive Studien im Säuglingsalter an der Harvard-Universität durch BRUNER wesentlich beigetragen haben.

Bald wurde die Literatur über die frühe Entwicklung der menschlichen Lernfähigkeit so reich, daß wir den Leser nur auf die wichtigsten Literaturüberblicke hinweisen können (BRACKBILL u. THOMPSON, 1967; HOROWITZ, 1968; KESSEN et al., 1970; REESE u. LIPSITT, 1970; STEVENSON, 1972).

Darüber hinaus öffnete sich ein ständig wachsendes Gebiet der kognitiven Studien, die deutlich machten, wie weit sich das Denken differenziert, bevor das Kind sein erstes Wort ausspricht. Auch hier können nur einige der wichtigsten Arbeiten genannt werden (BRUNER, 1968; BOWER, 1974; LEWIS, 1975; PIAGET u. INHELDER, 1969; WHITE, 1970). In den meisten Forschungsgruppen werden erst neue fruchtbare Ansätze zur weiteren Analyse entwickelt. Alle bisherigen Arbeiten laufen darauf hinaus, daß die Fähigkeiten des menschlichen Säuglings eine ganz neue Blickweise verlangen, erlauben jedoch bisher kaum eine Synthese der Kenntnisse über die frühe psychische Entwicklung. Die Erwartung ist jedoch voll berechtigt, daß eine bessere Kenntnis der frühen Entwicklung des Lernens zum besseren Verständnis des menschlichen Lernens und Denkens beitragen kann.

Literatur

BOWER, T.G.R.: Development in Infancy. San Francisco: Freeman 1974

BRACKBILL, Y., FITZGERALD, H.E., LINTZ, L.M.: A developmental study of classical conditioning. In: Monogr. Soc. Res. Child Develop. **32**, No. 8 (1967)

BRACKBILL, Y., THOMPSON, G.G. (eds.): Behavior in Infancy and Early Childhood. New York: Free Press 1967

BRUNER, J.S.: Processes of Cognitive Growth: Infancy. Worcester, Mass.: Clark University Press 1968

EIMAS, P.D., SIQUELAND, E.R., JUSCZYK, P., VIGORITO, J.: Speech perception in infants. Science **171**, 303–306 (1971)

FIELDS, P.E.: Studies in concept formation. I. The development of the concept of triangularity in the white rat. Comp. Psychol. Monogr. , 9 (1932)

GIBSON, E.J.: Principles of Perceptual Learning and Development. New York: Appleton-Century-Crofts 1969

HERRNSTEIN, R.J., LOVELAND, D.H.: Complex visual concept in the pigeon. Science **146**, 549–551 (1964)

HOROWITZ, F.D.: Infant learning and development. Merrill-Palmer Quart. **14**, 101–120 (1968)

JONEŠ, O., PAPOUŠEK, H.: Comparison of appetitional and aversive conditioning in the same infants. Activ. Nerv. Super. **8**, 203–204 (1966)

JONES, M.C.: A laboratory study of fear: The case of Peter. Pedagog. Sem. **31**, 308–315 (1924)

KESSEN, W., HAITH, M.M., SALAPATEK, P.H.: Human infancy: a bibliography and guide. In: Carmichael's Manual of Child Psychology, 3rd ed. (MUS-

SEN, P.H., ed), pp. 287–446. New York: Wiley 1970

KRASNOGORSKIJ, N.I.: Higher Nervous Activity in the Child. [in Russian]. Leningrad: Medgiz 1958

LEWIS, M.: Origins of Intelligence: Infancy and Early Childhood. New York: Plenum 1975

LIPSITT, L.P.: Learning process of human newborns. Merrill-Palmer Quart. **12**, 45–71 (1966)

LYNN, R.: Attention, Arousal, and Orientation Reaction. New York: Pergamon 1966

MUSSEN, P.H. (Ed.): Carmichael's Manual of Child Psychology, 3rd ed. New York: Wiley 1970

PAPOUŠEK, H.: Conditioned head rotation reflexes in infants in the first months of life. Acta paediat. (Uppsala) **50**, 565–576 (1961a)

PAPOUŠEK, H.: Conditioned alimentary motor responses in infants. [in Czech.]. Thomayer, Sb. 409, S Z d N, Prague, 1961b

PAPOUŠEK, H.: Experimental studies of appetitional behavior in human newborns and infants. In: Early Behavior: Comparative and Developmental Approaches (STEVENSON, H.W., HESS, E.H., RHEINGOLD, H.L., eds.), pp. 249–277. New York: Wiley 1967a

PAPOUŠEK, H.: Conditioning during early post-natal development. In: Behavior in Infancy and Early Childhood (BRACKBILL, Y., THOMPSON, G.G., eds.), pp. 259–274. New York: Free Press 1967b

PAPOUŠEK, H.: Individual variability in learned responses in human infants. In: Brain and Early Behaviour (ROBINSON, R.J., ed.), pp. 251–266. London: Academic Press 1969

PAPOUŠEK, H., BERNSTEIN, P.: The functions of conditioning stimulation in human neonates and infants. In: Stimulation in Early Infancy (AMBROSE, A., ed.), pp. 229–252. London: Academic Press 1969

PAPOUŠEK, H., PAPOUŠEK, M.: Cognitive aspects of preverbal social interaction between human infants and adults. In: Parent-Infant-Interaction (O'CONNOR, M., ed.). Amsterdam: Elsevier 1975

PAVLOV, I.P.: Conditioned Reflexes (trans. ANREP, G.V.). London: Oxford University Press 1953

PIAGET, J., INHELDER, B.: The Psychology of the Child. New York: Basic Books 1969

REESE, H.W., LIPSITT, L.P.: Experimental Child Psychology. New York: Academic Press 1970

RENDLE-SHORT, J.: The puff test. An attempt to assess the intelligence of young children by use of a conditioned reflex. Arch. Dis. Childh. **36**, 50–57 (1961)

RHEINGOLD. H.L., GEWIRTZ, J.L., ROSS, H.W.: Social conditioning of vocalizations in the infant. J. comp. physiol. Psychol. **52**, 68–73 (1959)

SAMEROFF, A.J.: The components of sucking in the human newborn. J. exp. Child Psychol. **6**, 607–623 (1968)

SAMEROFF, A.J.: Can conditioned responses be established in the newborn infant. Develop. Psychol. **5**, 1–12 (1971)

SIQUELAND, E.R., LIPSITT, L.P.: Conditioned head-turning behavior in newborns. J. exp. Child Psychol. **3**, 356–376 (1966)

SOKOLOV, E.N.: Perception and the Conditioned Reflex. Oxford: Pergamon Press 1963

STEVENSON, H.W.: Children's Learning. New York: Appleton-Century-Crofts 1972

USOL'TSEV, A.N., TEREKHOVA, N.T.: Functional peculiarities of the skin temperature analyzer in children during the first six months of life. Pavlov J. High. Nerv. Act. **8**, 174–184 (1958)

VOLKOVA, V.D.: On some problems in the acquisition of conditioned responsed to verbal signals. Dissertation, Leningrad (1954)

WATSON, J.B., RAYNER, R.: Conditioned emotional reactions. J. exp. Psychol. **3**, 1–14 (1920)

WHITE, S.H.: The learning theory tradition and child psychology. In: Carmichael's Manual of Child Psychology, 3rd ed. (MUSSEN, P.H., ed.), pp. 657–701. New York: Wiley 1970

WICKENS, D.D., WICKENS, C.: A study of conditioning in the neonate. J. exp. Psychol. **26**, 94–102 (1940)

Lernen und Entwicklung

Bärbel Inhelder

Es mag erstaunlich klingen, daß sich die Genfer Psychologen heute mit Problemen der kognitiven Lernprozesse beschäftigen. Die Erforschung der Lernprozesse war schon immer ein Lieblingsgebiet der im wesentlichen auf behavioristische Methoden zurückgreifenden empiristischen Psychologie PIAGET's. Unsere eigenen Arbeiten standen jedoch von Anfang an in einem gewissen Gegensatz zum logischen Empirismus, ohne sich mit nativistischen Auffassungen zu identifizieren. Letztere sind gerade heute unter dem Einfluß der Ethologen Lorenzscher Prägung und der von CHOMSKY beeinflußten Linguisten wieder sehr in den Vordergrund gerückt.

Unsere Arbeitshypothese und die Untersuchungstechnik auf die sie zurückgreift sind im wesentlichen konstruktivistisch. Die Entwicklung der kindlichen Erkenntnis und die Geschichte der Wissenschaften sind einander ähnlich: in beiden Fällen entsteht neues Wissen — aufbauend auf vorher erworbenem Wissen — durch die aktive Auseinandersetzung des verstehenden Subjektes mit seiner Umwelt. Erkenntnis ist demnach weder rein angeboren noch ein Abbild der Umwelt, sondern das Resultat einer aktiven Konstruktion.

Alle Forschungen des Genfer Kreises und im besonderen die Lernstudien, die ich mit der Psycholinguistin H. SINCLAIR und mit M. BOVET durchgeführt habe, sind von dieser Arbeitshypothese ausgegangen. Dabei haben wir versucht, ein immer feineres Verständnis für diejenigen Prozesse zu gewinnen, die zur Bildung kognitiver Strukturen führen.

Jahrzehntelang war es unser Ziel, die Ontogenese der Intelligenz zu untersuchen ohne experimentell im engeren Sinne in den Entwicklungsprozeß einzugreifen. Das hat uns gelegentlich — vor allem seitens angelsächsischer Experimentalpsychologen — den Vorwurf eingetragen, wir würden die aufeinanderfolgenden Stufen der kognitiven Verhaltungsweisen in naturalistischer oder sogar ethologischer Weise beobachten, statt sie mit Hilfe experimenteller Methoden zu variieren und zu analysieren.

Dieser Vorwurf hatte eine gewisse Berechtigung. Will man nämlich die für die Entwicklung verant-

wortlichen Mechanismen besser verstehen, muß man Methoden verwenden, die diese Prozesse selbst beeinflussen, um schließlich die für die Entwicklung optimalen Bedingungen festzulegen. Dementsprechend gestalteten wir die experimentellen Umweltbedingungen, wobei wir vor allem diejenigen Entwicklungsmomente untersucht haben, die sich in unseren jahrelangen Vorstudien als besonders entscheidend erwiesen hatten.

Obgleich PIAGET von jeher die Umgebung als notwendigen Partner für die kognitive Entwicklung ansah, unterstrich er doch deutlicher die Widerstände, die die Umwelt der assimilierenden Aktivität des Kindes entgegensetzt; die positiven Beiträge der Umwelt sind von ihm dagegen weniger klar herausgearbeitet worden.

Unsere Arbeiten gehen von interaktionistischen Entwicklungshypothesen aus, vergleichbar denjenigen der Embryologen, die die Epigenesis als das Resultat ständiger, durch innere Regulationsmechanismen gesteuerter Wechselwirkungen betrachten. Dabei war es für uns wichtig, daß wir uns auf eine psychogenetische Theorie der kognitiven Funktionen stützen konnten und auf eine Fülle von Beobachtungen, die im Verlauf zahlreicher Jahre gesammelt worden waren. Weit davon entfernt, unsere Arbeit auf diesem Gebiet für abgeschlossen zu halten, sind wir uns der auch heute noch bestehenden Mängel durchaus bewußt.

Unsere früheren Arbeiten — deren Resultate durch die zur Zeit in fünf Kontinenten laufenden Forschungen Bestätigung finden — zeigten die Reihenfolge der Entwicklungsstadien auf, ließen aber nur ungenügend erkennen was die Übergänge von einem Entwicklungsniveau zum darauffolgenden bewirkt. Die bei der Entwicklung verschiedener Begriffe sich untereinander einstellenden Querverbindungen sind ebenfalls noch weitgehend unbekannt, wie vor allem auch die dynamischen Mechanismen die der Evolution des Denkens zugrunde liegen.

1. Das Problem der Übergänge wird am deutlichsten in einer Erscheinung sichtbar, die man als zeitliche Verschiebung (décalage) bezeichnet; das heißt, das nicht-synchrone Auftreten von Begriffen, die zwar auf denselben operatorischen Struk-

turen beruhen, aber dennoch in größeren zeitlichen Abständen aufeinanderfolgen. Ein schlagendes Beispiel, das universell beobachtet worden ist, betrifft die zeitliche Verschiebung zwischen den verschiedenen Invarianzbegriffen (Zahl, physikalische Mengen, Längen, usw.). Die Untersuchung gerade dieses Problemes erlaubt uns, die Beziehungen zwischen der Aktivität des Subjekts das die Realität erforscht und den Widerständen und Beiträgen eben dieser Realität näher zu analysieren.

2. Solange es sich darum handelte, die Psychogenesis der Schlüsselbegriffe der menschlichen Vernunft — d.h. die Invarianzprinzipien — experimentell nachzuweisen, waren diachronische Untersuchungen jedes Begriffes notwendig, um anschließend ihre gemeinsamen, d.h. synchronischen oder doch verwandten Strukturen hervorzuheben. In dieser neuen Perspektive geht es darum, sie wieder in ihren natürlichen Zusammenhang zu bringen, damit die Querverbindungen, die sich im Verlaufe ihrer Entstehung ergeben, besser analysiert werden können. Keiner dieser Begriffe entwickelt sich tatsächlich unabhängig von den anderen in einem abgeschlossenen System; im Gegenteil, alle Begriffe wirken ständig aufeinander ein, und diese Interaktion scheint uns ein wichtiger Faktor für den Fortschritt des Denkens zu sein.

3. Wir sind jedoch nicht so naiv zu glauben, daß die dynamischen Prozesse dieser Entwicklung direkt der Beobachtung zugänglich seien. Dagegen gestattet uns die Untersuchung der durch die Lernvorgänge verursachten Verhaltensveränderungen, Rückschlüsse auf diese Dynamik zu ziehen. Sie ist unserer Meinung nach auf die allgemeinen Gesetze des biologischen und des geistigen Wachstums zurückzuführen.

Im Gegensatz zu den klassischen Methoden, die das Hauptgewicht auf das Resultat des Erwerbs legen und die Erarbeitungsprozesse vernachlässigen, beruht unsere Methodologie auf der Hypothese, daß die Modalitäten der Lernprozesse umso fruchtbarer sind, je mehr sie sich an die Mechanismen des spontanen Erkenntniserwerbs anlehnen. Um dem Kind zu gestatten, beim Erwerb neuer Erkenntnisse über sich selbst hinauszuwachsen, tragen wir Sorge, daß es ungehindert sein eigenes Urteil über ein Experiment bilden kann, ohne es im voraus gegen mögliche Irrtümer und Widersprüche abzusichern, wie dies SKINNER vorschlägt. Wir sind davon überzeugt, daß die Konfrontation des Kindes mit der Wirklichkeit und die Dialektik der Widersprüche wesentliche Momente des Erkenntnisfortschrittes darstellen.

Diese Auffassung leitete uns, in der Wahl der Lernsituationen, die dadurch gekennzeichnet sind, daß sie dem Kind selbständige Voraussagen ermöglichen sowie den Vergleich der Vorhersagen mit den Resultaten der eigenen Versuche. Dadurch kann das Kind eventuell seine Urteile revidieren und dann zu neuen Experimenten übergehen. Im Verlaufe einer Voruntersuchung schätzten wir die anfängliche Kompetenz des Kindes ab, und untersuchten anschließend die Veränderungen seines Verhaltens im Laufe der folgenden Lernsitzungen. Der Inhalt der Lernsitzungen unterschied sich von den Vor- und Nachtests. Es erwies sich als nützlich, zwei zeitlich sich folgende Nachtests durchzuführen; auf diese Weise war es möglich, Übertragungen (Transfers) auf andere experimentelle Situationen zu studieren, die Stabilität oder die eventuelle Zerbrechlichkeit der so erworbenen Erkenntnisse abzuschätzen, und die nachträglich wirksam werdenden Lernprozesse zu untersuchen.

In diesem kurzen Überblick können wir die allgemeinen Lernprozesse lediglich durch einige Beispiele illustrieren. Unsere Wahl fiel auf die Lernstudien einiger Invarianzbegriffe von Quantitäten und der logischen Inklusion. Die gemeinsame Struktur dieser Begriffe bildet auf der Stufe ihrer Vollendung ein kohärentes System sowohl im Denken des Kindes als auch in seinem Verständnis der Realität. Die Entwicklung dieser Begriffe war von uns schon früher bei Kindern von 4–9 Jahren untersucht worden, ohne daß wir jedoch die den Erkenntnisfortschritten zugrunde liegenden Mechanismen genügend klar herausarbeiten konnten.

A. Eine erste für unsere Methode typische Untersuchung betrifft die Erwerbung der Invarianz der Quantität (Mengenerhaltung):

Wir zeigen Kindern zwischen 4 und 7 Jahren eine Anordnung, die aus zwei Kolonnen von drei Paar Gläsern besteht. Die beiden oberen (A und A′) und die beiden unteren (C und C′) sind fest angebracht und von gleicher Dimension; das mittlere Paar (B und B′) kann dagegen durch engere (E) oder weitere (W) Gefäße ersetzt werden. Nach einer Periode freien Spiels, während der das Kind beobachtet, wie die Flüssigkeit von A über B nach C (und von A′ über B′ nach C′) fließt, wird das Glas B′ durch das engere Gefäß (E) ersetzt. Das Kind erhält nun die Aufgabe, A und A′ mit gleichviel Flüssigkeit zu füllen. Anschließend wird es aufgefordert, durch Öffnen eines Hahns die Flüssigkeit von A nach B fließen zu lassen. Dann folgt die schwierigste Aufgabe: der Hahn von A′ soll ebenfalls geöffnet werden und die Flüssigkeit von A′ nach E fließen, solange bis sich in B und in E die gleiche Menge befindet. Ein Kind, das die Invarianzbegriffe noch nicht erworben hat, ist im allgemeinen der Meinung, daß es „mehr zu trinken hat" wenn das Flüssigkeitsniveau höher liegt. Es verhält sich, als ob es sowohl die Unterschiede der Durchmesser (der Gläser B und E) übersähe, als auch die Tatsache, die es schon sehr gut beobachten kann, daß beim Fließen der Flüssigkeit aus identischen Gefäßen in die Gläser verschiedenen Durchmessers weder etwas hinzugefügt noch weggenommen wurde. Ein Kind, das die Aufgabe auf diese Weise versteht, wird den Zufuhrhahn in dem Augenblick schließen, in dem der Flüssigkeitsspiegel in E die gleiche Höhe wie der in B erreicht hat. In diesem Fall wird im Glas A′ ein wenig Flüssigkeit übrig bleiben, während A völlig leer ist. Nachdem das Kind bestätigt hat, daß es nun in den Gefäßen B und E die gleiche Menge „zu trinken gibt", verlangt man von ihm, daß es voraussage, ob dies auch für die Gläser C und C′ der Fall sei, wenn die Flüssigkeit von B und E in diese Gefäße abgeflossen ist. Ohne der im Glas A′ verbliebenen Restflüssigkeit die mindeste Aufmerksamkeit zu schenken, ist das Kind dieser Entwicklungsstufe von einer solchen Schlußfolgerung überzeugt. Es ist daher sehr überrascht, wenn es feststellt, daß dem nicht so ist. In dieser Situation kommt es vor, daß das Kind plötzlich „entdeckt", daß noch etwas Flüssigkeit im Glas A′ verblieben ist; es schlägt dann vor, daß man A′ vollständig leeren soll.

In der Tat können alle Kinder unserer Versuchsgruppe korrekt beurteilen, ob die Flüssigkeitsspiegel gleich oder verschieden hoch sind. Nicht alle sind dagegen in der Lage, diese Möglichkeit zu benutzen, um die Lösung des Problems der Flüssigkeitsmengen in den Gefäßen B und E zu finden. Feststellen, daß gemachte Vorhersagen nicht mit der Wirklichkeit übereinstimmen und sich bewußt werden, daß die eigene Überlegung widersprüchlich ist, sind zwei verschiedene Dinge. Die Überraschung und das Interesse für die unvorhergesehenen Ergebnisse die das Kind bezeugt, sind nur ein erster Schritt zu einem wirklichen Verständnis. Ein zweiter Schritt erfordert von ihm eine Reflexion über das eigene Denken und die Fähigkeit, aus den gemachten Beobachtungen Schlußfolgerungen zu ziehen. Interessanterweise konnte man bei jenen Kindern, die im Vortest bereits ein gewisses Zögern in ihren Nichterhaltungsurteilen aufgewiesen hatten, die deutlichsten Fortschritte während des Lernver-

suchs feststellen und im Nachtest den stabilen Begriffserwerb nachweisen.

Dieses Beispiel eines Lernversuchs, das für viele andere steht, gestattet, einige allgemeine Schlußfolgerungen im Hinblick auf die Beziehung zwischen Entwicklungsstufe und Lernprozeß zu ziehen.

1. Alle derartigen Versuche haben bei einer großen Zahl von Versuchspersonen echte Lernvorgänge bewirkt: verglichen mit einer Referenzgruppe konnten wir bei den Kindern eine Beschleunigung der operativen Konstruktionen feststellen; vor allem aber ließ sich bei der Mehrzahl ein stabiler Erkenntniserwerb nachweisen. Diese Resultate schließen jene Interpretationsmodelle des Lernens aus, die lediglich auf Reifungsvorgänge oder erblich programmierte Entwicklungen zurückgreifen. Sind derartige Erkenntnisfortschritte nicht vielmehr eine Manifestation der Wechselwirkung zwischen den Assimilationsmechanismen des Subjekts — um mit PIAGET zu sprechen — und den spezifischen Beiträgen der Umwelt, die dem Subjekt durch die Lernversuche zugänglich geworden sind? Gewiß genügt es nicht, die Notwendigkeit äußerer Beiträge für die Entstehung operativer Verhaltensformen zu unterstreichen. Es geht vielmehr darum, ihr Wesen zu präzisieren und den Interaktionsmodus (oder die Interaktionsmodi) zwischen der Aktivität des Subjekts und dem Einfluß der Wirklichkeit genauer zu bestimmen.

2. Noch bemerkenswerter ist die Tatsache, daß der Erfolg der Lernprozesse von der anfänglichen Kompetenz jeder Versuchsperson abhängt. In der Mehrzahl der Fälle ist er bei den im Vortest am weitesten fortgeschrittenen Kindern am ausgeprägtesten. Anders ausgedrückt, die Hierarchie der verschiedenen Entwicklungsstufen bei der Begriffsbildung bleibt erhalten, aber im Nachtest vergrößern sich die Unterschiede zwischen den von den Versuchspersonen erreichten Stufen. Der ganze Vorgang scheint so abzulaufen, als ob mit zunehmender Verflechtung der bereits konstituierten Assimilationsschemata die Wahrscheinlichkeit neuer Assimilationen zunehmen würde. Dadurch wird jeder neue Beitrag der Umwelt viel schneller an die immer ausgedehnteren und kohärenteren Systeme der Handlungsschemata assimiliert.

3. Obwohl wir viele verschiedene Lernverfahren anwandten und die Geschwindigkeit der Begriffserwerbung wesentlich beschleunigen konnten, blieb jedoch die Reihenfolge der Stufen immer konstant; die Richtung, in der die Entwicklung abläuft sowie die beim Erwerb zu überwindenden

Hindernisse veränderten sich nicht. Die Konstanz der Entwicklungsrichtung ist unserer Meinung nach in einer empiristischen Perspektive unerklärbar, in der ja bekanntlich das Hauptgewicht auf die Umweltsbeiträge gelegt wird. Wir sind deshalb der Auffassung, daß eine embryologisch orientierte Interpretation eher angebracht ist, die sich auf wirksame innere Regulations- und Rückkoppelungsmechanismen stützt. Die Analogie mit den Prozessen der Homeorhesis, die WADDINGTON in seinen epigenetischen Studien eingeführt hat, scheint sich aufzudrängen.

B. Ein anderes Lernexperiment untersuchte die Probleme des Übergangs vom Erhaltungsbegriff der numerischen Menge zum Erhaltungsbegriff der Länge.

Bekanntlich erwirbt das Kind die Invarianz der numerischen Menge einige Jahre vor derjenigen der Länge. In diesem Lernversuch konnten wir vor allem verschiedene Arten der Konfliktüberwindung feststellen. Ohne auf das Verfahren im einzelnen einzugehen, möchten wir hier die folgenden vier experimentellen Lernsituationen diskutieren:

1. Eine Anzahl Streichhölzer auf die kleine Häuschen aufgeklebt sind (ein Haus pro Streichholz) werden in zwei parallele Reihen so angeordnet, daß die beiden Enden übereinstimmen, d.h. kongruent sind. Anschließend verändert man eine der Reihen in eine ornamentartige Linie. Die Kinder (ca. 6 Jahre alt) werden nun abwechselnd nach der Erhaltung der Zahl der aufgeklebten Häuschen und nach der Erhaltung der Reihenlängen gefragt: Einerseits: „Gibt es ebenso viele weiße Häuschen (obere Reihe) wie rote Häuschen (untere Reihe) oder gibt es mehr oder weniger Häuschen in der einen Reihe als in der anderen?", „Wie weißt du das?" usw. Andererseits: „Sind die beiden Wege gleich lang, oder ist der eine länger als der andere oder kürzer?" usw.

In den darauffolgenden Situationen erhält das Kind die Aufgabe, selbst Wege gleicher Länge zu konstruieren und zwar mit Streichhölzern, die kürzer sind als jene die der Versuchsleiter verwendet (7 kürzere Streichhölzer ergeben einen gleich langen Weg wie 5 längere).

2. Wir fordern das Kind auf, seine Streichhölzer (die kürzeren) in gerader Linie unterhalb des Ornaments zu legen, so daß die Anfangspunkte übereinstimmen.

3. In der dritten Anordnung liegen die beiden Konfigurationen nicht mehr direkt übereinander; dadurch wird die Lösung für die Kinder dieser Entwicklungsstufe einfacher.

4. In der vierten Anordnung sind das Modell und der vom Kind zu erstellende Weg parallel und haben übereinstimmende Anfangspunkte.

Sind die verschiedenen Wege gebaut, bleiben sie im Blickfeld der Kinder, die sich jederzeit in ihren Argumentationen darauf beziehen können. Nachträgliche Korrekturen, die die Kinder für nötig halten, können ebenfalls vorgenommen werden. Zur Lösung dieses scheinbar sehr einfachen Problemes sind zwei Bezugssysteme notwendig — in unserer Terminologie sprechen wir von Assimilationsschemata: das eine betrifft die numerische Entsprechung und das andere die Entsprechung von Ordnungsrelationen oder topologischen Beziehungen. (Dabei ist zu bemerken, daß das letztere System vom Kind zu einem früheren Zeitpunkt erworben wird als das erstere.) Viele schon 1948 in Genf durchgeführte Untersuchungen über die Entwicklung der Raumvorstellung hatten erwiesen, daß das Kind, bevor es die euklidischen Invarianzbegriffe zu bilden vermag, dazu neigt, die Dimensionen räumlich verschobener Objekte in Funktion ihrer Endpunkte einzuschätzen. Das führt dazu, daß ein Gegenstand, der einen anderen von gleichen Ausmaßen überragt, häufig als länger angesehen wird.

Diese vier kurz beschriebenen Lernsituationen wurden einer Gruppe von sechsjährigen Kindern vorgelegt; sie verfügten alle über den numerischen Erhaltungsbegriff, aber nicht über denjenigen der Länge. Im Verlaufe der Lernsitzungen konnten wir vier verschiedene Arten der Problemlösung unterscheiden:

a) Die beiden Bezugssysteme, von denen wir schon gesprochen haben, sind voneinander unabhängig; die Kinder sind sich der Widersprüchlichkeit ihrer verschiedenen Antworten nicht bewußt. Das heißt, das Kind urteilt korrekt wenn es darum geht über die gleiche oder verschiedene Anzahl Häuschen nachzudenken; dagegen hält es die zu vergleichenden Reihen für verschieden lang. Diese beiden Urteile werden vom Kind nicht zueinander in Beziehung gesetzt.

b) Die beiden Systeme bestehen nebeneinander, ohne ineinander integriert zu sein. So schwankt das Kind (vierte Situation) andauernd zwischen dem Zählen der Wegsegmente (bei gleicher Anzahl besteht ein Längenunterschied) und dem Schätzen der Weglängen mittels einer Ordnungsrelation (das Kind schätzt die beiden Wege als gleich lang ein, stellt aber fest, daß sie aus verschiedenen Mengen Streichhölzern bestehen). Es gelingt dem Kind nicht, diese beiden Beurteilungsweisen zu koordinieren. Ein Kind drückt dies beispielsweise so aus: „Es ist merkwürdig

97

und ich werd's nie begreifen, wie das möglich ist". Obwohl das Kind sich der Widersprüchlichkeit der beiden Lösungswege bewußt ist, gelingt es ihm nicht dieses Problem zu lösen.

c) Das Kind versucht zu einer Integration zu kommen; sie bleibt jedoch unvollständig, und man kann Kompromißlösungen feststellen. In der zweiten Situation bricht beispielsweise ein Kind Streichhölzer in zwei Teile, um die gleiche Anzahl Wegsegmente benutzen zu können, ohne die Ordnungsrelation aufzugeben (d.h. es bleibt innerhalb der Grenzen des Modells). Oder aber, es legt ein Streichholz rechtwinklig an die anderen Segmente; dadurch wird die Grenze des Modells nur um einige Millimeter überschritten. Derartige Kompromißlösungen scheinen das Kind momentan zufriedenzustellen.

d) Die vollständige Kompensation der beiden Schemata wird entdeckt. Das Kind ist bemüht herauszufinden, welches die notwendigen und hinreichenden Bedingungen der Längengleichheit sind. Beispielsweise: ,,Man braucht mehr Streichhölzer, wenn sie kleiner sind" oder ,,Ein Weg geht weniger weit aber im Zickzack, das kommt auf das gleiche heraus".

Im Vergleich zur Referenzgruppe haben alle Kinder der Versuchsgruppe Fortschritte gemacht. Die Fortschritte sind am größten bei denjenigen, die sich der Widersprüchlichkeit der beiden Bezugssysteme am stärksten bewußt geworden sind.

Nach unserer Auffassung macht diese Untersuchung deutlich, daß das Auftreten von Widersprüchen und die Versuche des Subjekts diese aufzuheben, ein wesentliches Moment beim Erwerb neuer Kenntnisse darstellen. Darüber hinaus können wir folgern, daß die Übergänge von einem zum nächst höheren Niveau – die zeitlichen Verschiebungen (décalages) der Psychogenesis – nicht lediglich eine Ausdehnung bereits erworbener Erkenntnisse auf einen neuen Inhalt darstellen, sondern vom Kind ein eigentliches Transponieren schon erworbener Strategien erfordert, das gewissermaßen einem Neuschaffen gleichkommt (re-création).

C. Ein weiteres Lernexperiment befaßte sich mit der logischen Quantifizierung und versuchte die Beziehungen zwischen dem Erwerb dieses Begriffes mit der Erhaltung der physikalischen Menge näher zu untersuchen. In diesem Lernversuch stellten wir ebenfalls eine Reihe analoger Konflikte fest.

Dem Kind wird die Aufgabe gestellt, eine Kollektion von Früchten derart zusammenzustellen, daß sie ebenso viele Früchte aber mehr Äpfel als eine Musterkollektion (bestehend aus 8 Früchten, darunter 2 Äpfel) enthält. Um dieses Problem zu lösen, muß es verstehen, daß die logische Addition durch die logische Substraktion aufgehoben wird: wenn A (Unterklasse der Äpfel) und A′ (Komplementärklasse der anderen Früchte) zusammen B (Klasse der Früchte) ergeben, dann ist B ohne A′ gleich A. Soll die Mächtigkeit der Klasse B beibehalten werden, bei Veränderung der Teilklassen A und A′ (z.B. 7 Äpfel und eine Birne) muß das Kind berücksichtigen, daß eine Erhöhung der Mächtigkeit einer Teilklasse eine entsprechende Verminderung der Mächtigkeit der Komplementärklasse notwendig macht und umgekehrt. Der Versuchsleiter erklärt die Situation folgendermaßen: ,,Gib deiner Puppe ebenso viele Früchte wie ich meiner gebe, gib ihr aber mehr Äpfel (oder weniger Äpfel). Paß auf, die beiden Puppen müssen gleich viele Früchte haben, damit sie nicht miteinander streiten ..." usw. In diesem Experiment können dem Kind selbstverständlich alle Varianten der Zusammensetzung vorgeschlagen werden.

Wir wollen hier lediglich die verschiedenen Etappen erwähnen, die die Kinder im Laufe ihrer Lernversuche zu überwinden haben.

Sie zeigen deutlich, daß sie über keine Vorstellung einer möglichen Kompensation verfügen (a), durch Ausrufe wie: ,,Ich kann das nicht machen"; durch die schlechthin identische Reproduktion der Musterkollektion gelangen einige Kinder im Lauf der Lernsitzungen zu einer neuen Lösung (b); sie erhöhen nicht nur die Zahl der A (Äpfel) sondern ebenfalls die Totalzahl der übergeordneten Klasse B (Früchte). Im Verlauf einer dritten Stufe des Lernprozesses (c) greifen manche Kinder zu einer Art List, indem sie die Komplementärklasse A′ vollständig entleeren; sie setzen die Klasse B allein aus Elementen von A zusammen; anders ausgedrückt, sie geben der Puppe nur Äpfel. Erst während einer vierten Stufe (d) entdecken sie die verallgemeinerte Kompensationsmöglichkeit in dem Sinne, daß sie jedesmal wenn sie die Zahl der Elemente der Unterklasse A erhöhen, notwendigerweise die Mächtigkeit der Komplementärklasse A′ reduzieren müssen und umgekehrt.

Die Tatsache, daß das explizite In-Beziehung-Setzen von zwei oder mehreren Schemata zuerst zum Konflikt, dann zu verschiedenen Kompositionsversuchen führt, scheint der logischen Quantifikation und der Erhaltung der kontinuierlichen Quantitäten gemeinsam zu sein. Beim logischen Problem sind die Urteile des Kindes widersprüchlich, beim Problem der Längen und der physikalischen Mengen besteht der Gegensatz zwischen dem Urteil und dessen Konfrontation mit der Wirklichkeit.

Keines der Kinder, die an diesem Versuch teilnahmen, beherrschte anfangs das Problem der Klasseninklusion. Wenn man ihnen beispielsweise die Bilder von vier Dackeln und zwei anderen Hunden zeigte, so waren sie der Auffassung, daß die Klasse der Hunde mehr Dackel umfasse als Hunde. Diejenigen Kinder, die im Verlauf der Sitzungen nach und nach die Lösung (d) gefunden hatten, konnten im Nachtest die verschiedensten Probleme der logischen Inklusion lösen, unabhängig davon, ob es sich um Hunde, Blumen oder Perlen usw. handelte.

Es versteht sich, daß Lernprozesse, die sich auf Fortschritte in einem begrenzten begrifflichen Rahmen beschränken, von keinem großen Interesse sind, wenn man analysieren will, welche psychologischen Mechanismen bei den Fortschritten der Erkenntnis am Werk sind. Aus diesem Grunde versuchten wir, die Ausdehnung der Lernprozesse von einem Sektor auf die mit ihm zusammenhängenden Sektoren zu studieren. Die Ergebnisse sind insofern interessant, als wir feststellen konnten, daß die Lernversuche betreffend die Mengenerhaltung oder die logische Inklusion nicht nur in bezug auf die jeweiligen Begriffe beträchtliche Fortschritte zur Folge hatten, sondern auch auf angrenzende Gebiete einwirkten. Die Tatsache, daß die Lösungsmethode von einem Problem auf andere übertragen und so in einem gewissen Maß verallgemeinert werden kann, weist auf den dynamischen Charakter der Lernprozesse hin. Es ist also in der Tat für das Kind wichtig, das Lernen zu erlernen und noch wichtiger, das Verstehen zu lernen.

Die hier besprochenen Beispiele betreffen Lernvorgänge, bei denen das Hauptgewicht auf der Interaktion zwischen dem mit einer gewissen Kompetenz ausgestatteten Subjekt einerseits und den beobachtbaren Tatsachen der physischen Umwelt andererseits lag. Das bedeutet jedoch nicht, daß in Genf das Studium von Lernprozessen auf dem Gebiet kultureller Gegebenheiten vernachlässigt wird. Im besonderen beschäftigen wir uns mit dem Problem der Interaktion zwischen Sprache und Denken.

Bekanntlich führen eine ganze Anzahl Autoren die Schwierigkeiten des Kindes beim Erwerb der Erhaltungsbegriffe und der logischen Inklusion auf sprachliche Probleme zurück. Sie vertreten die Auffassung, daß das Kind verbale Quantitätsbeschreibungen wie z.B. „mehr", „weniger", „gleichviel", usw. nicht verstünde und daher falsch anwende. Deshalb nehmen sie an, verbale Lernprozesse, semantischer oder syntaktischer Art, würden dem Kind den Erwerb dieser Begriffe gestatten. Was diese Problematik betrifft, so hat H. SINCLAIR experimentell zeigen können, daß das linguistische Teilsystem der Quantifikatoren sich in engem Zusammenhang mit den Operationen, die die Invarianzprinzipien und die logische Inklusion begründen, entwickelt. Ferner konnte sie nachweisen, daß ein verbaler Lernprozeß auf die gleichen Hindernisse stößt, wie sie bei den kognitiven Lernprozessen festgestellt worden waren. Die durch diesen Lernversuch hervorgerufenen Sprachfortschritte erlaubten den Kindern zwar eine bessere Formulierung ihrer Überlegungen, aber sie hatten keinen oder nur sehr geringfügigen Einfluß auf die Bildung der Operationen selbst. H. SINCLAIR kam zum Schluß, die Ergebnisse dieses Lernexperimentes legten die Interpretation nahe, daß die Sprachentwicklung der Bildung der Erkenntnisoperationen untergeordnet sei.

Interkulturelle Unterschiede sind durch mehrere unserer Mitarbeiter, im besonderen M. BOVET und P. DASEN, studiert worden. Unter anderem wurde die Entwicklung der Begriffe untersucht bei Kindern, die nicht oder kaum geschult waren; dies sowohl in Algerien, als auch in Dörfern der Elfenbeinküste, bei den Ureinwohnern Australiens und bei den Eskimos. Die Übung der Lernprozesse schien besonders angebracht, wenn es darum ging, die Kompetenz und die Leistungen der Kinder in sehr verschiedenen kulturellen Umgebungen zu erfassen. Im Falle eines eventuellen Leistungsrückstandes konnte diese Methode zur Überwindung von Schwierigkeiten beitragen.

Auf Grund der Ergebnisse dieser verschiedenen Studien begründet sich die Überzeugung, daß die Prozesse der operatorischen Entwicklung sich durch eine gewisse Universalität kennzeichnen: die Entwicklungsfolgen waren entweder den in Genf beobachteten ähnlich, allerdings mit zeitlichen Verschiebungen, oder nach momentanen Abweichungen konnte ein Einmünden in die gleichen Konstruktionsprozesse festgestellt werden. Das bedeutet jedoch keinesfalls, daß Begriffe, die für das abendländische wissenschaftliche Denken typisch sind, wie die Erhaltung von physikalischen Größen, die logischen Inklusionen, usw., auch in den verschiedensten anderen Kulturen geläufig sind. Es zeigt vielmehr, daß Kinder verschiedenartiger kultureller Umwelten, sobald sie mit den geschilderten Problemen konfrontiert werden, die betreffenden Begriffe entwickeln und zwar gemäß einem Konstruktionsprozeß, der gleichen psychogenetischen Gesetzen gehorcht.

In diesem Überblick müssen wir uns darauf beschränken, einige Probleme aufzuwerfen, unsere Methode kurz zu beschreiben und Resultate zu diskutieren, die die Bedeutung der Lernprozesse bei der Bildung der Erkenntnisstrukturen unterstreichen. Unsere Forschung auf diesem Gebiet hatte zum Teil, die Gesetze und die Dynamik der Entwicklung besser zu erfassen. Lernen, und im besonderen das Lernen der fundamentalen Operationen des wissenschaftlichen Denkens, bedeutet vor allem Verstehen. Verstehen besteht jedoch nicht im Anhäufen bereits vollständig erarbeiteter Erkenntnis, im Gegenteil: man muß sie zu entdecken wissen, d.h. sie neu erfinden.

Die Lernsituationen, die eine Beschleunigung der Erwerbsprozesse hervorrufen konnten, haben uns gleichzeitig die Dynamik der Konflikte und die Aktivität des Kindes bei ihrer Überwindung gezeigt. Wir haben festgestellt, daß derartige Beschleunigungen ihrerseits den Entwicklungsgesetzen unterliegen, welche im wesentlichen durch Regulationsmechanismen (und Autokonstruktion) gesteuert werden. Man kann also durch eine stimulierende Umwelt zur Entwicklung der Erkenntnisstrukturen beitragen; vor allem muß man aber die psychologischen Prozesse in Betracht ziehen, die für die Kompetenz oder die Assimilationsmöglichkeiten der Kinder verantwortlich sind. Vernachlässigt man diese Gesetze, so riskiert man sogar die geistigen Wachstumsprozesse zu stören oder ihnen zuwiderzuhandeln.

Wenn es sich nun darum handelt, die Ergebnisse der Grundlagenforschung auf das Gebiet der edukativen Anwendung (oder dasjenige der Reedukation im Falle von Hirnschäden) zu übertragen, so können wir hier kein konkretes Programm vorschlagen. Ich hoffe jedoch, die erwähnten Beispiele haben Sie davon überzeugt, daß jedes derartige Programm nutzlos ist oder sogar schädlich sein kann, wenn es die natürlichen Entwicklungsgesetze mißachtet. Sowohl die Möglichkeiten des Kindes zu einem gegebenen Zeitpunkt seiner Entwicklung als auch die Konstruktionsprozesse des Fortschrittes müssen bekannt sein, damit man Situationen bereitstellen kann (wir haben mehrere Beispiele solcher Situationen gegeben) in denen das Kind seine Fähigkeiten anwenden, sie sogar vergrößern kann und falls es dabei auf spezifische Schwierigkeiten stößt, seine Kompetenz im Sinne einer besseren Adaptation zu korrigieren vermag.

Ich hoffe, meine Ausführungen haben deutlich werden lassen, daß ich der Auffassung bin, das Verständnis der Lernprozesse des Denkens könne eher durch eine biologisch orientierte Forschungstätigkeit als durch die Befolgung begrenzter Richtlinien und Vorschriften gefördert werden.

Literatur

DALIERS, J., GIURGEA, C.: Akademiai Kiado, Budapest (Maison d'édition de l'Académie hongroise des Sciences) **1969**, 191–197

GIURGEA, C., MOURAVIEFF-LESUISSE, F.: Arch. int. Pharmacodyn. **191**, 279–291 (1971)

GIURGEA, C., DALIERS, J., RIGAUX, M.L.: Arch. int. Pharmacodyn. **191**, 292–300 (1971)

KELLOGG, W.N., PRONKO, H.H., DEESE, J.: Science **103**, 49–50 (1945)

KONORSKY, J.: Integrative activity of the brain. The University of Chicago Press 1967

MOURAVIEFF-LESUISSE, F., GIURGEA, C.: Arch. int. Pharmacodyn. **183**, 410–411 (1970)

PATTERSON, M.M.: Public in: RIESEN, A., THOMPSON, R.F.: Advances in Psychobiology, Vol. III. New York: Wiley 1975

SHURRAGER, P.S., GULLER, E.: J. exp. Psychol. **26**, 133–159 (1940)

UNGAR, G.: In: Molecular Mechanisms in Memory and Learning. New York: Plenum Press 1970

UNGAR, G.: In: Expérience et Psychologie. Paris: A. Fayard 1976

Vorbilder und Leitsprüche: Beobachtung und Sprache und ihre Bedeutung für Kinder beim Lernen

Harold W. Stevenson

Jeder Entwicklungstheoretiker muß bei der Diskussion über Lernen und Wahrnehmung beim menschlichen Kind zwei wichtige Variablen berücksichtigen: den Einfluß von Beobachtung und Spracherwerb. Theoretische Stellungnahmen dazu von russischen Psychologen wie z.B. VYGOTSKII und LURIA, von PIAGET und von amerikanischen Stimulus-Response-Theoretikern haben weite Verbreitung gefunden. Es gibt jedoch noch einen weiteren Standpunkt, der im Westen kaum bekannt ist, der jedoch möglicherweise von all diesen Theorien den weitreichendsten Einfluß besitzt. Er ist insofern bedeutsam, als er eine starke Wirkung auf das tägliche Leben von Millionen von Menschen ausübt. Es handelt sich dabei um die Lehre, die von den Theoretikern in der Volksrepublik China formuliert und unterstützt wird. China, regiert von einer einzigen Partei mit völliger Kontrolle von Presse, Rundfunk und Erziehungswesen, ist ein Land, in dem es möglich ist, eine Theorie zur Kindererziehung mit einer Schnelligkeit und Gründlichkeit aufzustellen und allgemein einzuführen, die in den meisten westlichen Ländern unvorstellbar wäre; und so hat diese Lehre auf weiten Gebieten Anwendung gefunden. Seit der Verbreitung der zeitgenössischen psychologischen Theorien in China haben weitgreifende Veränderungen im Erziehungssystem und in der Einstellung und dem Verhalten der Gesellschaft Kindern gegenüber stattgefunden.
Ich bin kein Experte in chinesischer Psychologie oder Philosophie. Mein Wissen stammt aus zwei Quellen: erstens hatte ich das Glück, ein Mitglied der „Early Childhood Delegation" zu sein, die die Volksrepublik China unter der Schutzherrschaft der American National Academy of Sciences besuchte, und zweitens hat die University of Michigan, an der ich unterrichte, eine bekannte sinologische Fakultät, durch die man eine Menge über das zeitgenössische China erfahren kann. In dieser Abhandlung möchte ich daher auf diese Erfahrungen und auch auf meine Lektüre zurückgreifen und versuchen, den Kern zeitgenössischer chinesischer Lerntheorien zu umreißen.

Umweltbedingtheit

Kommunismus basiert auf der Theorie der Umweltbedingtheit, die auch von Mao übernommen und ausgebaut worden ist. Die Grundlage für eine solche Auffassung ist jedoch schon viele Jahrhunderte vor der kommunistischen Übernahme von 1949 geschaffen worden. Das Konzept der Formbarkeit des Menschen durch Umwelteinflüsse entspricht den Lehren früher chinesischer Philosophen wie Konfuzius und Menzius. MUNRO (1973, S. 123) hat diese Auffassung folgendermaßen beschrieben:
„Die vorherrschende Theorie über den Menschen im chinesischen Marxismus ist eine Fortsetzung eines Teiles der einflußreichsten traditionellen Auffassung: der Mensch besitzt keine angeborenen gefährlichen Eigenschaften, und frühe negative Züge brauchen im späteren Leben nicht fortzubestehen. Daher spricht der chinesische Marxismus nicht von angeborenen aggressiven Impulsen, unveränderlichen Intelligenzunterschieden, anhaltenden egoistischen Motivationen oder Ödipuskomplexen. Der Mensch wird vielmehr als Tonmasse gesehen, die in jedem Alter zu fast jeder Form umgestaltet werden kann."
Individuelle Unterschiede werden jedoch nicht ignoriert. Jedes biologisch gesunde Individuum ist formbar und man nimmt an, daß die Art der Erfahrungen, die der Einzelne gemacht hat, Einfluß auf das Ausmaß der Lehrbarkeit des Kindes nehmen, jedoch nicht auf das, was insgesamt erreicht werden kann. Mit anderen Worten: die Lerngeschwindigkeit bei einzelnen Menschen ist unterschiedlich, nicht jedoch die Stufe des potentiell Erreichbaren.
Ein Kindergärtner in Kanton faßte diese Auffassung folgendermaßen zusammen:
Zunächst lehren wir die Kinder, daß sie nicht klug oder dumm geboren werden. Wir lehren sie, Vertrauen in sich selbst zu haben. Die Unterschiede zwischen den Kindern sind nicht so groß. Es gibt Dinge, die die Kinder leicht lernen können. Wir lassen denjenigen, die nicht malen können, mehr Zeit zum Üben. Wir stellen den langsa-

meren Kindern leichtere Fragen und den anderen Kindern schwierigere. Wenn ein Kind eine gute Antwort gibt, loben wir es. Der Lehrer geht den Kindern selbst mit gutem Beispiel voran, damit sie wiederum den langsameren Kindern beim Lernen behilflich sind."

In dieser gesellschaftlichen Auffassung vom Menschen wird angenommen, daß die Quelle individueller Unterschiede bei der Klassenzugehörigkeit und nicht bei angeborenen Begabungsunterschieden liegt. Ein weiterer offenkundiger Grund für individuelle Unterschiede sind angeborene Gebrechen. Kinder mit solchen Fehlern sollen jedoch sehr selten vorkommen, so daß sie deshalb auch eher als medizinische denn als psychologische oder erzieherische Probleme behandelt werden. Als wir z.B. Lehrer und Schulbehörden über die Erziehung geistig behinderter Kinder befragten, trafen wir auf Erstaunen. Sie konnten nicht glauben, daß wir erwarteten solche Kinder in größerer Anzahl oder etwa in Klassenzimmern anzutreffen.

Vorbilder

Wie vollzieht sich der Lernprozeß? Er vollzieht sich dadurch, daß man Vorbilder beobachtet, die vom Vorbild gezeigten Verhaltensweisen übt und nachahmt und schließlich selbst die Denkweise des Vorbildes übernimmt. Am prägnantesten werden diese Gedanken vielleicht in der alten chinesischen Redensart zusammengefaßt: „Erkläre es mir und ich vergesse es. Zeige es mir und ich merke es mir. Beziehe mich mit ein und ich verstehe es." Lernen erfolgt durch Beobachtung und Handlung. Der Versuch, durch Worte zu lehren, wird für relativ wirkungslos gehalten. Erst in einer späteren Stufe des Lernprozesses beginnen Worte eine wichtige Rolle für die Lern- und Denkweise des Kindes zu spielen. Diese Vorbildtheorie hat vieles gemeinsam mit der zeitgenössischen westlichen Theorie des Lernens durch Beobachtung und mit gewissen Gesichtspunkten dessen, was Genfer Psychologen schon seit Jahrzehnten behaupten.

Die Grundlage von MAOs Standpunkt wurde vor vielen Jahren in der „Doktrin des Mittels" umrissen, in der betont wird, wie wichtig es ist, Vorbilder zu haben und sich mit ihnen zu identifizieren. „Nur wenn sie Vorbilder haben" schrieb MAO, „erhalten die Menschen einen Vergleichsstandard, einen Erlebnishintergrund, vor dem sie ler-

nen und sich weiterentwickeln können sowie Ziele, die zu erreichen oder zu übertreffen sind." MUNRO (1976) faßt die Lerntheorie, die schließlich hieraus entwickelt wurde, folgendermaßen zusammen:

„In der vorherrschenden konfuzianischen Tradition standen Vorstellungen darüber, wie man den menschlichen Geist verändern könne, in engem Zusammenhang mit Vermutungen darüber, wie Menschen lernen. Auf der Suche nach diesen Vermutungen stoßen wir automatisch auf einen Dreierkomplex von Vorstellungen: Zunächst wurde angenommen, daß die Menschen von Geburt an vor allem durch Nachahmung von Vorbildern lernen. Dieses Lernen kann völlig unbeabsichtigt, durch unbewußte Nachahmung der einen umgebenden Personen vor sich gehen. Es kann jedoch auch beabsichtigt sein, wenn man bewußt versucht, die Einstellung oder das Verhalten eines tugendhaften Vorbildes nachzuahmen. Das zweite feste Prinzip der Vorbild-Nachahmungs-Theorie ist, daß die wirksamste Lehrmethode darin besteht, ein Vorbild zu präsentieren, das von den Menschen nachgeahmt werden kann. Drittens ist es für die Menschen ein berechtigtes Ziel, selbst zum Vorbild zu werden."

Die aus dieser Theorie resultierende Auffassung ist optimistisch wenngleich etwas simpel. Der Mensch ist noch in jeder Altersstufe veränderungsfähig. Schlechte Erfahrungen in einer Altersstufe brauchen die Verhaltensänderungen, die zu einem späteren Zeitpunkt möglich sind, nicht einzuschränken. Entwicklungsbedingte Änderungen des Lernvermögens werden nicht in Betracht gezogen, denn Lernen durch Beobachtung von Vorbildern soll in jeder Altersstufe möglich sein. Äußerer materieller Ansporn wird für relativ nutzlos gehalten, weil die schönste Belohnung darin besteht, sich so mustergültig zu benehmen, daß andere dieses Verhalten nachahmen werden, noch werden körperliche Strafen als wirksames Mittel zur Herbeiführung von Verhaltensänderungen anerkannt, weil man ihre Wirkung als vorübergehend und allgemein fruchtlos betrachtet.

Illustrationen

Die westliche Psychologie hat relativ wenig Einfluß auf die in China entwickelten Theorien gehabt. Die chinesischen Psychologen sind sich dessen, was im Westen geschieht, zwar bewußt, sie betonen jedoch, daß sie ihre eigenen Theorien menschlichen Verhaltens entwickeln. Zu Beginn der Volksrepublik war noch ein gewisser Einfluß russischer Psychologen zu spüren; nach dem Abzug der Russen jedoch, und besonders seit der Kulturrevolution, sind die russischen Ansichten abgelehnt und zunehmendes Vertrauen in die Schriften Maos, als Grundlage psychologischen Denkens gesetzt worden. Außerdem wurde die Betonung formaler psychologischer Forschung abgelehnt, weshalb man sich bei der Diskussion der Vorbildtheorie auch nicht auf chinesische Untersuchungen berufen kann. Man muß vielmehr ihre Verwendung im täglichen Leben in Betracht ziehen. Der Besucher Chinas wird sich bald der Tatsache bewußt, daß das gesamte Land ein riesenhaftes Experiment darstellt. Das chinesische Volk ist sich stärker als jedes andere der Einzelheiten dieser Theorie bewußt und setzt sie täglich in die Praxis um. Daher ist es interessant, einige der Beispiele dieser täglichen Anwendung aufzuzeigen.

Vorbilder gibt es mehr als genug. So kennt z.B. jedes Kind Norman Bethune, den kanadischen Arzt, der sich zu Beginn der Revolution dem Vorsitzenden Mao anschloß, die tapferen Genossinnen der Steppen, die selbst dann noch die Herden ihrer Gemeinden hüteten, wenn sie selbst dadurch in Gefahr gerieten und Lei Feng, das beliebteste Vorbild der chinesischen Kinder. Heldentaten aus dem Leben Lei Fengs schmücken die Umschläge der Schulbücher; Plakate und Bücher beschreiben diesen vorbildlichen jungen Mann, der fleißig aber bescheiden daran arbeitete, die Lehren Maos zu verwirklichen.

In den Kinderbüchern sind diese Vorbilder sehr lebhaft dargestellt. Ein Lehrer sagte uns: „Vor der Kulturrevolution lasen die Kinder Geschichten über Hunde und Katzen. Jetzt lesen sie über Arbeiter, Bauern und Soldaten, die für die Verwirklichung der Revolutionsideen arbeiten."

Ein beliebtes Kinderbuch, „*Nach Schulschluß*", mag dazu dienen, den Gebrauch dieser Vorbilder zu illustrieren. Eines von mehreren Vorbildern in dieser Geschichte ist Li Kuo-Hua, ein Kleiner Roter Soldat. Am Anfang wird berichtet, daß Li und andere Kleine Rote Soldaten aktiv an Sport und militärischen Übungen teilnehmen und auch bei der Weizenernte helfen. Die Kleinen Roten Soldaten lernen von den armen Bauern und sie „schwören, immer dem Weg zu folgen, den der Vorsitzende Mao gezeigt hat." Eines Tages nach der Schule stellte sich Li ein Problem. Drei junge Mädchen in der Schule hatten ein schlimmes Lied gesungen. Li fragte, wer den Kindern dieses schlechte Lied beigebracht hatte. Es war der alte Bonbonverkäufer Huang. Li dachte sich einen Plan aus. Wenn der Bonbonverkäufer sich das nächste Mal an die Mädchen heranmachen würde „um eine Gelegenheit zu finden, sein Gift zu verbreiten, sollten die Mädchen so tun als ob sie das schlimme Lied vergessen hätten. Die Mädchen befolgten diesen Plan und brachten den Bonbonverkäufer dazu, sie das Lied noch einmal zu lehren, woraufhin Li und die anderen Kinder, die sich in der Nähe versteckt hatten, den Bonbonverkäufer angriffen: „Damit kommst du nicht davon! Kleine Rote Soldaten haben saubere Gedanken und scharfe Augen. Wir wissen, was du willst. Wir werden nie zulassen, daß du deine schmutzigen bürgerlichen Ideen verbreitest." Der Bonbonverkäufer rannte davon. Li und die anderen Kleinen Roten Soldaten gelobten „Wir dürfen nie den Klassenkampf vergessen. Wir müssen

Abb. 1. Lei Feng, eines der weitverbreitetsten Vorbilder in der Volksrepublik China

103

Abb. 2a–d. Li Kuo-Hua, der vorbildliche Kleine Rote Soldat in dem Kinderbuch „Nach Schulschluß" (a) nimmt an militärischen Übungen teil; (b) hört, wie die Schulmädchen ein schlimmes Lied singen, (c) sendet die Kinder aus und (d) ertappt den schuldigen Bonbonverkäufer, der den Mädchen einen bürgerlichen Vers beigebracht hat

fleißig lernen für die Revolution. Wir müssen unsere schulfreie Zeit mit Mao Tse-Tungs Gedanken erfüllen" (Abb. 1 u. 2).

Diese Geschichte zeigt mehrere interessante Punkte auf. Wie in den meisten Kinderbüchern, ist Mao hier nicht selbst das Vorbild, sondern Li, ein Schuljunge, mit dem andere Kinder sich leichter identifizieren können, als mit dem betagten Vorsitzenden. Li verhält sich nach Maos Grundsätzen, aber dieses Verhalten kann von anderen Kindern leicht nachgeahmt werden. Alle Schulkinder können an Sport, Militärübungen und Feldarbeit teilnehmen. Li jedoch hat eine Lösung gefunden, wie man mit dem Bonbonverkäufer umzugehen hat, die wahrscheinlich nicht allzuoft nachgemacht werden kann. Was das Nachahmen von Vorbildern anbetrifft, so ist es nicht immer angebracht, das Verhalten des Vorbildes direkt zu imitieren. Ein gutes Vorbild veranlaßt den Beobachter dazu, neue Situationen zu suchen — eine offenkundige Notwendigkeit, wenn neue Probleme erfolgreich gelöst werden

sollen. Und schließlich kann man auch sehen, wie in dieser Geschichte Leitsprüche als Gedächtnishilfen benutzt werden, um das Verhalten zu lenken. „Lerne fleißig und mache jeden Tag Fortschritte." „Lerne fleißig für die Revolution." „Vergiß nie den Klassenkampf." „Diene dem Volk." „Denke an Tachai." Durch solche Leitsprüche spielt Sprache vielleicht ihre wichtigste Rolle. Die Leitsprüche weisen nicht direkt auf die Handlung hin, sondern dienen als Mittel, uns an früher dargestellte Handlungsweisen zu erinnern.

Lernbehinderungen

Warum habe ich ausgerechnet diese Theorie als Diskussionsthema im Rahmen eines Symposiums über Lernen und Lernfähigkeit gewählt? Einer der Hauptgründe liegt darin, daß die Chinesen behaupten, es gebe keine Lernbehinderungen bei den chinesischen Kindern. Vor 30 Jahren, als der

Schulbesuch noch nicht allgemein verbreitet war, wäre das keine erstaunliche Behauptung gewesen. Heute jedoch besuchen über 90% der Kinder die Volksschule. Nur die Kinder von Hirten oder Bevölkerungsgruppen in ganz abgelegenen Gegenden besuchen nicht die Schule. Daher kann man nicht behaupten, daß nur eine ganz bestimmte Auswahl von Kindern die Volksschule besucht. Es ist natürlich möglich, daß die Chinesen nicht zugeben wollen, daß Kinder Lernunfähigkeiten haben können, und daß sie diese deshalb nicht erkennen. Darüber können wir nur Vermutungen anstellen. Im Gespräch mit Lehrern in China wurde jedoch immer wieder verneint, daß es normal intelligente Kinder gebe, die außerstande seien, Lesen oder andere schulische Leistungen zu erlernen. Wenn wir annehmen, daß ihre Berichte der Wahrheit entsprechen, dann bieten sich uns mehrere interessante Hypothesen.

1. Ihre Lerntheorie könnte wirkungsvoller und umfassender angewandt sein als die im Westen entwickelten Lerntheorien. Wäre es möglich, daß der feste Glaube, daß man fähig ist zu lernen, — ein Glaube, der von Eltern und Lehrern geteilt wird — eine psychologische Atmosphäre schafft, die das Lernen erleichtert? Könnte weiterhin auch die fortwährende Unterstützung durch andere Menschen anstelle von körperlichen Strafen oder materiellem Ansporn dazu beitragen, ein lernfreundliches Klima zu Schaffen? Beseitigt das größere Vertrauen auf Beobachtung und Nachahmung einige der Schwierigkeiten, denen kleine Kinder bei ihren ersten formalen Lernerfahrungen begegnen? All diese Möglichkeiten könnten eventuell Gültigkeit besitzen.

2. Eine Möglichkeit, das Fehlen von Lernunfähigkeiten zu erklären, wäre, daß das in China angewandte ideographische Schreibsystem das Lesenlernen erleichtert. Die Vereinfachung der Ideogramme, die Übernahme einer gemeinsamen Sprache, *Putong-Hua,* und die Entwicklung eines sehr regelmäßigen Alphabets, Pin-Yin, für die Frühstufen des Lesenlernens, könnten weiter dazu beigetragen haben, Leseschwierigkeiten zu beseitigen.

3. Eine dritte Möglichkeit wäre, daß biologische Störungen, die sich negativ auf die Lernfähigkeit auswirken, zurückgegangen sind. Frauen heiraten erst Mitte zwanzig, dem besten Alter um Kinder zu haben und nur selten haben sie mehr als zwei Kinder. Sie haben reichlich Bewegung und sind meistens körperlich gut in Form. Sie essen gesund. Vorgeburtliche Pflege ist weit verbreitet. Daher ist es möglich, daß physische und physiologische Störungen bei Foetus und Kleinkind stark zurückgegangen sind und damit auch die Häufigkeit von Lernbehinderungen.

4. Eine vierte Möglichkeiten wäre, daß die Kinder in China besser auf die Schule vorbereitet werden als im Westen. So lernen z.B. ganz kleine Vorschulkinder schon die schwierigen Zeichen in Sätzen wie „Lang lebe der Vorsitzende Mao!" Noch bevor sie zur Schule gehen, bringt man ihnen die Zahlen und die Grundbegriffe der Mathematik bei. Außerdem gilt der Schulbesuch als großes Privileg und die Eltern scheinen starken Anteil an den Leistungen ihrer Kinder zu nehmen und darauf bedacht zu sein, sie in ihren Lernbemühungen zu unterstützen.

Über die Relevanz solcher Erklärungen können wir nur Vermutungen anstellen. Für uns im Westen ist die Frage interessant, ob die 120000000 chinesischen Kinder, die die Volksschule besuchen, auf eine Art erzogen werden, die das Lernen mehr fördert als unsere. Wenn dies der Fall ist, könnten die Ergebnisse aus diesem riesigen lebenden Labor eine Herausforderung für uns darstellen, ebenso wirksame Lernbedingungen für unsere Kinder zu entwickeln.

Literatur

MUNRO, D.J.: Man, state, and school. In: China's Developmental Experience (OKENSBERG, M. ed.). Proc. Acad. Political Sci. **31**, 121–143 (1973)

MUNRO, D.J.: The Concept of Man in Contemporary China. Stanford: Stanford University Press 1976 (in press)

Milieureaktive und biologische Gesichtspunkte in der Lernentwicklung

Gaetano Benedetti

Ich werde meine Übersicht unter den drei folgenden Aspekten behandeln:
1. Soziale Momente der Lernentwicklung;
2. Familiäre und psychodynamische Momente;
3. Biologische Momente in der Verflechtung mit milieureaktiven Problemen.

1. Es ist nicht leicht, bei unserem derzeitigen Wissensstand über die Tragweite der sozialen Momente einig zu werden; das betrifft nicht nur die Lernentwicklung, sondern die ganze Psychiatrie. Für die einen sind sie heute das einzig Relevante – es wird sogar eine „Politik der Wissenschaft" gefordert – für andere sind sie einfach „Mythen".

Auch die Bestimmung unseres Gegenstandes ist hier nicht einfach. Wenn wir uns auf Betrachtungen unserer heutigen Gesellschaft verlassen, können wir wohl viele kluge und plausible Einfälle äußern. Aber die harte Sprache der Wissenschaft, welche Hypothesen aufstellt und diese dann nachprüft, entgeht uns.

Weltgeschichtliche Betrachtungen solcher Art lauten etwa wie folgt:

Störungen der Lernentwicklung bei Jugendlichen fallen heute auf manchem Gebiet, z.B. in der Schule im Zusammenhang mit Aspekten der Gesellschaftskrise und mit dem allgemeinen Drang nach höherer Ausbildung eindrucksmäßig mehr auf als früher. Man vermutet hier, z.B. (BENEDETTI, 1970) daß die psychische Interiorisierung von familiären Ich-Idealen und Über-Ich-Strukturen der Psychodynamik der heutigen Jugend im Durchschnitt geringer ist als früher.

Viele junge Menschen zweifeln heute daran, ob die Leistungsideale ihrer Eltern ihnen wesentlich helfen, sich in einer rasch wandelnden Welt zurechtzufinden. Unlust zu lernen und Motivationsverlust beruhen oft auf einer bewußten oder unbewußten Hilflosigkeit, die jedoch zu den zunehmenden Chancen der Bildungsgleichheit und mit der größeren politischen Autonomie der Jugend in Kontrast stehen. Eine solche Hilflosigkeit ergibt sich aus einer ganzen Reihe von angenommenen Momenten, die hier nur stichwortartig erwähnt werden können: zunehmende Unberechenbarkeit der Weltzukunft in ökonomischer und politischer Hinsicht; ideologische Verunsicherung, Schwächung der Familientraditionen und der Stellung des Vaters in der Familie, Verbindung einer allgemeinen Anspruchshaltung mit der Schwierigkeit, unmittelbare Lustbefriedigung im Hinblick auf Leistungsziele zu verschieben, Entwertung der Wissensvermittlung, welche die Autorität, die ethische Bedeutung und die Anschaulichkeit des innerfamiliären Raumes und des sozialen Vorbildes zum Teil verloren hat, Angst vor politischer Manipulation durch das Wissen, das als Machtmittel oder als Warenaustausch erlebt wird, und, mit all dem zusammenhängend, eine mangelhafte Ausbildung von intrapsychischen Regulatoren, welche Lernziele stabil festlegen, Lernlust fördern, Erfolgsbefriedigungen vorausnehmen.

Nun, wir könnten die ganze uns zur Verfügung stehende Redezeit mit solchen Überlegungen ausfüllen. Über derartige Dinge wird heute viel und gescheit gesprochen und geschrieben; es ist nur recht und billig, daß wir uns Gedanken machen über unsere historische Gegenwart. Aber es bleibt dabei, bei bloßen Ansichten, denn wir sind so sehr in unserem sozialen Geschehen verstrickt, daß die Denkmittel uns fehlen, um adäquate Methoden zur Nachprüfung solcher Ansichten zu entwickeln.

Wenden wir uns aber einem speziellen überblickbaren Gebiet zu, z.B. dem im letzten Jahrzehnt in Amerika so ernsthaft, leidenschaftlich und mit großem finanziellen Aufwand untersuchten *Begriff des sozial deprivierten, durch Klasse und Rasse unterprivilegierten Kindes,* und untersuchen wir bei ihm die *Entwicklung der Lernfähigkeit,* so begegnet uns eine andere Art von Schwierigkeiten.

Zwar scheint mir eine solche Forschung, die einerseits nachprüfbare Hypothesen aufstellt, andererseits soziale Verhältnisse aktiv bessern will, *in jedem Falle sehr fruchtbar.* Sie hat materielle Lage, Wissensniveau und Selbstbewußtsein der betreffenden Menschen gehoben und so segensreich gewirkt. Aber die Erfahrung hat gelehrt, wie leicht *Verstehen mit Erklären* verwechselt werden kann, wenn man die Kritik der Ergebnisse nicht genug beachtet.

Wir können die intelligenzmäßige Unterbegabung von Menschen, die in Verhältnissen der Armut und der sozialen Unstrukturiertheit aufwachsen, zunächst einmal in dieser Sicht verstehen. Es wird hervorgehoben, daß Eltern in ungünstigen sozioökonomischen Verhältnissen nicht imstande sind, ihren Kindern jene sprachlichen Lernerfahrungen zu vermitteln, die mit dem steigenden sozialen Niveau möglich werden. Diese Kinder lernen nicht, genaue, satzweise Beziehungen in der Sprache, im Gedankengefüge zu entwickeln und sie treten weniger in differenzierte verbale Formen der mitmenschlichen Beziehungen (z.B. BERNSTEIN, 1960, 1961; BRONFENBRENNER, 1958; CHILMAN, 1965; für eine Übersicht s. auch BENEDETTI, 1973). Ihre syntaktischen Modelle bleiben konfus und mangelhaft. Die Eltern stellen keine Fragen, welche den Kindern helfen, zwischen verschiedenen Beziehungstypen in der Umwelt zu differenzieren und diese zu schildern und mitzuteilen. Das Gespräch beschränkt sich meistens auf wenig strukturierte, imperative Sätze. HESS (1970) hat z.B. gefunden, daß autoritäre Mitteilungen an die Kinder, die er systematisch bei einer großen Zahl von Müttern aus verschiedenen sozialen Klassen untersuchte, bei niedrigem sozioökonomischem Niveau über die Hälfte aller mütterlichen Redeweisen ausmachen; dieser Befund sinkt aber schon in den mittleren Klassen auf 15% ab.

Man kann also nicht sagen, daß bei schwarzen Kindern in Amerika eine andere Form der Intelligenz (wie etwa bei den Primitiven nach LEVY-STRAUSS, 1962) vorkommt und daß wir nur Anpassung an eine intellektuelle Zivilisation des weißen Mannes fordern, weil eben soziale und sprachliche Verarmung die verschiedenen Akzente setzen. Beim *kulturell deprivierten Kinde* weist die Erziehung ein autoritäres Gepräge auf. Die Eltern-Kind-Kommunikation ist auf ein entsprechendes Vokabular eingeengt, z.B. treten an die Stelle von rationalen Erklärungen ständige Befehle. Man fand, daß elterliche Antworten, welche keinen befehlsmäßigen Charakter haben, *umgekehrt* das Kind anregen, sich nach den Erfolgen seines Verhaltens zu orientieren, sich die Bedeutung und die Wirkung seiner Aktivität auf die anderen zu vergegenwärtigen und vorauszusehen. Sie fördern die Bereitschaft des Kindes, seine geistigen Funktionen zu entwickeln, Begriffe auszubilden, autonome Motivationen zu entfalten, usw.

Andererseits haben die Kinder auch in weiteren Lernbereichen geringere Chancen, auf fernliegende Ziele motiviert zu werden und entsprechende Initiativen zu ergreifen. Die Sprache aber ist nach den vorliegenden Untersuchungen ein Indikator tiefer liegender sozioökonomischer Verhältnisse: die elterliche Kommunikation spiegelt eher unmittelbare eigene Bedürfnisse der Eltern wider anstatt der Fähigkeit, sich in latente soziale Bedürfnisse und Motivationen des Kindes einzufühlen (z.B. BRONFENBRENNER, 1958; CHILMAN, 1965; DAVIS u. HAVIGHURST, 1946; LEWIS, 1961, 1966). Dies kommt nicht von einer ungenügenden Elternliebe (HUNT, 1961), wohl aber nach Ansicht vieler Untersucher daher, daß die Eltern unter dem Druck der sozialen Verhältnisse und in der Einschränkung ihrer Motivationen mangelhaft vorbereitet sind für die Aufgabe, ihren Kindern differenzierte erzieherische Modelle zu bieten und eine erste Schulanpassung adäquat in die Wege zu leiten.

Das ist nur ein kurzer und unvollständiger Ausschnitt aus den vielen Untersuchungen, die im Frühjahr 1965 das Programm *Head Start* anregte.

Schon im Frühjahr 1966 begann die Begeisterung für diese Forschung abzuflauen; einer beginnenden Überlegenheit der trainierten Kinder folgte ein Ausgleich mit den Kontrollgruppen („Initial superiority over control groups followed rather quickly a catch-up phenomenon", CALDWELL, 1970). Nach dem *Westinghouse*-Report 1969, nach dem Jensen-Report 1970 entwickelte sich das, was CALDWELL (1970) eine „Desillusionierung" nannte. Wir erwähnen hier die ganze sich anschließende Kritik nicht, sondern wir begnügen uns mit zwei Zitaten: EYSENCK (1975): „Obwohl über Tausende solcher Versuche wie Operation *Head Start* in der Literatur berichtet wurden, gab es nur wenige, die nicht als Fehlschlag zu bezeichnen sind". BURT hat schon früher aufgrund eigener jahrzehntelanger Forschungen festgestellt: „Es gibt beachtliche Differenzen in der durchschnittlichen Intelligenz der verschiedenen sozioökonomischen Schichten, aber trotz der bemerkenswerten Verbesserungen der materiellen und kulturellen Verhältnisse haben sich die Unterschiede während der in Frage stehenden Periode überhaupt fast nicht geändert."

Freilich scheint mir das Fehlschlagen von Erziehungsprogrammen an sich ebensowenig ein sicherer Hinweis auf die Unrichtigkeit soziopsychiatrischer Annahmen zu sein, wie das Mißlingen von mancher Psychotherapie auf die Richtigkeit psychodynamischer Beobachtungen über die Entwicklung psychischer Störungen, denn wie JENSEN (1970) selber meint: „Educational variables might be among the least potent of environmental variables for influencing IQ". Ferner scheint mir der IQ nur ein Teil des intellektuellen und sozialen Bestandes der Persönlichkeit zu sein.

Immerhin ist die „entmythologisierende" Kritik sehr wichtig: sie vergegenwärtigt uns den erkenntnistheoretischen Unterschied zwischen „Verstehen und Erklären", den JASPERS (1946) in der Psychiatrie machte.

Verstehenszusammenhänge haben, wie ich meine, den Vorteil, daß sie die Phantasie zur Aufstellung von Hypothesen anregen und vor allem den mitmenschlichen Einsatz in der ganzen Psychiatrie fördern. Sie sind wahr, wo sie sich auf die Existenz, und nicht auf die Natur beziehen, also auf etwas, das wir nicht vergegenständlichen, sondern in der Förderung des Menschlichen nur mitvollziehen können. Sie haben den Nachteil, daß sie pseudowissenschaftliche Scheinerklärungen durch kausales Mißverständnis bedingen können, wo sie auf Naturzusammenhänge bezogen werden, die dagegen kausal erklärt werden sollen.

2. Die zweite Gruppe von milieureaktiven Einflüssen sind psychodynamischer Natur. Es geht hier nicht darum, milieureaktive Bedingungen der Lernfähigkeit als eine intellektuelle Funktion anzunehmen, sondern auf jenes Netz von Emotionen und Motivationen hinzuweisen, die einerseits erst im Rahmen innerfamiliärer Beziehungen sichtbar werden, andererseits auch die Lernleistung begabter Kinder hemmen. Ihr Einfluß ist freilich stärker, wo die Begabung nicht überdurchschnittlich ist; denn, wie der Psychiater AJURIAGUERRA (1970) betont, trotzen große Begabungen allen schädigenden milieureaktiven Einflüssen.

Man kann nun dieses Thema auf zwei Ebenen untersuchen: einmal wie milieureaktive Faktoren auf die Lernfähigkeit in der Schule wirken, dann aber auch unter dem Gesichtspunkt, daß außerschulische Verhaltensweisen ebenfalls eine wesentliche Lernkomponente haben. Letzten Endes gehen milieureaktive intrafamiliäre Faktoren auf Störungen der intimen Beziehungen zurück. Deren psychiatrische Beobachtung läßt uns manche *altersmäßige Phasenspezifität,* also eine Entwicklungsdimension, annehmen.

Ich erwähne nur die wichtigste: frühe Kommunikationsstörungen zwischen Mutter und Kind während der zwei ersten Lebensjahre können beim Kind die Fähigkeit stören, die Bedeutung und den Aufforderungscharakter derjenigen Umweltreize richtig wahrzunehmen und zu beant-

worten, welche Beziehungsnähe, mitmenschliche Zuwendung, Urgeborgenheit meinen und sich bereits in der Mimik, Gestik, Lächeln, Hautberührung ausdrücken. Entsprechende Reize werden nicht erkannt und adäquate Reaktionen nicht gelernt. Schon bei Affen hat uns HARLOW (1959) gezeigt, daß Deprivationen in diesem frühen Lebensabschnitt Neugier, Aktivität, Exploration und sogar späteres soziales und sexuelles Verhalten schädigen. Sind die Störungen beim Menschenkind hochgradig, wie bei den hospitalisierten Kindern von SPITZ (1945), so ergeben sich Bilder mit Störungen der sensomotorischen Koordination, die dem frühkindlichen organischen Psychosyndrom von LEMPP (1972) wahrscheinlich nahekommen. Sogar die Reifung biologischer Funktionen wird beeinträchtigt. Weniger schwere Störungen führen zu einer ausschließlich psychischen Symptomatik, wie sie MAHLER (1969) dargestellt hat. Der wiederholte Hinweis dieser Autorin, daß die Entwicklung solcher Lernstörungen auch mit Wahrnehmungslücken der Kinder für die mütterlichen Reize zusammenhängt, nimmt schon jetzt unseren dritten Punkt auf: *die Verflechtung von milieureaktiven und von biologischen Faktoren.*

Wenn sich bei solchen heranwachsenden Kindern später eine schulische Leistungsschwäche einstellt, so betrifft sie in der Regel nicht eine Herabsetzung der Begabung. Vielmehr tritt eine *Streuung der Leistungsfähigkeiten entsprechend der subjektiven Bedeutung der Umweltsituation* auf.

Die klinischen Bilder der Erwachsenen entsprechen im Durchschnitt den Begriffen „Borderline", „schwere narzistische Entwicklung" und auch „latente Psychosen".

Fällt aber die milieureaktive Störung in eine *spätere Entwicklungsphase,* in diejenige des Mutter-Vater-Kind-Dreiecks, also ins 3.–5. Lebensjahr, so haben wir die klassischen Bilder der Neurose. Die Störungen betreffen hier kaum die Identitätsbildung, die Fähigkeit, eigene Gefühle oder eigene Ichgrenzen wahrzunehmen, die Realität im Gegensatz zum überwuchernden phantasmatischen Erleben einzuschätzen und sozialisierte Antworten zu erlernen, sondern sie betreffen umschriebenere Konflikte der Rivalität, des Sich-Behauptens und Durchsetzens, der sexuellen Partnerbeziehung, der Abhängigkeit und der Leistung. Wenn die schulische Lernfähigkeit hier gestört ist, kann sie zum manifesten Achsensyndrom werden, im Gegensatz zu den frühkindlichen Formen, wo die grundlegende Persönlichkeitsstörung das Bild beherrscht.

Da meine eigenen Erfahrungen mehr intuitiv-eindrucksmäßiger, beschreibender Natur sind und psychotherapeutischen Beobachtungen entstammen, möchte ich experimentelle Befunde aus systematischen Untersuchungen anderer Autoren erwähnen:

Nach HONZIK et al. (1948) besteht eine Korrelation zwischen Schwankungen der Lernfähigkeit und Schwankungen der emotionellen Atmosphäre im Elternhaus. Nach BAYLEY u. SCHAEFER (1964) korreliert mütterliche Akzeptierung bei Knaben mit zunächst langsamem, dann höherem Ansteigen der kognitiven Leistungen; umgekehrt sind die Befunde mit strafenden und abweisenden Müttern. BRODY u. WINTERBOTTOM (1967) finden, daß Psychotraumatisierung jeder Art bei Kindern mit neurotischen Lernschwierigkeiten häufiger vorkommt als bei intellektuell erfolgreichen Kindern. Diese Lernstörungen wirken sich aus als Abwehr der Angst (GARDNER u. SPERRY, 1974), Versagen in der abwechselnden Einstellung von Aktivität und Passivität im Lernprozeß (LISS, 1941), sekundärer Gewinn aus der intellektuellen Hilflosigkeit (MAHLER-SCHÖNBERGER, 1942), Auslösung von aggressiven Phantasien beim Lernen (SPERRY et al., 1952), Assoziierung von Triebangst mit den symbolischen Aspekten der Lernsituation (PEARSON, 1952, 1954; STRACHEY, 1930; GARDNER u. SPERRY, 1964), eine Flucht in Phantasien oder psychomotorische Unruhe, welche aufmerksame Zuwendung zu genauen Leistungen verhindern, Selbstbestrafung und Bestrafung der Eltern durch die versagenden Kinder ohne direkten Ausdruck der aggressiven kindlichen Phantasien (GARDNER u. SPERRY, 1974).

Man hat versucht, *innerhalb dieser Gruppe von vorwiegend neurotischen Lernstörungen zwei verschiedene Formenkreise zu unterscheiden:*

Auf der einen Seite handelt es sich um Kinder, die vor allem in ihrer *Aufnahmefähigkeit* gestört sind. Diese Kinder sind meistens unaufmerksam in der Schule, ängstlich blockiert beim Versuch, ihre Aufmerksamkeit zu fokussieren, unfähig, die Richtlinien des Lehrers zu verstehen, überbeschäftigt mit der Vorbereitung der Aufgaben, autoritätsabhängig. Auf der anderen Seite findet man Kinder, bei denen eine Störung der *Produktivität* im Vordergrund steht. Ihre Geschicklichkeit bei testpsychologischen Untersuchungen ist nicht sehr gestört. Sie sind aber in der Schule ablehnend, verachtungsvoll gegenüber Lehrern und Aufgaben, sie verweigern die Mitarbeit. Untersucht man die *Umwelt* all dieser Kinder, so findet man, daß *reaktive depressive Affekte*

und eine entwertende Rolle in der Familie beiden gemeinsam ist. In der ersten Gruppe hat sich aber eine Form der *Abwehr* entwickelt, die ihnen gestattet, zu Hause wie in der Schule immer wieder eine Opferrolle zu spielen. Sie zeigen ihre Hilflosigkeit, um Aufmerksamkeit zu bekommen. In der zweiten Gruppe liegt die Abwehr eher in der *Selbstisolierung* durch Gefühle des Ärgers, in der *Projizierung* der Selbstverachtung auf die Umwelt. *Sie identifizieren sich mit dem Aggressor,* um ihre zeitweise doch durchbrechende Depression abzuwehren.

Hier erhebt sich die Frage, ob Befunde über die Bedeutung psychohygienischer Maßnahmen bei der Beeinflussung von solchen emotionellen Fakten im Bereiche des Lernens vorliegen. Was die neurotischen Fälle anbetrifft, kennen wir gute Studien über Schulphobien (COOLIDGE et al., 1960, 1962, 1964). Sie zeigen aufgrund langjähriger Katamnesen, daß die Heilungsquote bei kindlichen Fällen hoch, jedoch in der Adoleszenz viel niedriger ist.

3. Zum Schluß kommen wir auf die *biologischen Momente.* An diesem Symposium sind Genetik, Neurologie und Neuropsychologie vertreten. Als Psychiater darf ich mich deshalb auf das beschränken, was mich auf weiten Gebieten meiner Arbeit fasziniert, auf die Wechselwirkung von psychoreaktiven und konstitutionellen Momenten in Syndromen, die man einst voreilig entweder als ganz erblicher oder ganz milieureaktiver Natur eingeordnet hat. Viele Autoren, wie etwa CARMICHAEL (1970) erkennen, daß das Milieu für die Entwicklung aller angeborenen Mechanismen notwendig ist; die Frage lautet deshalb nicht nur: Milieu versus Anlage, sondern auch: was ist das Ergebnis eines genetischen Codes und was eines individuell determinierten Engrammes?

Die komplexe Struktur der menschlichen Verhaltensweisen erlaubt aber oft keine einfachen Entweder-Oder Antworten, sondern sie verlangt die Analyse von verschiedenen Komponenten desselben Verhaltens, wovon die einen genetisch fixiert und die anderen individuell erworben sind. Diese Analyse als Idealforderung ist im einzelnen schwer durchführbar, am wenigsten durch den Psychiater, der nicht experimentell arbeitet. Er kann lediglich das Zusammentreffen verschiedener Mechanismen feststellen.

Mit einigen wenigen Hinweisen in diese Richtung schließe ich mein Referat. Eine Verbindung von milieureaktiven und von konstitutionellen Momenten im Lernprozeß von Verhalten wie Anpassung, Abhängigkeit, Passivität ergeben sich deutlich aus psychiatrischen Längsschnittstudien, wie z.B. denjenigen von KAGAN u. MOSS (1962). Die Untersuchungen dieser Autoren haben ergeben, daß eine Korrelation zwischen bestimmten Dimensionen des mütterlichen Verhaltens während der ersten drei Lebensjahre des Kindes – also in der Prägungsphase des Charakters und nicht später – und dem Verhalten des später Erwachsenen vorhanden sind. Das spricht für das Milieu. Aber noch stärker ist die auf biologische Momente hinweisende Korrelation zwischen Verhaltensdimensionen des kleinen Kindes und solchen des Erwachsenen.

Ein anderes Kapitel ist die moderne verhaltenspsychologische Erforschung der sog. „Geschlechtstypisierung" („Sex typing"). Wir hören (z.B. SEARS et al., 1965), daß die Identifikation des Kindes mit den Eltern gleichen Geschlechts weite Bereiche seiner Persönlichkeit beeinflußt: Geschlechtliche Typisierung, Rollenbildung, Aggressivität, usw. Die Tatsache, daß die Aufmerksamkeit des Kindes von Anfang an auf das Verhalten des gleichgeschlechtlichen Elternteils gerichtet ist (MACCOBY u. WILSON, 1957), daß die Geschlechter der Kinder sich sehr bald in der raschen Wahrnehmung der elterlichen Merkmale und im raschen Erlernen der von den Eltern erwarteten Verhaltensweisen unterscheiden (BENNET u. COHEN, 1959; EMMERICH, 1959; FINCH, 1956) sowie die Beobachtung, daß die prägenden Einflüsse nach statistisch signifikanten Befunden schon früh in der Entwicklung auf den Plan treten, etwa mit 13 Monaten bei Mädchen (GOLDBERG u. LEWIS, 1969), weist auf das Einwirken von biologischen Faktoren hin. Die Antwort der Umwelt kann nun verschieden sein. Mehrere Autoren (BACH, 1946; LYNN u. SAWREY, 1959; SEARS u. PINTLER, 1946) haben gefunden, daß normale Kinder von abwesenden Vätern eine geringere männliche Selbstidentität entwickeln. Die Bereitschaft, bei der Bewältigung der Realität Lust zu verschieben, war bei 8–9jährigen Knaben, die in der Abwesenheit ihrer Väter aufwuchsen, geringer (MISCHEL, 1958, 1961). Ein drittes Beispiel des Zusammenspiels von Anlage und Milieu wird uns durch die einfache psychiatrische Erfahrung gegeben, daß schulische Lernstörungen durch Psychotherapien gebessert werden können, ja in der Erfahrung von zahlreichen von mir befragten Kollegen in über 70% der Fälle aufgehoben werden. Bedenkt man, daß BURTS Gruppentest der Intelligenz eine Erblichkeit von 0,86 erbringt, der über Schulwissen aber weniger als 0,30, kann man argumentieren, daß schulische Leistungen im Gegensatz zum vorwiegend erblich festgelegten Intelligenzquotienten durch Umweltfaktoren zu einem wesentlicheren Teil bestimmt werden.

Meine Damen und Herren, die Feststellung einer Kombination von genetischen und milieureaktiven Momenten in der Psychiatrie ist heute sehr häufig. Sie wird auf vielen Gebieten, von der Lernfähigkeit beim psychisch Normalen bis zur Schizophrenie beim psychisch Abnormen hervorgehoben. Auf lange Sicht hin mag sie uns weniger interessant erscheinen als die Versuche, entweder-oder-Fragen zu beantworten. Aber vielleicht wird uns in Zukunft die neuropsychologische Forschung sagen können, wie biologische Codes und milieureaktive Engramme im Gehirn zusammenwirken.

Literatur

AJURIAGUERRA DE, J.: Psychiatrie de l'enfant. Paris: Masson 1970

BACH, G.R.: Father-fantasies and father-typing in father-separated children. Child Develop. 17, 63–80 (1946)

BAYLEY, N., SCHAEFER, E.S.: Correlations of maternal and child behaviors with the development of mental abilities. Monogr. soc. res. Child Develop. 29, 97 (1964)

BENEDETTI, G.: Psicologia e società. Psicoterapia e scienze umane 15/16, 8–29 (1970)

BENEDETTI, G.: Psicologia della povertà. Psicoterapia e scienze umane 1/2, 11–27 (1975)

BENNETT, E.M., COHEN, L.R.: Men and women: personality patterns and contrasts. Genet. Psychol. Monogr. 59, 101–155 (1959)

BERNSTEIN, B.: Language and social class. Brit. J. Soc. 11, 271–276 (1960)

BERNSTEIN, B.: Social structure, language and learning. Educat. Res. 3, 163–176 (1961)

BRODIE, R.D., WINTERBOTTOM, M.R.: Failure in elementary school boys as a function of traumata, secrecy and derogation. Child Develop. 38, 701–711 (1967)

BRONFENBRENNER, U.: Socialization and social class through time and space. In: Readings in Social Psychology MACCOBY, E.E., NEWCOMB, T.M., HARTLEY, E.L., eds.), pp. 400–425. New York: Holt 1958

BURT, C.: Class differences in general intelligence: III. Brit. J. Statl. Psychol. 12, 15–23 (1959)

CALDWELL, B.M.: Period of consolidation. In: Disadvantaged Child, Vol. 3. New York: 1970

CARMICHAEL, L.: Onset and early development of behavior. In: Manual of Child Psychology, Vol. I, pp. 447–563. New York: 1970

CHILMAN, C.S.: Child rearing and family life patterns of the very poor. Welfare in Review 3, 3–19 (1965)

COOLIDGE, J.C., BRODIE, R.D., REENEY, B.: A ten

year follow-up study of sixty-six school phobic children. Amer. J. Orthopsychiat. **34** (1964)

COOLIDGE, J.C., et al.: Patterns of aggression in school phobia. In: Psychoanal. Stud. Child **17** (1962)

COOLIDGE, J.C., WILLER, M.L., TESSMAN, E., WALDFOGEL, S.: School phobia in adolescence: a manifestation of severe character disturbance. Amer. J. Orthopsychiat. **30**, 599–607 (1960)

DAVIS, W.A.: Social-Class Influences Upon Learning. Cambridge, Mass.: Harvard University Press 1948

DAVIS, W.A., HAVIGHURST, R.J.: Social-class and color difference in child-rearing. Amer. Sociol. Rev. **11**, 698–710 (1964)

EYSENCK, H.J.: Die Ungleichheit der Menschen. München: List 1975

EMMERICH, W.: Parental identification in young children. Genet. Psychol. Monogr. **60**, 257–308 (1959)

FINCH, H.M.: Young children's concepts of parent roles. J. Home Econ. **47**, 99–103 (1955)

GARDNER, G.E., SPERRY, B.M.: Basic word ambivalence and the learning disabilites in childhood and adolescence. Amer. J. Orthopsychiat. **18**, 377–392 (1964)

GARDNER, G.E., SPERRY, B.M.: School problems – learning disabilities and school phobia. In: American Handbook of Psychiatry, Vol. II, pp. 116–129. 1974

GOLDBERG, S., LEWIS, M.: Play behavior in the year-old infant: Early sex differences. Child Develop. **40**, 21–31 (1969)

HARLOW, H.F.: Love in infant monkeys. Sci. Amer. **200**, 68–74 (1959)

HESS, R.D.: The transmission of cognitive strategies in poor families: The socialization of apathy and underachievement. In: Psychological Factors in Poverty, pp. 73–92. Chicago 1970

HONZIK, M.P., MACFARLANE, J., ALLEN, L.: The stability mental test performance between two and eighteen years. J. exp. Educ. **4**, 309–324 (1948)

HUNT, J.M.: Intelligence and Experience. New York: Ronald Press 1961

JASPERS, K.: Psychopathologie. Berlin-Göttingen-Heidelberg: Springer 1946

JENSEN, A.R.: Another look at culture-fair testing. In: Disadvantaged Child, Vol. III, pp. 53–102. New York: 1970

KAGAN, J., MOSS, H.A.: Birth to Maturity. New York: John Wiley 1962

LEMPP, R.: Die Psychopathologie der Hirnschädigung im Kindesalter. Psychiatrie der Gegenwart,

Vol. II/I. Berlin-Heidelberg-New York: Springer 1972

LÉVI-STRAUSS, C.: La pensée sauvage. Paris: Plon 1962

LEWIS, O.: Children of Sanchez. New York: Random House 1961

LEWIS, O.: The culture of poverty. Sci. Amer. **215**, 19–25 (1966)

LISS, E.: Learning difficulties. Amer. J. Orthopsychiat. **11**, (1941)

LYNN, D.B., SAWREY, W.L.: The effects of father-absence on Norwegian boys and girls. J. abnorm. soc. Psychol. **59**, 258–262 (1959)

MACCOBY, E.E., WILSON, W.C.: Identification and observational learning from films. J. abnorm. soc. Psychol. **55**, 76–87 (1957)

MAHLER, M.S.: Perturbances of symbiosis and individuation in the psychotic ego. In: Problems of Psychosis. Amsterdam: Excerpta medica 1969

MAHLER-SCHÖNBERGER, M.: Pseudo-Imbecility: A magic cap of invincibility. Psychoanal. Quart. **11** (1942)

MISCHEL, W.: Preference for delayed reinforcement: an experimental study of a cultural observation. J. abnorm. soc. Psychol. **56**, 57–61 (1958)

MISCHEL, W.: Father absence and delay of gratification: cross-cultural comparison. J. abnorm. soc. Psychol. **63**, 116–124 (1961)

PEARSON, G.H.: A survey of learning difficulties in children. Psychoanal. Stud. Child **7** (1952)

PEARSON, G.H.: Psychoanalysis and the Education of the Child. New York: Norton 1954

SEARS, R.R., PINTLER, M.H., SEARS, P.S.: Effect of father separation on preschool children's doll play aggression. Child Develop. **17**, 219–243 (1946)

SEARS, R.R., RAU, L., ALPERT, R.: Identification and Child Rearing. Stanford, Calif.: Stanford University Press 1965

SPERRY, B., STAVER, N., MANN, H.: Destructive fantasies in certain learning difficulties. Amer. J. Orthopsychiat. **22**, 356–365 (1952)

SPITZ, R.A.: Hospitalism; an inquiry into the genesis of psychiatric conditions in early childhood. In: Psychoanalytic Study of the Child, Vol. I, pp. 53–74. New York: International Universities Press 1945

STRACHEY, J.: Some unconscious factors in reading. Int. J. Psycho-Anal. **11** (1930)

WHITE, S.H.: The national impact study of head start. Disadvantaged Child, Vol. III. New York 1970

Lernen, Motivation und Gesellschaftsstruktur

Heinz Heckhausen

Das mir gestellte Thema ist komplex. Was zum Lernen motiviert und wodurch die erreichten und erreichbaren Niveaus des Lernens eingegrenzt werden, gilt es, auf seine Umweltbedingungen zu klären, die sich bis hin zur sog. Gesellschaftsstruktur verfolgen lassen. Lernen ist ein vielgestaltiger Begriff. Der Einfachheit halber will ich darunter abgekürzt das lebensalterbezogene Produkt von nicht näher erläuterten Prozessen der Differenzierung und Strukturierung verstehen, das sich in der Bewältigung alltäglicher Situationen, von Aufgaben und von vielerlei Fähigkeitstests (bis hin zu sog. Intelligenztests) als Wissen, als Teilhabe am kulturellen Grundbestand und als Verfügbarkeit über Problemlösungsfertigkeiten oder kurz als „Kompetenz", zu erkennen gibt. Lernen in diesem Sinne ist kumulativ, jeder Zuwachs hängt vom bereits erreichten Stand ab, von den notwendigen Vorkenntnissen. Deshalb kann das gestellte Thema nur in der Entwicklungsperspektive des menschlichen Lebenslaufs behandelt werden. Das aber kann in einem Vortrag nur andeutungsweise geschehen.

Ich werde versuchen, das zu entwirrende Bedingungsgeflecht an einigen paradigmatischen Stellen freizulegen. Zunächst werde ich entwicklungsökologische Bedingungen skizzieren, die die Realisierungsmöglichkeiten von Lernleistungen in einzelnen Lebensalterspannen eingrenzen. Danach analysiere ich die Bedingungsfaktoren der Motivation zum Lernen sowie ihre Abhängigkeit von Situationseinflüssen, die selbst wieder gesellschaftlich normiert sein können. In einem nächsten Abschnitt werden die Bedingungsfaktoren zu einem Erklärungsmodell für kumulative Lernleistungen zusammengefügt, therapeutische Eingriffsmöglichkeiten aufgezeigt und die Rolle genotypischer Ursachen für Lernleistungsunterschiede diskutiert. Schließlich werden gesellschaftsstrukturelle Determinanten als Randbedingungen der Entwicklungsökologie und damit als Realisierungsmöglichkeiten für Lernmotivation und Lernen erörtert und bis in die Implikationen einiger bildungs- und gesellschaftspolitischer Forderungen verfolgt.

Entwicklungsökologische Realisierungsmöglichkeiten

Umweltbedingungen, soweit sie einen Entwicklungsablauf beeinflussen, kann man als entwicklungsökologische Realisierungsmöglichkeiten auffassen, die die von Altersabschnitt zu Altersabschnitt sich eröffnenden Lebensräume charakterisieren. Dahinter steht die Einsicht, daß Entwicklung weder von selbst abläuft, d.h. endogen vorprogrammiert ist im Sinne von Reifungstheorien, noch von Umwelteinwirkungen im Sinne radikaler Milieu- und Sozialisationstheorien „gemacht" wird. Entwicklung ist vielmehr zu einem guten Teil, wie PIAGET überzeugend gezeigt hat, die Kumulation strukturierenden Lernens, die das Individuum in aktiver Auseinandersetzung mit seiner Umwelt selbst besorgt. Dabei ist die Rolle der Umwelt weniger als eine unmittelbare oder gar prägende Einwirkung zu verstehen. Sie eröffnet vielmehr für einen gegebenen Altersabschnitt ein Mehr oder Weniger an Gelegenheiten und Anregungen, d.h. Realisierungsmöglichkeiten für anstehende Entwicklungsfortschritte, die das Individuum nutzen kann.

Ein entwicklungsökologischer Paradefall ist die frühe Mutter-Kind-Bindung. Vielleicht schon die Frühzeitigkeit eines intensiveren Kontakts in den ersten Tagen nach der Geburt, auf jeden Fall aber die Qualität der späteren Bindung führt zu einem Motivationszustand des Säuglings, den MARY AINSWORTH (AINSWORTH u. WITTIG, 1969) als „Sicherheit" bezeichnet (vgl. BISCHOF, 1975). Da dieser Zustand eine notwendige Bedingung für exploratives Verhalten ist, schafft die Qualität der Mutter-Kind-Bindung unterschiedliche Realisierungsmöglichkeiten für die Entwicklungsgeschwindigkeit der sensumotorischen Intelligenz. Je mehr ein Säugling die Pflegeperson als einen sicherheitsgebenden „Schutzhafen" erfahren hat, um so mehr Neugierverhalten zeigt er im 1. Lebensjahr, um so weiter kann sich das Kind in explorierenden Exkursionen von der Mutter fortwagen, um so früher werden die Stadien der Objektpermanenz durchlaufen und um so eher tritt die Personenpermanenz vor der Objektpermanenz auf (Zusammenfassend: AINSWORTH u. BELL, 1975). Eine gute Bindung ist nicht von Häufigkeit und Dauer des Kontakts, sondern von dessen Qualität abhängig; genauer: davon, wie treffsicher und prompt Mutter und Kind auf das gegenseitige Verstehen und Geben von Signalen sich eingespielt haben. Seitens der Mutter setzt dies Sensitivität, Akzeptierung und Kooperation voraus. Sie entwickelt ein zunehmendes Gespür für die Signale, mit denen das Kind seine Bedürfniszustände zu erkennen gibt und kann die Bedürfnisse des Kindes prompt befriedigen. Andererseits entwickelt das Kind soziale Kompetenz im Herstellen und Aufrechterhalten des Kontakts mit der Pflegeperson; es gewinnt eine Art Gefühl, daß es einen gewissen Einfluß auf die Umgebung und darauf, was mit ihm geschieht, besitzt. Im Krabbelalter hat sich auch die gewährte „Bodenfreiheit" (floor freedom) als Prädiktor der Intelligenzentwicklung erwiesen.

Wir wissen noch nicht, wieweit bereits solch frühe entwicklungsökologische Unterschiede die Kumulation von Lernleistungen über die folgenden Jahre vorauskonstellieren. Aber auch für die folgenden Jahre haben sich entwicklungsökologische Besonderheiten nachweisen lassen. So ist vor allem das Anregungspotential der Nahumwelt auf wichtige Dimensionen taxonomiert und sein Zusammenhang mit der Entwicklung von Intelligenzleistungen (MARJORIBANKS, 1972) oder mit der Ausprägung des Leistungsmotivs (TRUDEWIND, 1975) nachgewiesen worden. Von hoher Bedeutung ist in den vorschulischen und frühen Schuljahren die sprachliche Interaktion mit den erwachsenen Familienmitgliedern, und zwar im Hinblick darauf, wieweit sie dem Kind immer wieder Gelegenheit gibt, sein erreichtes kognitives Strukturniveau an anspruchsvollen Diskursanforderungen zu elaborieren und es in Frage gestellt zu sehen. Entwicklungsfördernd ist es auch, wenn die Mutter auf frühe Selbständigkeit ihres Kindes Wert legt (HECKHAUSEN u. KEMMLER, 1957), wobei es mehr auf die Sensibilität der Mutter für die Entwicklungsangemessenheit als auf die bloße Frühzeitigkeit sowie darauf ankommt, daß die mütterlichen Selbständigkeitserwartungen den Erfahrungsraum des Kindes zur eigenständigen Bemeisterung ausweiten (HECKHAUSEN, 1972). Entwicklungsökologische Lebensräume lassen sich ebenfalls für die späteren Lebensabschnitte differenzieren, wobei gesellschaftliche Norm-Erwartungen zunehmend expliziter werden und in öffentlich institutionalisierter Form entwicklungsökologische Verhaltensräume strukturieren (z.B. Schulen, Berufe, Verbände). Diese lassen sich mit HAVIGHURST als gesellschaftlich normierte „Entwicklungsaufgaben" (development tasks) auffassen, in die der einzelne während seines Lebenslaufs nacheinander hineinwächst, indem er den bisherigen, die er mehr oder weniger erfüllt hat, entwächst. Die entwicklungsökologischen Realisierungsmöglichkeiten für eine gegebene Entwicklungsaufgabe können mehr oder weniger entwicklungsanregend sein. Das gilt besonders etwa für die schulische Ausbildungsphase, deren Ergebnisse von Menge und Art des Schulunterrichts und seiner Organisation eingegrenzt werden. Zu nennen wären des weiteren die Anforderungen an die Berufstätigkeit und wieweit sie tägliche Routine übersteigen sowie die Art der Freizeitbetätigungen. Hier eröffnen sich mehr oder weniger tiefe Räume, die eine lebenslange Kumulation der Lernleistungen ermöglichen und nach sich ziehen können.

Motivation zum Lernen

Entwicklungsökologische Realisierungsmöglichkeiten schaffen Anregung und Gelegenheit zu altersspezifischer Kompetenzsteigerung durch Lernen. Um sie zu nutzen, muß das Individuum selbst aktiv sein, es muß zum Lernen motiviert sein. Zwei Motivationsformen sind zu unterscheiden: zweckfreie und zweckgerichtete. Die motivierenden Anreize zweckfreier Motivation liegen in den Handlungen und ihren unmittelbaren Effekten selbst, die motivierenden Anreize der zweckgerichteten Motivation liegen in den Folgen, die das erzielte Handlungsergebnis nach sich zieht.

Zweckfreie Motivation, die auch als „intrinsische" bezeichnet wird, ist eine Frühform, die während der Kindheit zunehmend der zweckgerichteten Form Platz macht. Beispiele sind die von PIAGET (1936) beschriebenen Kreisreaktionen in der sensumotorischen Entwicklung des 1. Lebensjahres sowie alle späteren repetitiven Aktivitäten, die „Funktionslust" (KARL BÜHLER) verraten (vgl. BERLYNE, 1960; WHITE, 1959; HUNT, 1965), wie etwa das Spielen (HECKHAUSEN, 1964; KLINGER, 1971). Individuelle Aktivitätsunterschiede scheinen nicht zuletzt temperamentbedingt zu sein (THOMAS et al., 1970). Das eigentliche Agens zweckfreier Motivation ist offensichtlich das Inkongruenzprinzip: Leichte (und nicht zu große) Abweichungen vom bereits Vertrauten, vom bereits Gekonnten oder vom Erwarteten fesseln die Aufmerksamkeit und regen zur Erkundung und zu handelnder Erprobung an. Das Inkongruenzprinzip ist ein mächtiger Entwicklungsmotor zur unablässigen und selbstbesorgten Steigerung der sensumotorischen und kognitiven Kompetenz.

Bei der mit dem Alter zunehmenden zweckgerichteten Motivation sind, wie gesagt, Handlungen und ihre Ergebnisse instrumentell, um vorweggenommene Folgen wahrscheinlicher Handlungsergebnisse auszukosten oder zu meiden, je nachdem, ob die Folgen eher positive bzw. negative Anreizwerte für den Handelnden besitzen. Das gilt auch für die Motivation zum Lernen, mit der wir uns hier beschäftigen. Bei den Handlungsergebnisfolgen, die letztlich motivieren, sind zwei Klassen zu unterscheiden: internale und externale. Internale Folgen bestehen in einer unmittelbar auf das Handlungsergebnis folgenden und affektiv getönten Selbstbewertung des erzielten Ergebnisses; z.B. in der Zufriedenheit mit sich selbst, den eigenen Wertstandards Genüge getan zu haben. Externale Folgen sind fremdvermittelt, sie sind nicht unmittelbar, sondern treten erst mit mehr oder weniger Zeitverzögerung nach den eigenen Handlungsergebnissen ein und können vielfältige Gestalt annehmen wie Lob und Tadel, Belohnung und Bestrafung, Zurücksetzung und Beförderung, Gewinn und Verlust, Ausweitung oder Einengung des Handlungsspielraums. Lernmotivation (wie jede Motivation) orientiert sich in der Regel sowohl an internalen als auch an externalen Folgen. Das Gewichtsverhältnis der Anreizwerte beider Arten von Folgen kann jedoch bei verschiedenen Personen und unter verschiedenen Situationsumständen ganz unterschiedlich sein. Je mehr die externalen Folgen ausschlaggebend sind, um so weniger ist die Motivation selbstgesteuert und um so mehr ist sie von den jeweiligen Umweltkräften, insbesondere den sanktionierenden Instanzen, abhängig. Sind die internalen Folgen ausschlaggebender, so ist die Motivation eher selbstgesteuert und von Umweltkräften unabhängiger.

Der letztere Fall einer „internalen" Motivation ist für die Kompetenzentwicklung am förderlichsten, weil der Lernende keiner äußeren Bekräftigung für sein Lernen bedarf, sondern sich selbst bekräftigt. Er kann auch außerhalb der auferlegten Veranstaltungen sich selbst zum Lernen veranlassen. Entwicklungsmäßige Voraussetzung ist dafür der Aufbau eines Selbstbewertungssystems oder, was dasselbe ist, eines Motivs (vgl. HECKHAUSEN, 1972). Dazu gehört einmal ein wertgelagener Standard, ein Anspruchsniveau, das man für sich selbst in einem bestimmten Tätigkeitsbereich als verbindlich ansieht. Nach Maßgabe des Anspruchsniveaus wird das erzielte Handlungsergebnis als Erfolg oder Mißerfolg erlebt, d.h. mit positiven bzw. negativen Selbstbewertungsfolgen versehen. Zum anderen gehört dazu auch die Bereitschaft, auch sich selbst und nicht nur äußere Umstände für das Erreichen oder Nicht-Erreichen des Anspruchsniveaus verantwortlich zu halten. Das setzt einen Akt der Ursachenerklärung voraus, der das erreichte Handlungsergebnis auf internale Faktoren wie eigene Fähigkeit oder Anstrengung (oder auf Mangel daran) zurückführt. Je weniger man seine internale Ursachenerklärung eines sonst gleich erfolgreichen Ergebnisses vornimmt, um so abgeschwächter ist die positive Selbstbewertung und um so abgeschwächter auch die negative Selbstbewertung eines sonst in gleicher Weise erfolglosen Ergebnisses.

Die ersten Anfänge eines solchen Selbstbewertungssystems der zweckgerichteten und internalen Motivation haben sich an heftigen Erfolgs- und Mißerfolgsreaktionen im 3. und 4. Lebensjahr beobachten lassen, und zwar bei allen Kindern mit einer normalen kognitiven Entwicklung (HECKHAUSEN u. ROELOFSEN, 1962; HECKHAUSEN u. WASNA, 1965). In den folgenden Jahren bilden sich individuelle Unterschiede im Selbstbewertungssystem des sog. Leistungsmotivs heraus. Die Ursachen für die Divergenzen der Motiventwicklung hat die bisherige Forschung teilweise aufklären können (HECKHAUSEN, 1972). Als besonders einflußreich hat sich erwiesen, ob die mütterlichen Anforderungen an Selbständigkeit und Leistungstüchtigkeit das heranwachsende Kind entwicklungsangemessen herausfordern oder überfordern oder unterfordern. In den ersten beiden Fällen von Entwicklungsangemessenheit und Überforderung entwickelt sich ein Selbstbewertungssystem (Motivsystem), das zu hoher internaler Motivation in Lernsituationen tendiert. Allerdings gibt es dabei den entscheidenden Unterschied von erfolgszuversichtlichem versus mißerfolgsängstlichem Selbstbewertungssystem; kurz von Erfolgs- und Mißerfolgsmotiv.

Das Erfolgsmotiv wird durch frühe, aber entwicklungsangemessene Anforderungen an und Ermunterung zu Selbständigkeit und Leistungstüchtigkeit gefördert. Das Kind macht sich realistische Anspruchsniveaus zu eigen, die es bei Aufbietung seiner Kräfte erreichen kann. Eng damit verbunden ist die Bevorzugung internaler Faktoren in der Ursachenerklärung eigener Handlungsergebnisse. Erfolg wird vorzugsweise auf gute eigene Fähigkeit und Mißerfolg auf noch nicht ganz ausreichende Anstrengung zurückgeführt. Zusammen mit dem realistischen Anspruchsniveau führt dieses Muster von Ursachenzuschreibung zu einer insgesamt positiven Selbstbewertungsbilanz. Das maximiert Spaß und Ausdauer der Leistungsbemühungen auch im Angesicht von Mißerfolgen; zumal, wenn auch intrinsische Anteile einer zweckfreien Motivation im Spiel sind.

Die Entwicklung eines Mißerfolgsmotivs wird durch mütterliche Überforderung begünstigt. Statt realistischer Anspruchsniveaus übernimmt das Kind überhöhte, die es kaum erreichen kann, oder sucht sich vor Dauer-Überforderung nach außen zu schützen, indem es zu niedrige Ziele setzt. In der Ursachenerklärung seiner Handlungsergebnisse tendiert es dazu, Erfolg eher auf Glück und geringe Aufgabenschwierigkeit als auf gute eigene Fähigkeit zurückzuführen und damit seine Erfolge abzuwerten. Mißerfolge werden demgegenüber mit eigenem Fähigkeitsmangel erklärt. Eine solche Voreingenommenheit der Ursachenerklärung ergibt insgesamt eine negative Selbstbewertungsbilanz. Die niederdrückenden Folgen verlangen zu ihrer Meidung besondere Vorkehrungen der Erfolgssicherung und vermindern die Ausdauer angesichts von Mißerfolgen. Sie verursachen eine ängstliche Überangespanntheit und eine hohe Selbstwert-Belastung (HECKHAUSEN, 1975; MEYER, 1973).

Der dritte Fall, nämlich eine Unterforderung bei der Entwicklung von Selbständigkeit und Leistungstüchtigkeit, begünstigt die Ausbildung eines schwach ausgeprägten Selbstbewertungssystems (niedrige Motivstärke) und damit das Überwiegen von externaler Motivation über internale in Lernsituationen. Ich habe bisher den Einfluß der frühen mütterlichen Erziehung sehr betont und sicherlich überbetont. Von entscheidendem Einfluß ist auch der Anregungsgehalt der kindlichen Nahwelt. Ist der Anregungsgehalt groß, so entwickeln Kinder auch bei mütterlicher Unterforderung ein internales und erfolgszuversichtliches Motivsystem; sie besorgen ihre Motiventwicklung eher selbst. Trifft jedoch ein hoher Anregungsgehalt mit sehr ausgeprägten Leistungsforderungen der Mutter zusammen, so ist das offenbar des Guten zuviel. Jedenfalls ist der erwiesene Effekt der Wechselwirkung beider Einflüsse ungünstig; es resultiert ein ausgeprägtes Mißerfolgsmotiv (TRUDEWIND, 1975).

Nach diesen wenigen motivgenetischen Hinweisen ist einmal zwischen internaler und externaler Motivation als Ausdruck hoher bzw. niedriger Motivstärke im Sinne eines stark bzw. schwach ausgeprägten Selbstbewertungssystems zu unterscheiden. Bei internaler Motivation ist des weiteren eine Differenzierung in ein vorwiegendes Erfolgs- oder Mißerfolgsmotiv angebracht. In dem Maße, wie sich solche individuellen Unterschiede der Motiventwicklung ausprägen, beeinflussen sie die Intensität und Ausdauer des spontanen wie des angeleiteten Lernens und damit die Wachstumskurve der Kompetenzentwicklung. Das unterstreichen Ergebnisse der Längsschnittstudien des Fels Research Institute. Zwischen viereinhalb und zehn Jahren zeigen solche Kinder, die stärker internal motiviert sind (SONTAG, et al., 1958) und ein ausgeprägteres Erfolgsmotiv besitzen (KAGAN et al., 1958) gegenüber ihren Altersgenossen einen Anstieg ihres Intelligenzquotienten.

Soweit haben wir die drei wichtigsten persönlichkeitsspezifischen Motivvariablen zur Erklärung individueller Unterschiede an zweckgerichteter Lernmotivation voneinander abgehoben:
1. Das relative Wertgewicht internaler versus externaler Folgen, 2. die Höhe des Anspruchsniveaus in Relation zur eigenen Leistungsfähigkeit und 3. das besondere Tendenzmuster in der Ursachenerklärung von Erfolg und Mißerfolg. Alle drei Variablen fügen sich zu einem individuellen Selbstbewertungssystem zusammen, das bei gleichen objektiven Leistungsergebnissen zu unterschiedlichen Affektbilanzen führt und unter Vorwegnahme dieser Selbstbewertungsfolgen in unterschiedlichem Maße zum Lernen motiviert. Zu berücksichtigen bleibt jedoch noch eine vierte Variable. Man lernt ja nicht nur. Es gibt viele andere interessante Aktivitäten, mit denen man die Zeit verbringen kann. Deshalb hängt die Dauer des Lernens, und damit seine Kumulation, nicht nur von der Ausprägung der Lernmotivation, sondern auch von der Stärke der konkurrierenden Motive ab.

Bislang habe ich so getan, als hinge die Lernmotivation allein von den vier Persönlichkeitsfaktoren ab. Das wäre eine unvollständige Analyse des Bedingungsgeflechts. Aus Motiven wird erst Motivation, wenn Situationsfaktoren dazu anregen, weil sie wertgeladene Folgen möglicher Handlungsergebnisse verheißen. Zwei Situationsfaktoren sind hier besonders entscheidend. Der erste Faktor ist der erlebte Schwierigkeitsgrad einer anstehenden Aufgabe, d.h. für wie wahrscheinlich man es angesichts der eingeschätzten Tüchtigkeit hält, ein erfolgreiches Ergebnis zu erzielen. Diese Situationsvariable sei als subjektive Erfolgswahrscheinlichkeit bezeichnet (ATKINSON, 1957). Von ihr hängt es ab, wieweit überhaupt Aussicht besteht, jenes Handlungsergebnis zu erreichen, das dann erwünschte internale und externale Folgen nach sich zieht; und damit auch, ob und wieweit man zum Handeln motiviert wird (VROOM, 1964). Den höchsten Motivationswert im Hinblick auf die internalen Selbstbewertungsfolgen haben mittlere Erfolgswahrscheinlichkeiten. Denn bei solchen Aufgaben können Erfolg oder Mißerfolg am stärksten mit internalen Ursachfaktoren wie Fähigkeit und Anstrengung erklärt und der eigenen Leistungstüchtigkeit zugute gehalten werden und nötigen am wenigsten externale Faktoren wie zu große oder zu leichte Aufgabenschwierigkeit und Zufall heranzuziehen.

Die Erfolgswahrscheinlichkeit kann nachhaltige und ungünstige Effekte auf die Lernmotivation und damit auf die Kompetenzentwicklung haben. Das ist dann der Fall, wenn der Schwierigkeitsgrad nicht selbst gewählt werden kann, sondern fremdgesetzt ist und wenn er die eigene Leistungsfähigkeit konstant über- oder unterfordert, wie es in vielen Schulklassen mit Frontalunterricht des Lehrers für viele Kinder in der Regel ist. Es herrschen dann ähnliche Bedingungen, wie ich sie bereits für den Einfluß mütterlicher Über- oder Unterforderung für die Motivgenese skizziert habe. Die entsprechenden Effekte haben sich in der Lernmotivation und der Schulleistung von Schülergruppen unterschiedlicher Fähigkeitsniveaus in gleichen Klassen nachweisen lassen (O'CONNOR, 1966; GJESME, 1971).

Der zweite Situationsfaktor ist mit der Erfolgswahrscheinlichkeit verknüpft. Es ist das Bezugssystem, in dem der Leistungsstandard des Anspruchsniveaus verankert ist. Ich erwähne nur die beiden wichtigsten Bezugssysteme oder, kurz, Bezugsnormen. Die individuelle Bezugsnorm beruht auf der bisherigen Leistungsentwicklung des Individuums; hier kann man den erreichten persönlichen Leistungsstand verbessern oder dahinter zurückbleiben. Die soziale Bezugsnorm beruht auf einem Vergleich mit anderen Individuen, etwa mit dem mittleren Leistungsstand in einer Schulklasse. Motivationsmäßig ist die individuelle Bezugsnorm am günstigsten. Sie bildet am genauesten die individuelle Leistungsentwicklung ab und liefert auch mit dem erreichten persönlichen Leistungsstand den natürlichen Ankerpunkt für ein realistisches Anspruchsniveau. In der frühen Entwicklung steht die individuelle Bezugsnorm ganz im Vordergrund, schon deshalb, weil es in der Familie kaum Altersgleiche gibt, an denen man sich messen oder gemessen werden könnte. Das ändert sich mit dem Schuleintritt. Die soziale Be-

zugsnorm wird zunehmend dominant. Schulnoten sind im wesentlichen nichts anderes als Rangplätze innerhalb der Leistungsverteilung der Klasse. Der Bezugsnormwechsel in der Schulzeit ist unausweichlich und auch notwendig, da das Kind ein realistisches Selbstkonzept seiner Fähigkeiten nur im Vergleich mit den Altersgenossen gewinnt.

Allerdings führt das Dominantwerden sozialer Bezugssysteme nicht selten zu Krisen in der Entwicklung des Selbstwertsystems, wenn individueller und sozialer Standard auseinanderklaffen. Es kommt darauf an, daß die individuelle Bezugsnorm nicht untergeht, sondern später mit der autonomer werdenden Persönlichkeit des Jugendlichen wieder die Führung übernimmt, eingebettet in den übergreifenden Zusammenhang der sozialen Bezugsnorm (VERHOFF, 1969). Die krisenhafte Entwicklung der Selbstbewertung kann aber nicht nur vom Schüler ausgehen, der sein bisheriges individuelles Anspruchsniveau durch sozialen Vergleich in Frage gestellt sieht. Entscheidend können Lehrer dazu beitragen, die nicht nur in der Leistungsbeurteilung der Notengebung, sondern auch in der persönlichen Bewertung des Schülers sich ausschließlich von sozialen Bezugsnormen leiten lassen. In der Tat hat sich nachweisen lassen, daß Lehrer sich danach unterscheiden, ob sie eher zu individuellen Bezugsnormen neigen und die Resultate eines Schülers vor dem Hintergrund seiner individuellen Lernentwicklung sehen oder ob sie ausschließlich soziale Bezugsnormen heranziehen und die Resultate eines Schülers nur im zeitlichen Querschnitt der jeweiligen Leistungsverteilung lokalisieren. Dieser Unterschied hat weitreichende Folgen für das Unterrichtsverhalten des Lehrers und, verknüpft damit, für die Lernmotivation in seiner Klasse (RHEINBERG, im Druck; in Vorb.).

Geht es um Leistungsüberprüfung, so neigen Lehrer mit sozialer Bezugsnorm dazu, zum gleichen Zeitpunkt allen Schülern gleich schwere Aufgaben zu geben. Auf diese Weise werden leistungsstarke Schüler ständig unterfordert und leistungsschwache ständig überfordert. Da auf diese Weise schwache Schüler konstant Mißerfolg und gute Schüler konstant Erfolg haben, schreibt der Lehrer diesen zeitstabilen Leistungsunterschieden auch zeitstabile Ursachfaktoren wie „Begabung", „Arbeitshaltung" oder „Häusliches Milieu" zu. Da diese Faktoren zeitstabil sind, kann man auch selbst oder der Schüler wenig daran ändern und diesen wenig dafür verantwortlich machen. Diese Einstellung wirkt wie eine selbsterfüllende Prophetie, sie teilt sich dem Schüler mit und lähmt mit der Verantwortlichkeit auch die Lernmotivation. Anders steht es bei Lehrern mit individueller Bezugsnorm. Sie sind bemüht, die Aufgabenschwierigkeit dem jeweiligen Leistungsstand der einzelnen Schüler anzupassen, so daß jeder annähernd gleich gefordert ist. Da auf diese Weise jeder Schüler Erfolge wie Mißerfolge hat, liegt es nahe, die wechselnden Resultate auch auf zeitvariable Ursachen wie „momentanes Motiviert- oder Nicht-Motiviertsein" zurückzuführen. So wird z.B. bei Mißerfolg dem Schüler zu erkennen gegeben, daß es eher an noch nicht ausreichendem Arbeitseinsatz als an Begabungsmangel gelegen hat. Und ein so erklärter Mißerfolg läßt sich durch vermehrte Anstrengung wettmachen, was wiederum die Lernmotivation erhöht. In der Tat hat sich nachweisen lassen, daß in Klassen, deren Lehrer nach individueller Bezugsnorm bewertet, auch eine stärker internale und erfolgszuversichtlichere Lernmotivation vorliegt als in Klassen, deren Lehrer sich nur an sozialen Bezugsnormen orientiert und entsprechend konstante Begabungsfaktoren für die Leistungen der einzelnen Schüler verantwortlich macht. (Dabei hat sich im übrigen bestätigen lassen, daß Schüler die Bezugsnorm-Orientierung ihres Lehrers ebenso wahrnehmen wie auch dessen bevorzugte Ursachenerklärungen, auch wenn der Lehrer sie nicht explizit mitteilt.)

Kumulative Lernleistungen

Ich habe bisher die Wirksamkeit der einzelnen Person- und Situationsfaktoren auf die Lernmotivation erörtert. Bevor wir sie als zusammenhängendes Bedingungsgeflecht betrachten, ist etwas nachzuholen. Der Zusammenhang zwischen Motivation und kumulativen Lernleistungen wurde bislang in Intensität und vor allem in der Ausdauer von Lernaktivitäten gesehen. Je stärker die internale Motivation, um so länger bleibt man bei der Sache, um so mehr Zeit verwendet man für Lernen und um so schneller kumuliert sich das Gelernte zu höheren Entwicklungsständen. Neben dieser Wirkung von zeitlicher Ausdauer ist aber auch die Effizienz des Lernens in kurzen Zeiteinheiten von Einfluß auf das kumulative Ergebnis. Und hier hat sich gezeigt, daß die Effizienz keineswegs wie die Ausdauer mit der Stärke der Motivation ansteigt, sondern mit dieser in einer umgekehrt U-förmigen Beziehung steht (YERKES u. DODSON, 1908; ATKINSON, 1974a). Geringe und sehr hohe Motivationsstärken beeinträchtigen die Effizienz, während in einem mittle-

ren Bereich die Effizienz optimal ist; und zwar so, daß mit steigendem Schwierigkeitsgrad die optimale Effizienz bei geringeren mittleren Motivationsstärken liegt.

Das heißt mit anderen Worten, die Lerneffizienz pro Zeiteinheit, und damit die schließlich erreichten Ergebnisse kumulativen Lernens, wird durch Untermotivation, aber auch durch Übermotivation vermindert. Übermotivation kommt zustande, wenn zu einer ohnehin hohen internalen Motivation noch eine starke externale Motivation hinzutritt. Das ist der Fall, wenn die Situation externale Folgen mit hohem Anreizwert in Aussicht stellt; etwa bei auferlegtem Leistungsdruck, Prüfungen, angekündigten Belohnungen und Bestrafungen (vgl. DECI, 1975). Beeinträchtigt sind hiervon besonders Individuen mit stark ausgeprägtem internalem aber mißerfolgsängstlichem Motivsystem. Die bereits berichtete ungünstige Wechselwirkung von hohem häuslichem Anregungsgehalt und elterlichem Leistungsdruck (TRUDEWIND, 1975) weist z.B. in diese Richtung. Aber auch bei starkem Erfolgsmotiv wurden ungünstige Wirkungen beobachtet, so etwa bei Studenten, deren Seminarleistungen geringer sind, wenn sie einen Hochschullehrer haben, der stark auf Leistung drängt (MCKEACHIE, 1961). Hier scheint übrigens nicht Übermotivation die Ursache zu sein, sondern eine störende Dissonanz zwischen internalen und externalen Folgen: Es wird mehrdeutig, ob man für gute Leistungen die internale oder die externale Motivation (d.h. den äußeren Zwang) verantwortlich machen soll.

Dagegen profitiert man bei geringer internaler Motivstärke von situativem Druck. Die externalen Folgen machen aus einer chronischen Untermotivation eine zeitweilige Motivationsstärke mit eher optimaler Effizienz. So zeigen sich nur in besonderen Drucksituationen die vollen Fähigkeiten und Lernmöglichkeiten, etwa in einem Intelligenztest. Langfristig und unter entspannteren Situationsbedingungen sind die Lernleistungen wegen Untermotivation weniger effizient und nicht ausdauernd und deshalb im Ergebnis enttäuschend, wenn man sie mit der Testleistung vergleicht. Das ist das Bild des sog. „Underachievers". Mit dem „Overachiever" steht es entsprechend umgekehrt: Er ist im Test übermotiviert und nicht effizient, langfristig dagegen optimal motiviert und daher effizient, zudem noch ausdauernd. Er erreicht so höhere kumulative Leistungen, als der Test erwarten läßt (ATKINSON, 1974b). Aus dieser motivationsabhängigen Kumulation von Lernleistungen folgt, daß über die Jahre hinweg sich eine zunehmende Korrelation zwischen Motivstärke und Indikatoren der Lern-leistung einstellen muß. Für diese Schlußfolge-rung spricht der schon berichtete Zusammenhang mit dem Anwachsen des Intelligenzquotienten zwischen 4 und 10 Jahren (SONTAG et al., 1958; KAGAN et al., 1958). Neuerdings ist auch in einer anderen Längsschnittstudie über Schul- und Stu-dienjahre hinweg eine wachsende Korrelation zwischen Motivstärke und Schul- oder Studienlei-stung berichtet worden (ATKINSON, 1974b; AT-KINSON u. LENS, in Vorb.).

Nun läßt sich das Bedingungsgeflecht im Über-blick betrachten. Es eignet sich zu einem abstrak-ten Analyseschema, um die lernfördernde Wir-kung altersbezogener Lebensräume zu entwirren. Dabei müssen natürlich für jeden Abschnitt die Person- und Situationsfaktoren entwicklungsöko-logisch konkretisiert werden; etwa für die Schul-zeit, wie ich es im folgenden tun werde. Schulische Lernleistungen kumulieren um so mehr, je weni-ger konkurrierende Motive ein Schüler hat und wenn der extracurriculare Lebensraum konkur-rierende Motive und Interessen nicht auf Kosten der Lernzeit anregt; je stärker die Lernmotivation internal und nicht external ist, realistische An-spruchsniveaus gewählt und verfolgt sowie er-folgsmotivierende Ursachenerklärungsmuster be-vorzugt werden; je mehr andererseits Schulsy-stem, Instruktionsmodell und konkreter Unter-richt jedem Schüler Aufgaben von einem für ihn angemessenen Schwierigkeitsgrad anbieten und in der Leistungsbewertung neben sozialen auch ind-viduelle Bezugsnormen mit ihrer entwicklungs-orientierten Ursachenerklärung heranziehen, je mehr schließlich die Schule den einzelnen Schüler weder unter- noch übermotiviert. Der letzte Gesichtspunkt einer optimalen Motivationsanre-gung führt bei verschiedenen Schülern zu gegen-sätzlichen Folgerungen. Während hoher Lei-stungsdruck der Effizienz des Lernens bei hoch und internal Motivierten (besonders, wenn sie mißerfolgsängstlich sind) abträglich ist, wirkt sie bei vorwiegend externaler Motivation förderlich. Hieraus ergibt sich (ebenso wie aus der indivi-duellen Schwierigkeitszumessung) manches Di-lemma für jede Schul- und Unterrichtsorganisa-tion: Je weniger einseitig die schulorganisatori-schen und unterrichtspraktischen „Lösungen" sind, um so mehr entwicklungsökologische Reali-sierungsmöglichkeiten des kumulativen Lernens gibt es für alle.

Freilich kann es nicht Aufgabe der Schule sein, sich jeder Sonderform von Lernmotivation anzu-passen. Ungünstige Formen sollten im Unterricht verbessert und — noch wichtiger — der Zerstö-rung der Lernmotivation durch ungeeignete Unterrichtsbedingungen vorgebeugt werden. Daß die Lernmotivation sich ohne größeren Aufwand verbessern läßt, haben therapeutische Motivände-rungsprogramme gezeigt, die auf einzelne der auf-geführten Faktoren zielten. So läßt sich allein schon durch eine stärker erfolgsmotivierende Ur-sachenzuschreibung durch den Lehrer die Lern-motivation der mißerfolgsängstlichen Schüler verbessern und ein „Pygmalion-Effekt" erzielen (SCHERER in HECKHAUSEN, 1975). Gibt man Schü-lern in einem außerschulischen Trainingspro-gramm Gelegenheiten, realistischere Anspruchs-niveaus, angemessenere Ursachenzuschreibungen und positivere Selbstbewertungen einzuüben, so ließ sich ebenfalls eine nachhaltige Verbesserung der Lernmotivation und von Testleistungen beob-achten (KRUG u. HANEL, im Druck). Welche ein-zelnen Faktoren man auch in Änderungspro-grammen zur Verbesserung der Lernmotivation herausgreift und miteinander kombiniert, in ge-bündelter Form entfalten sie ihre entwicklungs-ökologische Wirkung, wenn der Lehrer bei der Lei-stungsbewertung eine individuelle Bezugsnorm akzentuiert. Er tendiert dann in seinem Unter-richtsverhalten, wie wir bereits gesehen haben, zu individueller Schwierigkeitszumessung und· er-folgsmotivierender Ursachenzuschreibung.

Selbst bei entwicklungsökologisch günstigsten Realisierungsmöglichkeiten für jeden werden er-hebliche individuelle Unterschiede der kumulati-ven Lernleistungen bestehenbleiben. Diese „Rest-varianz" wird im wesentlichen auf genotypischen Unterschieden beruhen. Um es als Varianzauf-spaltung nach dem Modell der üblichen Erblich-keitsschätzung auszudrücken: Je mehr die einzel-nen Faktoren der entwicklungsökologischen Rea-lisierungsmöglichkeiten sowie die individuellen Motivausprägungen übereinstimmen, ein um so größerer Varianzanteil der Lernleistungsunter-schiede muß auf genotypische Faktoren zurück-gehen. Eine erhebliche Crux aller bisherigen Ver-suche, die Erblichkeit von Intelligenzquotienten oder Schulleistungen zu schätzen, besteht darin, daß bei der Stichprobenerhebung Umweltunter-schiede weit weniger berücksichtigt werden als aufgrund von Verwandtschaftsgraden erschlos-sene genotypische Unterschiede (HECKHAUSEN, 1974a). Dadurch ist aller Voraussicht nach der umwelttypische Varianzanteil nicht unerheblich unterschätzt. Eine entwicklungsökologische Theorie der Realisierungsmöglichkeiten für Lern-motivation und kumulative Lernleistungen, wie die hier angedeutete, könnte — nach Operationa-lisierung der Indikatoren — zu einer umweltspezifischen Differenzierung und damit zu verbesserten Erblichkeitsschätzungen beitragen.

Gesellschaftsstruktur

Alle entwicklungsökologischen Realisierungsmöglichkeiten lassen sich letztlich bis in determinierte biologische und sich wandelnde gesellschaftliche Randbedingungen verfolgen. Gesellschaftliche Randbedingungen seien abschließend in einigen Punkten angedeutet, obwohl die Zusammenhänge unabsehbar komplex sind und einzelne Fachwissenschaften übersteigen. Ein einfaches Beispiel vorweg: Wenn Frühzeitigkeit und Intensität des Mutter-Kind-Kontakts nachhaltige und günstige Wirkungen auf die weitere Entwicklung haben, so ist mit dem nationalen Entwicklungsstand der medizinischen Versorgung diese Realisierungsmöglichkeit verlorengegangen. Eine Wieder-Ermöglichung erfordert die Änderung des institutionalisierten Krankenhausregimes von Entbindungsstationen. Dies wiederum setzt voraus die Relativierung von fachwissenschaftlichen Erkenntnissen zur Hygiene und Kinderpflege, das Überzeugtsein von neuen entwicklungspsychologischen und frühethologischen Erkenntnissen, eine veränderte Ausbildung des Personals, die Zustimmungsbereitschaft der betroffenen Öffentlichkeit, eine veränderte Ausstattung der Entbindungsstationen, die dazu nötigen Investitionen etc. Der Anregungsgehalt der häuslichen Wohnumwelt oder die Teil-Abwesenheit der Mutter durch Berufstätigkeit ist für Kinder verschiedener Generationen und verschiedener Bevölkerungsgruppen von vielerlei ökonomischen, politischen und soziokulturellen Randbedingungen unterschiedlich konstelliert.

Der Wandel der gesellschaftlichen Randbedingungen hat nicht zuletzt die Schule getroffen, die als prototypische gesellschaftliche Institution des Lernens gilt und diese Sonderstellung inzwischen mit den Massenmedien teilen muß (COLEMAN, 1971). Die Schule war ursprünglich als Ergänzung für eine handlungsreiche aber informationsarme häusliche Umwelt dazu eingerichtet, durch das Erlernen von Lesen und Schreiben das Tor zur weiteren Welt aufzustoßen. Mit der Industrialisierung, der Verstädterung und dem Aufkommen der Massenmedien hat sich die häusliche Umwelt inzwischen gewandelt: Sie ist extrem handlungsarm und informationsreich geworden, während die Schule blieb, was sie immer war, ein handlungsarmer Platz für intellektuelles Lernen. Sie hält die heranwachsenden Generationen immer

länger in ihren Mauern und schiebt den Eintritt ins Berufsleben mit all seinen neuen Verantwortlichkeiten hinaus. Das macht die verbreitete Schulmüdigkeit von Jugendlichen (MORTON-WILLIAMS et al., 1968), die Entfremdung (BRONFENBRENNER, 1974), ja sogar und neuerdings die absinkenden Schulleistungen verständlich (HARNISCHFEGER u. WILEY, 1975).

Nachdem in der Öffentlichkeit klarer erkannt wurde, daß über das Berechtigungswesen schon das Bildungssystem ungleiche Lebenschancen verteilt und daß Bildung über die intergenerationelle Mobilität Umschichtungsprozesse innerhalb der Bevölkerung beschleunigt, ist die Forderung nach Gleichheit der Bildungschancen zum Motor der Bildungsreform geworden, seit einem Jahrzehnt auch in der Bundesrepublik Deutschland. Die Forderung nach Chancengleichheit hat die traditionelle Gewichtsverteilung der beiden gesellschaftlichen Funktionen von Schule, nämlich von Fördern und von Auslesen, zugunsten des Förderns verlagert. Durch vielerlei partielle Öffnungsmaßnahmen kommen weiterführende Institutionen des Bildungssystems nacheinander unter Überfüllungsdruck. Entsprechend wird die Auslese nach oben zurückgedrängt und konzentriert sich schließlich auf den Übergang zur letzten Bildungsstufe, der Universität (andernfalls müßte sich die Auslese zum Berufseingang in das Beschäftigungssystem verlagern). Schließlich entsteht eine zunehmende Übernachfrage nach hochqualifizierten Arbeitsplätzen, die Unterbeschäftigung und Arbeitslosigkeit von Akademikern ansteigen läßt.

Der durch Übernachfrage bei begrenztem Bildungs- und Arbeitsplatzangebot entstehende Stau läßt die Auslesekriterien der letzten Stufe auf die unteren Stufen der Schullaufbahn durchschlagen. Die Lernmotivation wird durch die Vorwegnahme schwerwiegender externaler Folgen — nämlich Zugang zur Universität zu erhalten oder nicht zu erhalten — erweitert und verändert. Das ist eine reformverursachte aber unbeabsichtigte Nebenwirkung gesellschaftlicher Systemänderung, über deren Wirkungen z.Z. in der Bundesrepublik die schlimmsten Vermutungen gehegt und bewegt Klage geführt wird. Es ist erstaunlich, wie wenig Bildungsplaner und Politiker die Auswirkungen von Teilmaßnahmen, die nachträglich so einfach und folgerichtig erscheinen, vorhersehen können. Bei der gegenwärtigen Nachfrage von fast einem Viertel des Altersjahrganges ist die traditionelle Universitätsausbildung volkswirtschaftlich auf die Dauer einfach zu teuer. Es bedarf keiner Prophetie, um die Wirkungsrich-

tung des gesellschaftlichen Änderungsdrucks vorauszusehen. Die bisherige Universitätsausbildung
wird vereinfacht, verkürzt und verwässert, während sich für eine hochausgelesene Absolventen-
gruppe wiederum ein forschungsbezogenes Studium im alten Sinne anlagert und institutionali-
siert (vgl. TURNER, 1976).

Die Forderung nach Gleichheit der Bildungschancen hat ihre begriffstheoretische Entfaltungs-
geschichte und führt bei ihren bildungsorganisa-
torischen Realisierungsversuchen in ein mehrfaches
ches Dilemma (vgl. HECKHAUSEN, 1974 b). Ursprünglich verstand man unter der Forderung
eine Angebotsgleichheit. Es war Sache der Schüler und ihrer Eltern, die Möglichkeiten des grundsätzlich jedem offenstehenden Bildungsangebotes
zu realisieren. Inzwischen hat sich angesichts der
unverminderten sozialen Disparität der Bildungs-
beteiligung die Verantwortlichkeit für die Herstel-
lung von Chancengleichheit vom Schüler auf die
Schule verlagert. Von der Schule wird nun erwartet, soziale Ungleichheiten vor- und außerschuli-
scher Entwicklungsmöglichkeiten auszugleichen.
Wir wissen heute, daß die Schule zwar entwicklungsökologische Divergenzen mindern, aber
nicht Entwicklungsverläufe zur ausgleichenden
Konvergenz bringen kann. Input-Output-Analy-
sen, die Unterschiede der Schulleistung, des Bil-
dungsgrads und des Berufsstatus auf Ungleichheiten der „genetischen Intelligenz" (d.h. des ge-
schätzten genotypischen Varianzanteils der Testintelligenz), der häuslichen Umwelt und der Qualität der Schule zurückführen, haben ergeben, daß
Qualitätsunterschiede der Schule verglichen mit
genetischer Intelligenz und häuslichem Milieu
kaum einen Effekt haben (JENCKS, 1972).

Solche und ähnliche Ergebnisse (COLEMAN et al.,
1968) dürfen nicht als Wirkungslosigkeit von
Schule mißverstanden werden. Um das zu beurteilen, müßten nicht- oder kaum-beschulte Ver-
gleichsgruppen zur Verfügung stehen, eine nicht
zu realisierende Möglichkeit. Insgesamt schafft
die zunehmende gesamtschulartige Reorganisation des Bildungswesens mehr Realisierungsmöglichkeiten *für alle* hinsichtlich kumulativer Lernleistungen; sie steht allerdings in Konkurrenz mit
der individuell optimalen Förderung des *einzelnen*
durch frühe Auslese. Dieses schulorganisatori-
sche und bildungspolitische Dilemma findet seine
Entschärfung, wenn man Chancengleichheit für
die unteren Schulstufen anders auffaßt als für
die oberen. In den unteren Schulstufen sollte sie
vorwiegend in einer ausgleichenden, d.h. zusätzlichen Förderung entwicklungsbenachteiligter
Kinder bestehen, damit möglichst alle ein Sockel-

niveau der Bildung erreichen, das grundlegende
gesellschaftliche Lebenschancen sichert. In den
oberen Schulstufen sollte die Forderung nach
Chancengleichheit in einer Umkehrung des bisherigen Förderungsprinzips bestehen. Nach erwie-
sener individueller Leistungsfähigkeit werden zusätzliche Leistungschancen zugewiesen. Daß im
Start- und Sockelbereich nach umgekehrtem Leistungsprinzip und darüber hinaus nach direktem
Leistungsprinzip verfahren wird, ist im Grunde
nicht umstritten, wohl aber, wo mit dem Sockelniveau der Umschlagpunkt liegt. Mehr Klarheit
über ein der gesellschaftlichen Entwicklung ange-
messenes Sockelniveau an Bildungschancen zu
gewinnen, die über die Festlegung bloßer Schul-
pflichtdauer hinausgeht, wird wohl stets die bildungspolitische Diskussion in Gang halten;
ebenso den Wandel des Schulsystems mit seinen
Auswirkungen auf kumulatives Lernen (vgl.
HECKHAUSEN, 1974 b).

Auf welche Weise und wie stark gesellschaftliche
Systeme wie das Bildungswesen oder überhaupt
das politische Kräftespiel auf nationaler Ebene
die Nahumwelten heranwachsender Individuen
und deren Entwicklung beeinflussen, ist eine bis
heute kaum beantwortete Frage. Schon eine solche Frage angemessen zu stellen und in beant-
wortbare Teilfragen aufzugliedern, würde die
gemeinsame Bemühung vieler Einzeldisziplinen
erfordern. Das hat einzelne Forscher nicht davon
abgehalten, schon kühne Brückenschläge zu wagen. So hat MCCLELLAND (1961, 1971, 1975) nationale Motiv-Indizes für Leistung, Macht und
sozialen Anschluß für einzelne historische Epo-
chen aus der Inhaltsanalyse von literarischen
Zeugnissen, in denen sich der nationale Zeitgeist
verdichtet, gewonnen und mit nachfolgenden gesellschaftlichen Entwicklungen wie Wirtschafts-
aufschwung, Krieg oder politische Unruhen in
ursächliche Beziehung gebracht. Andererseits haben sich gesellschaftliche Randbedingungen erkennen lassen, die die Entwicklung einzelner Mo-
tivsysteme fördern. So geben etwa die folgenden
Bedingungen einen günstigen Nährboden für die
Ausprägung des Leistungsmotivs ab: eine offene
Gesellschaft mit ausgeglichener Machtverteilung,
die individuelle Mobilität ermöglicht; ein indivi-
dualistisches und kein kollektivistisches Ethos sowie eine aktivistische und nicht fatalistische Le-
benseinstellung, was beides aus religiösen oder
politischen Überzeugungen erwächst; wirtschaft-
liche Lebensumstände, die weder durch Überfluß
noch extreme Armut bestimmt sind, u.a. (MC
CLELLAND, 1971; VONTOBEL, 1970).

Faßt man nationale Motivindizes als einen allgemeinen Drang zur Realisierung der entsprechenden Wertgehalte auf, so stellt sich die Frage, was geschehen mag, wenn die gesellschaftlichen Realisierungsmöglichkeiten einem solchen Drang entgegenstehen. Eine naheliegende Antwort weist auf politische Unruhe und Gewaltanwendung. Ein solcher Zusammenhang hat sich für hohe Ausprägung des nationalen Leistungsmotivs und unterdurchschnittliche nationale Bildungschancen nachweisen lassen (SOUTHWOOD, 1969, zit. in MCCLELLAND, 1971). Ein nationaler Motivindex lag von vielen Ländern für das Jahr 1950 vor. Nur in solchen Ländern mit einem nach internationalem Standard unterentwickelten Bildungssystem für 14–18jährige steigt mit stärkerem nationalen Leistungsmotiv auch die Häufigkeit sozialer Unruhen und politischer Gewalttätigkeiten in der nachfolgenden Zeitperiode von 1955–1960.

Meine Andeutungen zu entwicklungsökologischen Realisierungsmöglichkeiten am Anfang und jetzt zu Einflüssen der Gesellschaftsstruktur werden nicht verfehlt haben, den Eindruck des Fragmentarischen und Unbefriedigenden zu hinterlassen. Die Ursache dafür liegt nicht nur in der notwendigen Kürze eines Vortrages und meiner unzureichenden Kompetenz. Die Forschungsproblematik einer ökologischen Betrachtungsweise ist ungemein verwickelt und noch nicht einmal begriffstheoretisch geklärt.

Ich will abschließend die Verwickeltheit nur an drei Punkten hervorheben. Zum einen wird die tatsächliche Entwicklung nicht einfach durch die ökologischen Realisierungsmöglichkeiten bestimmt, diese müssen auch vom einzelnen aktiv genutzt werden; er kann sie suchen, ja ausweiten, aber ihnen auch aus dem Wege gehen. Lernmöglichkeiten erfordern die Motivation zum Lernen; Lernresultate kommen als Wechselwirkung zwischen Umweltfaktoren und Personfaktoren zustande. Zum anderen sind Personfaktoren (wie in unserem Falle das Motivsystem) zu einem gegebenen Zeitpunkt selber bereits wieder das verwickelte Entwicklungsergebnis von Umwelt und Personfaktoren (in unserem Falle die Motivgenese). Schließlich wirft die Frage, was die tatsächlich entwicklungswirksamen Umweltfaktoren sind, schwierige Probleme auf. Hier wird man zunächst einmal zwischen verschiedenen ineinanderverschachtelten Umweltsegmenten trennen müssen; etwa mit BRIM (1975) zwischen dem Mikrosystem unmittelbar erfahrbarer Nahumwelt (z.B. Klassenzimmer), dem Mesosystem von gesellschaftlichen Institutionen, zu deren Aufgabenbereichen die Entwicklungsförderung von Kindern und Erwachsenen gehört (z.B. Schulsystem) und dem übergeordneten Makrosystem der Kultur-, Rechts-, Wirtschafts- und Staatsgemeinschaft mit dem zugehörigen politischen und weltanschaulichen Kräftespiel (z.B. Bildungssystem).

Zur Entwirrung entwicklungsökologischer Bedingungszusammenhänge des kumulativen Lernens wird die Forschung noch viele und gewundene Wege gehen müssen. Ich denke, daß die angestellten motivationstheoretischen Überlegungen dabei Anhaltspunkte liefern können.

Literatur

AINSWORTH, M.D.S., BELL, S.M.: Mother-infant interaction and the development of competence. In: The Growth of Competence (CONNOLLY, K.J., BRUNER, J.S., eds.), pp. 95–118. London: Academic Press 1975

AINSWORTH, M.D.S., WITTIG, B.A.: Attachment and exploratory behavior of one-year-olds in a strange situation. In: Determinants of Infant Behavior (FOSS, B.M., ed.), Vol. 4. New York: Barnes & Noble 1969

ATKINSON, J.W.: Motivational determinants of risk-taking behavior. Psychol. Rev. 1957, **64**, 359–372 (1957)

ATKINSON, J.W.: Strength of motivation and efficiency of performance. In: Motivation and Achievement (ATKINSON, J.W., RAYNOR, J.O., eds.), pp. 193–218. Washington, D.C.: Winston 1974a

ATKINSON, J.W.: Motivational determinants of intellective performance and cumulative achievement. In: Motivation and Achievement (ATKINSON, J.W., RAYNOR, J.O., eds.), pp. 389–410. Washington, D.C.: Winston 1974b

ATKINSON, J.W., LENS, W.: Fähigkeit und Motivation als Determinanten kognitiver Leistung und kumulativer Leistung. (In preparation)

BERLYNE, D.E.: Conflict, Arousal, and Curiosity. New York: McGraw-Hill 1960

BISCHOF, N.: A systems approach toward the functional connections of attachment and fear. Child Develop. **46**, 801–817 (1975)

BRIM, O.G. Jr.: Macro-structural influences on child development and the need for childhood social indicators. Amer. J. Orthopsychiat. **45**, 516–524 (1975)

BRONFENBRENNER, U.: The origins of alienation. Sci. Amer. August, 1974

COLEMAN, J.S.: Education in the age of computers and mass communication. In: Computer, Communication and the Public (GREENBERGER, M., ed.). Baltimore: The Johns Hopkins Press 1971

COLEMAN, J.S., et al.: Equality of Educational Opportunity. Washington D.C.: U.S. Government Printing Office 1966

DECI, E.L.: Intrinsic Motivation. New York: Plenum 1975

GJESME, T.: Motive to achieve success and motive to avoid failure in relation to school performance for pupils of different ability levels. Scand. J. Educat. Res. **15**, 89–99 (1971)

HARNISCHFEGER, A., WILEY, D.E.: Achievement Test Score Decline: Do We Need to Worry? St. Louis, Mo.: Cemrel Inc. 1976

HECKHAUSEN, H.: Entwurf einer Psychologie des Spielens. Psychol. Forsch. **27**, 225–243 (1964)

HECKHAUSEN, H.: Die Interaktion von Sozialisations-Variablen in der Genese des Leistungsmotivs. In: Handbuch der Psychologie (GRAUMANN, C.F., ed.), Vol. VII/2, pp. 955–1019. Göttingen: Hogrefe 1972

HECKHAUSEN, H.: Anlage und Umwelt als Ursache von Intelligenzunterschieden. In: Funkkolleg Pädagogische Psychologie (WEINERT, F., GRAUMANN, C.F., HECKHAUSEN, H., HOFER, M., eds.), pp. 277–312. Frankfurt: Fischer-Taschenbuch 1974a

HECKHAUSEN, H.: Leistung und Chancengleichheit. Göttingen: Hogrefe 1974b

HECKHAUSEN, H.: Fear of failure as a self-reinforcing motive system. In: Stress and Anxiety (SARASON, I.G., SPIELBERGER, C., eds.), Vol. II, pp. 117–128. Washington, D.C.: Hemisphere 1975

HECKHAUSEN, H., KEMMLER, L.: Entstehungsbedingungen der kindlichen Selbständigkeit. Z. exp. angew. Psychol. 4, 603–622 (1957)

HECKHAUSEN, H., ROELOFSEN, I.: Anfänge und Entwicklung der Leistungsmotivation: (I.) im Wetteifer des Kleinkindes. Psychol. Forsch. **26**, 313–397 (1962). (Auch in HECKHAUSEN, H.: Motivationsanalysen. Berlin-Heidelberg-New York: Springer 1974)

HECKHAUSEN, H., WASNA, M.: Erfolg und Mißerfolg im Leistungswetteifer des imbezillen Kindes. Psychol. Forsch. **28**, 391–421 (1965)

HUNT, McV.J.: Intrinsic motivation and its role in psychological development. In: Nebraska Symposium on Motivation, 1965 (DEVINE, D., ed.), pp. 189–282. Lincoln, Nebr.: Univ. of Nebraska Press 1965

JENCKS, C.S., et al.: Inequality. New York: Basic Books 1972

KAGAN, J., SONTAG, L.W., BAKER, C.T., NELSON, V.L.: Personality and IQ change. J. abnorm. soc. Psychol. **56**, 261–266 (1958)

KLINGER, E.: Structure and Functions of Fantasy. New York: Wiley 1971

KRUG, S., HANEL, J.: Motivänderung: Erprobung eines theoriegeleiteten Trainingsprogramms. Z. Entwicklungspsychol. pädagog. Psychol. (in press)

McCLELLAND, D.C.: The Achieving Society. Princeton, N.J.: Van Nostrand 1961

McCLELLAND, D.C.: Motivational trends in Society. Morristown, N.J.: General Learning Press 1971

McCLELLAND, D.C.: Power, the Inner Experience. New York: Irvington 1975

McKEACHIE, W.J.: Motivation, teaching, methods, and college learning. In: Nebraska Symposium on Motivation 1961 (JONES, M.R., ed.), pp. 159–187. Lincoln, Nebr.: Nebraska Univ. Press 1961

MARJORIBANKS, K.: Environment, social class and mental ability. J. Educat. Psychol. **63**, 103–109 (1972)

MEYER, W.-U.: Leistungsmotivation und Ursachenerklärung von Erfolg und Misserfolg. Stuttgart: Klett 1973

MORTON-WILLIAMS, R., et al.: Young School Leavers. London: Her Majesty's Stationary Office 1968

O'CONNOR, P.A., ATKINSON, J.W., HORNER, M.: Motivational implications of ability grouping in schools. In: A Theory of Achievement Motivation (ATKINSON, J.W., FEATHER, N.T., eds.). New York: Wiley 1966

RHEINBERG, F.: Situative Determinanten der Beziehung zwischen Leistungsmotiv und Schule und Studienleistung. In: Leistungsmotivation und Verhalten (SCHMALT, H.-D., MEYER, W.-U., eds.). Stuttgart: Klett (in press)

RHEINBERG, F.: Der Lehrer als diagnostische Instanz. In: Handbuch der Sonderpädagogik (KLAUER, K.J., REINARTZ, A., eds.), Vol. IX. Berlin: Marhold (in Vorbereitung)

SCHERER, J.: Änderungen von Lehrerattribuierungen und deren Auswirkungen auf Leistungsverhalten und Persönlichkeitsmerkmale von Schülern. Psychol. Inst. Ruhr-Univ.: Diplomarbeit, 1972 (unpubl.)

SONTAG, L.W., BAKER, C.T., NELSON, V.L.: Mental growth and personality development: A longitudinal study. Monogr. Soc. Res. Child Develop. **23**, No. 2 (1958)

SOUTHWOOD, K.E.: Some sources of political disorder: A crossnational analysis. Ph.D. thesis. Ann Arbor: Univ. of Michigan 1969

THOMAS, A., CHESS, S., BIRCH, H.G.: The origin of personality. On the role of early differences in temperament. Sci. Amer. August 1970, pp. 102–109

TRUDEWIND, C.: Häusliche Umwelt und Motiventwicklung. Göttingen: Hogrefe 1975

TURNER, G.: Für eine Wende der Bildungspolitik. Deutsche Universitätszeitung No. 14, 402–403 (1976)

VEROFF, J.: Social comparison and the development of achievement motivation. In: Achievement-Related Motives in Children (SMITH, C.P., ed.), pp. 46–101. New York: Russel-Sage 1969

VONTOBEL, J.: Leistungsbedürfnis und soziale Herkunft. Bern: Huber 1970

VROOM, V.H.: Work and Motivation. New York: Wiley 1964

WHITE, R.W.: Motivation reconsidered: The concept of competence. Psychol. Rev. **66**, 297–333 (1959)

YERKES, R.M., DODSON, J.D.: The relation of strength of stimulus to rapidity of habit-formation. J. comp. neurol. Psychol. **18**, 459–482 (1908)

Messung und Behandlung von kreislaufbedingten Lernstörungen

Börje Cronholm

Fragestellung

Mentale Störungen mit Beeinträchtigung der kognitiven Funktionen können durch unzureichende Blutversorgung des Gehirns aufgrund verschiedener Zirkulationsstörungen entstehen. Das Hauptziel dieser Arbeit besteht darin, über eine Reihe von Untersuchungen zu berichten, die die nachteiligen Wirkungen herabgesetzter Hirndurchblutung auf die Lernvorgänge betreffen und mögliche Wege zu besprechen, wie man ihnen entgegenwirken kann.

Definitionen

Die Begriffe „Lernen" und „Gedächtnis" werden von verschiedenen Autoren in ziemlich unterschiedlicher Weise verwendet. Dies beruht weitgehend auf der Tatsache, daß die Terminologie auf diesem Gebiet weitestgehend von mehr oder weniger klaren Theorien oder Meinungen abhängt. Die Begriffe können auch operational determiniert und für eine gewisse experimentelle oder Beobachtungssituation spezifisch sein. In dieser Arbeit wird der Begriff „Gedächtnis" in einem weiteren Sinn gebraucht, der alle Fähigkeiten oder Vorgänge umfaßt, die etwas mit Verhaltensänderung oder dem Erwerb von neuen Informationen als Ergebnis von Erfahrungen und mit dem Fortbestehen solcher Veränderungen zu tun haben. Der Begriff „Lernen" wird in einem engeren Sinn verwendet, um den Vorgang des Erwerbens von mehr oder weniger dauerhaften Kenntnissen und neuen Fertigkeiten zu bezeichnen. Sowohl psychologisch als auch das physiologische Substrat betreffend, umfassen Gedächtnis — und auch Lernen — eine Anzahl von Vorgängen, die sich durch ihre Qualität, zeitliche Reihenfolge, anatomische Lokalisation oder biochemische Vorgänge unterscheiden. Unsere Kenntnisse über die Beziehungen zwischen psychologischen Phänomenen und physiologischen Vorgängen sind immer noch ziemlich dürftig, aber die Erkenntnisse auf diesem Gebiet entwickeln sich rasch (s. z.B. DEUTSCH, 1973; ZIPPEL, 1973).

Lernstörungen als Folge von schädlichen Einflüssen können nur dann beschrieben werden, wenn ein genau festgelegtes Gedächtnismodell angewandt wird, selbst wenn ein solches Modell zur Zeit sowohl hypothetisch als auch provisorisch sein muß. Das in dieser Veröffentlichung verwendete Modell setzt eine Reihe von Gedächtnisvorgängen oder Phasen voraus, die zum Teil aufeinander folgen, sich aber auch zeitweise überschneiden.

Zunächst muß die *Registrierung* (Acquisition) von Material erfolgen. Diese notwendige Voraussetzung für die folgenden Phasen hängt ihrerseits wieder von Wahrnehmung und kognitiver Interpretation (Apperzeption, Informationsverarbeitung) ab. Es gibt bestimmte Beweise dafür, daß eine *Kurzzeit-Gedächtnisspur* gebildet wird, was auf Kurzzeit-Speicherung schließen läßt. Dieser Prozeß ist gleichzeitig gefolgt von einem Vorgang der *Konsolidierung*, d.h. der Bildung von verschiedenen *Langzeit-Gedächtnisspuren*. Der ganze Ablauf, der zur Bildung von Langzeit-Gedächtnisspuren führt, kann vielleicht unter der Überschrift „*Lernen*" zusammengefaßt werden. Wenn Lernen stattgefunden hat, erfolgt Langzeit-Speicherung oder „Retention" von Gedächtnismaterial. Die meisten Gedächtnisspuren werden jedoch mit der Zeit abgeschwächt oder sogar ausgelöscht, d.h., es tritt Vergessen ein. Erinnern, sei es durch Abruf, Assoziation oder Wiedererkennen, bedeutet *Wiederfinden* (retrieval) und *Reaktivieren* der Gedächtnisspuren. Alle diese Vorgänge können als hypothetische, psychologische Konstrukte beschrieben werden: sie sind abgeleitet oder postuliert, aber nicht direkt zu beobachten. Es kann vermutet werden, daß sie mit einzelnen neuroanatomischen und/oder verschiedenen neurophysiologischen Aktivitäten und/oder verschiedenen biochemischen Prozessen (s. DEUTSCH, 1973) in Beziehung stehen. Das Modell ist schematisch in Abb. 1 dargestellt.

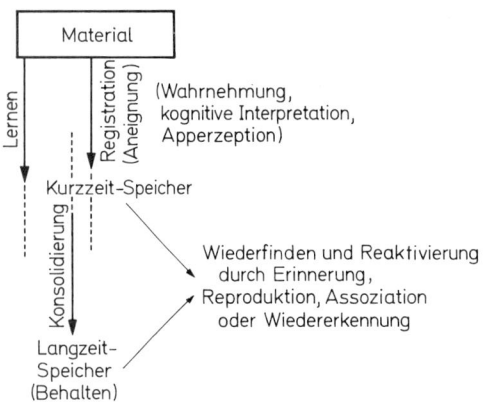

Abb. 1. Hypothetische Gedächtnisprozesse

Beurteilung von Gedächtnisfunktionen

Um „Lernen" und „Behalten", wie oben definiert, beurteilen zu können, wurde ein Test angewandt, der sich aus 3 Untertests von je 30 Einzelpunkten zusammensetzt. Er besteht aus zwei Parallel-Versionen. Die 3 Untertests haben gemeinsam, daß die Probanden aufgefordert werden, sich sofort nach dem Test und nach einem bestimmten Intervall zu erinnern. Bei den Untersuchungen, über die berichtet werden soll, betrug das Intervall entweder $1^1/_2$ oder 3 Std. Auf diese Weise erhalten wir aus allen 3 Untertests einen „Score für Sofortgedächtnis" („immediate memory score") und einen „Score für delayed memory". Die Differenz zwischen den beiden Ergebnissen ergibt dann einen „Score für Vergessen" („forgetting score"). Diese operational definierten Variablen können als Funktionen von zugrunde liegenden, hypothetischen Variablen des Gedächtnisses angesehen werden. So wird also der „Score für Sofortgedächtnis" als eine Funktion hauptsächlich des „Lernens" und der „Score für Vergessen" als einer des Behaltens oder von zum Behalten erforderlichen Prozessen, z.B. Konsolidierung, angenommen. Es wird dann angenommen, daß das Wiederfinden (retrieval) und die Reaktivierung von gleicher Bedeutung sind und sich in gleichem Maße in den Ergebnissen niederschlagen, sowohl sofort nach dem Test wie auch nach einem Intervall.

Das Gedächtnismaterial und das Vorgehen unterscheiden sich in den 3 Untertests voneinander. Im ersten von ihnen, „30 Gegenstände", wird ein Bild mit Zeichnungen von 30 alltäglichen Gegenständen gezeigt und die Gegenstände werden

beim Namen genannt, wenn sie dem Probanden gezeigt werden. Die Aufgabe besteht darin, diese Gegenstände unter 30 anderen auf einem neuen Bild herauszufinden. Nach einer Pause wird ein anderes Bild mit denselben 60 Zeichnungen gezeigt und der Proband aufgefordert, auf die zuerst gezeigten 30 hinzudeuten. Der nächste Untertest „30 Wortpaare" ist ein typischer Wortpaartest. Er umfaßt 3 Serien, jede mit 10 Wortpaaren. Sie werden den Versuchspersonen vorgelesen, gleichzeitig wird der Text gezeigt. Sofort nach jeder Serie werden 10 Worte eines Wortpaares in verschiedener Reihenfolge genannt und der Proband wird aufgefordert, das andere Wort des Paares zu nennen. Nach einer Pause wird die ganze Serie von 30 Worten wieder vorgelesen, aber in einer anderen Reihenfolge und der Proband aufgefordert, jeweils das dazugehörende Wort zu nennen.

In dem Test über „30 persönliche Daten" werden 6 Zeichnungen gezeigt und für jede davon werden 5 Angaben, die z.B. Alter, Beruf und Hobbys betreffen, gemacht. Nach Vorführung aller 6 Zeichnungen werden sie in einer anderen Reihenfolge gezeigt und der Proband wird gebeten, alle Daten wiederzugeben, die er sich von jeder Person gemerkt hat. Nach einer Pause werden die Zeichnungen wieder in einer anderen Reihenfolge gezeigt.

Da angenommen werden darf, daß alle drei Untertests zumindest bis zu einem gewissen Grade dieselben zugrunde liegenden Variablen (Lernen und Behalten) messen, wird die Summe der Scores, d.h. der kombinierte Test, ebenfalls dargestellt. Es wurde nachgewiesen, daß der kombinierte Test zuverlässiger ist, als die separaten Untertests (CRONHOLM u. OTTOSSON, 1963). (Eine detaillierte Beschreibung des Tests findet sich bei CRONHOLM u. MOLANDER, 1957; OTTOSSON, 1960; D'ELIA, 1970).

Einfluß der Elektroschocktherapie (ECT)

Der oben beschriebene Test war ursprünglich für die Untersuchungen von Gedächtnisstörungen nach ECT entwickelt worden und hatte sich für diesen Zweck als recht nützlich erwiesen (s. z.B. OTTOSSON, 1960; CRONHOLM, 1969; D'ELIA, 1970). Wenn die „anterograde Amnesie" untersucht wird, wobei das Testmaterial 6 Std nach einem Elektroschock (ECS) gezeigt wird, sind die Scores für Sofortgedächtnis („immediate memory") nur geringfügig schlechter als vor der Behandlung. Andererseits liegen die Scores für „delayed memory" 3 Std später viel niedriger. Dies bedeutet einen beträchtlichen Anstieg der Scores für Vergessen („forgetting scores"). Die Befunde sind dahingehend ausgelegt worden, daß ECT ein vorübergehendes amnestisches Syndrom mit auffallender Beeinträchtigung des Behaltens, aber nur geringer oder fehlender Lernstörung hervorruft (CRONHOLM u. OTTOSSON, 1961; CRONHOLM, 1963, 1969).

Der Einfluß des Alters

Wir haben den Test auch dazu benutzt, den Einfluß des Alterns auf die Gedächtnisvorgänge zu studieren (ein detaillierter Bericht findet sich bei CRONHOLM u. SCHALLING, 1973, 1976). Wir haben eine Gruppe von Frauen von 65 Jahren und darüber untersucht, die in zwei Appartementhäusern für alte Menschen und in einem Gemeinschaftsheim für alte Menschen in Stockholm leben. Nach Ausschluß der Frauen mit einer Demenz bestand die Gruppe aus 49 Frauen, von denen 22 „alt" (65–74 Jahre) und 27 „sehr alt" (75–91 Jahre) waren.

Als Kontrollgruppe wählten wir 30 Frauen im Alter von 35–49 Jahren mit ähnlichen — eher niedrigen — sozioökonomischen und kulturellen Voraussetzungen.

Wie man aus Tabelle 1 und Abb. 2 ersehen kann, besteht bei allen Untertests, von den Frauen mittleren Alters über die alten bis zu den sehr alten, eine hoch signifikante und ganz auffallende Abnahme der Scores für das Sofortgedächtnis. Es ist richtig, daß Querschnittsuntersuchungen wie diese schwierig zu interpretieren und offener Kritik ausgesetzt sind (s. SCHAIE u. GRIBBIN, 1975), aber die Ergebnisse deuten — in Übereinstimmung mit früheren Befunden — auf eine deutliche Abnahme der Lernfähigkeit mit dem Altern hin. Auf der anderen Seite verlaufen die Scores für „delayed memory" nach einem 3stündigen Intervall ungefähr parallel zu den Scores für das Sofortgedächtnis. Damit zeigen die Scores für Vergessen nur eine geringfügige und nicht signifikante Zunahme; was gelernt worden war, wurde, sowohl von den alten und sehr alten, wie auch den Frauen mittleren Alters, behalten. Dieser Befund stützt in keiner Weise die Vermutung, daß das „Behalten" im Alter beeinträchtig sei, muß aber mit einer gewissen Vorsicht interpretiert werden — wenn nur wenig gelernt wird, wird vielleicht nur eine geringere Fähigkeit benötigt, das Gelernte zu behalten.

Auch wenn keine der älteren in die Untersuchung einbezogenen Frauen ernsthaft krank war, so litten doch viele an somatischen Krankheiten, wie

Tabelle 1. Gedächtnisleistungen bei drei Gruppen von Frauen mit unterschiedlichem Alter

	35–49 Jahre (n = 30)		65–74 Jahre (n = 22)		75–91 Jahre (n = 27)		F (df 2:76)
	$\bar{X}$	s	$\bar{X}$	s	$\bar{X}$	s	
A. Sofortgedächtnis-Scores							
30 Gegenstände	25,0	3,4	23,1	3,4	20,4	5,2	8,78 [a]
30 Wortpaare	20,4	4,5	17,6	4,6	14,6	5,3	9,89 [a]
30 persönliche Daten	18,2	5,0	14,0	4,1	12,0	5,7	10,97 [a]
kombinierter Test	63,7	8,2	54,7	9,6	47,0	13,7	16,38 [a]
B. Delayed memory-Scores (3 Std nach A)							
30 Gegenstände	21,5	3,7	19,8	4,1	16,7	5,2	8,64 [a]
30 Wortpaare	14,2	5,2	10,6	4,1	8,5	4,8	9,93 [a]
30 persönliche Daten	16,7	5,3	11,6	3,8	8,8	4,4	20,74 [a]
kombinierter Test	52,4	9,3	42,1	8,7	34,0	11,8	23,12 [a]
C. Vergessens-Scores (A–B)							
30 Gegenstände	3,5	3,2	3,3	3,2	3,7	2,8	0,12
30 Wortpaare	6,2	3,5	6,9	2,9	6,1	2,6	0,01
30 persönliche Daten	1,5	3,4	2,4	2,0	3,2	3,1	2,33
kombinierter Test	11,2	6,3	12,6	5,2	13,0	6,0	0,74

[a] $p < 0,001$.

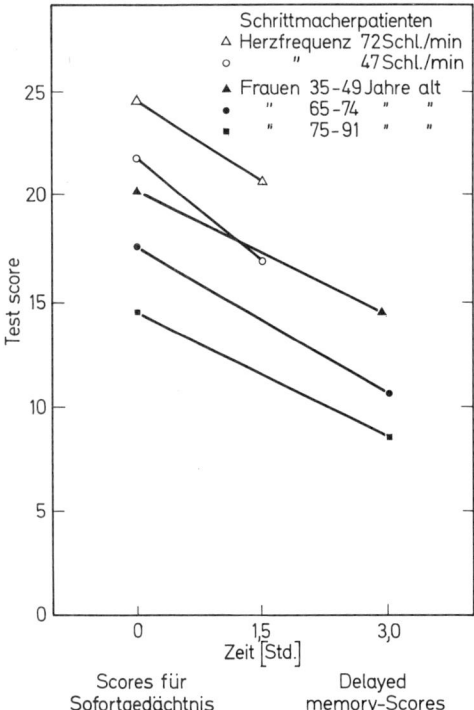

25 —

20 —

Test score

15 —

10 —

5 —

0 —

Schrittmacherpatienten
△ Herzfrequenz 72 Schl./min
○ " 47 Schl./min
▲ Frauen 35-49 Jahre alt
● " 65-74 " "
■ " 75-91 " "

0   1,5   3,0
Zeit [Std.]

Scores für   Delayed
Sofortgedächtnis   memory-Scores

Abb. 2. Leistungen beim 30-Wortpaare-Test in einer Patientengruppe mit einem externen Schrittmacher bei einer Herzfrequenz von 72 gegenüber von 47 Schlägen pro Minute ($n=12$) und bei drei Gruppen von Frauen im Alter von 35–49 ($n=30$), 65–74 ($n=22$) und 75–91 ($n=27$) Jahren

z.B. arteriellem Hochdruck oder einer anderen kardiovaskulären Erkrankung. Dies mag einer der Gründe für ihre recht niedrigen Testleistungen sein.

Der Einfluß der Herzfrequenz bei Patienten mit Herzschrittmachern

Der Einfluß einer verminderten Hirndurchblutung auf verschiedene kognitive, perzeptive und psychomotorische Leistungen wurden experimentell von LAGERGREN (1974) untersucht. Er untersuchte 12 Patienten, 4 Männer und 8 Frauen, mit totalem Herzblock und einem äußeren Schrittmacher, der auf verschiedene Herzfrequenzen einstellbar war. Das Durchschnittsalter der Patienten betrug 68 Jahre (50–82 Jahre). Sie wurden

unter zwei Voraussetzungen untersucht: der Schrittmacher war so eingestellt, daß er entweder eine „normale" Herzfrequenz von ungefähr 70 Schlägen pro Minute oder eine „langsame" Herzfrequenz erzeugte, die gerade noch nicht den idioventrikulären Eigenrhythmus des Patienten, d.h. circa 45 Schläge/min, beeinträchtigte. Bei der ersten Sitzung wurde die eine Hälfte der Gruppe mit einer „normalen" Herzfrequenz untersucht, die andere Hälfte mit einer „langsamen" Herzfrequenz. Die Untersuchung wurde immer im Sitzen vorgenommen.

Es wurden zwei Parallelversionen der „30 Gegenstände"- und „30-Wortpaare"-Tests angewandt. Der 3. Untertest, „30 persönliche Daten", wurde weggelassen, um die Sitzungen kürzer und nicht zu ermüdend zu machen. Bei dieser Studie betrug die Pause zwischen dem Sofort- und „delayed"-Erinnern nur $1\,{}^{1}/_{2}$ Std. Die Ergebnisse können der Tabelle 2 und Abb. 2 entnommen werden.

In beiden Untertests sind die Scores für das Sofortgedächtnis unter den langsamen Herzfrequenzbedingungen niedriger und bei dem zuverlässigsten Test, dem „30-Wortpaare"-Test, ist der Unterschied signifikant. Das trifft auch zu, wenn beide Unterteste kombiniert werden. (Man kann sehen, daß die Leistungen in dieser Gruppe viel besser sind als die der „alten" und „sehr alten" Frauen in der oben erwähnten Studie, sogar besser als die bei Frauen mittleren Alters aus der Kontrollgruppe. Dieser Tatbestand ist schwer zu erklären, spricht aber vielleicht gegen das Vorhandensein von ausgesprochenen, chronischen zerebralen Insuffizienzerscheinungen aufgrund von Zirkulationsstörungen in dieser Gruppe.) — Auf der anderen Seite bestehen in bezug auf „Vergessen" unter „normalen" und „langsamen" Herzfrequenzbedingungen nur geringe und nicht signifikante Unterschiede bei den beiden Untertests und sie liegen in verschiedenen Richtungen. Diese Befunde lassen sich so interpretieren, daß die Herabsetzung der Pulsfrequenz und die daraus resultierende Verminderung der Hirndurchblutung zu einer reversiblen „Lern"-störung führt, das „Behalten" bereits erworbenen Materials aber nicht beeinträchtigt. Die Wirkung ist also ähnlich wie die des Alterns, unterscheidet sich aber von der der ECT, die, wie gezeigt wurde, hauptsächlich das „Behalten" (Retention) beeinträchtigt. (Wie man in Abb. 2 sieht, sind die Scores für Sofortgedächtnis — die Lernen widerspiegeln — bei einer Herzfrequenz von ungefähr 70 Schlägen pro Minute, verglichen mit den Scores bei etwa 45 Schlägen pro Minute, um so viel höher wie die entsprechenden Scores der ungefähr

Tabelle 2. Gedächtnisleistungen bei Patienten mit auf verschiedene Herzfrequenzen einge-
stelltem Schrittmacher $(n = 12)$

Herzfrequenz/min	Normal		Langsam		t
	$\bar{X}$	s	$\bar{X}$	s	
	72,3	3,0	46,8	4,6	
A. Sofortgedächtnis-Scores					
30 Gegenstände	26,2	3,5	24,8	4,4	1,65
30 Wortpaare	24,7	2,9	21,8	4,6	2,53 [a]
kombinierter Test	50,9	5,4	46,5	7,6	2,63 [a]
B. Delayed memory-Scores (1 $^1/_2$ Std. nach A)					
30 Gegenstände	24,4	3,9	24,3	4,0	0,07
30 Wortpaare	20,8	2,5	16,9	4,1	3,23 [a]
kombinierter Test	45,2	5,6	41,3	7,0	2,08 [b]
C. Vergessens-Scores (A–B)					
30 Gegenstände	1,7	1,8	0,4	2,0	1,45
30 Wortpaare	3,9	1,5	4,8	2,4	−1,16
kombinierter Test	5,8	2,4	5,3	4,0	0,37

[a] $p < 0,05$
[b] $0,05 < p < 0,10$

40jährigen verglichen mit den ungefähr 70jähri-
gen!)
Bei denselben Patienten wurden einige Wahrneh-
mungs- und psychomotorische Tests angewandt,
um die Leistungen zu messen, von denen man
annimmt, daß sie die kortikale Leistungsfähigkeit
wiedergeben. Die kritische Flimmerverschmel-
zungs-Frequenz (CFF) war bei niedriger Herzfrequenz („slow" heartrate) signifikant niedriger
(schlechtere Leistung). Die „straight two-choice
reaction time" (RT-s) war bei „langsamem"
Herzschlag höher; der Unterschied war bei zwei
von drei Messungen signifikant. Die „reversed
two-choice reaction time" (RT-i) war bei „langsamem" Herzschlag ebenfalls signifikant höher. Ein
anderer Test, der Krakau Visual Acuity Test
(KVAT), ist als Methode zur Messung geistiger
Leistungen weniger bekannt. Auf einem Oszillo-
skop erscheint eine rechtwinklige Kurve mit einer
Aufwärts- oder Abwärtsablenkung. Die Aufgabe
besteht darin, die Richtung der Ablenkung anzuzeigen, indem man auf einen Knopf drückt. Die
Ablenkung nimmt nach drei richtigen Reaktionen
ab und nimmt nach einer falschen Reaktion zu.
Auch hier waren die Leistungen unter den „langsamen" Herzfrequenz-Bedingungen signifikant
schlechter.
Man darf wohl mit Recht annehmen, daß sowohl
Altern wie auch verminderte Hirndurchblutung
zu „Lern"-Störungen als einer Folge von Aufnah-
meschwierigkeiten (registration difficulties), verbunden mit perzeptiven und kognitiven Störungen aufgrund geschädigter neokortikaler Funktionen, führen. Andererseits können vielleicht die
„Behaltens"-Störungen („retention" disturbances) nach ECT die Folge gestörter Konsolidierung aufgrund schädlicher Einflüsse auf das limbische System sein (s. CRONHOLM, 1963, 1969).
Die Wirkung einer verminderten Hirndurchblutung auf geistige Leistungen wird noch durch eine
weitere Untersuchung belegt, die von LAGERGREN
u. LEVANDER (1975) durchgeführt wurde. Acht
Patienten mit einem äußeren Schrittmacher wurden sowohl im Aufrechtsitzen als auch im Liegen
untersucht, sowohl bei „normalem" als auch bei
„langsamem" Herzschlag. Diese Bedingungen
wechselten systematisch der Reihe nach ab. Das
Durchschnittsalter der Patienten betrug 71 Jahre
(42–79 Jahre). Es wurden nur CFF, RT-s und
RT-i untersucht. Die Methoden waren verbessert
und für die automatische Reizvorführung und
Registrierung der Reaktionen unter Verwendung
eines Minicomputers umgearbeitet worden (s. LE-
VANDER u. LAGERGREN, 1973). Die Ergebnisse
sind aus Tabelle 3 ersichtlich. Die Zeiten in den
Tests RT-s und RT-i sind unter den „langsamen" Herzfrequenzbedingungen signifikant verlängert und der Unterschied ist etwas ausgeprägter, wenn der Patient sitzt als wenn er liegt. Die
CFF-Leistung ist bei „langsamem" Herzschlag

Tabelle 3. Durchschnittswerte und Standardabweichungen der Ergebnisse der kritischen Flimmerverschmelzung (CFF) der „straight two-choice Reaction Time" (RT-s) und der „inverse two-choice Reaction Time (RT-i) bei Herzfrequenzen von 71 und 44 Schlägen pro Minute (,,normal" und ,,langsam") im Sitzen und im Liegen

Herzfrequenz		Sitzend		Liegend	
		Normal 71 Schläge/min	Langsam 44 Schläge/min	Normal 71 Schläge/min	Langsam 44 Schläge/min
CFF in Hz	$\bar{X}$	31,4	30,7	31,4	31,4
	s	2,7	2,8	2,6	2,7
RT-s in csec	$\bar{X}$	45,7	51,0	44,3	48,3
	s	12,3	17,7	10,4	13,8
RT-i in csec	$\bar{X}$	56,0	63,2	56,4	61,6
	s	12,1	16,5	14,6	15,6

signifikant schlechter, aber nur dann, wenn der Patient sitzt; sie ist gleich, wenn er liegt. — Die Untersuchung hat damit gezeigt, daß höchstwahrscheinlich durch eine Verminderung der Hirndurchblutung eine Verlangsamung der Herzfrequenz die psychomotorischen Leistungen, gemessen an der Reaktionszeit unabhängig von der Körperhaltung, beeinträchtigt. Die visuelle Diskriminationsleistung, gemessen durch die kritische Flimmerverschmelzung, wird ebenfalls durch eine Verlangsamung der Herzfrequenz beeinträchtigt, aber nur wenn dieser Zustand mit einer aufrechten Körperhaltung verbunden ist (Tabelle 3).

Behandlung

Lernstörungen aufgrund einer verminderten Hirndurchblutung werden vermutlich am besten dadurch behandelt, daß die zugrunde liegende Krankheit behandelt wird — durch Erhöhung der Herzfrequenz mit Hilfe eines künstlichen Schrittmachers bei Patienten mit einem totalen Herzblock, durch Digitalisierung bei Patienten mit Herzinsuffizienz, durch Operation bei Patienten mit fortgeschrittener Verengung der Carotiden als Folge einer Arteriosklerose usw. Allerdings ist eine solche kausale Behandlung nicht immer möglich oder sie ist nicht ausreichend. Dann gibt es noch die Möglichkeit, die Patienten mit Präparaten zu behandeln, die direkt auf die zerebralen Funktionen wirken. Ein optimaler Aktivierungszustand (level of arousal) scheint eine Voraussetzung für optimales Lernen zu sein. Auf diese Weise mag erhöhte kortikale Aktivierung (arou-

sal), die durch zentrale Stimulantien herbeigeführt wird, die Lernleistung erhöhen. Andererseits haben EISDORFER et al. (1970) gezeigt, daß Propranolol die Lernleistung bei älteren Menschen zu verbessern vermag. Die Autoren legen diese Wirkung als eine Untermauerung der Hypothese aus, daß Lernstörungen bei alten Menschen Folge erhöhter autonomer Aktivierung seien.

Von besonderem Interesse sind die Substanzen, die über eine Vermehrung der RNA- und Proteinsynthese zu wirken scheinen und auf diese Weise die Langzeitspeicherung steigern. Jedoch sind die Ergebnisse mit diesen Substanzen nicht eindeutig und eine von ihnen, Mg-Pemolin wirkt möglicherweise als ein zentrales Stimulans. (Eine Übersicht über medikamentöse Lernerleichterung findet sich bei DAWSON u. MCGAUGH, 1973.)

Es wäre ein großer Vorteil, besonders auf dem Gebiet der Psychogeriatrie, ein Mittel an der Hand zu haben, das ohne die Nachteile der zentralen Stimulantien, wie Amphetamin, die kortikale Leistungsfähigkeit verbessert und die Lernfähigkeit erhöht. Die relativ neue Substanz, 2-Oxopyrrolidin-1-acetamid (Piracetam)* scheint ein solches Medikament zu sein. Unter anderem konnte gezeigt werden, daß sich Ratten unter dem Präparat besser im Labyrinth zurechtfinden (GIURGEA u. MOURAVIEFF-LESUISSE, 1972), daß das Präparat den Wirkungen der Hypoxie auf das EEG bei Kaninchen (GIURGEA et al., 1970) und den Wirkungen des Elektroschocks auf die Gedächtnisleistungen bei Ratten entgegenwirkt (GIURGEA u. MOURAVIEFF-LESUISSE, 1972; SARA u. LEFEVRE, 1972). Es hat ein von den zentralen

---

* Im Handel als Normabrain® (Hersteller: Cassella-Riedel Pharma GmbH, 6 Frankfurt/Main) und Nootrop® (Hersteller: UCB Chemie GmbH, 5159 Sindorf).

Stimulantien sich völlig unterscheidendes pharmakodynamisches Profil (GIURGEA, 1972, 1973, 1975) und aus diesem Grunde sieht GIURGEA es als ein Präparat an, welches eine neue Kategorie von Medikamenten darstellt. Jedoch ist sein biochemischer Wirkungsmechanismus immer noch ziemlich unklar (s. WOLTHUIS u. NICKOLSON, 1975).

Das Untersuchungsergebnis über die Wirkung von Piracetam auf die geistigen Leistungen bei 12 Patienten mit äußerem Schrittmacher ist in diesem Zusammenhang von Interesse, obgleich hier keine Gedächtnistests angewandt wurden (LAGERGREN u. LEVANDER, 1974; s. auch CRONHOLM et al., 1975). Das Durchschnittsalter der Patienten, 9 Männer und drei Frauen, betrug 70 Jahre (52–79 Jahre). Die Patienten wurden im Sitzen untersucht, u.a. mit CFF, RT-s und KVAT (s. oben). Sie wurden in 2 Gruppen zu je 6 eingeteilt. Eine Gruppe erhielt täglich 4,8 g Piracetam oral, die andere Gruppe Placebo jeweils 9 Tage lang. Für die folgenden 9 Tage wurde die Medikation umgekehrt, das Verfahren war doppelblind. Getestet wurde während der beiden letzten Tage jedes Versuchszeitraums. An einem Tag wurde der Schrittmacher so eingestellt, daß er eine „normale" Herzfrequenz von ungefähr 70 Schlägen pro Minute erzeugte, den anderen Tag so, daß sich eine „langsame" Frequenz von ungefähr 45 Schlägen pro Minute ergab. Diese Bedingungen wurden abgewechselt, aber die Tests wurden in einer feststehenden Reihenfolge durchgeführt: CFF, RT, KVAT. Die Patienten selbst nahmen weder die Änderungen der Herzfrequenz noch irgendeine Wirkung des Medikamentes wahr (Tabelle 4).

Die Ergebnisse sind Tabelle 4 zu entnehmen. Die statistische Auswertung ergab, daß es bei einer Herzfrequenz von 45 Schlägen pro Minute zu einer signifikanten Verschlechterung beim CFF-Schwellenwert kam im Vergleich zur Messung bei 70 Schlägen pro Minute unter Placebobedingungen. Die entsprechende Verschlechterung unter Piracetam war signifikant geringer. RT-s war bei einer Herzfrequenz von 45 im Vergleich zu 70 Schlägen pro Minute sowohl unter Placebo als auch unter Piracetam signifikant verschlechtert, die Beeinträchtigung war aber unter Piracetam-Behandlung etwas, aber nicht signifikant geringer. Die mit KVAT gemessene visuelle Diskrimination war unter Piracetam sowohl bei einer Herzfrequenz von 45 als auch von 70 Schlägen pro Minute signifikant besser. – Die Ergebnisse des CFF-Tests können als Beweis dafür ausgelegt werden, daß Piracetam Leistungsstörungen entgegenwirkt, die auf einer verminderten Hirndurchblutung als Folge einer herabgesetzten Herzfrequenz beruhen. Die Ergebnisse beim RT-Test deuten in die gleiche Richtung. Jedoch kommt es beim KVAT mit Piracetam zu ungefähr der gleichen Besserung bei beiden Herzfrequenzen, während die Herzfrequenz selbst nur einen geringen Einfluß ausübt. Eine mögliche Erklärung für diese Befunde scheint zu sein, daß bei diesen Patienten eine leichte chronische zerebrale Leistungsminderung vorlag, die sich in den niedrigen Testleistungen bei beiden Herzfrequenzen widerspiegelte (d.h. sie besserte sich auch bei vermehrter Hirndurchblutung nicht), durch Piracetam aber aufgehoben wurde.

Eine andere Untersuchung über die Wirkungen von Piracetam wurde von MINDUS et al. (1976) (s. auch CRONHOLM et al., 1975) an 18 Patienten 7 Männern und 11 Frauen mit einem Durchschnittsalter von 56 Jahren (47–73 Jahre) durchgeführt. Alle klagten darüber, daß das Gedächt-

Tabelle 4. Durchschnittswerte und Standardabweichungen der Ergebnisse der kritischen Flimmerverschmelzung (CFF) der „straight two-choice Reaction Time" (RT-s) und der Visual acuity (KVAT) bei Herzfrequenzen von 70 und 45 Schlägen pro Minute („normal" bzw. „langsam") unter Placebo- bzw. Piracetam-Gabe

Herzfrequenz		Placebo		Piracetam	
		Normal 70 Schläge/min	Langsam 45 Schläge/min	Normal 70 Schläge/min	Langsam 45 Schläge/min
CFF in Hz	$\bar{X}$	31,0	30,0	30,5	30,2
	s	3,1	3,1	2,8	2,8
RT-s in csec	$\bar{X}$	44,5	47,5	46,3	47,7
	s	8,9	7,4	9,2	10,1
KVAT	$\bar{X}$	18,0	17,5	19,2	19,3
	s	5,0	4,4	4,6	4,3

nis seit einigen Jahren nachgelassen habe, aber sonst waren sie geistig gesund. Keiner von ihnen litt an irgendeiner schweren körperlichen Krankheit. Ihr Durchschnitts-IQ war 120 und es waren bei ihnen in zwei Leistungstests „Bildervervollständigung" und „Bildanordnung" keine Zeichen von Verschlechterung zu erkennen. Der Zweck der Studie war zu untersuchen, ob Piracetam kognitive, perzeptive oder psychomotorische Leistungen bei Personen verbessern könnte, die über leichte Gedächtnisstörungen beim Älterwerden klagen.

Alle Probanden erhielten pro Tag 4,8 g Piracetam oral über einen Zeitraum von 4 Wochen und Placebo 4 Wochen lang, wobei die Hälfte der Patienten mit Piracetam begann und die andere Hälfte mit Placebo. Die Verabreichung erfolgte doppelblind. Nach jeder 4-Wochen-Periode wurde eine Anzahl von psychologischen Tests durchgeführt. Es wurden die beiden Gedächtnisuntertests „30 Gegenstände" und „30 Wortpaare", angewandt und die Scores für Sofortgedächtnis registriert. Der eine Test wurde nach der ersten 4-Wochen-Periode, der andere nach der zweiten angewandt. Die Hälfte der Gruppe begann also mit dem ersten unter Piracetam, die andere unter Placebo. Die Ergebnisse waren ganz und gar negativ: Die Durchschnittsergebnisse waren unter Piracetam und Placebo ganz ähnlich. Das bedeutet jedoch nicht, daß Piracetam ohne Wirkung war. Bei verschiedenen Tests war die Leistung mit Piracetam signifikant besser. Dies trifft für CFF (nur bei abnehmender Frequenz), KVAT, einen Digit-Symbol-Test, einen Auslösch-Test (Bourdon-Wiersma) und den Spoke-Test zu. Piracetam besserte also die Leistung bei Patienten mit subjektiv empfundener, wahrscheinlich altersabhängiger Gedächtnisverschlechterung, aber diese Leistungsverbesserung spiegelte sich nicht in den Lerntests wider.

Zusammenfassung und Schlußfolgerungen

Es wurde nachgewiesen, daß Lernen im Gefolge einer Verlangsamung der Herzfrequenz von ungefähr 70 auf ungefähr 45 Schläge pro Minute bei Schrittmacherpatienten im Sitzen gestört ist. Die Veränderungen waren ähnlich wie die, die bei älteren Personen im Vergleich mit einer Gruppe mittleren Alters gesehen wurden. Die Verschlechterung des Lernens durch Verlangsamung der

Herzfrequenz bei Patienten mit Schrittmachern lief parallel zu den Störungen bei einigen psychomotorischen und perzeptiven Tests. Es scheint also eine allgemeine Störung der kortikalen Leistungsfähigkeit als Folge herabgesetzter Durchblutung des Gehirns zu bestehen. Die Reaktionszeit war unabhängig von der Lage gestört aber die Beeinträchtigung bei der kritischen Flimmerverschmelzung war nur meßbar, wenn der Patient aufrecht saß. Die nachteilige Wirkung der verringerten Hirndurchblutung durch verminderte Herzfrequenz wurde durch Verabreichung von Piracetam einigermaßen ausgeglichen. Es konnte auch nachgewiesen werden, daß diese Substanz die geistigen Leistungen bei Personen mittleren Alters oder alter Personen, die gesund waren, aber über ein „schlechtes Gedächtnis" klagten, besserte. Wir waren aber nicht in der Lage, irgendeine Besserung im Lernen nachzuweisen. Die Pharmakodynamik von Piracetam ist nur unvollständig bekannt und die klinischen Effekte brauchen Bestätigung und weitere Aufklärung. Die Entwicklung neuer Substanzen mit ähnlicher aber noch stärkerer Wirkung ist ebenfalls erwünscht.

Danksagung

Die Beiträge meiner Mitarbeiter von der Psychiatrischen Abteilung, besonders von KRISTER LAGERGREN und PER MINDUS, die mir einige in dieser Übersicht verwendete und vorher nicht veröffentlichte Daten zur Verfügung gestellt haben, werden dankbar anerkannt.

Die Untersuchungen, über die berichtet wurde, waren unterstützt durch Zuschüsse von: Swedish Medical Research Council, Foundations' Fund for Research in Psychiatry, Research Funds of the Karolinska Institute, the Swedish National Association against Heart and Chest Diseases, the Swedish Society of Medical Sciences, the Medical Research Council of the Swedish Life Insurance Offices, Loo and Hans Osterman's Fund for Medical Research, and from UCB Nordiska AB.

Literatur

CRONHOLM, B.: L'application des méthodes psychologiques dans l'analyse des troubles de la mémoire. Rev. Psychol. appl. **13**, 171–188 (1963)

CRONHOLM, B.: Post-ECT amnesias. In: The Pathology of Memory (Talland, G. and Waugh, N., eds.). New York: Academic Press 1969

CRONHOLM, B., MOLANDER, L.: Memory disturbances after electroconvulsive therapy. 1. Conditions 6 hours after electroshock treatment. Acta psychiat. scandinav. **32**, 280–306 (1957)

CRONHOLM, B., OTTOSSON, J.-O.: Memory functions in endogenous depression before and after electroconvulsive therapy. Arch. gen. Psychiat. **5**, 193–199 (1961)

CRONHOLM, B., OTTOSSON, J.-O.: Reliability and validity of a memory test battery. Acta psychiat. scand. **39**, 218–234 (1963)

CRONHOLM, B., SCHALLING, D.: A study of memory in aged people. In: Memory and Transfer of Information (ZIPPEL, H.P., ed.). New York: Plenum Publ. 1973

CRONHOLM, B., SCHALLING, D.: Cognitive decline with aging, and working capacity. Paper presented at Symposium on Society, Stress and Disease No. 5: Aging and Old Age, Stockholm, June 14–19, 1976. London – New York – Toronto: Oxford University Press (to be puplished)

CRONHOLM, B., SCHALLING, D., LAGERGREN, K., LEVANDER, S., MINDUS, P.: Effects of Piracetam on mental performance in man. In: Proc. Symposium Nooanaleptic and Nootropic Drugs (AGNOLI, A., ed.). 3rd Congr. Internat. Coll. Psychosom. Med., Rome, Sept. 17, 1975, pp. 102–196

DAWSON, R.G., McGAUGH, J.L.: Drug facilitation of learning and memory. In: The Physiological Basis of Memory (DEUTSCH, J.A., ed.). New York: Academic Press 1973

D'ELIA, G. (ed.): Unilateral electroconvulsive therapy. Acta psychiat. scand. Suppl. **215** (1970)

DEUTSCH, J.A. (ed.): The Physiological Basis of Memory. New York: Academic Press 1973

EISDORFER, C., NOWLIN, J., WILKIE, F.: Improvement of learning in the aged by modification of autonomic nervous system activity. Science **170**, 1327–1329 (1970)

GIURGEA, C.: Vers une pharmacologie de l'activité intégrative du cerveau. Tentative du concept nootrope en psychopharmacologie. Actualités pharmacol. **25**, 155–156 (1972)

GIURGEA, C.: The "nootropic" approach to the integrative avtivity of the brain. Condit. Reflex **8**, 108–115 (1973)

GIURGEA, C.: Differential experimental definition of nootropic drugs. In: Proc. Symposium Nooanaleptic and Nootropic Drugs (AGNOLI, A., ed.). 3rd Congr. Internat. Coll. Psychosom. Med., Rome, Sept. 17, 1975, pp. 83–92

GIURGEA, C., MOURAVIEFF-LESUISSE, F.: Effet facilitateur du Piracetam sur un apprentissage répétitif chez le rat. J. Pharmacol. **3**, 17–30 (1972)

GIURGEA, C., MOURAVIEFF-LESUISSE, F., LEEMANS, R.: Correlations électropharmacologiques au cors de l'anoxie oxyprive chez le lapin en respiration libre ou artificielle. Rev. Neurol. **122**, 484–486 (1970)

LAGERGREN, K.: Effect of exogenous changes in heart rate upon mental performance in patients treated with artificial pacemakers for compl. heart block. Brit. Heart J. **36**, 1126–1132 (1974)

LAGERGREN, K., LEVANDER, S.: A double-blind study on the effects of Piracetam upon perceptual and psychomotor performance at varied heart rates in patients treated with artificial pacemarkers. Psychopharmacologia (Berl.) **39**, 97–104 (1974)

LAGERGREN, K., LEVANDER, S.: Effects of changes in heart rate in different body positions upon critical flicker fusion threshold and reaction time performance in patients with artificial pacemakers. J. psychiat. Res. **12**, 257–264 (1975)

LEVANDER, S., LAGERGREN, K.: Four vigilance indicators for use with a minicomputer. Rep. Psycholog. Lab. Univ. Stockholm, No. 381, 1973

MINDUS, P., CRONHOLM, B., LEVANDER, S.E., SCHALLING, D.: Piracetam-induced improvement of mental performance. A controlled study on normally aging individuals. Acta psychiat. scand. **54**, 150–160 (1976)

OTTOSSON, J.-O. (ed.): Experimental studies of the mode of action of electroconvulsive therapy. Acta psychiat. scand. Suppl. **145**, (1960)

SARA, S.J., LEFEVRE, D.: Hypoxia-induced amnesia in one-trial learning and pharmacological protection by Piracetam. Psychopharmacologia (Berl.) **25**, 32–40 (1975)

SCHAIE, K.W., GRIBBIN, K.: Adult development and aging. Ann. Rev. Psychol. **26**, 65–96 (1975)

WOLTHUIS, O.L., NICKOLSON, V.J.: Piracetam and acquisition behaviour in rats: Electrophysiological and biochemical effects. In: Proc. Symposium Nooanaleptic and Nootropic Drugs (AGNOLI, A., ed.), pp. 135–149. 3rd Congr. International Coll. Psychosom. Med., Rome, Sept. 17, 1975, pp. 135–149

ZIPPEL, H.P. (ed.): Memory and Transfer of Information. New York: Plenum Press 1973

Teil III.
Klinik und Therapie der Lernstörungen

Neurotische Lernstörungen und ihre Behandlung

W. Spiel*

Wenn wir den Titel „Neurotische Lernstörungen und ihre Behandlung" unreflektiert lesen, so haben wir den Eindruck, daß wir uns damit auseinanderzusetzen haben, in welcher Weise Neurose eine Lernstörung hervorrufen kann und wie man dies behandeln soll.

Das ist aber nur dann so, wenn wir annehmen, daß alle mit dem Ausdruck „Neurose" dieselbe Vorstellung verbinden, also ein allgemeiner Konsens über diesen Begriff besteht.

Dem ist aber nicht so. Wir müssen daher zuerst eine grundsätzliche Standortbestimmung vornehmen und Klarstellungen über den Begriffsinhalt dessen, was unter Neurose zu verstehen ist, voranstellen. Ein solches Unternehmen wird basisbildend für die folgende Diskussion sein, in der es darum geht, die Möglichkeiten der Einwirkung neurotischen Geschehens auf den Lernvorgang spekulativ transparent zu machen.

Wir möchten glauben, daß eigentlich nur zwei Auffassungen, besser gesagt, Modellvorstellungen über das, was wir unter Neurose verstehen wollen, es wert sind, näher diskutiert zu werden. In dem Augenblick, als man nämlich den Begriff Neurose synonym setzt für jegliche Verhaltensstörung, für Streßfolgen oder weltanschauliche Orientierungslosigkeit, ferner, wenn man darunter einen nervösen dysfunktionalen Zustand versteht, wird der Begriff dermaßen unhandlich und strapaziert, daß sich eine nähere Diskussion erübrigt. Die beiden Modellvorstellungen, die ein brauchbares und handliches Vorstellungsbild beinhalten, sind unserer Auffassung nach die psychoanalytische und die sich an der Lerntheorie orientierende.

Nach psychoanalytischer Auffassung verstehen wir unter der Neurose ein intrapsychisch ablaufendes Geschehen, bei dem einander widerstreitende Kräfte wirksam sind. Antriebe, Strebungen, Tendenzen, aber auch Motive sind so konstelliert, daß die Bewältigung und Lösung der sich ergebenden Situation unmöglich ist, daß ein, — gestatten Sie den Ausdruck — „Homöostase-Surrogat" durch Einschaltung anderer, eben un-

* Ich danke B. BRUSCHEK und W. LEINERING für ihre Mitarbeit.

bewußter Dynamismen vollzogen wird. Dabei wird meist in symbolischer Symptombildung der Konflikt und seine ihn bedingenden Tendenzen transparent; ferner kostet die Verarbeitung Energie; letztlich, da der spannungserzeugende Konflikt ja nicht aus der Welt geschafft ist, sondern nur aufgeschoben, besteht die Tendenz zur Wiederholung.

In manchen Fällen kommt daraufhin der Entwicklungsfluß zum Sistieren und solche Fixierungen wirken sich als Entwicklungsbremse aus. Also: intrapsychischer Konflikt, Energieverlust, Repetition des Symptoms und Symbolisierung des Konfliktes; das und nur das, wollen wir als Neurose bezeichnen.

Sofern wir dieses Modell eines innerseelischen Vorgangs akzeptieren, könnte also eine Lernstörung bedingt sein einerseits durch den Verlust an seelischer Energie überhaupt, zum zweiten symbolischer Ausdruck eines Konfliktes sein und schließlich durch die Fixierung, d.h. Entwicklungsbremse, bedingt sein.

Nach den lerntheoretischen Vorstellungen über den Entstehungsmechanismus der Neurose reduziert sich diese Frage auf die Lerngeschichte. Das ist so zu verstehen, daß eine Lernstörung als dadurch bedingt gedacht werden kann, daß Verhalten „fehlgelernt" wurde. Nach dieser Theorie ist die Lernstörung auf einen gestörten Motivationsprozeß oder/und auf ein fehlerhaftes, irritiertes Üben zurückzuführen.

Es sei ausdrücklich erwähnt, daß MILLER u. DOLLARD vor Jahrzehnten eine Synthese dieser beiden Auffassungen versuchten, indem sie eine Neurosetheorie, die auf dem Begriff „gelernte Angst" beruht, schufen und dabei 3 Hauptfaktoren der neurotischen Störung erwähnten:

1. Das Leiden. Damit wird der primäre Spannungszustand beschrieben; wir würden also besser sagen, der Konfliktzustand, entstanden durch die Unvereinbarkeit zweier oder mehrerer Antriebe und Strebungen.

2. Dieser Konflikt kann nicht adäquat durch höhere kognitive Prozesse bewußt kompensiert werden. Seine Bewältigung erfolgt in einer gewissen Regelhaftigkeit unter Einschaltung von Bewälti-

gungs- und Abwehrmechanismen. Damit wird das Subjekt in seinem Verhalten eingeschränkt. Die so entstehende „Beschränktheit" ist nach dieser Auffassung zweiter Hauptfaktor neurotischen Geschehens.

3. Das Symptom ist die Folge der erwähnten beiden Ausgangsphänomene und impliziert den Aufbau von Verhaltensweisen, die imstande sind, den Konflikt und seine Spannung zu vermindern.

Die MILLER u. DOLLARDschen Auffassungen stimmen insofern mit der klassischen, analytischen überein, als Schein- und Verlegenheitslösungen als Folge des unbewältigbaren intrapsychischen Ereignisses postuliert werden.

Ähnlich argumentiert ALFRED ADLER (1975), bei dem ja der neurotische Mechanismus ebenfalls im Sinne einer „Beschränktheit" aufgefaßt wird, einerseits, daß auf der Input-Seite „tendenziöse Apperzeption" wirksam wird, andererseits im Handlungsbereich der „nervöse Charakter", also der geprägte Lebensstil zum Tragen kommt, was beides eine Einschränkung („Beschränkung") der Lebens- und Äußerungsmöglichkeiten, aber auch der Bewältigungsmöglichkeiten und letztlich der Kreativität bedeutet.

Fassen wir zusammen, so könnten für die Lernstörung in Frage kommen:

1. Der Verlust an frei zur Verfügung stehender Energie, die zur Bewältigung motivationaler Prozesse gebraucht wird.

2. Einschränkung der Bewältigungs- und Entfaltungsmöglichkeiten, was einer Fixierung und Erstarrung im gelernten Muster gleichkommt und

3. Symbolcharakter der Störung; Lernen und Üben bedeutete im gegenständlichen Fall etwas ganz Individuelles, Besonderes.

Im weiteren Verlauf unserer Diskussion über neurotische Lernstörungen und deren Behandlungsmöglichkeit werden wir uns vor allem die Wirkungsmöglichkeiten im psychodynamisch analytischen Neurosekonzept überlegen. Alles, was in die Bereiche des Übens, der Motiviertheit und der Lerngeschichte fällt, wollen wir infolge der Kürze der zur Verfügung stehenden Zeit der Diskussion vorbehalten.

Bevor wir aber eine Gegenüberstellung der bisher diskutierten dynamischen Einflußmöglichkeiten versuchen, sei noch eine Bemerkung gemacht: Wir sprechen hier nur von einer Lern*störung* und nicht einer Lern*behinderung*. Behinderung liegt dann vor, wenn Lernleistungen aufgrund einer bestimmten Leistungsdisposition nicht zu erwarten sind. Behinderung ist also zuerst einmal auszuschließen. Dieser Begriff impliziert nach WEGENER „alle Grade und Formen intellektueller Sub-

normalität, die bereits im Kleinkindalter vorhanden sind und bis ins Erwachsenenalter hinein als dauernder Rückstand der Leistung objektiviert werden können." Er umfaßt aber auch jene Fälle, die man als „minimal cerebral dysfunction" oder Teilleistungsstörungen aufgrund hirnorganischer Bedingtheiten qualifizieren kann. Um diese Fälle geht es uns hier jetzt nicht.

Wenn wir uns also nun dem Kausalkonnex Lernen versus Triebdynamik zuwenden, so erhebt sich in unserem speziellen Fall die Frage nach einem dysfunktionalen Zusammenhang zwischen innerseelischem Geschehen und Lernen. Dieser Zusammenhang läßt sich, wie schon angedeutet, auf drei Angriffsebenen projizieren, nämlich:

1. auf die Verständigungsebene, die Input-Seite,
2. auf die Speicherungsebene,
3. auf die Reproduktionsebene, also den Output.

Diese Einteilung ist nur didaktisch zu verstehen, und wir werden feststellen, daß sowohl Mechanismen des Merkens, wie der Informationsaufnahme und deren Reproduktion auf mehrere Ebenen projiziert gedacht werden können.

Zunächst das Problem der *Verständigungsebene.* Um eingehende Informationen aufzunehmen, sind eine Vielzahl kognitiver Leistungen notwendig, die ihrerseits Bausteine dessen, was wir als Teildimension der Intelligenz bezeichnen, zu verstehen sind.

Nehmen wir Bezug auf unser Basismodell der Neurose, so erscheint es vorstellbar, daß ein Großteil der psychischen Energie durch das neurotische Geschehen andernorts gebunden gedacht werden kann und so eine neurotische Lernstörung energetisch, also als ein quantitatives Defizit bedingt sein kann. Optimales Verstehen fordert ja den Einsatz streng strukturierter Faktoren der intellektuellen Leistungsfähigkeit, wobei differenziert kanalisierte psychische Energie gleichsam als Motor dafür verstanden werden kann. Also: psychische Energie steht, weil zu anderen Aufgaben delegiert, nicht mehr den komplizierten Leistungsfaktoren der Intelligenz zur Verfügung.

Auf der nächsten Ebene, der des Merkens und Behaltens, erscheint uns ebenfalls dieses zur Diskussion gestellte hypothetische Konstrukt anwendbar. Der nächste Lernschritt nach dem Verstehen ist das *Speichern* und die Einordnung des neu Hinzugekommenen in das System der bisher erworbenen Erfahrungsinhalte.

Es bieten sich für unsere Spekulationen, wie der Wirkungsmechanismus gedacht werden könnte, das Filtermodell von BROADBENT u. TREISMAN, sowie das Kurzzeitspeichermodell von SPERLING an:

TREISMAN erstellte in Anlehnung an BROADBENT ein Filtermodell über den Mechanismus der Aufmerksamkeit und nimmt folgenden Ablauf der Informationsaufnahme an: von den Sinnesorganen gelangt die Information über eine kurzzeitig abbildende Speicherung zu einem selektiven Filter der auswählt, was nun vom Informationsgesamt „wahrgenommen" wird. Nach Passage des Filters gelangen die Informationsinhalte durch einen begrenzten Informationskanal zu einem Speicher vergangener Reize, also bereits deponierter Erfahrungen, welche im Sinne eines feed-backs den selektiven Filter steuern. Nur so können relevante Informationen zur weiteren Verarbeitung den Kanal begrenzter Kapazität passieren.

SPERLING erstellte ebenfalls ein umfassendes Konzept des Kurzzeitgedächtnisses. Ein geschriebenes Wort z.B. ein optischer Stimulus wird in einem „visuellen Informationsspeicher" zuerst in einer Art Code eingelesen, der einer abbildenden Repräsentation entspricht; wir sehen also „innerlich", dann wird dieses „Abbild" von einer Prüfkomponente (das wäre mit dem selektiven Filter TREISMANS vergleichbar) aufgenommen, die bestimmt, welche Informationen in nachfolgende Komponenten geleitet werden. Diese übersetzen dann später das gelieferte visuelle Bild in ein Programm motorischer Anweisungen, ein Geschehen, das uns aber hier nicht mehr zu interessieren braucht.

In den beiden angedeuteten Modellen glauben wir für den Angriffspunkt neurotischer Mechanismen psychodynamischer Provenienz insofern Möglichkeiten der Einwirkung zu sehen, als eine Beeinträchtigung der Funktionsweise der selektiven Filter im Modell BROADBENT u. TREISMANS und der Prüfkomponente im SPERLINGschen Modell vorstellbar ist, und zwar im Sinne einer „perceptual defense". Dies würde bedeuten, daß Informationsinhalte, die konfliktevozierend wirken könnten, abgewehrt werden.

Bei dieser Konstruktion sei auf MILLER u. DOLLARDS Begriff der „Beschränktheit" neuerlich hingewiesen, ebenso aber auch auf jenen, leider in die Literatur nicht sehr eingegangenen Begriff ADLERS, nämlich der „tendenziösen Apperzeption" der Wahrnehmungs- und Erfahrungsinhalte.

Auf dem Wege dieser beschriebenen Dysfunktion des Selektionsmechanismus einerseits und einer mangelhaften Weiterverarbeitung andererseits wären Lernstörungen denkbar. So käme es trotz intakter Funktion der kognitiven Mechanismen und auch bei ungestörter Intelligenz nur zum Erbringen insuffizienter Lernleistungen.

Schließlich sei auch noch der Kausalkonnex Lernleistung — Psychodynamik auf der Ebene der *Reproduktion,* also der dritten, ins Auge gefaßt. Nach den Forschungsergebnissen der kognitiven Psychologie ist Reproduzieren ein aktiver Prozeß der Rekonstruktion von Erfahrungsinhalten. Analog zum aktiven Modell der Wahrnehmung ist die Reproduktion nicht lediglich als Abruf gespeicherter Gestalten zu interpretieren, sondern die Rolle, die die gespeicherten Informationen beim Wiederabruf spielen, ist der des Stimulus bei der Wahrnehmung vergleichbar. Dieser aktive Prozeß erfordert abermals den Einsatz psychischer Energie, die durch das neurotische Geschehen gemäß unserer Überlegungen absorbiert ist. Die Störung könnte also, wie bei der Diskussion der Input-Ebene, auch beim Output einerseits in einer Minderleistung im Sinne einer quantitativen Leistungsreduktion verstanden werden; andererseits wäre es aber auch denkbar, ebenso wie beim Verstehensprozeß der Lerninhalte, daß manche Inhalte abgewehrt werden, „man erinnert sich nicht" und damit werden sie nicht reproduziert.

Diese Ausführungen, es sei noch einmal festgestellt, daß sie spekulativ zu verstehen sind, geben also die Möglichkeit, gewisse Lernstörungen als Folgen psychodynamischer Prozesse auf den beschriebenen 3 Ebenen zu qualifizieren.

Lassen Sie mich abschließend jetzt noch zum Problem der Behandlung kommen. Dazu muß ich noch einmal zurückgreifen auf die vorhin scharf herausgestellte Differenzierung, die wir in jedem einzelnen Fall glauben, vorschlagen zu müssen, nämlich in Lernstörung einerseits und Lernbehinderung andererseits. Es ist hoffentlich bezüglich der Diagnostik ganz klar zum Ausdruck gekommen, daß die Erfassung möglichst vieler Variablen erst eine korrekte Diagnose gestattet. Es sollte nicht vorkommen, daß mangels Einsatz einer guten Anamnese und subtiler psychologischer Testmethoden etwa eine Teilleistungsstörung, also eine Behinderung übersehen wird. Ebensowenig aber sollte es vorkommen, daß jene Fälle, bei denen tiefenpsychologische Dynamismen verursachend sind, übersehen werden. Wir können es uns nicht versagen, bezüglich dieser diagnostischen Notwendigkeiten neuerlich darauf hinzuweisen, daß die Forderung erhoben werden muß, daß der therapeutische Einsatz wie der „Schlüssel zum Schloß" passen muß.

Methodisch stehen für die Therapie folgende Verfahren zur Verfügung:

A. 1. tiefenpsychologisch orientierte, die einerseits intendieren, ganz allgemein psychische Energie für den Motivierungsprozeß freizumachen; 2. oder andererseits sowohl auf der Input- wie auf der Output-Seite „Beschränkungen", „tendenziöse Apperzeptionen" und/oder abnorme Lebensstileinstellungen zu beseitigen 3. ferner solche Techniken, die die Aufhellung symbolischer Symptome ermöglichen.

Wir sehen also gemäß dem erläuterten Konstrukt für die tiefenpsychologisch orientierten psychotherapeutischen Verfahren die Eingriffsmöglichkeit in erstens einer Freisetzung von psychischer Energie überhaupt, zweitens in einer Befreiung aus der Beschränktheit eingefrorener neurotischer Verhaltensmuster und drittens darin, den Symbolgehalt des Symptoms durch Deutung zu erhellen.

B. Ferner können wir verhaltenstherapeutische Verfahren einsetzen, die vor allem im Sinne der positiven Verstärkung das Motivierungsniveau anheben, was von der ADLERschen Richtung als Ermutigungstherapie bezeichnet wurde.

C. Schließlich bietet sich das große Feld der rein didaktisch-methodischen Übungsbehandlungen an, oder wie wir es bezeichnen, der funktionell-therapeutischen Übungen, was jedoch vorwiegend für die Lernbehinderten Anwendung finden sollte. Selbstverständlich gibt es aber auch Fälle, die eine psychodynamisch konfliktuös und durch seelischen Inhalt bedingte Lernstörung zeigen, was sich sekundär wie eine Behinderung auswirken kann, für die wird man ebenfalls zuerst durch funktionell-therapeutische Übungen jenes Mutpotential aufbauen, jene Ausgangslage, durch Erfahrung positiver eigener Leistung herstellen, die eine Basis für tiefenpsychologisch analytische Arbeit darstellt.

Wir hoffen, daß es uns gelungen ist, durch etwas ungewöhnliche Gedankengänge und Inbeziehungsetzungen verschiedenster Modellvorstellungen einiges zum Thema „Neurotische Lernstörungen und ihre Behandlung" beigetragen zu haben.

Literatur

ADLER, A.: Individualpsychologie in der Schule. Frankfurt: Fischer 1975

BADDELEY, A.D.: Human memory. In: New Horizons in Psychology, Vol. II, 1972

COLTHEART, M.: Visual information processing. In: New Horizons in Psychology, Vol. II, 1972

MILLER, N.E., SEARS, R.R., MOWRER, O.H., DOOB, L.W., DOLLARD, J.: The frustration-aggression hypothesis Psychol. Bull. **48**, 337–342 (1941)

NEISSER, U.: Kognitive Psychologie. Stuttgart: Klett 1974

NORMAN, D.A.: Aufmerksamkeit und Gedächtnis. Weinheim: Beltz 1973

REDL, F.: Zum Begriff der „Lernstörung." Z. psychoanalyt. Pädag. **8**, 155–177 (1934)

RICHTER, H.E.: Eltern, Kind und Neurose. Reinbeck 1969

RICHTER, H.E.: Patient Familie. Reinbeck 1970

SCHELL, H.: Angst und Schulleistung. Göttingen 1972

SPIEL, W.: Therapie in der Kinder- und Jugendpsychiatrie, 2nd ed. Stuttgart: Thieme 1976

STROBEL, H.: Lern- und Leistungsstörungen: Genese, Therapie und Prophylaxe. Stuttgart: Kohlhammer 1975

WEGENER, H.: Die Minderbegabten und ihre sonderpädagogische Förderung. In: Begabung und Lernen (ROTH, H., Hrsg.). Stuttgart 1969

ZULLIGER, H.: Die Angst unserer Kinder. Frankfurt: Fischer 1973

Schulische Überforderung und Lernversagen, Ursachen und Therapie

Manfred Müller-Küppers

Die Schule ist heute heißes Wahlkampfthema in unserem Land. Jede Partei schiebt der anderen die Schuld an der „Bildungskatastrophe" zu. Jeder Schüler kennt das Schlagwort vom „Streß in der Schule", schon der Grundschüler kann das Wort numerus clausus deklinieren und hat die Konsequenzen, die sich daraus ergeben, in ihren Grundzügen erfaßt. Nur wenige Jugendliche träumen noch davon, einmal zu werden, was ihre Väter sind. Dabei wollten es 1973 noch zwei Drittel aller Schüler „wirtschaftlich weiterbringen" als ihre Eltern. Der Wechsel der Einstellung zur Schule und die Haltung gegenüber Institutionen und Obrigkeit hat nicht nur auf seiten der Schüler umgeschlagen.

Die Lehrer werden wieder beneidet um ihre Ferien und Pensionen; sie wirken nicht mehr so gequält, haben nicht mehr so erhebliche Disziplinschwierigkeiten, wissen aber auch nicht, wie sie ihren Schülern die Angst vor der beruflichen Zukunft nehmen sollen.

Die Stimmung in der Klasse ist gedämpft, eine resignative Komponente ist nicht zu übersehen. Der Schüler realisiert Noten und Leistungen seines Nachbarn als potentielle Bedrohung seiner eigenen Aufstiegsmöglichkeiten. Ein permanentes latentes Rivalitätsdenken wird gelegentlich durch offene Feindseligkeit durchbrochen. In einzelnen Fällen kommt es gar zu versteckten, aber gezielten Behinderungen der Schüler untereinander.

Nicht die Klage des Lehrers und der Eltern, daß die Schüler nicht oder zu wenig für die Schule arbeiten — eine jahrhundertealte quasi normale Grundhaltung —, wird in die Sprechstunde des Kinderpsychiaters getragen. Die Schule wird in einer neuen Weise zum Leidensweg: Kinder gönnen sich keine Freizeit, verzichten auf Mitgliedschaft in Gruppen und Vereinen, sehen nur noch die Schule und arbeiten in einer Intensität, wie man es früher nur von einzelnen Strebern kannte. Die frühere Indifferenz bis Indolenz hat einer allgemeinen beunruhigten Ängstlichkeit Platz gemacht, die insbesondere durch die Eltern zusätzlich angeheizt wird. 1975 hat es 500 Suicide von Schülern in der Bundesrepublik gegeben und damit ein Vielfaches an Suicidversuchen. In den selteneren Fällen ist die Schule wohl die primäre Ursache; nie aber fehlt der Hinweis auf eine schulische Problematik. In diese Richtung deutet auch die Erfahrung mit jugendlichen Straftätern, die selten Schulprobleme vermissen lassen. Ein Viertel der Hauptschüler erreicht nicht den Abschluß; die Quote an vorzeitigen Abgängern von weiterführenden Schulen liegt bei 30–40% und unter den Studenten finden sich 50% Studienabbrüche. Ein internationales Symposium über Lernen und Lernstörungen wird die Schule nicht ausklammern, wiewohl ihr noch nie soviel Anstrengung, Geld, Erkenntnis und öffentliche Aufmerksamkeit zugewendet worden sind. Und trotzdem: Noch nie war die Gesellschaft mir ihrer Schule so unzufrieden und noch nie ist dies alles so schlecht gedankt worden.

Lernen und Lernprozesse sind zu Schlüsselbegriffen für biologisches und humanes Leben schlechthin geworden. Dabei wird allerdings das soziale Lernen, das wiederum Voraussetzung für kognitive Lernprozesse ist, vernachlässigt und unterschätzt: Auch Einstellungen, soziale Verhaltensmuster, Wahrnehmungsfähigkeiten und -bereitschaften müssen in komplizierten Aneignungsprozessen erworben, d.h. gelernt werden.

Wenden wir uns aber nun der umstrittenen Institution Schule zu. Zu allen Zeiten hat man das reine Stoffwissen verurteilt und nicht erst in unserer Zeit — schon von Sokrates — ist das „Lernen des Lernens" erfunden worden.

Wir leben unsererseits in einer modernen Industriegesellschaft und uns Zeitgenossen scheint es fast so, als wären wir mit unseren Schulen und Plänen, mit Curriculumforschung, Lernzielstrategien, Modellversuchen und Bildungstechnologien noch hinter dem zurück, was früheren Generationen mit dem Instrument Schule für ihre Kinder möglich war.

Dabei sind unsere Kinder letztlich wohl doch nicht kritischer, skeptischer, mutiger oder selbstbewußter als andere Generationen vor ihnen. Aber sie erleben sich und ihre Umwelt bewußter und pochen auf ihre Rechte und Bedürfnisse.

Insgesamt erzeugt der vorurteilslose Gedanke an die Schule und die Zukunft ihrer Schüler Angst.

139

Angst bei den Erwachsenen, ob vielleicht noch mehr und anderes geändert werden müsse, als bloß die Schule. Aus dieser Angst heraus wird experimentiert und operationalisiert in der Hoffnung, daß die Summe der einzelnen Aktivitäten dann doch die große Veränderung vollbringe. Hier knüpfen sich unrealistische Hoffnungen an Reformen, die mit der Vorsilbe „Gesamt" beginnen und „das große Wunder" (HENTIG) vollbringen sollen.

Die Zahl der Menschen, die begründete Zweifel äußern, ob die Schule überhaupt könne, was man von ihr erhoffe und erwarte, wächst. Neben den Politikern, Lehrerverbänden, Psychologen und Ärzten sind es vor allem die Eltern und Schüler selbst, die die Schule der 70er Jahre als pathogenen Faktor ansehen, der die Kinder krank mache. So wird von renommierten Schulmännern vorgetragen, daß das Gerede über den Streß neuen Streß erzeuge; die Sitzenbleiberquote habe sich nicht gesteigert und allgemein sei durch die allgemeine Diffamierung von Leistung und Wettbewerb die Schule zu ihrem zusätzlichen negativen Image gekommen.

Es wird aber durchaus eingeräumt, daß Leistungsdruck und Leistungsforderung weltweite Phänomene seien, über deren erkennbare Ursachen die Meinungen auseinandergehen. Es ist auch offensichtlich, daß das Problem des Leistungsdrucks stärker in das öffentliche Bewußtsein getreten ist; dies nicht zuletzt durch unsere ärztliche Aufklärung über die Häufung von Kindern, die im weitesten Sinne schulgeschädigt sind. Untersuchungen von KLOSINSKI, LEMPP und eigene Erhebungen haben ergeben, daß 1960 jedes zwölfte, 1969 aber schon jedes fünfte und derzeit fast jedes dritte Kind in Tübingen und Heidelberg wegen Schulschwierigkeiten in die ambulante Sprechstunde des Kinderpsychiaters gebracht wird. Der Katalog der Befindens- und Verhaltensstörungen reicht dabei in die verschiedensten Bereiche: Psychosomatisch finden wir Schlafstörungen und Pavor nocturnus; Kinder nässen ein, zeigen ticartige Störungen und stottern. Sie fallen durch morgendliches Erbrechen und andere Verdauungsstörungen auf.
Spezifische Reaktionen auf die Schule sind der selektive Mutismus, die Schulangst, die Schulphobie, ja die Verweigerung der Schule und — als äußerste Form — der Suicid bzw. Suicidversuch.
Aber auch dissoziale Reaktionen wie Aggressivität, Schwänzen, Streunen, Vagabundagen und Delinquenz können sich entwickeln.

Dabei darf ein verständiger Umgang mit diesen mannigfaltigen Formen von schulischen Entgleisungen nicht auf eine primäre Therapie abgestellt sein. Die Analyse der individuellen Entstehungsbedingungen sollte — in diesem Falle — die Rolle der Schule herausarbeiten, und dann sollte eine kausale Therapie einsetzen, die nicht selten eigentlich mehr auf die Schule als auf das Kind zentriert ist.
Auch der Katalog der spezifischen Veränderungen, denen die Schule in den letzten Jahrzehnten ausgesetzt war, ist nicht gering, wenngleich in seinem Stellenwert umstritten:
Intellektualisierung und Verwissenschaftlichung der Schule zu Lasten der Erziehungsaufgabe, das Diktat und die Perfektionierung der Lehrbuchkommissionen und Curricula, die Überbetonung der Leistungsbemessung, die nicht zureichend praxisorientierte Lehrerausbildung, zu große Klassenverbände, eine Neigung zum Experimentieren und Ideologisieren, die den spezifischen Widerstand der Eltern herausfordert.
Insgesamt zeigt die Schule deutliche Zeichen der Verunsicherung, die durch die Konsequenzen, die sich aus der Bildungspolitik der letzten Jahre ergeben, noch verstärkt wird. Die fehlenden Lehrstellen, Arbeits- und Studienplätze haben eine Situation geschaffen, die bis in das Klassenzimmer reicht und eine Mischung aus Resignation und Ratlosigkeit bewirkt. An die Stelle einer gelassenen Einstellung zum Schulerfolg ist eine Sensibilisierung um die Bemessung der Leistung getreten, die in dieser Form als Phänomen in der Schule bisher unbekannt war. Dabei haben die Schüler nicht einmal so sehr Angst vor der Schule und der Leistung an sich, sondern vor der Bewertung durch die Eltern. In der Beziehung zwischen Eltern und Kindern bekommt die Schule einen Stellenwert, der bedenklich ist, da die Schulnote auch für andere Lebensbereiche des Kindes von der Familie übernommen wird. So kann die schlechte Note in der Klassenarbeit oder im Zeugnis zum Kriterium dafür werden, ob ein Kind sich angenommen fühlen darf oder nicht. Die Eltern fühlen sich durch die düstere berufliche Zukunft ihres Kindes in dieser Haltung legitimiert und spüren häufig selbst die Unerträglichkeit dieses Konfliktes.
Das ist doch die Sünde der Bildungswerbung, verschwiegen zu haben, daß mit der Bildungsbereitschaft, die ja eigentlich eine Bereitschaft zum sozialen Aufstieg ist, auch die Risikobereitschaft wachsen müßte. Zur Zeit sind die Jugendlichen, die bestimmte Ausbildungsgänge gewählt haben, betroffen, weil ihnen nicht Amt und Pensionen

garantiert werden. So kann vereinzelt die N.C. (numerus clausus)-Schädigung bei ehrgeizigen Eltern schon im Kindergarten beginnen. Diese Entwicklung kannten wir bisher nur aus der Literatur einer anderen vergleichbaren Industrienation und aus dem Gespräch mit unseren japanischen Kollegen (MAKITA, TAKAGI).

Die sozialen Auswirkungen des numerus clausus im Klassenverband bedeuten, daß sich kaum noch Schüler in der Oberstufe für die Schülerselbstverwaltung zur Verfügung stellen, nicht in Jugendorganisationen oder politischen Gruppierungen mitarbeiten, sondern fast autistisch auf ihre Schulkarriere eingestellt sind.

Insbesondere leiden die Kinder unter den Klassenarbeiten, nehmen dafür Medikamente und verbeißen sich in verwaltungsrechtliche Kommentare über die juristische Anfechtbarkeit von Lehrerbenotungen.

Andererseits gibt es — wenn auch nicht erst heute — pathogene Strukturanteile in der Lehrerschaft. Dabei bin ich nicht der Meinung, daß sich Lehrer sinifikant von anderen Berufsgruppen im sozialen Raum unterscheiden. Zum Verständnis aber doch auch hier einige Stichworte: Niedriger sozialer Status und Statuskonkurrenz der Lehrergruppen untereinander; Angstmachen als Methode, Noten als Bestrafung, Prüfung als Ersatz für den Unterricht, Rückgabe der Arbeiten in der Reihenfolge der Benotung, Neigung, Begabung und Milieu und nicht die Methode des Unterrichts für Mißerfolge verantwortlich zu machen.

Aber auch Lehrer leiden unter den erschwerten Bedingungen ihres Schulalltags, fühlen sich ebenfalls überfordert und teilweise in einer ohnmächtigen Position in dem Kräftedreieck Schüler-Eltern-Schulbehörde. Aber auch Lehrer sind verletzlich, eingebunden in Zwänge und soziale Realitäten und ohne ihre aktive Mitgestaltung wird eine Veränderung der Schulsituation nicht erreichbar sein. Denn leider ist es wohl richtig, wenn die Bildungspolitikerin Hamm-Brücher definiert: „Unser öffentliches Bildungswesen ist, es muß leider gesagt werden, seiner Anlage, Struktur und Zielsetzung nach nicht auf der Seite der Kinder, ja es funktioniert sogar gegen das Kind, sobald dieses nicht mithält oder in Schwierigkeiten gerät".

Was ist an Änderungen möglich, welche Therapie ist realistisch?

Um vom Überbau her anzufangen: Weniger Ideologie in die Bildungspolitik und mehr Informationen über Realitäten, d.h. Chancen und Risiken einer Berufsausbildung. Die Schuladministration sollte neben den rechtlichen Zusammenhän-

gen mehr mit Verhaltensproblemen von Kindern vertraut gemacht werden. In Konsequenz müßte dies bedeuten, daß die Zahl der Schulpsychologen drastisch zu vermehren ist. Aber auch der Lehrer müßte von Nebentätigkeiten entlastet, in seinem Image gestärkt werden, und es müßten ihm psychologische Hilfen im Sinne eines post graduate trainings angeboten werden. Freiwerdende Lehrkapazitäten sollten für die Förderung schwächerer Schüler genutzt werden und nicht nur zur Senkung der Klassengröße. Vor allem aber müßte die Schule lernen, daß Kinder auf emotionale Zugehörigkeit angewiesen sind und die Mißachtung dieser gefühlshaften Bedürfnisse zu Trennungsschäden führt, wie wir es aus den Hospitalisationsuntersuchungen, aber auch aus der Verhaltensforschung wissen. Konkret: Kinder sollten in den ersten 3–4 Jahren eine feste Lehrperson haben und behalten. Anders: Junge Lehrerinnen, die durch Schwangerschaften ausfallen können, dürften keine ersten Klassen übernehmen.

Aber auch sonst gilt es, die phasentypische Entwicklung des Kindes stärker zu berücksichtigen: Unsere Kinder sollten nicht bereits fünfjährig eingeschult oder in schulähnliche Institutionen und Situationen gebracht werden. In den ersten Jahren sollten Unterrichts- und Erholungsphasen auf kindliche Bedürfnisse eingestellt sein.

Wir sollten versuchen, soweit dies möglich ist, die Angst aus unseren Schulen zu verbannen, denn Angst hemmt den Lernprozeß.

Ein weites Feld ist sicherlich die Arbeit mit und an den Eltern. Hier gilt es, die Bereitschaft zum Verständnis für den Konflikt zwischen der Förderung des einzelnen Kindes und der Gruppe zu wecken. Eltern sollten nicht als verlängerter Arm der Schule fungieren, um sich auf diese Weise selbst um eine konfliktfreie Beziehung zu ihrem Kinde zu bringen. Elternschulen und Seminare vermitteln hier heute schon — jedenfalls in den Großstädten — Lernprozesse und -strategien.

Leider wird aber wohl eine entscheidende Verbesserung unserer Schulwirklichkeit durch einen Umstand eintreten, der eigentlich unerwünscht ist, aber auch sonst manche Probleme auf besondere Weise löst: Der Rückgang der Geburtenziffern von 1 Million Kinder auf etwa 650000 im Jahr wird uns in den nächsten Jahren eine neue Chance geben, die Überforderungssituation in unseren Schulen individueller und noch gezielter abzubauen.

Literatur

BETTELHEIM, B.: Liebe allein genügt nicht. Stuttgart: Klett 1970

HENTIG, H. v.: Systemzwang und Selbstbestimmung. Stuttgart: Klett 1969

HENTIG, H. v.: Cuernavaca oder: Alternativen zur Schule. München-Stuttgart: Klett-Kösel 1972

KLOSINSKI, G., LEMPP, R., MÜLLER-KÜPPERS, M.: Die Bedeutung frühkindlicher Hirnschädigungen bei schulschwierigen Kindern. Praxis d. Kinderpsychol. Göttingen: Verlag f. med. Psychologie

LENSEN, H.: Stilwandel in der Schule. Neuwied und Berlin: Luchterhand 1973

MAKITA, K.: Persönliche Mitteilung

MÜLLER-KÜPPERS, M.: Psychische Gesundheit und Schule. Neuwied und Berlin: Luchterhand (im Druck)

SCHÄFER, W., EDELSTEIN, W., BECKER, G.: Probleme der Schule im gesellschaftlichen Wandel. Frankfurt: Suhrkamp 1971

TAKAGI, R.: Mental mechanisms of School Phobia and its Prevention. Acta paedopsychiat. 30 (1963)

Posttraumatische Lernstörungen im Kindesalter und ihre Behandlung

Helmut Remschmidt

Zur Epidemiologie von Hirntraumen im Kindesalter

Unfälle gehören zu den häufigsten Todesursachen im Kindesalter. Unter ihnen stehen die Verkehrsunfälle mit Abstand an der Spitze. Sie sind auch verantwortlich für die Häufigkeit von schweren und leichteren Schädel-Hirn-Verletzungen bei Kindern, die ein immer größeres sozialmedizinisches Problem darstellen. Auf Unfallursachen und unfallpräventive Maßnahmen kann hier nicht eingegangen werden. An Hand einer tabellarischen Übersicht soll jedoch die Häufigkeit von Verkehrsunfällen und von Unfallfolgen im Kindesalter verdeutlicht werden. Wie aus Tabelle 1 ersichtlich ist, verunglücken in der Bundesrepublik Deutschland bei Verkehrsunfällen jährlich zwischen 61 840 und 73 493 Kinder, von denen

rund 2 000 getötet und ein erheblicher Teil schwer und leicht verletzt wird.

Das relative Unfallrisiko (d.h. der Prozentsatz Verunglückter, Getöteter und Verletzter auf 100 000 Einwohner unter 15 Jahren) geht aus Tabelle 2 hervor. Rund zwei Drittel der schwerverletzten Kinder erleiden dabei Schädel-Hirn-Traumen, die behandlungsbedürftig sind und unterschiedlich schwere Folgen hinterlassen.

Aufgrund sorgfältiger epidemiologischer Erhebungen in Schweden (RUNE, 1970) kann davon ausgegangen werden, daß innerhalb einer Population von Grundschülern bei rund 9% aller 6–14jährigen akute Schädel-Hirn-Traumen mit deutlichen zerebralen Symptomen auftreten.

Von diesen bedürfen rund 33% einer klinischen Behandlung. Das Risiko innerhalb eines Jahres, ein akutes Schädel-Hirn-Trauma zu erleiden, beträgt für Jungen dieser Altersgruppe 1%, für

Tabelle 1. Getötete und verletzte Kinder unter 15 Jahren von 1969–1974

Jahr	Verunglückte insgesamt	Getötete	Verletzte	Schwerverletzte	Leichtverletzte
1969	65 693	1 919	63 774	24 388	39 386
1970	72 499	2 167	70 332	26 436	43 896
1971	71 194	2 049	69 145	25 746	43 399
1972	73 493	2 114	71 379	27 455	43 924
1973	68 898	1 781	67 117	24 714	42 403
1974[a]	61 840	1 620	59 890	22 700	37 190

[a] Vorläufige Zahlen.

Tabelle 2. Relatives Unfallrisiko der Kinder. Getötete und Verletzte je 100 000 Einwohner unter 15 Jahren

Jahr	Verunglückte insgesamt	Getötete	Verletzte	Schwerverletzte	Leichtverletzte
1969	464,5	13,6	450,9	172,5	278,4
1970	515,7	15,4	500,3	188,0	312,3
1971	504,4	14,5	489,9	182,4	307,5
1972	521,1	15,0	506,1	194,7	311,4
1973	493,1	12,7	480,4	176,9	303,5
1974[a]	441,8	11,6	430,2	162,2	268,0

[a] Vorläufige Zahlen.

Mädchen $^1/_2$%. Das Verhältnis von Jungen zu Mädchen ist in der Regel 3:1.

Nicht ohne Bedeutung erscheinen in diesem Zusammenhang die familiäre Situation und Gefahrensituationen im Straßenverkehr. In beiden Bereichen sind disponierende Faktoren für das Auftreten von Unfällen zu suchen. Eine jüngst im Auftrag des Bundesministeriums für Verkehr der BRD durchgeführte Erhebung kam zu dem Ergebnis, daß fast zwei Drittel aller Eltern, deren Kinder Stadtschulen besuchen, in ständiger Angst vor Unfällen ihrer Kinder leben. Und dies nicht ohne Grund, denn rund zwei Drittel der Kinder geraten täglich beim Überqueren von Straßen auf dem Schulweg mindestens fünfmal in mögliche Konfliktsituationen mit dem fließenden Kraftfahrzeugverkehr.

Diese wenigen Angaben mögen genügen, um die Bedeutung des Problems zu skizzieren. Sie zeigen zugleich, daß die psychischen Folgen von Hirnverletzungen in einem komplizierten Bedingungsgefüge zu sehen sind, dessen einzelne Komponenten oftmals schwer abgeschätzt werden können.

Determinanten kindlicher Hirnfunktionsstörungen

Eine Beeinträchtigung von Hirnfunktionen durch schädigende Ereignisse wird stets auch durch Faktoren beeinflußt, die bei weitem nicht alle mit der Schädigung selbst zusammenhängen. Im Hinblick auf unsere Fragestellung lassen sich zwei Gruppen von Einflüssen unterscheiden: 1. Solche, die keinen Zusammenhang mit dem Schädel-Hirn-Trauma aufweisen und 2. solche, die in engem Zusammenhang mit dem Trauma stehen. Zur ersteren Gruppe gehören Alter und Entwicklungsstand, Art der zerebralen Schädigung, Schädigungszeit, Milieueinflüsse und Persönlichkeitsstruktur. Zu den letzteren rechnen wir vor allem die Intensität des Traumas (schwer, mittel, leicht) und die Art der Einwirkung auf das Gehirn (diffuse oder lokalisierte Hirnschädigung). Da diese Gesichtspunkte für das Verständnis *aller* hirnorganisch bedingten Lernstörungen wichtig sind, wird im folgenden kurz auf sie eingegangen.

Faktoren ohne Zusammenhang mit Hirntraumen

1.–3. Alter und Entwicklungsstand, Art der zerebralen Schädigung und Schädigungszeitpunkt. Da auf das Zusammenspiel zwischen Alter und Entwicklungsstand (1.), Art der zerebralen Schädigungen (2.) und Schädigungszeitpunkt (3.) bislang wenig geachtet wurde, haben wir zusammen mit SCHNEIDER eine Untersuchung hierzu durchgeführt. Dabei gingen wir von der Vorstellung aus, strukturelle Unterschiede hinsichtlich des Lern- und Leistungsprofils zwischen perinatal

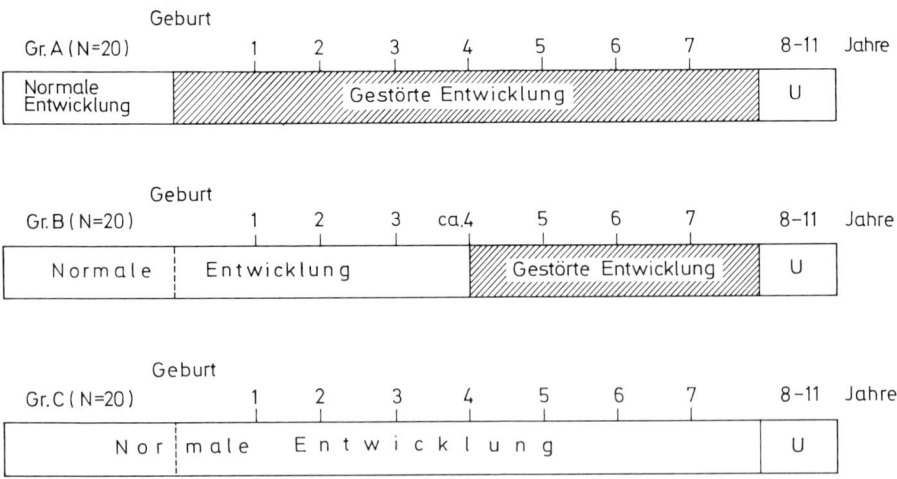

Abb. 1. Versuchsplan zur Untersuchung des Einflusses des Schädigungszeitpunktes auf Wahrnehmung, kognitive und soziale Entwicklung hirngeschädigter Kinder. Gr. A: perinatal hirngeschädigte Kinder. Gr. B: im Alter von 3–5 Jahren hirngeschädigte Kinder. Gr. C: Kontrollgruppe gesunder Kinder. Die 3 Gruppen waren hinsichtlich Intelligenz und sozioökonomischen Daten parallelisiert. Alle Kinder wurden im Alter von 8–11 Jahren untersucht

und zu einem späteren Zeitpunkt hirngeschädigten Kindern nachzuweisen. 20 perinatal hirngeschädigte Kinder (gesicherte Asphyxie) wurden mit 20 im Alter von etwa 4 Jahren geschädigten Kindern (gesicherte Enzephalitis) und einer gesunden Kontrollgruppe mittels einer Testbatterie verglichen, die nach entwicklungspsychologischen Gesichtspunkten, fußend auf der Entwicklungstheorie PIAGET's, konzipiert war. Die Testbatterie enthielt Experimente zur visuellen Wahrnehmung (I), zur Konservierung von Mengen (II), zur Reversibilität und Egozentrizität (III) und zur multidimensionalen simultanen Klassifikation (IV). Die Versuchsanordnung geht aus Abb. 1 hervor. Die drei Gruppen waren hinsichtlich Intelligenz und sozioökonomischen Daten streng parallelisiert und wurden alle im Alter von 8–11 Jahren untersucht.

Die wichtigsten Ergebnisse sind in Abb. 2 wiedergegeben. Um die Meßwerte aus verschiedenen Experimenten auf einer gemeinsamen Skala unterzubringen, wurde eine Standardskala konstruiert, deren Nullpunkt dem Mittelwert der Kontrollgruppe und deren Einheit der Standardabweichung dieser Gruppe entspricht (vgl. PERRET, 1973). Auf dieser Standardskala können nun schlechtere Leistungen als die der Kontrollgruppe per definitionem mit einem Minus-Zeichen versehen werden, bessere Leistungen mit einem Plus-Zeichen.

Wie aus der Abbildung hervorgeht, hat sich unsere Hypothese, wonach zwischen den beiden Gruppen hirngeschädigter Kinder *strukturelle* Unterschiede bestehen, nicht bestätigt. Es ergibt sich ein ähnlicher Profilverlauf für die beiden Gruppen, wobei die Gruppe der frühkindlich

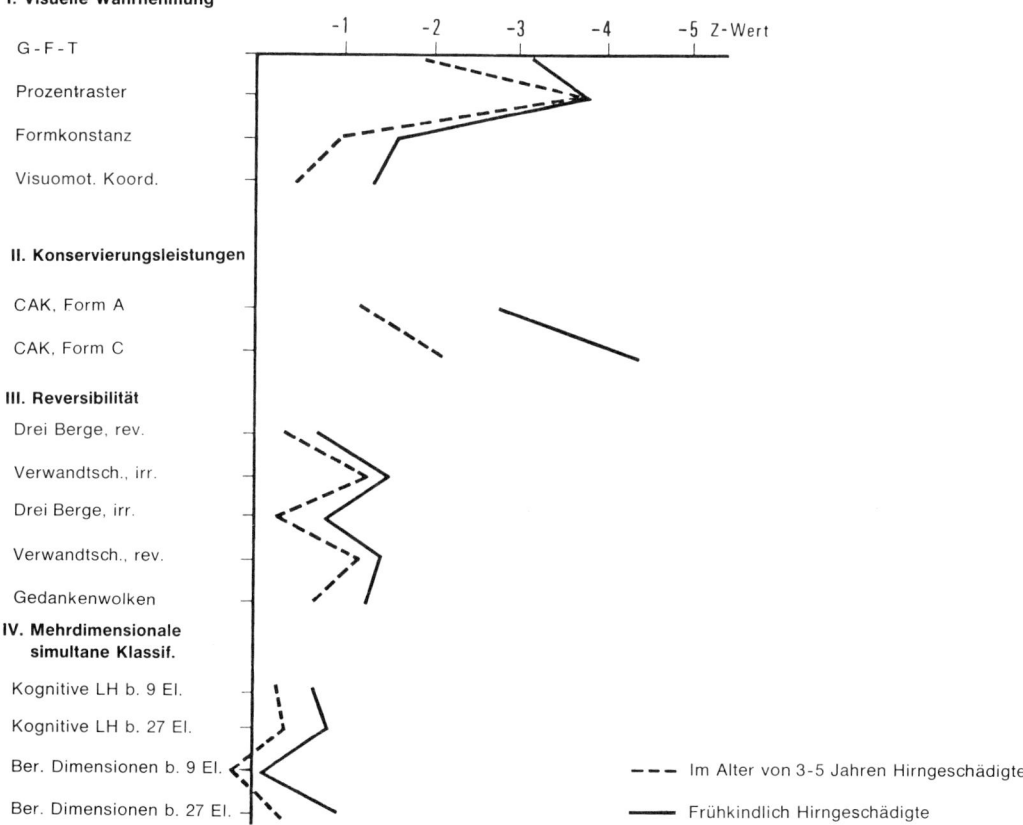

Abb. 2. Standardisiertes Leistungsprofil der beiden Gruppen von Kindern mit Hirnfunktionsstörungen. Der Nullpunkt der Skala entspricht dem Mittelwert, die Einheit der Standardabweichung der Kontrollgruppe. CAK: Concept Assessment Kit; Drei Berge rev.: reversible Antworten im Drei-Berge-Versuch von PIAGET; irr.: irreversible Antworten im gleichen Versuch; Verwandtsch.: Verwandtschaftsexperiment und Gedankenwolken-Versuch: Experimente zur Prüfung der Egozentrizität und Reversibilität im Sozialbereich; LH bei 9 bzw. 27 El.: Leistungshöhe bei 9 bzw. 27 Elementen

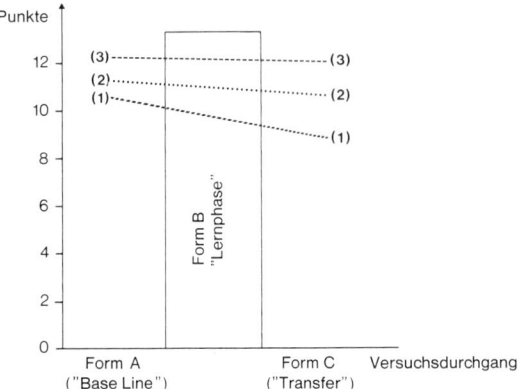

Abb. 3. Konservierungsleistungen frühkindlich hirngeschädigter (1), im Alter von 3–5 Jahren hirngeschädigter (2) und nicht hirngeschädigter Kinder (3) in 2 Formen des Concept Assessment Kit von GOLDSMITH und BENTLER mit zwischengeschalteter Lernphase. Bei Form A ergeben sich keine signifikanten Differenzen zwischen den Gruppen, bei Form C unterscheiden sich alle Gruppen signifikant oder sehr signifikant

Hirngeschädigten (perinatale Schädigung) deutlichere Ausfälle aufweist. Dies gilt insbesondere auch für Lernleistungen. In Abb. 3 ist das Ergebnis eines solchen Experimentes dargestellt. Die Prüfung der Konservierungsleistungen mit dem Concept Assessment Kit-Conservation-Test von GOLDSMITH u. BENTLER (1968) ergab, daß sich die Ausgangswerte bei den Kindern der verschiedenen Gruppen in der zunächst durchgeführten Parallelform A nicht signifikant unterscheiden. Nach einer zwischengeschalteten Lernphase trat jedoch bei der bedeutend schwierigeren Form C ein deutlicher Leistungsrückgang der beiden Gruppen hirngeschädigter Kinder auf, wobei der Abfall der frühkindlich Hirngeschädigten am deutlichsten war. Dieses Ergebnis zeigt sich in gesetzmäßiger Weise auch in einer Reihe anderer Lernexperimente.

In diesem Zusammenhang erscheint uns noch ein anderes Ergebnis im Hinblick auf die Lernfähigkeit hirngeschädigter Kinder bedeutsam. In einer Reihe von Experimenten ergaben sich unterschiedlich hohe Korrelationen mit der Intelligenz. Diese waren durchweg bei den frühkindlich hirngeschädigten Kindern am größten, bei der Kontrollgruppe am geringsten, während die Gruppe der im Alter von 3–5 Jahren hirngeschädigten Patienten eine Mittelstellung einnahm. Diese Befunde stimmen zum Teil mit Ergebnissen von WEWETZER (1959) und WURST (1975) überein und zeigen, daß bei hirngeschädigten Kindern (im Ge-

gensatz zu gesunden Kindern) bei komplexeren Aufgaben in vermehrtem Ausmaße Intelligenzfaktoren eingesetzt werden. Diesen Mechanismus könnte man als kognitive Kompensation bezeichnen. Derartige Vorgänge spielen auch bei hirntraumatisch geschädigten Kindern eine Rolle.

4. Milieu. An der Bedeutung von Umweltfaktoren für die Genese von psychischen Auffälligkeiten und Lernstörungen nach Hirntraumen kann kein Zweifel sein (HJERN u. NYLANDER, 1964; RUNE, 1970). Kinder aus ungünstigen familiären Verhältnissen und insbesondere solche mit psychischen Auffälligkeiten unterliegen einem höheren Risiko, ein Hirntrauma zu erleiden. Andererseits besteht bei ihren Eltern die Tendenz, psychische Auffälligkeiten (die meist schon vor dem Unfall vorhanden waren) mit dem Hirntrauma in Zusammenhang zu bringen. Dies gilt insbesondere für die Symptome Kopfschmerzen, Reizbarkeit, Konzentrationsstörungen, Schlafstörungen, Müdigkeit und Abgeschlagenheit sowie Angst.

5. Persönlichkeit. Eine spezifische Persönlichkeitsstruktur, die für Unfälle disponiert, gibt es nicht. Wohl aber existieren umschriebene Verhaltensweisen, die zu Unfällen disponieren können. Solche sind Impulsivität, erhöhte motorische Aktivität, intellektuelle Beeinträchtigung und Extrovertiertheit der Persönlichkeit (FULLER, 1948; HUSBAND u. HINTON, 1972). Nicht selten liegt bei diesen Kindern auch eine zerebrale Vorschädigung vor. In einem klinischen Krankengut ist eine solche oft von beträchtlicher Bedeutung, und sie betrug in der klinischen Stichprobe (N = 240) von LANGE-COSACK u. TEPFER (1973) 32%.

Faktoren in Zusammenhang mit Hirntraumen

1. Intensität des Traumas. So einfach und klar der Zusammenhang zwischen Intensität eines Hirntraumas und seinen Folgen auch ist, so schwierig erweist sich eine Quantifizierung des Schweregrades. Es liegen hierzu zahlreiche Versuche vor. Meist wurden neurologische Ausfälle, psychopathologische Erscheinungen und der EEG-Befund zur Abschätzung des Schweregrades verwandt. Die Korrelationen dieser drei Gruppen von Befunden sind jedoch zu verschiedenen Zeitpunkten der Rückbildungsphase und auch später unterschiedlich eng, so daß viele dieser Versuche als unbefriedigend bezeichnet werden müssen. Am zuverlässigsten erweisen sich hier noch der EEG-Befund und die Dauer der Bewußtlosigkeit. Besonders letztere wird als relativ verläßlicher Indikator für die Schwere eines Hirntraumas angesehen (TÖNNIS et al., 1963; LANGE-COSACK u. TEPFER, 1973).

2. Art der Einwirkung auf das Gehirn. Hinsichtlich der Art der Einwirkung eines Traumas auf das Gehirn können wir zwischen diffusen und lokalisierten Schädigungen unterscheiden. Diffuse Schädigungen führen zu einer allgemeinen Hirnleistungsschwäche, die insbesondere durch einen verzögerten zeitlichen Ablauf aller Hirnfunktionen gekennzeichnet ist. Lokalisierte Schädigungen führen zu umschriebenen Ausfällen (z.B. Aphasien oder Apraxien), wobei die Frage der Lokalisation heute mehr im statistischen und funktionellen und weniger im streng anatomischen Sinne betrachtet wird.

Lern- und Leistungsstörungen nach Hirntraumen

Lern- und Leistungsstörungen nach Hirntraumen sind nicht selten und treten unter ganz unterschiedlichen Bedingungen auf. Sie sind zumeist durch eine diffuse oder lokale Hirnschädigung bedingt, können aber auch psychogen verursacht sein.
Im folgenden werden die Ergebnisse einiger Untersuchungen geschildert, die wir in den letzten vier Jahren durchgeführt haben. Es wird dabei sowohl auf die Folgen leichter als auch schwerer Hirntraumen im akuten Stadium und im Rehabilitationsstadium eingegangen.

Untersuchungen an Kindern und Jugendlichen mit frischen Hirntraumen

Diese Untersuchung hatte zum Ziel, Lern- und Leistungsstörungen zu objektivieren, die unmittelbar nach der Einwirkung eines Hirntraumas auftreten. Die Erfassung von psychischen Ausfallserscheinungen, aber auch von psychoreaktiven Störungen nach Schädel-Hirn-Traumen ist für die Praxis deshalb sehr bedeutsam, weil sich aus ihrer Kenntnis ganz konkrete Ratschläge ableiten lassen, z.B. zur Frage der Dauer der Bettruhe, zum Zeitpunkt des Schulbesuchs, zur Frage von Leistungsanforderungen etc. In die Untersuchung einbezogen wurden alle Kinder und Jugendlichen im Alter von 6–18 Jahren ($N=85$), die im Zeitraum von 8 Monaten wegen eines leichten akuten Hirntraumas (in klassischer Nomenklatur Commotio und leichte Contusio) ambulant oder stationär in der Marburger Klinik für Kinder- und Jugendpsychiatrie untersucht wurden. Die Testbatterie, die hier nicht detailliert geschildert werden kann, enthielt u.a. Experimente zur Prüfung der Bewußtseinshelligkeit, Untersuchungen zum Körperschema, zur visuellen Wahrnehmung und zur visuomotorischen Koordination. Daneben legten wir besonderen Wert auf eine differenzierte Untersuchung der Sprache. Wir prüften die spontane Sprachproduktion, die Artikulation und wandten den Token-Test als Ausleseverfahren für aphasische Störungen sowie einen Wortschatz-Test an. Darüber hinaus wurde eine Untersuchung der Händigkeit durchgeführt. Außer diesen testpsychologischen Daten wurden alle relevanten klinischen und anamnestischen Daten sowie der EEG-Befund erfaßt. Alle Patienten wurden zum frühestmöglichen Zeitpunkt nach dem Unfall und drei Wochen später erneut mit der gleichen Testbatterie untersucht. Die wichtigsten Ergebnisse waren folgende:

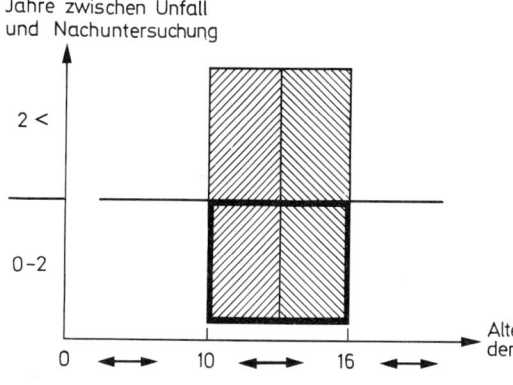

Abb. 4. Faktorieller Stichprobenplan für die Nachuntersuchung der Contusionspatienten mit zusätzlicher Unterteilung nach schwerer und leichter Contusion

1. Wir konnten an Hand unserer Testbatterie unterscheiden zwischen relativ *labilen* und relativ *stabilen* psychischen Funktionen.

2. Als relativ labil erwiesen sich: mittelbares Gedächtnis, Gestaltauffassung und visuomotorische Koordination, das Körperschema (vor allem die Rechts-Links-Unterscheidungen am eigenen Körper und am Modell) und Sortier- und Reproduktionsaufgaben unter Zeitdruck. In einer Störung dieser Funktionen äußert sich ein mehr oder weniger ausgeprägtes Durchgangssyndrom, das bei rund zwei Drittel aller Patienten, die länger als ½ Std bewußtlos waren, vorkam.

3. Als relativ stabile psychische Funktionen können vor allem Funktionen aus dem sprachlichen Bereich angesehen werden, z.B. automatisierte Reihen, Zahlen-Nachsprechen, Benennen von Gegenständen, aber auch das Sprachverständnis. Zu bemerken ist, daß die Wortfindung am leichtesten gestört werden kann. Darauf hinzuweisen ist allerdings, daß bei einer Reihe von Funktionen eine stärkere Stereotypisierung einsetzt. Entgegen unserer Erwartung konnten wir Anzeichen leichter aphasischer oder dysphasischer Störungen nicht finden.

4. Wenn allerdings die als relativ stabil bezeichneten Funktionen beeinträchtigt sind, so liegt stets eine tiefergreifende Störung vor, die *immer* über den sprachlichen Bereich hinausgeht. Hierbei erwies sich insbesondere der Token-Test als ein sensibles Verfahren, das auch mit Ausfällen in anderen Bereichen sehr hoch korrelierte. Es zeigte sich nämlich, daß diejenigen Patienten, die den kritischen Wert im Token-Test (11 Fehler) wesentlich überschritten, in sieben von zehn angewandten Tests deutliche Auffälligkeiten zeigten (u.a. hinsichtlich der Gestaltwahrnehmung, der visuomotorischen Koordination, des Körperschemas, der Praxie, der Begriffsbildung und der Wortfindung).

5. Mit Ausnahme einiger weniger schwer geschädigter Kinder hatten sich nach drei Wochen die psychischen Ausfallserscheinungen fast vollständig zurückgebildet, nicht aber subjektive Beschwerden wie Kopfschmerzen, Müdigkeit und Konzentrationsstörungen.
Eine testpsychologische Nachuntersuchung der Patienten zu einem späteren Zeipunkt haben wir nicht durchgeführt, wohl aber eine klinische Weiterbetreuung, die keine weiteren schwerwiegenderen Ausfälle zutage förderte. Insofern stimmen unsere Ergebnisse mit denen schwedischer Untersucher (HJERN u. NYLANDER, 1974; RUNE, 1970) überein.

Untersuchungen an Kindern und Jugendlichen nach Contusionen

Während sich die geschilderte Untersuchung auf die *akuten* Auswirkungen von leichten Hirntraumen bezog, sollen im folgenden einige Ergebnisse an Kindern und Jugendlichen nach länger zurückliegenden und unterschiedlich schweren Hirntraumen (hier Contusionen) geschildert werden. Der Untersuchungsplan geht aus Abb. 4 hervor.
Die Schwere der Contusionen wurde nach der Dauer der Bewußtlosigkeit und nach klinischen Gesichtspunkten bestimmt. Als *schwere* Contusion wurden diejenigen Patienten klassifiziert, bei denen nach dem Unfall ein eindeutiger Bewußtseinsverlust sowie neurologische Ausfallserscheinungen vorlagen. Leichte Contusionen wurden angenommen, wenn kein Bewußtseinsverlust

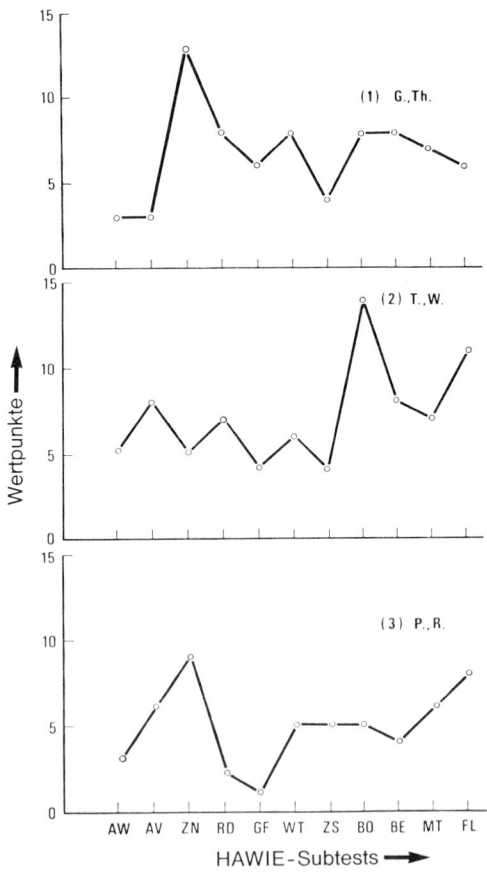

Abb. 5. Testprofile im Hamburg-Wechsler-Intelligenz-Test für Erwachsene für 3 Patienten mit Zustand nach apallischem Syndrom.

festzustellen war, jedoch neurologische Ausfallserscheinungen und eine Allgemeinveränderung bzw. ein Herdbefund im EEG.

Die Testbatterie umfaßte u.a. Verfahren zur Erfassung komplexer Wahlreaktionen, zum Erlernen von räumlich-zeitlich strukturierten Reaktionsfolgen, Testverfahren zur Prüfung und zum Training motorischer Abläufe sowie als physiologische Parameter Puls- und Atemfrequenz. Außerdem wurde die psychische Befindlichkeit der Patienten zu verschiedenen Zeitpunkten mittels eines speziellen Fragebogens (für das Kindesalter modifizierte Eigenschaftswörterliste von JANKE u. DEBUS) gemessen. Mit diesem Instrument versucht man, momentane Befindlichkeiten (states im Sinne von CATTELL) auf insgesamt neun Skalen zu objektivieren. Diese Skalen sind im einzelnen: 1. Aktiviertheit, 2. Müdigkeit-Benommenheit, 3. Extrovertiertheit, 4. Verträumtheit, 5. motorische Erregtheit, 6. Selbstsicherheit, 7. Ängstlichkeit, 8. Deprimiertheit und 9. Aggressivität. Im folgenden soll die Bedeutung der momentanen Befindlichkeit für das Lernverhalten der Patienten exemplarisch verdeutlicht werden. Die Patienten wurden über 5 Tage einem standardisierten Trainingsprogramm am Wiener Determinationsgerät unterworfen. Dabei ergab sich hinsichtlich des Zusammenhanges zwischen Befindlichkeit und Lernleistung folgendes:

1. Skala Aktiviertheit. Bei den Patienten, die schwere Contusionen durchgemacht hatten, zeigt sich ein deutlicher Unterschied hinsichtlich der Aktiviertheit vor und nach dem Versuch. Es ergibt sich parallel hierzu auch keine Leistungssteigerung im Wiener Determinationsgerät (WDG). Bei den Patienten mit leichteren Contusionen ergibt sich keine Differenz hinsichtlich der Aktiviertheit vor und nach dem Versuch und ein deutlicher Lernzuwachs im Versuch mit dem WDG.

2. Skala motorische Erregtheit. Hier ergab sich eine negative Korrelation zwischen Lernzuwachs und motorischer Erregtheit. Dabei waren die Patienten mit den leichten Contusionen weniger motorisch erregt und in der Leistung besser; hingegen zeigte sich bei den Patienten nach schweren Contusionen sowohl ein hoher Wert in der Skala motorische Erregtheit als auch in der Skala Aktiviertheit und ein geringer Lernzuwachs im Experiment mit dem WDG.

3. Skala Selbstsicherheit. Auch hinsichtlich dieser Skala ergaben sich Unterschiede in Abhängigkeit vom Schweregrad der Contusionen. Während die Patienten mit leichteren Contusionen im Verlaufe der Trainingsphase und in Relation zum Zeitpunkt (vor und nach dem Versuch) ein deutliches Ansteigen ihrer Selbstsicherheit über die verschiedenen Versuchssitzungen zeigen, ergaben sich für die Patienten mit schweren Contusionen andere Verhältnisse. Hier fällt zunächst eine hohe Diskrepanz hinsichtlich der Selbstsicherheit vor und nach dem Versuch auf. Sie schätzen also ihre Leistungsfähigkeit sehr unrealistisch ein, lernen jedoch (bei gleichbleibender Selbstsicherheit) vor dem Versuch, sich auch nach Ablauf desselben in ihrer Selbstsicherheit anzupassen, was teilweise mit einem echten Lernerfolg verbunden ist.

Diese Ergebnisse sind insofern von praktischer Bedeutung, als für die Durchführung von Trainingsprogrammen Faktoren wie psychische Befindlichkeit und Komplexitäts- bzw. Schwierigkeitsgrad der Aufgabe jeweils mitbedacht werden müssen. Nur durch eine individuelle Anpassung der Trainingsbedingungen an die jeweiligen Möglichkeiten des Patienten ist eine Förderung möglich.

Untersuchungen an Kindern und Jugendlichen mit Zustand nach apallischen Syndromen

Untersucht wurden insgesamt neun Patienten zwischen 8 und 21 Jahren, die im Alter von 6–17 Jahren einen schweren Unfall mit nachfolgendem apallischem Syndrom erlitten hatten. Eine Übersicht über Unfalldaten, Initialsymptome und Spätfolgen geht aus Tabelle 3 hervor.

Die Patienten waren z.T. schwer in ihrer Lernfähigkeit beeinträchtigt. Sie wiesen erhebliche Ausfälle im Bereich der Intelligenzfunktionen, der Sprache sowie hinsichtlich Gedächtnis, Merkfähigkeit, Konzentration und Gestaltauffassung auf. Daneben bestanden zum Teil erhebliche Wesensveränderungen sowie EEG-Auffälligkeiten, die sich nur sehr langsam zurückbildeten. In Abb. 5 sind die Intelligenzprofile im Hamburg-Wechsler-Intelligenztest für Erwachsene (HAWIE) für drei Patienten wiedergegeben. Die Abbildung zeigt, daß die Profile sehr unterschiedlich sind und sich an keine Gesetzmäßigkeiten hinsichtlich der Ausfälle halten. Dies bedeutet, daß man auch hinsichtlich therapeutischer bzw. Rehabilitationsmaßnahmen individuell vorgehen und für jeden Patienten entsprechend seinem Leistungsprofil ein Übungsprogramm erstellen muß. Bei allen neuen Patienten ließen sich bei differen-

Tabelle 3. Übersicht über Unfalldaten, Initialsymptome und Spätfolgen bei den untersuchten Apallikern (V = Verkehrsunfall; F = Fußgänger; T = Tetraspastik; H = Hemiparese)

| Unfallalter und Geschlecht | Unfallart | Initialsymptome | | | | | | | | | Dauer der BWL in Tagen | Dauer des apall. Syndroms | Spätfolgen | | | | | | Beobachtungsdauer in Jahren |
		Schädelfraktur	intracranielles Hämatom	Streckkrämpfe	Schock	Atemstörungen	zentrale Parese	epileptische Anfälle	Aphasie	Zweitverletzungen			zentrale Parese	Spätepilepsie	Restaphasie (Dysarthr.)	Intelligenz-minderung	Wesensänderung	Soziale Eingliederung	
8;4 ♂	V.F	∅	∅	+	+	+	+T	+	+	+	ca. 42	ca. 2½–3 Mon.	+H. li.	+	+	+	+	Sonderschulzweig d. Körperbehindertenschule	6;6
9;6 ♂	V.F	+	∅	+	+	+	+T	+	+	∅	wenige Tage	ca. 2 Mon.	+H li.	∅	+	+	+	Sonderschulzweig d. Körperbehindertenschule, beschütz. Werkstatt	8;0
9;4 ♂	Spielunf. Fahrrad	∅	∅	+	+	∅	+H li.	∅	+	∅	25	ca. 4 Wo.	H re.+	∅	+	+	+	beschütz. Werkstatt	7;6
17;8 ♂	V	∅	2mal Hygrom	+	+	+	+H re.	+	+	∅	28	3 Tg. 4 Wo. akin. Mutismus	anged. H re.	∅	+	+	+	Hilfsarbeiten als Schwerbeschädigter	7;6
6;8 ♀	V.F	∅	∅	+	+	+	+T	+	∅	∅	12	7 Wo.	H re. anged. Ataxie re.	+	+	+	+	Schule für praktisch Bildbare	5;3
7;8 ♂	Spielunf. Roller	+	Hygrom	+	+	+	+H li.	+	+	∅	24	12 Tg.	H li. Ataxie re.	∅	+	∅	+	Körperbehindertenschule	3;4

150

7;8 ♂	V.F	+	∅	+	+H re. +H li.	7½ Wo.	∅	+	+	+	Sonderschulzweig d. Körperbehindertenschule	7;0
17;11 ♂	V	+	∅	+H li.	+H li. Atax. re.	30	∅	+	∅	+	beschütz. Werkstatt	2;6
7;11 ♀	V.F	+	∅	T+	+H li.	10 Wo.	∅	+	∅	+	VS-Abschluß Berufsausbildung im Bathildisheim	8;0

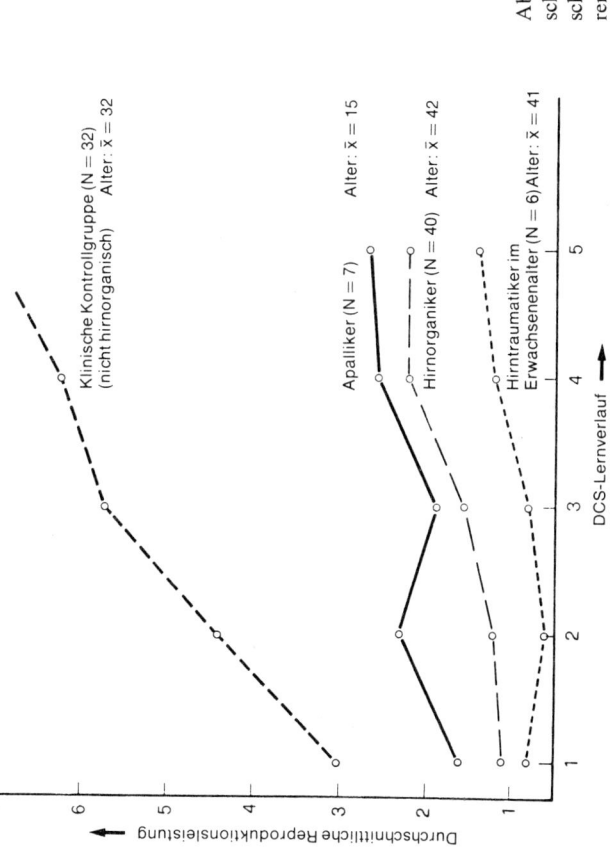

Apalliker (N = 7) Alter: x̄ = 15

Hirnorganiker (N = 40) Alter: x̄ = 42

Hirntraumatiker im Erwachsenenalter (N = 6) Alter: x̄ = 41

Klinische Kontrollgruppe (N = 32) (nicht hirnorganisch) Alter: x̄ = 32

DCS-Lernverlauf →

← Durchschnittliche Reproduktionsleistung

Abb. 6. Lernverhalten einer Gruppe von 7 Patienten mit Zustand nach apallischem Syndrom im Diagnostikum für Cerebralschädigung von WEIDLICH (durchschnittlich reproduzierte Zeichen pro Versuchsdurchgang). Die klinischen Referenzgruppen wurden einer Arbeit von LAMBERTI entnommen

zierter Prüfung ferner Restsymptome einer aphasischen Störung feststellen.

Von entscheidender Bedeutung für die Therapie und Rehabilitation sind Untersuchungen zur *Trainierbarkeit* in verschiedenen psychischen Funktionsbereichen. Auf einige solcher Trainingsversuche soll hier eingegangen werden:

1. Training der Reaktionsgeschwindigkeit. Die einfache Reaktionsgeschwindigkeit auf optische Reize war bei allen Patienten deutlich herabgesetzt. Sie betrug durchschnittlich 541 msec (Normwerte 120 bis 340 msec). Ein Training über mehrere Sitzungen hinweg erbrachte keine Verbesserung hinsichtlich der Reaktionsgeschwindigkeit. Eine Steigerung ist nur möglich, sofern die Reaktionsgeschwindigkeit aufgrund von Einstellungs- und Konzentrationsstörungen beeinträchtigt wird.

2. Training der Speicherungsfähigkeit für optisch dargebotene geometrische Figuren. Zur Prüfung dieser Funktion wurde das „Diagnostikum für Cerebralschädigung" (DCS von WEIDLICH, 1972) angewandt. Beim DCS handelt es sich um einen sprachfreien Lernversuch, bei dem sinnfreie geometrische Gestalten aus dem Gedächtnis mit Hilfe von Stäbchen reproduziert werden sollen. Aus Abb. 6 geht das Lernverhalten einer Gruppe von sieben ehemals apallischen Patienten (im Vergleich zu anderen Gruppen erwachsener hirngeschädigter Patienten sowie zu einer klinischen Kontrollgruppe Erwachsener) hervor. Die Untersuchungen mit dem DCS wurden von unserem Mitarbeiter G. LAMBERTI (1975) durchgeführt. Die Abbildung zeigt, daß alle Gruppen hirntraumatisch geschädigter Patienten hinsichtlich ihrer Fähigkeit zur visuellen Speicherung und Reproduktion geometrischer Figuren beeinträchtigt sind. Beim Übungsverlauf sind kaum Lernfortschritte zu verzeichnen.

3. Training der Aufmerksamkeitsspannung. Bei 7 Patienten haben wir über 5 Tage ein Übungsprogramm zur Steigerung der Aufmerksamkeitsspannung durchgeführt. Angewandt wurde dabei der d2-Test (ein Konzentrationstest aus der Gruppe der Durchstreichtests). In Abb. 7 ist das Ergebnis dieser Übungsserie dargestellt.

Aus der Abbildung geht hervor, daß im Gegensatz zu den unter 1. und 2. trainierten Funktionsbereichen Lernfortschritte hinsichtlich der Aufmerksamkeitsspannung vorhanden sind. Die Patienten konnten im Verlaufe der fünftägigen Übungsphase von einem Prozentrang um 2 ihre

Leistung auf einen Prozentrang von rund 15 verbessern.

4. Training komplexer Wahlreaktionen. Zum Training dieser Funktion wurde das Wiener Determinationsgerät eingesetzt. Dabei werden visuelle und akustische Reize unterschiedlicher Geschwindigkeit vorgegeben, die von der Versuchsperson durch Tastendruck zu beantworten sind. Als entscheidend für die Leistung des Patienten erwies sich hier der Schwierigkeitsgrad der Aufgabe (verkörpert durch die Geschwindigkeit der Signalfolge).

In Abb. 8 ist der Trainingsverlauf für alle neun Patienten mit apallischen Syndromen über sechs Tage wiedergegeben. Aus der Abbildung geht hervor, daß der Lernzuwachs in hohem Maße von der vorgegebenen Geschwindigkeit abhängt. Der absolute Leistungsanstieg für die Trainingsdurchgänge mit langsamerer Signaldauer ist deutlich stärker und wächst auch kontinuierlicher an als der Trainingserfolg bei den schnelleren Durchgängen. Gleiche Verhältnisse zeigen sich auch, wenn man die verspäteten Reaktionen zählt (als

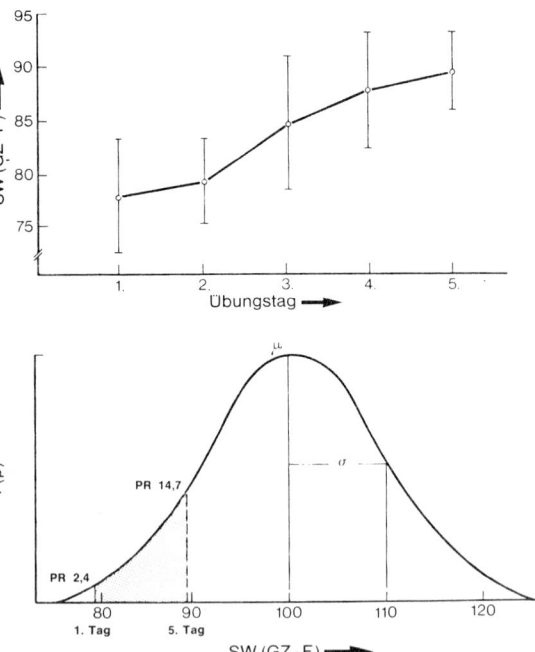

Abb. 7. Ergebnisse einer Übungsserie über 5 Tage d2-Aufmerksamkeitsbelastungstest für 7 Patienten mit Zustand nach apallischem Syndrom. Der obere Teil der Abbildung zeigt den Übungsfortschritt in absoluten Beträgen, der untere Teil der Verbesserung des Prozentranges

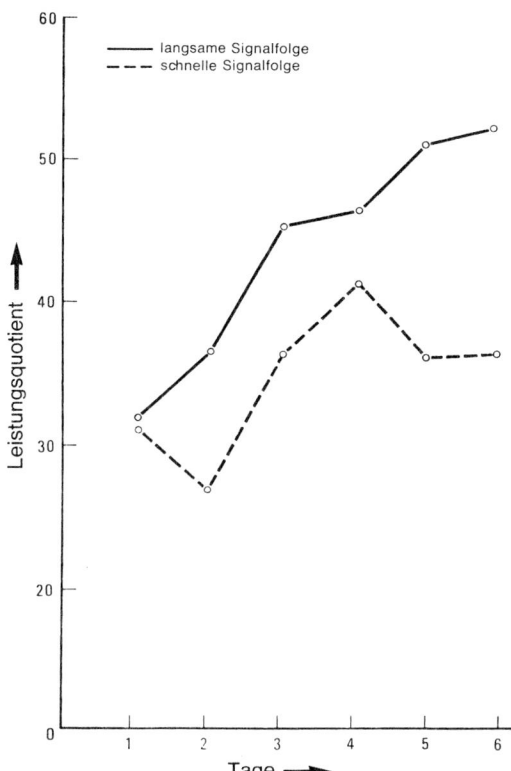

Abb. 8. Lernverlauf bei 9 Patienten mit Zustand nach apallischem Syndrom in einem Wahlreaktionsexperiment mit dem Wiener Determinationsgerät. Die Leistung ist u.a. abhängig vom Tempo der vorgegebenen Signalfolge

Leistungsquotient wird hier das Verhältnis zwischen richtigen bzw. verspäteten Reaktionen und der Zeitdauer für ein Signal definiert). Auch hier ergibt sich das Problem, die optimale Leistungsfähigkeit über eine angemessene Vorgabe der Aufgabenschwierigkeit zu bestimmen. Ein begrenzender Faktor ist dabei, wie unter 1. gezeigt, die Reaktionsgeschwindigkeit, die nicht durch Training nennenswert verbessert werden kann.

Untersuchung an Kindern und Jugendlichen mit traumatisch verursachten Aphasien

Besonders interessante Einblicke in die *Reorganisation* des Lernverhaltens erlauben Längsschnittuntersuchungen an traumatisch verursachten Aphasien. Wir haben uns in diesem Zusammenhang vor allem für den Rückbildungsverlauf der beeinträchtigten sprachlichen und nichtsprachlichen Funktionen interessiert, um Voraussagen hinsichtlich der schulischen und beruflichen Wiedereingliederung machen zu können. Dabei konnten wir feststellen, daß neben den sprachlichen Funktionen auch eine ganze Reihe nichtsprachlicher Leistungen beeinträchtigt war. Im folgenden werden einige Ergebnisse hinsichtlich der Rückbildung der Beeinträchtigung sprachlicher Funktionen geschildert.

Sechs Patienten (4 Jungen und 2 Mädchen) im Alter von 10–17 Jahren, die wegen einer traumatisch verursachten Aphasie im Laufe der Jahre 1973/74 stationär aufgenommen waren, wurden mit einer umfangreichen Testbatterie kontinuierlich über mehrere Monate untersucht. Als wichtigste Instrumente zur Verlaufskontrolle erwiesen sich dabei der Token-Test (vom Patienten werden Zuordnungsaufgaben verschieden farbiger und unterschiedlich großer Rechtecke und Kreise verlangt) und das Benennen von Bildern (die Patienten sollten auf Strichzeichnungen abgebildete Gegenstände korrekt benennen). Über den Token-Test existiert eine umfangreiche Literatur; bei Kindern wurde er jedoch bislang wenig angewandt. Er hat sich als Instrument zur Auslese und zur Bestimmung des Schweregrades von Aphasien jedweder Form sehr bewährt. Dennoch ist bislang noch nicht genau geklärt, was dieser Test eigentlich mißt (COHEN et al., 1976).

In Abb. 9 ist der Rückbildungsverlauf der Beeinträchtigung sprachlicher Funktion (gemessen mit dem Token-Test) für die 6 Patienten dargestellt. Er kann durch eine Exponentialfunktion der allgemeinen Form $y = a - b\, e^{-c \cdot t}$ recht gut angenähert werden. Dabei bedeutet y den Prozentsatz richtiger Lösungen, a, b und c sind Konstanten, $t = 1/c$ gibt die Zeit in Tagen an, in welcher $e^{-c \cdot t}$ auf $1/e$ abgefallen ist.

In gleicher Weise ließen sich Verlaufskurven hinsichtlich des Leistungszuwachses der Patienten beim Bilderbenennen herstellen (Abb. 10).

Die in den beiden letzten Abbildungen wiedergegebenen Verläufe sind nicht als reine Lernkurven aufzufassen, da zur gleichen Zeit eine Restitution der gestörten Hirnfunktion stattfindet. Hinsichtlich der *Prognose* kommt nach unseren Ergebnissen der Rückbildungsgeschwindigkeit in den ersten 20–30 Tagen eine entscheidende Bedeutung zu. Je rascher sie erfolgt, um so schneller ist auch wieder ein weitgehend normales Niveau des Sprachverständnisses, der Expressivsprache und der nicht-verbalen Funktion erreicht. Auf diese Weise läßt sich also abschätzen, wann von den Kindern wieder Lernleistungen verlangt wer-

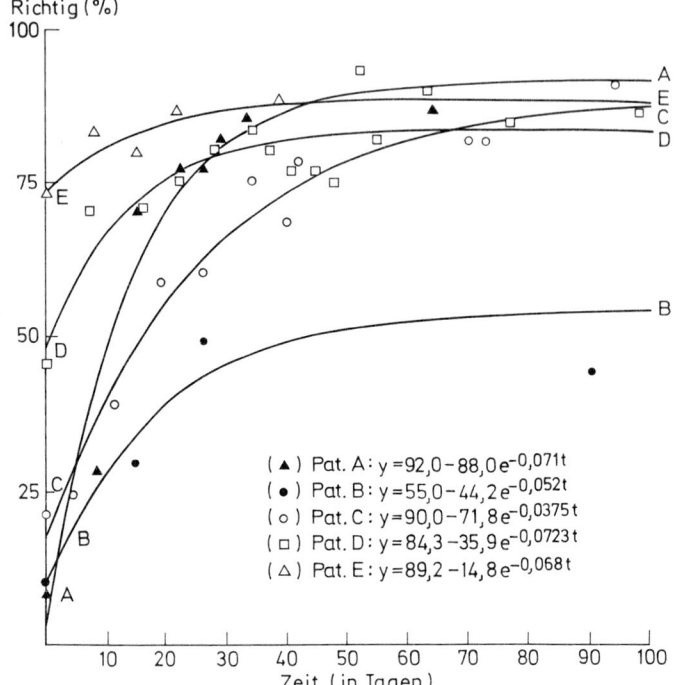

Abb. 9. Verlaufskurven für
die Ergebnisse im Token-
Test bei 5 Patienten mit
traumatisch verursachten
Aphasien im initialen
Rückbildungsstadium

Im Diagramm (Abb. 9):

Richtig (%)

$(\blacktriangle)$ Pat. A: $y = 92{,}0 - 88{,}0\,e^{-0{,}071t}$
$(\bullet)$ Pat. B: $y = 55{,}0 - 44{,}2\,e^{-0{,}052t}$
$(\circ)$ Pat. C: $y = 90{,}0 - 71{,}8\,e^{-0{,}0375t}$
$(\square)$ Pat. D: $y = 84{,}3 - 35{,}9\,e^{-0{,}0723t}$
$(\triangle)$ Pat. E: $y = 89{,}2 - 14{,}8\,e^{-0{,}068t}$

Zeit (in Tagen)

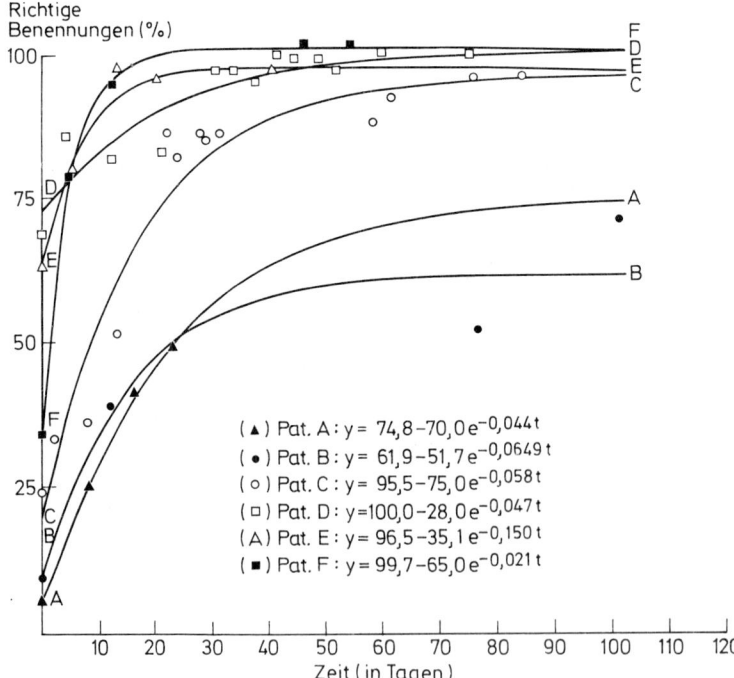

Abb. 10. Verlaufskurven
für die Ergebnisse im Bilderbenennen bei 6 Patien-
ten mit traumatisch verursachten Aphasien im initialen Rückbildungsstadium

Im Diagramm (Abb. 10):

Richtige Benennungen (%)

$(\blacktriangle)$ Pat. A: $y = 74{,}8 - 70{,}0\,e^{-0{,}044t}$
$(\bullet)$ Pat. B: $y = 61{,}9 - 51{,}7\,e^{-0{,}0649t}$
$(\circ)$ Pat. C: $y = 95{,}5 - 75{,}0\,e^{-0{,}058t}$
$(\square)$ Pat. D: $y = 100{,}0 - 28{,}0\,e^{-0{,}047t}$
(A) Pat. E: $y = 96{,}5 - 35{,}1\,e^{-0{,}150t}$
$(\blacksquare)$ Pat. F: $y = 99{,}7 - 65{,}0\,e^{-0{,}021t}$

Zeit (in Tagen)

den können. Mit Hilfe von Assoziationsexperimenten konnten wir noch eine Einschränkung der Fähigkeit für Lernleistungen im sprachlichen Bereich zu einem Zeitpunkt feststellen, zu dem die Patienten bereits klinisch unauffällig waren. Dies führte uns dazu, die Methode des kontinuierlichen Assoziierens auch therapeutisch bei Kindern mit aphasischen Störungen anzuwenden.

Schlußfolgerungen und Zusammenfassung

Aufgrund der Ergebnisse in der Literatur und unserer eigenen Untersuchungen lassen sich über Lernstörungen nach hirntraumatischen Schädigungen im Kindes- und Jugendalter folgende Aussagen machen:
1. Für Art und Schwere einer hirntraumatisch verursachten Lernstörung spielen prätraumatische Bedingungen sowie Faktoren, die mit dem Trauma zusammenhängen, eine wesentliche Rolle. Zu den ersteren zählen Entwicklungsstand, Zeitpunkt der zerebralen Schädigung, Milieu und Persönlichkeitsfaktoren. Zu den letzteren die Intensität des Traumas und die Art der Einwirkung auf das Gehirn. Hinsichtlich der Abschätzung der Intensität eines Hirntraumas erweist sich die Dauer der Bewußtlosigkeit als klinisch wichtigster Indikator. Hinsichtlich der psychischen Folgen ist von großer Bedeutung, ob eine diffuse oder lokalisierte Schädigung des Gehirnes zustande kam. Für diffuse, nicht-traumatische Hirnschädigungen konnte die große Bedeutung des Schädigungszeitpunktes nachgewiesen werden. Perinatal (asphyktisch) geschädigte Kinder unterschieden sich von Kindern, die im Alter von 3–5 Jahren eine Enzephalitis durchgemacht hatten, erheblich. Sie erwiesen sich als durchweg auffälliger, zeigten jedoch kein strukturell andersartiges Lernprofil, sondern lediglich Abweichungen in quantitativer Hinsicht.
2. Kinder, die leichtere Hirntraumen mit kurzem Bewußtseinsverlust durchgemacht haben, zeigen unmittelbar nach dem Unfall eine Reihe von Funktionsstörungen, die z.T. als Durchgangssyndrome aufzufassen sind. Dabei lassen sich relativ labile psychische Funktionsbereiche von relativ stabilen unterscheiden. Etwa 3 Wochen nach dem Trauma haben sich die meisten objektiv feststellbaren Auffälligkeiten zurückgebildet, nicht jedoch die subjektiven Beschwerden. Leichtere Hirntraumen hinterlassen insbesondere dann psy-

chopathologische Auffälligkeiten und Verhaltensstörungen, wenn eine ungünstige Familiensituation vorliegt und die Kinder bereits vorher Verhaltensauffälligkeiten zeigten.
3. Schwere Hirntraumen führen in der Regel zu erheblichen diffusen oder lokalisierten Schädigungen des Gehirns. Diese äußern sich zunächst in einer zeitlichen Verzögerung der psychischen Abläufe und damit auch des Lernens sowie in speziellen hirnlokalen Ausfallserscheinungen. Dabei existieren Unterschiede hinsichtlich der Trainierbarkeit der verschiedenen Leistungsbereiche. Lerntheoretisch ausgerichtete Therapie- und Rehabilitationsmethoden müßten stets auf die individuellen Leistungsmöglichkeiten des Patienten, auf Komplexitätsgrad der Aufgabe sowie auf Motivation und Befindlichkeit Rücksicht nehmen. Durch Verlaufsuntersuchungen ist es möglich, abgestufte Lernanforderungen dem Leistungsprofil des Patienten anzupassen, um auf diese Weise die Rehabilitation zu beschleunigen.
4. Eine befriedigende hirnphysiologische Einordnung der Lern- und Leistungsstörungen nach Hirntraumen im Kindesalter ist vorerst aufgrund der Heterogenität der Ausfälle und ihrer multifaktoriellen Bedingtheit nicht möglich.

Danksagung: Ein Großteil der hier vorgetragenen Ergebnisse ist aus Untersuchungen hervorgegangen, die in den letzten 4 Jahren unter der Leitung von H. STUTTE und des Verfassers im Rahmen des SFB 122 der Universität Marburg durchgeführt wurden. Der Verf. dankt an dieser Stelle seinen Marburger und Berliner Mitarbeitern, insbesondere Frau E. HAUSMANN, Frau Dr. E. TIEBER, den Diplom-Psychologen Herr GEYER, Herr MERSCHMANN, Herr LAMBERTI, Herr NIEBERGALL, Herr SCHNEIDER und nicht zuletzt den Patienten, die im Verlaufe ihres Heil- und Rehabilitationsprozesses an den Untersuchungen teilgenommen haben.

Literatur

FULLER, E.M.: Injury-prone children. Amer. J. Orthopsychiat. **18**, 708 (1948)
GOLDSMITH, M.L., BENTLER, M.: Concept Assessment Kit-Conservation Educational and Industrial Testing Service, San Diego, 1968
HJERN, B., NYLANDER, J.: Acute head injuries in children. Acta paediat. scand., Suppl. **152** (1964)
HUSBAND, P., HINTON, P.E.: Families of children with repeated accidents. Arch. Diss. Childh. **47**, 396–400 (1972)
LAMBERTI, G.: Ökonomisierung des „Diagnostikum für Cerebralschädigung" unter besonderer Berück-

sichtigung seiner diagnostischen Güte sowie seiner praktischen Anwendbarkeit. Unveröff. Diplomarbeit, Marburg 1975

LANGE-COSACK, H., TEPFER, G.: Das Hirntrauma im Kindes- und Jugendalter. Berlin-Heidelberg-New York: Springer 1973

NIEBERGALL, G., REMSCHMIDT, H., LINGELBACH, B.: Neuropsychologische Untersuchungen zur Rückbildung traumatisch verursachter Aphasien bei Kindern und Jugendlichen. Z. klin. Psychol. **5**, 194–209 (1976)

PERRET, E.: Gehirn und Verhalten. Neuropsychologie des Menschen. Bern und Stuttgart: Huber 1973

RUNE, V.: Acute head injuries in children. Acta paediat. scand., Suppl. **209** (1970)

SCHNEIDER, G., REMSCHMIDT, H.: Der Einfluß des Schädigungszeitpunktes auf Wahrnehmung, kognitive und soziale Entwicklung hirngeschädigter Kinder. (In Vorbereitung)

TÖNNIS, W., FROWEIN, R.A., EULER, K.H., KRENKEL, W., GRÜN, M.: Hirn- und Nervenverletzungen bei Kindern und Jugendlichen. Langenbecks Arch. klin. Chir. **304**, 563 (1963)

WEIDLICH, S.: DCS-Diagnostikum für Cerebralschädigung. Bern und Stuttgart: Huber 1972

WEWETZER, K.-H.: Das hirngeschädigte Kind. Stuttgart: Thieme 1959

WURST, E.: Visuelle Perzeptionsentwicklung und Intelligenz. Z. klin. Psychol. **3**, 30–38 (1974a)

WURST, E.: Untersuchungen zur visuellen Perzeptionsentwicklung beim leicht bewegungsgestörten Kind. Z. klin. Psychol. **3**, 261–270 (1974b)

Objektivierungsmöglichkeiten der Therapie kindlicher Lernstörungen

Karl-Johannes Heinhold

Ausgangssituation, Ergebnis und Vorbemerkung

Der Studie liegt eine breit angelegte, möglichst praxisnahe Überprüfung der medikamentösen Einwirkung (Piracetam*) auf Lernstörungen bei Kindern und Jugendlichen mit eindeutig hirnorganischem Faktor in der Gesamtätiologie zugrunde. Die Untersuchung erfolgte während einer mehrmonatigen klinischen bzw. tagesklinischen stationären Behandlung in einer neuropsychiatrischen Klinik für Kinder und Jugendliche, die außer über alle sonstigen klinischen Einrichtungen auch über eine große (130 Kinder) in den Klinikbetrieb voll integrierte Klinikschule verfügt. Die Klinik selbst nimmt vorwiegend breit gefächerte therapeutische Aufgaben wahr.

Dieser Untersuchung gingen mehrere andere Studien voraus, medikamentöse, psychotherapeutische sowie spezielle pädagogische Therapien und Methoden auf ihre spezifische Effektivität bezüglich Leistungs- und Verhaltensänderungen zu überprüfen. Alle unsere diesbezüglichen Bemühungen brachten als Ergebnis weit mehr differenziertere Fragestellungen als positive Resultate. Auch diese zeitlich-, personal- und mittelaufwendige Untersuchung, die ganz bewußt praxisnah durchgeführt werden sollte, kann nur als ein kleiner Beitrag zum multifaktoriellen Aspekt der Lernstörungen bewertet werden; bzw. das Ergebnis dieser Untersuchung läßt die Frage offen, ob mit Hilfe mathematisch-statistischer Ordnungsprinzipien, hier also der herkömmlichen Faktorenanalyse, die empirischen Daten der Lernstörungen im Kindesalter in ihren gegenseitigen Bedingungen überhaupt erfaßt werden können. Sie lassen die Frage offen, ob nicht andere Methoden zur Überprüfung notwendig sind, die uns als praxisnahe und praktikable Instrumente noch nicht zur Verfügung stehen, um die bedingenden, viel komplexeren kognitiven Strukturen sowohl in der aktuellen Verlaufsdynamik, wie auch in den Be-

* Im Handel als Normabrain® (Hersteller Cassella-Riedel Pharma GmbH, Frankfurt (Main) und Nootrop® (Hersteller UCB Chemie Sindorf)).

ziehungen zum entwicklungspsychologischen Aspekt zu erfassen.

Bis dahin behalten die Beurteilungen und die empirischen Daten erfahrener Kinder- und Jugendpsychiater, erfahrener Psychologen und Pädagogen bei aller kritischen Distanz zu diesen Aussagen weiterhin einen hohen Stellenwert in der Erfassung bedingender kognitiver Strukturen und in der Einschätzung der Einwirkungsmöglichkeiten bei Lernstörungen.

Das Thema „Objektivierungsmöglichkeiten kindlicher Lernstörungen" stößt in umfassendere wissenschaftliche Bereiche, die nach wie vor voller ungelöster Probleme und Widersprüche sind. Wir erwähnen nur die Themen der Präzisierung und Objektivierung psychischer und vor allem psychopathologischer Phänomene mit ihren bisherigen randunscharfen Begriffen, die Verifizierung theoretischer Hypothesen in diesem Bereich sowie die Koordinierung von Erfahrung und Überprüfbarkeit dieser Erfahrungsdaten, d.h. Koordinierung von Erfahrung und Experimenten, eine notwendige wissenschaftliche Forderung und Verpflichtung.

Jeder, der sich praktisch mit Objektivierungsmöglichkeiten im psychischen und psychopathologischen Bereich beschäftigt und sich auch nur einigermaßen mit den obengenannten wissenschaftstheoretischen Problemen und der diesbezüglichen Literatur auseinandersetzt, müßte von vorneherein vor jedem praktischen Beginn den Mut verlieren, weil er sich bereits theoretisch, geschweige denn praktisch vor kaum zu lösenden Problemen und Schwierigkeiten sieht.

Es scheint weniger komplikationsreich und damit auch verführerischer zu sein, auf Grund irgendwelcher engumgrenzter Teilerfahrungen und anschließender theoretischer Erwägungen wissenschaftliche Hypothesen zu postulieren, die man dann ständig modifizieren kann, als sich ab und zu der Aufgabe zu stellen, diese oder jene postulierte Hypothese, auch wenn sie noch so überzeugend klingt, erst einmal eingermaßen zu verifizieren. Wir erleben es immer wieder oder werden selbst kritikgeschwächt in diesen Sog gezogen, daß diese oder jene, zunächst nur postulierten und noch völlig unverifizierten wissenschaftlichen Hypothesen zu konsequenzenreichen, allgemein verbindlichen, fast dogmenhaften therapeutischen oder pädagogischen Bewegungen werden und jede weitere Forschung in dieser und jener Frage für einige Zeit lähmen. Die Wissenschaftsgeschichte, vor allem die therapeutischen und pädagogischen Bewegungen und Zeitströmungen der Psychiatrie, Psychologie und Pädagogik, beweist dieses Dilemma bis zum heutigen Tag.

Die Forderung nach immer neuem Bemühen um Verifizierung und Objektivierung empirischer Daten und Hypothesen im ärztlichen und pädagogischen Raum bleibt trotz aller enormen theoretischen und praktischen Schwierigkeiten bestehen, weil es

a) ärztlich und pädagogisch nicht nur bedenklich, sondern auch nicht verantwortbar ist, Patienten, hier vor allem kindliche und jugendliche Patienten, ständig wechselnden, sich allgemein-verbindlich gebenden Behandlungsmethoden oder pädagogischen Experimenten auszusetzen, hinter denen nur engumschriebene Erfahrungsspektren, spezielle, erheblich wirklichkeitsreduzierte, abstrakt-theoretische Überlegungen sowie in keiner Weise auch nur annähernd objektivierte und wissenschaftliche Hypothesen stehen;

b) weil hier trotz bester therapeutischer und pädagogischer Absichten nicht etwa nur Hilfen und Förderungsangebote vorliegen, sondern der therapeutisch-pädagogische Akt auch Schädigungsmöglichkeiten beinhalten könnte; und

c) weil die Humanwissenschaften, vor allem mit der Tendenz praktisch-therapeutischer Hilfe, innerhalb der Psychiatrie, Psychologie und Pädagogik die Kluft von Theorie und Praxis immer aufs neue angehen müssen, da Empirie und Theorie, Praxis und Theorie unauflöslich aufeinander angewiesen sind.

Am konkreten Beispiel des Objektivierungsversuches der medikamentösen Beeinflussung kindlicher Lernstörungen wollen wir das vorher aufgezeigte allgemeine Problem darstellen. Dabei sollen die Bereiche der hierzu notwendigen Voraussetzungen des Aufbaus einer solchen Untersuchungsstudie, der Auswertung des Ergebnisses sowie der Interpretation dieses Ergebnisses mit der Tendenz besserer adäquaterer Ansätze eines solchen Objektivierungsbemühens aufgezeigt werden.

Wir sind der Meinung, daß diese Erwägungen nicht nur für die Objektivierung medikamentöser Wirkungen und Beeinflussungen von Lernstörungen Geltung haben könnten, sondern auch für pädagogisch-schulische, vor allem für heilpäda-gogische und psychotherapeutische Methoden anwendbar wären.

Das Ergebnis der Fülle von Vorbereitungsarbeit für diesen Versuch kann hier aus Platz- und Zeitgründen nur zusammengefaßt werden, obwohl darin bereits viele Aspekte der Beeinflußbarkeit der Lernfunktion aufgezeigt werden können. Jedes Übersehen oder jede Fehleinschätzung von Entwicklungsmöglichkeiten, auch wenn diese noch so unscheinbar und selbstverständlich erscheinen, beeinträchtigt das Ergebnis bzw. verfälscht ganz massiv die Interpretation dieses Ergebnisses.

Hierzu gehören unter anderem die Motivation des Untersuchungsleiters und aller Mitarbeiter, die sich beruflich ganz verschiedenen Interessenbereichen verpflichtet wissen. Berufliche Interessenkollisionen, persönliche Spannungen, gesellschaftspolitische Zeitströmungen, z.B. beim Einholen der elterlichen und behördlichen Zustimmung zu einer solchen Studie, der Abbau von Vorurteilen und persönliche Spannungen in den verschiedenen Beeinflussungsfeldern der Kinder u.a. zeigen, wie stark und ineinander verflochten die einzelnen Faktoren in ihrer Einflußnahme auf die Lernsituation der Kinder sind.

Zunächst muß festgestellt werden: auch wenn man die Untersuchungssituation so praxisnah, d.h., so alltags-selbstverständlich anstrebte, hat man trotzdem eine emotional besonders gefärbte und aufgeladene Situation geschaffen, die für die Lernfunktion in einer Effizienzmessung der einzelnen Variablen als Überlagerungseffekt sehr hoch einzuschätzen ist und die sich den Objektivierungsabsichten als Störfaktor nicht unerheblich widersetzt.

Von großer Bedeutung waren bei unserer Fragestellung nach der Beeinflußbarkeit von Lernstörungen *die Pilotstudien*. Hier versuchten wir, den Wirkungseffekt hypothetisch anzupeilen und die Richtung eines Konzeptes der Effizienz vorzubereiten. Dazu gehörten die detaillierten Vorgespräche mit den Mitarbeitern der verschiedenen Fachdisziplinen, einschließlich der Pharmakologen und des durch die Firma zur Verfügung gestellten Mathematikers. Hier zeigte sich auch, wie wichtig ein Mathematiker bei einem Objektierungsversuch ist, der den ärztlichen, psychologischen und pädagogischen Problemen gegenüber aufgeschlossen ist und der es erst möglich macht, diese therapeutisch-psychiatrischen, psychologisch-heilpädagogischen Fragestellungen in mathematisch-quantifizierbare Konzepte zu transponieren.

Ein sehr engagierter Therapeut oder Pädagoge, der gleichzeitig ein guter Mathematiker ist, dürfte wohl die Ausnahme sein.

Als Nebenergebnis unserer Pilotstudien war das Ergebnis positiver Medikamenteneinwirkungen auf die Lernstörungen bei einzelnen Kindern, die unmittelbar erlebt wurden, was wiederum bei den Mitarbeitern eine Zunahme der Motivation für den ganzen Versuch bedeutete. Auch auffallende Verhaltensänderungen nach Piracetam-Einnahme wurden in dieser Richtung wirksam. Beide Tatbestände wirkten interesse- und motivationsverstärkend zur Mitarbeit bei der Studie, beinhalten aber auch nicht abwägbare Einflüsse auf die gesamte Lernsituation der Kinder.

In der Pilotstudie konnten auch fast alle somatischen Fragen bei der Verabreichung von Piracetam abgeklärt werden, so daß mögliche Belastungs- oder Schädigungsaspekte ausgeschlossen werden konnten.

In die Vorversuche gehörten auch noch 2 Probedurchgänge, bei denen manche Tests, z.B. alle Gruppentests wegen zu großer äußerer Störanfälligkeit der Kinder aufgegeben werden mußten. Außerdem mußten die Rating-Scales wegen zu globaler Items korrigiert werden. Auf weitere interessante Details der Vorbereitungsergebnisse, die unserer Meinung nach die Lernfunktion der Kinder ebenfalls beeinflussen, muß aus Platz- und Zeitgründen verzichtet werden.

Einen bedeutenden Raum in der Vorbereitung nimmt die *Auseinandersetzung mit den theoretischen Problemen der Lernfunktion, der Erfassung von Intelligenzfaktoren und kognitiven Strukturen, den Problemen des chronischen hirnorganischen Psychosyndroms, der Teilleistungsschwächen und den einschlägigen entwicklungspsychologischen Aspekten* ein. Hier waren wir auf die Mithilfe der theoretisch versierten speziellen Fachwissenschaftler und der Auswahl des theoretischen Schrifttums angewiesen. Die Sache wurde aber prekär, als wir feststellen mußten, daß sich selbst die Fachwissenschaftler in ihren Grundpositionen zu dem Problem des Lernens, der Intelligenzfaktoren, der kognitiven Strukturen diametral widersprechen und daß das theoretische Schrifttum hierzu voll von Hypothesen war, die noch der Verifikation harrten oder die nur Anlaß gaben, kritische Untersuchungen zur Infragestellung dieser Hypothesen auszulösen. Vor allem wurden wir hier mit der Gesamtproblematik der klassischen Intelligenzdifferenzierungstheorien wie auch der neueren entwicklungspsychologisch orientierten kognitiven Strukturdifferenzierungstheorien konfrontiert. Nach 100 Jahren Intelli-

genzforschung läßt sich heute noch keinerlei Anzeichen einer wissenschaftlich einheitlichen Auffassung finden. In einer ähnlichen Situation zeigt sich das wissenschaftliche Feld des Begriffs des hirnorganischen Psychosyndroms und der Teilleistungsstörungen sowie der Psychopathologie der Lernstörungen. Hier begann wohl die schwierigste Aufgabe für uns, trotz der vielen gegensätzlichen theoretischen Auffassungen, den Aufbau einer Versuchsanordnung zu wagen, die trotz aller kritischen Einwände theoretisch vielleicht noch vertretbar und vor allem praktikabel war.

Ablauf unseres Objektierungsversuches

Es wurde eine *Doppelblindprüfung* durchgeführt bei Kindern und Jugendlichen, die unter Lernstörungen litten und eindeutig das Syndrom einer hirnorganisch bedingten Dysfunktion aufwiesen. Der Doppelblindversuch erfolgte unter Verwendung von standardisierten Leistungstests, einer psychischen Rating-Scale, der differenzierten Benotung schulischer Leistungen und bei einem Teil der Patienten, die unter epileptischen Anfällen litten, auch unter Verwendung des EEG's.

Als *Medikation* wurde randomisiert Piracetam in Kapseln zu 400 mg Wirksubstanz und Placebo gegeben. Die Dosierung betrug 3×2 Kapseln täglich über eine Dauer von maximal 8 Wochen.

Als *Patientenauswahl* ergaben sich Kinder und Jugendliche beiderlei Geschlechts im Alter von 9–15 Jahren im 4.–9. Schuljahr, die differentialdiagnostisch unter der Diagnose hirnorganisch bedingter Lernstörungen liefen. Ausgeschlossen wurden alle Kinder mit anderen als hirnorganisch bedingten Lernschwierigkeiten, ferner alle Kinder, die im Verlauf der Prüfung länger als 14 Tage nicht unter Kontrolle standen.

Die *Anzahl der Patienten* ergaben die Pilotuntersuchungen, vor allem die dort ermittelten Streuwerte für die einzelnen Tests und den danach berechneten Mindestpatientenzahlen. Für das wahrscheinliche Erreichen einer Signifikanzstufe von 95% mußte die Prüfung unter Berücksichtigung eines Sicherheitszuschlags für evtl. während des Versuchs ausscheidende Kinder, mindestens jedoch 50 Versuchspersonen umfassen. Es wurden insgesamt 104 Patienten in die Prüfung aufgenommen. 72 waren männlichen, 32 weiblichen Geschlechts. Das Alter variierte von 8 bis 16 Jah-

159

ren. Da die Untersuchungszahl in unserer Klinik nicht ausreichte, wurden auch die Kinder des Fachkrankenhauses für Behinderte der Stiftung Liebenau (Direktor: Dr. med. SCHULZ) in die Untersuchungsstudie mit einbezogen, die das Untersuchungsprogramm in Übereinstimmung mit der Heckscher-Klinik durchführte.

Als Parameter und Kriterien der Beurteilung wurden hierfür gesondert entworfene Prüfbogen benutzt, in denen die psychometrischen Tests, die klinischen Befunde, die Rating-Scales, sowie die Benotung der Klinikschule eingetragen wurden. Die erste Eintragung erfolgte vor Beginn der Behandlung, die zweite Eintragung am Ende der Behandlung. Es wurde vereinbart, daß alle Psychopharmaka möglichst während der Behandlungszeit nicht verabreicht wurden, auf keinen Fall durften zusätzlich Psychostimulantien verabreicht werden. Die Antikonvulsiva mit psychotroper Wirkung wurden während der Prüfung konstant gehalten. Die Verordnung vasoaktiver Substanzen wurde 7 Tage vor Beginn des Versuches voll abgesetzt und während des Versuches nicht gegeben. Auch auf die Gabe von Schlafmitteln wurde während der Versuchszeit verzichtet. Es wurde ferner vereinbart, daß auf den Stationen wie auch daheim bei den Kindern der Tagesklinik, anregende Substanzen wie Kaffee, Tee, Cola möglichst nicht gegeben wurden. Der Code- und der Randomisierungsschlüssel wurden in einem versiegelten Umschlag in der Abteilung Klinische Entwicklung der Cassella-Riedel-Pharma aufbewahrt und eine Kopie im gleichen versiegelten Umschlag beim Prüfarzt hinterlegt und während der gesamten Prüfungszeit nicht geöffnet.

Als *Therapiedauer* wurde maximal 8 Wochen vereinbart.

Die Auswertung der Ergebnisse wurde von der Abteilung Klinische Entwicklung der Cassella-Riedel-Pharma, die statistische Errechnung von der Medizinischen Abteilung Hoechst AG vollzogen.

Es wurden ausgewertet: die klinischen Daten, die Behandlungsdauer sowie die Parameter der psychometrischen Tests (d_2-Test, Benton, Zahlennachsprechen und Zahlensymboltest nach HAWIE), die klinische Verlaufskontrolle mit den besonderen Aspekten, wie Stimmung, Aktivität, Ermüdbarkeit sowie die Schulbeurteilung mit Hilfe von Rating-Scales.

Ergebnis des Objektivierungsversuches

Bei einigen Patienten zeigten sich ebenfalls, wie in der Pilotstudie, frappante Besserungen der Lernstörungen, die von der Schule, den Stationen sowie den Eltern einheitlich festgestellt wurden und sich auch eindrucksmäßig in den psychologischen Wiederholungstests zeigten. Bei 4 Patienten kam es zu Verhaltensdekompensationen mit Überaktivierung auf den Stationen und während des Unterrichts sowie mit Aggressionstendenzen. Alle diese Patienten zeigten bei der Entschlüsselung, daß sie Piracetam genommen hatten.

Bei einigen Patienten hatte man am Ende dieses 8wöchigen Versuches den absolut unveränderten Eindruck. Bei Aufschlüsselung dieser Patienten ergab sich, in Übereinstimmung mit diesem Eindruck, daß diese Patienten Placebo erhalten hatten. Bei einigen Patienten fragte dieser oder jener Mitarbeiter der Klinik, der mit dem Kind intensiver zu tun hatte oder auch die Eltern selbst, ob das Kind das Medikament erhalten hatte, weil sich im Eindruck des einzelnen Beobachters die Lernstörungen, die Sprachleistungen oder der gesamte Leistungsbereich positiv geändert hätten. Bei einem Teil dieser Patienten stellte es sich heraus, daß diese Kinder Piracetam, bei einigen, daß sie Placebo bekommen hatten.

Ein großer Teil der Kinder und Jugendlichen blieb im Gesamteindruck nicht klar und eindeutig beurteilbar, so daß man keinen positiven oder auch keinen negativen Wirkungseffekt festellen konnte.

Es wurde nach vorhergehenden Umrechnungen *statistisch eine Kovarianzanalyse* durchgeführt. Kovariable waren die Vorwerte von Piracetam bzw. Placebo, Variable die entsprechenden Werte nach der Behandlung.

Das Ergebnis: Es konnte kein Unterschied zwischen Substanz und Placebo festgestellt werden.

Interpretation dieser Ergebnisse unserer Objektivierungsuntersuchung für die Lernstörungen

Es können hier nur einige Aspekte aus der differenzierten Analyse erwähnt werden.

Ganz entscheidend ist die Frage nach der *Vergleichbarkeit des Patientenkollektivs.* In unserem Versuch zeigten sich z.B. signifikante Unterschiede im Vergleich des Mittelwertes des Behandlungszeitraumes der beiden Kliniken, obwohl genaue Vereinbarungen getroffen worden waren. Hier zeigt sich z.B. die große Problematik bei der Cooperation zweier oder mehrerer Institutionen, die wegen der notwendig geforderten Anzahl der Probanden sich immer wieder ergeben wird.

Eine weitere Problematik ergibt sich für die Vergleichbarkeit des Kollektivs aus den Tabellen der Gewichtsverteilung. Hier gibt es enorme Differenzen innerhalb der Gruppen, entsprechend dem Altersdurchschnitt. Bedenkt man, daß alle Patienten die gleiche Dosis von 2,4 g bekamen, so schwankt die Dosis zwischen 95,62 und 34,78 mg/kg Körpergewicht.

Wenn sich in diesen einfachen meßbaren Bereichen statistisch solche Schwankungen zeigen, wie steht es erst mit den anderen Vergleichskriterien wie z.B.: Alter, Geschlecht, Entwicklungsstand, Sozialfaktoren, hirnorganisches Psychosyndrom, Teilleistungsstörungen u.a.? Je mehr wir die randunscharfen Begriffe der Psychiatrie, Psychologie und Pädagogik in Anspruch nehmen müssen, die ja immer noch in den eben genannten Disziplinen dominant vorherrschen, desto mehr schleichen sich unterschiedliche Ermessensentscheidungen ein und verfälschen die mathematisch-statistische Aussage.

Wir sind aufgrund dieser Untersuchung der Überzeugung, daß unbedingt solche Untersuchungen im Patientenkollektiv bezüglich Lernstörungen was Alter, Geschlecht, Entwicklungsstand, Sozialfaktoren und diagnostische Abgrenzung im Pathogenese- und Symptombild betrifft, weit enger und differenzierter gefaßt werden müssen. Hier hätten sicher noch zuvor empirische Konsistenz- und Trennschärfenuntersuchungen mit Hilfe statistischer Verfahren durchgeführt werden müssen, wozu aber eine recht große Anzahl von Patienten notwendig wäre.

Wir sind heute der Auffassung, daß unsere analysierte Probandengruppe mit größter Wahrscheinlichkeit zu inhomogen war.

Bedeutsam erscheint uns, daß *sowohl die Piracetam- wie auch die Placebogruppe eine Verbesserung der Lernstörungen insgesamt aufzuweisen hatte.*

Hier dürfte die psychische Gesamtsituation eines solchen Versuches als Ausnahmesituation in ihrer spezifischen Zuwendung und Beachtung von vielen Beziehungspersonen zum Kind den Placeboeffekt recht intensiv im Sinne einer Überlagerung gestaltet haben. Wenn bereits von einigen Autoren der Placeboeffekt im vegetativen Bereich mit 40–60% der Medikamentenwirkung angegeben wird, so hat sich hier im kinderpsychiatrischen Bereich dieser Placeboeffekt sicher noch gesteigert durch die schon erwähnte intensive Zuwendung während der Beobachtungszeit von Lehrern, Erziehern, Psychologen und Ärzten. Hier war dieser Placeboeffekt als emotionaler Förderungseffekt sicher höher gewesen als man bei der Planung der Untersuchung angenommen hatte.

Eine besonders *kritische Stellungnahme verlangen für das Kindes- und Jugendalter die in diesem Untersuchungsbefund verwendeten psychometrischen Testmethoden,* auf die übrigens fast alle Untersucher immer wieder zurückgreifen. Die Frage ist, ob diese überhaupt eine differenzierte Auskunft über Leistungsveränderungen und Leistungsschwankungen geben können. Hier wird das Problem der Messung oder Abschätzung interindividueller und intraindividueller Leistungs- und Reaktionsdifferenzen angeschnitten, was bei Kindern besonders schwierig zu lösen ist. Diese Tests sind erarbeitet und standardisiert (an einer großen Stichprobe errechnete Mittelwerte und Streuungen) an gesunden Personen. Es ist grundsätzlich zu fragen, ob diese Tests an Kranken bzw. an hirnorganisch Geschädigten aus Gründen der Vergleichbarkeit überhaupt angewendet werden können. Diese Patienten, vor allem diese cerebral gestörten und eingeschränkten Patienten, haben eine wesentlich stärkere Streuung, die, wenn überhaupt, nur durch ein großes „n" (mehrere hundert) zu eliminieren oder zu kompensieren ist. Hier müßte die Frage nach der Gültigkeitsbestimmung (Validierung) dieser Tests oder der Neukonstruktion von Tests für diesen Personenkreis der hirnorganisch Geschädigten neu überdacht werden.

Die während der ganzen Untersuchungssituation immer wieder zu beobachtende sich wandelnde aktuelle Verlaufsdynamik intellektueller Lösungsversuche und die zeitlich stark schwankende Vielgestaltigkeit von Lernprozessen sowie die Unterschiede entwicklungsphasenspezifischer kognitiver Strukturen konnten in keinem Parameter aufgezeigt werden und blieben daher unerfaßt.

Von seiten der Pharmakologen sind auf Grund neuer pharmakologischer Erkenntnisse mit Piracetam spezifische Versuchsanordnungen gefordert worden, die wir hier übergehen können, die aber für die Anwendung in der Kinder- und Jugendpsychiatrie noch zusätzliche Erschwerungen bringen würden und die die Praktikabilität solcher Objektivierungsversuche wohl ganz in Frage stellen würden.

Zusammenfassung

Unsere psychopharmakologische Studie zur medikamentösen Beeinflussung von Lernstörungen bei hirnorganisch geschädigten Kindern und Jugendlichen mit Lernstörungen, zeigte den umfangreichen multifaktoriellen Aspekt der Lernstörungen. Das Ergebnis der multifaktoriellen statistischen Analyse läßt die Frage zu, ob mit Hilfe mathematisch-statistischer Ordnungsprinzipien auf Grund der herkömmlichen Faktorenanalyse die empirischen Daten der Lernstörungen und deren Behandlungen im Kindesalter in ihren gegenseitigen Bedingungen überhaupt erfaßt werden können.

Die grundlegende Frage bleibt, ob bei diesen Untersuchungen nicht ganz andere theoretische Ansätze zur Anwendung kommen müßten. Vor allem müßten die Konzepte einer Theorie der kognitiven Differenzierung zum Tragen kommen, die vor allem entwicklungspsychologisch orientiert sind und kindgemäße Differenzierungen zulassen als es die klassischen Differenzierungshypothesen der Intelligenz in der Anwendung der Faktorenanalyse zulassen. Aus dieser Theorie der menschlichen Informationsgewinnung und deren Verarbeitung mit der Berücksichtigung individueller Lösungsstrategien und der Darstellung von kognitiven Strukturen in Verbindung mit entwicklungspsychologischen Aspekten in Richtung zunehmender Differenzierung und Integration, bieten sich sicher differenziertere Untersuchungsansätze, als die mathematisch-statistischen Ordnungsprinzipien im Sinne einer Klassifizierung und Reduktion empirischer Daten durch die Methode der Faktorenanalyse. Für unsere praktischen Bedürfnisse der Objektivierungsmöglichkeiten von therapeutischen Beeinflussungen von Lernstörungen, ganz gleich ob medikamentöser, pädagogischer oder psychotherapeutischer Art, ist die Kenntnis der bedingenden kognitiven Variablen von entscheidender Bedeutung. Hierzu fehlen aber noch praktikable Untersuchungsmethoden und eventuell neue statistisch-mathematische Berechnungsmodelle.

Bis dahin behalten die Aussagen und Beurteilungen erfahrener Kinder- und Jugendpsychiater, erfahrener Psychologen und Pädagogen, Erzieher und Pflegepersonen, bei aller kritischen Distanz zu solchen Aussagen, einen hohen Stellenwert in der Einschätzung von Einwirkungsmöglichkeiten bei Lernstörungen.

Literatur

AEBLI, H.: Die geistige Entwicklung als Funktion von Anlage, Reifung, Umwelt- und Erziehungsbedingungen. In: Begabung und Lernen. Stuttgart 1969

ARNOLD, W.: Psychologisches Praktikum (Experimentelles Praktikum), Bd. 1. Stuttgart 1972

BERGER, L., BERNSTEIN, A., KLEIN, E., COHEN, J., LUCAS, G.: Effects of aging and pathology on the factorial structure of intelligence. J. consult. Psychol. **28**, 199–207 (1964)

BERGIUS, R.: Übungsübertragung und Problemlösen. In: BERGIUS, R. (Hrsg.): Lernen und Denken. Handbuch der Psychologie, Bd. I (2). Göttingen 1964

BIERHOFF, H.W., BIERHOFF-ALFERMANN, D.: Interindividuelle Unterschiede bei der Verwendung implizierter Persönlichkeitstheorien: Zusammenhänge zwischen kognitiver Struktur und Persönlichkeitsmerkmalen bei Schülerinnen 1. Klassen. Arch. Psychol. **127**, 284–299 (1975)

BLÖSCHL, L.: BTS, HAWIK und schulisches Arbeitsverhalten. Diagnostica **1966** (12), 47–52

BOCHNIK, H.J.: Sozialfaktoren in vieldimensionalen Strukturen. Nervenarzt **33** (8), 349–358 (1974)

BOCHNIK, H.J.: Multifaktorielle statistische Analysen, Verbundforschung und Klinikorganisationen. Nervenarzt **34**, 430–437 (1963)

BONN, H., ROSMANITH, K.: Studien zur Entwicklung des Denkens im Kindesalter. Darmstadt 1972

BROEREN, W.: Zur postexperimentellen Erfassung variierender Reaktionen auf psychotrope Substanzen. Pharmakopsychiatrie-Neuropsychopharmakologie **2**, 34–50 (1969)

BROEREN, W., SCHMITT, W.: Das pharmakopsychologische Experiment als Beitrag zur pharmakopsychiatrischen Grundlagenforschung. In: Nervenarzt **39** (11), 497–506 (1975)

BURTON, D.: Stellung der Geschwisterreihe und Intelligenz. In: SÜLLWOLD, F., Begabung und Leistung. Hamburg 1976

BUSCH, H.: Psychopathologische Befunde: Erfassung durch objektivierende Verfahren. Diagnostik **7**, 150–153 (1974)

BUSEMANN, A.: Psychologie der Intelligenzdefekte. München-Basel 1958

CAMPBELL, D.T., STANLEY, J.C.: Experimental and quasi-experimental designs for research on teaching. In: GAGE, N.L. (ed.), Handbook of research on teaching. Chicago 1963

CATTELL, R.B.: Some theoretical issues in adult intelligence testing. Psychol. Bull. **38**, 592 (1941)

CATTELL, R.B.: Personality and motivation: structure and measurement. New York: World Book Company 1957

CATTELL, R.B.: Theory of fluid and crystallized intelligence: a critical experiment. J. educat. Psychol. **54**, 1–22 (1963)

CATTELL, R.B.: Faktorenanalyse. In: ARNOLD, W., EYSENCK, H.J., MEILI, R. (Hrsg.), Lexikon der Psychologie, Bd. 1, Sp. 578–589. Freiburg: Herder 1971

CATTELL, R.B.: Die empirische Erforschung der Persönlichkeit. Weinheim-Basel 1973

CATTELL, R.B.: Die Interaktion von Erb- und Umwelteinflüssen. In: SÜLLWOLD, A.: Begabung und Leistung. Hamburg 1976

CHRISTIANSEN, E.R.: Intelligenz und Wille in der Arbeitskurve. Arch. ges. Psychol. **118**, 98–161 (1966)

COHEN, J.A.: A comparative factor analysis of WAIS performance for four age groups between eighteen and eight. Amer. Psychologist **11**, 449 (1956)

COHEN, J.: The factorial structure of the WAIS between early adulthood and old age. J. consult. Psychol. **21**, 283–290 (1957)

COHEN, J.: The factorial structure of the WISC at ages 7;6, 10;6 and 13;6. J. consult. Psychol. **23**, 285–299 (1959)

COHEN, R., WITTEMANN, K.: Eine Untersuchung zur Abhängigkeit der Intelligenzstruktur von Neurotizismus. Z. exp. angew. Psychol. **14**, 71–88 (1967)

DÜKER, H.: Möglichkeiten und Grenzen des Experiments in der Psychologie. Schweiz. Z. Psychol. **29**, 26–33 (1970)

DUHM, E.: Entwicklung und Differenzierung. In: THOMAE, H. (Hrsg.), Entwicklungspsychologie, S. 220–239. Handbuch der Psychologie, Bd. 3. Göttingen 1959

ELLIS, H.C.: The transfer of learning. New York-London 1965

ERTEL, S.: Ein differentialmethodischer Versuch zum Intelligenzproblem. Psychol. Forsch. **1966** (30), 151–199

ESSING, W.: Untersuchungen zu einem Beurteilungssystem der Persönlichkeit. Arch. ges. Psychol. **118**, 73–86 (1966)

EYFERTH, K.: Lernen als Anpassung durch bedingte Reaktionen. In: BERGIUS, R. (Hrsg.), Lernen und Denken. Handbuch der Psychologie, Bd. I (2). Göttingen 1964

EYSENCK, H.J.: Intelligence assessment: a theoretical and experimental approach. Brit. J. educat. Psychol. **37**, 81–98 (1967)

EYSENCK, H.J.: Race, intelligence and education. London: Temple Smith 1971

EYSENCK, H.J.: Intelligence assessment: a theoretical and experimental approach. In: BUTCHER, H.J., LOMAX, D.E. (eds.), Readings in human intelligence, pp. 20–39. London: Methuen 1972

EYSENCK, H.J., WHITE, P.O.: Personality and the measurement of intelligence. Brit. J. educat. Psychol. **34**, 197–202 (1964)

FAHRENBERG, J., DELIUS, L.: Eine Faktorenanalyse psychischer und vegetativer Regulationsdaten. Nervenarzt **34**, 437–443 (1963)

FATKE, R.: Warum die Intelligenzdebatte wieder aufgewärmt wird. Psychologie heute **2** (9), 53–58 (1975)

FERGUSON, G.A.: Lernen und menschliche Fähigkeiten. In: SÜLLWOLD, F. Begabung und Leistung. Hamburg 1976

FIPPINGER, F.: Intelligenz und Schulleistung bei 9–10jährigen Volksschülern. In: INGENKAMP (Hrsg.), Schulkonflikt und Schülerhilfe. Weinberg/Bergstr. 1965

FLECHSIG, K.H.: Steuerung und Steigerung der Lernleistung durch die Schule. In: Begabung und Lernen. Stuttgart 1969

FOPPA, K.: Lernen, Gedächtnis, Verhalten. Köln-Berlin 1965

FREEBERG, N.E., PAYNE, D.T.: Der Einfluß der Eltern auf die kognitive Entwicklung in der frühen Kindheit. In: SÜLLWOLD, F., Begabung und Leistung. Hamburg 1976

GARRETT, H.E.: Eine Entwicklungstheorie der Intelligenz. In: SÜLLWOLD, F., Begabung und Leistung. Hamburg 1976

GOTTSCHALDT, K.: Begabung und Vererbung. Phaenogenetische Befunde zum Begabungsproblem. In: Begabung und Lernen. Stuttgart 1969

GROFFMANN, K.J.: Die Entwicklung der Intelligenzmessung. In: HEISS, R. (Hrsg.), Psychologische Diagnostik, S. 147–199. Handbuch der Psychologie, Bd. 6. Göttingen 1964

GUILFORD, J.P.: Three faces of intellect. Amer. Psychologist **14**, 46–79 (1959)

GUILFORD, J.P., HOEPFNER, R.: The Analysis of Intelligence. New York 1971

GUILFORD, J.P.: The structure of intellect. Psychol. Bull. **53**, 267–293 (1956)

GUILFORD, J.P.: A revised structure of intellect. Rep. Psychol. Labor. Nr. 19. Los Angeles: University of South California 1957

GUILFORD, J.P.: Personality. New York: McGraw Hill 1959

GUILFORD, J.P.: Persönlichkeit, 2./3. Aufl. Weinheim: Beltz 1965

GUILFORD, J.P.: The nature of human intelligence. New York: McGraw Hill 1967

GUILFORD, J.P., HOEPFNER, R.: The analysis of intelligence. New York: McGraw Hill 1971

GUTHKE, J.: Zur Diagnostik der intellektuellen Lernfähigkeit. Berlin (Ost) 1972

HARTMANN, K., ENGELMANN, W.: Eine faktorenanalytische Untersuchung von Labilitätskriterien „erziehungsschwieriger" männlicher Minderjähriger. Prax. Kinderpsychol. Kinderpsychiat. **15** (1), 19–23 (1966)

HECKHAUSEN, H.: Förderung der Lernmotivierung und der intellektuellen Tüchtigkeiten. In: Begabung und Lernen. Stuttgart 1969

HEISS, R., SEUS, R., FAHRENBERG, J.: Eine Studie zur Prüfung der psychodynamischen Wirkung von Dihydroergotoxin. Arzneimittel-Forsch. **21**, 797 (1971)

HERRMANN, TH.: Lehrbuch der empirischen Persönlichkeitsforschung. Göttingen 1969

HÖRMANN, H.: Bedingungen für das Behalten, Vergessen und Erinnern. In: BERGIUS, R. (Hrsg.), Lernen und Denken. Handbuch der Psychologie, Bd. I (2). Göttingen 1964

HOFSTÄTTER, P.R.: Differentielle Psychologie. Stuttgart 1971

163

HORN, J.L.: The discovery of personality traits. J. exp. Res. **56**, 460–465 (1963)

HORN, J.L.: Integration of structural and developmental concepts in the theory of fluid and crystallized intelligence. In: CATTELL, R.B. (ed.), Handbook of multivariate experimental psychology, pp. 553–561. Chicago 1966

HORN, J.L.: Organization of abilities and the development of intelligence. Psychol. Rev. **75**, 242–259 (1968)

HÜRSCH, L.: Der Einfluß verschiedener Versuchssituationen auf die Faktorenstruktur von Intelligenzleistungen. Bern: Huber 1970

HÜRSCH, L.: Schulängstlichkeit und Faktorenstruktur von Intelligenzleistungen. Z. exp. angew. Psychol. **20**, 54–67 (1973)

HUNT, J.McV.: Intelligence and experience. New York 1961

HUSÉN, T.: Der Einfluß der Schulbildung auf den IQ. In: SÜLLWOLD, F., Begabung und Leistung. Hamburg 1976

HUTH, W., MATUSSEK, P.: Experiment und Erfahrung in der heutigen Psychiatrie und Tiefenpsychologie. In: STROLZ, W., Experiment und Erfahrung in Wissenschaft und Kunst. Freiburg 1963

INGENKAMP, K.H.: Möglichkeiten und Grenzen des Lehrerurteils und der Schultests. In: Begabung und Lernen. Stuttgart 1969

ISSING, L.J., ULLRICH, B.: Einfluß eines Verbalisierungstrainings auf die Denkleistung von Kindern. Z. Entwicklungspsychol. pädagog. Psychol. **1969** (1), 32–40

JÄGER, A.O.: Dimensionen der Intelligenz. Göttingen 1967

JANKE, W.: Über einige methodische Probleme bei pharmakopsychologischen Untersuchungen mit Tranquilantien, Neuroleptika und Sedativa. Arch. ges. Psychol. **117**, 306–318 (1965)

JANKE, W.: Das Experiment in der Psychologie. In: THIEL, M. (Hrsg.), Enzyklopädie der geisteswissenschaftlichen Arbeitsmethoden. Methoden der Psychologie und Pädagogik, 7. Lieferung. München-Wien 1969a

JANKE, W.: Experimentelle Untersuchungen zur psychischen Wirkung von Placebos bei gesunden Personen. Meisenheim/Glan 1969b

JANTZEN, W.: Untersuchungen zu Faktorenstrukturen von Intelligenz und Schulleistungen bei guten und schlechten Schülern dritter Grundschulklassen (und zur Einstellungsstruktur ihrer Lehrer). Z. erziehungswissenschaftl. Forsch., Erster Teil: **5**, 44–62 (1971a); Zweiter Teil: **5**, 92–106 (1971b)

JENKINS, J.J., PATERSON, D.G.: Studies in Individual Differences. The Search for Intelligence. New York 1961

KAGAN, J.: Impulsive unf reflective children. Significance of conceptual tempo. In: KRUMBOLTZ, J.D. (ed.), Learning and educational process. Chicago 1965

KALLINA, H.: Das Unbehagen in der Faktorenanalyse. Psychol. Beitr. **10**, 81–86 (1967)

KALVERAM, K.T.: Die Veränderung von Faktorenstrukturen durch simultane Überlagerung. Arch. ges. Psychol. **117**, 296–305 (1965)

KALVERAM, K.T.: Über Faktorenanalyse, Kritik eines theoretischen Konzepts und seine mathematische Neuformulierung. Arch. ges. Psychol. **122**, 92–118 (1970a)

KALVERAM, K.T.: Probleme der Selektion in der Faktorenanalyse. I. Die theoretische Behandlung der Selektion. Arch. ges. Psychol. **122**, 199–214 (1970b)

KALVERAM, K.T.: Probleme der Selektion in der Faktorenanalyse. II. Kritik an einschlägigen Arbeiten. Arch. ges. Psychol. **122**, 215–222 (1970c)

KALVERAM, K.T.: Probleme der Selektion in der Faktorenanalyse. III. Die „Invarianz" von Faktorenlösungen unter Selektion. Arch. ges. Psychol. **122**, 223–230 (1970d)

KANTER, G.O.: Experimentelle Untersuchungen zu Problemen der Lernbehinderung bei Sonderschülern. Marburg 1967

KENT, N., DAVIS, D.R.: Erziehungshaltung im Elternhaus und intellektuelle Entwicklung. In: SÜLLWOLD, F., Begabung und Leistung. Hamburg 1976

KLAUER, K.J.: Lernbehindertenpädagogik, 4. erheblich erweiterte Aufl. Berlin 1975

KLAUER, K.J.: Schülerselektion durch Lehrmethoden? Ein Beitrag zur Theorie des differentiellen Methodeneffektes. Z. erziehungswissenschaftl. Forsch. **152**, 1964 (1969)

KLAUER, K.J.: Das Experiment in der pädagogischen Forschung. Düsseldorf 1973a

KLAUER, K.J.: Das Schulbesuchsverhalten bei Volks- und Hilfsschulkindern. Ratingen 1963

KLAUER, K.J.: Lernen und Intelligenz. Der Einfluß von Trainingsmethoden auf die Intelligenztestleistung schwachbegabter Kinder. Weinheim 1969a

KLAUER, K.J.: Über Interaktionen von Lehrstil und Schulleistungen mit anderen Variablen. In: HERRMANN, TH. (Hrsg.), Psychologie der Erziehungsstile. Göttingen 1966

LEDER, A.: Tegretal: zum Problem der psychotropen Wirkung. In: Bulletin 1 des Psychologischen Instituts der Universität Zürich, S. 42–67

LEWIN, K.: Gesetz und Experiment in der Psychologie. Symposion **1927** (1), 375–421

LIENERT, G.A.: Die Faktorenstruktur der Intelligenz als Funktion des Neurotizismus. Z. exp. angw. Psychol. 1963 (1)

LIENERT, .G.A.: Belastung und Regression. Meisenheim 1963

LIENERT, G.A.: Die Faktorenstruktur der Intelligenz als Funktion des Intelligenzniveaus. In: THOMAE, H. (Hrsg.), Bericht über den 22. Kongreß der Deutschen Gesellschaft für Psychologie in Heidelberg 1959, S. 138–140. Göttingen: Hogrefe 1960

LIENERT, G.A.: Factor structure of intelligence in 10, 18 and 50 years. In: WELLEK, A. (Hrsg.): Bericht über den XVI. Internationalen Kongreß für Psychologie in Bonn 1960, S. 308. Amsterdam: North-Holland Publ. 1961

LIENERT, G.A.: Überprüfung und genetische Interpretation der Divergenzhypothese von Wewetzer. Vita humana **4**, 112–124 (1961)

LIENERT, G.A.: Hierarchische Klassifikation individueller Verlaufskurven. Psychol. Beitr. **13** (4), 487–498 (1971)

LINKE, W.: Aussage und Deutung in der Pädagogik. Heidelberg 1966

LOMPSCHER, J.: Theoretische und experimentelle Untersuchungen zur Entwicklung geistiger Fähigkeiten. Berlin 1972

LÜCKERT, H.R.: Die Stabilität und Veränderung der kognitiven Leistungen. In: LÜCKERT, H.R. (Hrsg.): Begabungsforschung und Bildungsförderung als Gegenwartsaufgabe. München-Basel 1969

LYNN, R.: Der Einfluß von Umweltbedingungen auf die Intelligenz. In: SÜLLWOLD, F.: Begabung und Leistung. Hamburg 1976

MADDOX, H.: Soziale Klasse und Intelligenz. In: SÜLLWOLD, F.: Begabung und Leistung. Hamburg 1976

MANDL, H.: Kognitive Entwicklungsverläufe von Grundschülern. München: Oldenbourg 1975

MEILI, R.: Grundlegende Eigenschaften der Intelligenz. Schweiz. Psychol. **2**, 166–175, 265–271 (1944)

MEILI, R.: L'Analyse de l'intelligence. Arch. Psychol. **31**, 1–64 (1946)

MEILI, R.: Faktorenanalytische Interpretation der Intelligenz. Schweiz. Z. Psychol. **13**, 54–71 (1954)

MEILI, R.: Lehrbuch der psychologischen Diagnostik, 4. Aufl. Bern: Huber 1961

MEILI, R.: Denken. In: MEILI, R., ROHRBACHER, H. Lehrbuch der experimentellen Psychologie, S. 156–214. Bern-Stuttgart: Huber 1963

MEILI, R.: Die faktorenanalytische Interpretation der Intelligenz. Schweiz. Z. Psychol. **23**, 135–155 (1964)

MERZ, F.: Der Einfluß des Verbalisierens auf die Leistung bei Intelligenzaufgaben. Z. exp. angew. Psychol. **1969** (16), 114–137

MERZ, F., STELZL, I.: Modellvorstellungen über die Entwicklung der Intelligenz in Kindheit und Jugend. Z. Entwicklungspsychol. pädagog. Psych. **5**, 153–166 (1973)

MERZ, F.: Bemerkungen zur Kritik einer Kritik. Z. exp. angew. Psychol. **14**, 189–190 (1967)

MERZ, F.: Faktorenanalyse. In: ARNOLD, W., EYSENCK, H.J., MEILI, R. (Hrsg.): Lexikon der Psychologie, Bd. 1, Sp. 589–591. Freiburg: Herder 1971

MERZ, F., KALVERAM, K.T.: Kritik der Differenzierungshypothese der Intelligenz. Arch. ges. Psychol. **117**, 287–295 (1965)

MEYER, P., HAMMILL, D.: Methods for learning disorders. New York 1969

MEYERS, L.E., DINGMAN, H.F.: Factor analytic and structure of intellect models in the study of mental retardation. In: GARRISON, M., JR. (ed.), Cognitive models and development in mental retardation. Amer. J. mental Defic., Monograph Suppl. January 1966

MICHEL, L.: Allgemeine Grundlagen psychometrischer Tests. In: HEISS, R. (Hrsg.): Psychologische Diagnostik. Handbuch der Psychologie, Bd. VI. Göttingen 1964

MÖBUS, C.: Bemerkungen zur Skalierung interindividueller Urteilsdifferenzen. Arch. Psychol. **127**, 189–209 (1975)

MOLLENHAUER, K.: Sozialisation und Schulerfolg. In: Begabung und Lernen. Stuttgart 1969

MÜHLE, G.: Definitions- und Methodenprobleme der Begabungsforschung. In: Begabung und Lernen. Stuttgart 1969

OERTER, R.: Psychologie des Denkens. Donauwörth: Auer 1971

OERTER, R.: Moderne Entwicklungspsychologie, 12. Aufl. Donauwörth: Auer 1973

OERTER, R., DREHER, E., DREHER, M.: Kognitive Sozialisation und subjektive Struktur. München: Oldenbourg 1976

OERTER, R., MANDL, H., ZIMMERMANN, A.: Neue Befunde zur Differenzierungshypothese. Ein Nachgesang. Z. Entwicklungspsychol. pädagog. Psychol. **6**, 151–167 (1974)

OEVERMANN, K.: Schichtenspezifische Formen des Sprachverhaltens und ihr Einfluß auf die kognitiven Prozesse. In: Begabung und Lernen. Stuttgart 1969

ORLIK, P.: Zur varianzanalytischen Schätzung der Zuverlässigkeit psychologischer Messungen. Arch. ges. Psychol. **117**, 280–286 (1965)

PAWLIK, K.: Elementarfunktionen (,,Faktoren") einfacher Lernvorgänge. In: HECKHAUSEN, H. (Hrsg.), Bericht über den 24. Kongreß der Deutschen Gesellschaft für Psychologie, Göttingen 1965

PAWLIK, K.: Dimensionen des Verhaltens. Bern-Stuttgart 1968

PIAGET, J.: Psychologie der Intelligenz. Zürich: Rascher 1947

PIAGET, J.: La Psychologie de l'Intelligence. Paris: Libraire Armand Colen 1947

PIAGET, J.: Psychologie der Intelligenz, 6. Aufl. Olten: Walter 1974

REINERT, G.: Zur Problematik der faktoriellen Differenzierungshypothese der Intelligenz. In: HECKHAUSEN, H. (Hrsg.), Bericht über den 24. Kongreß der Deutschen Gesellschaft für Psychologie Wien 1964, S. 167–173. Göttingen: Hogrefe 1965

REINERT, G., BALTES, P.B., SCHMIDT, L.R.: Faktorenanalytische Untersuchungen zur Differenzierungshypothese der Intelligenz: Die Leistungsdifferenzierungshypothese. Psychol. Forsch. **28**, 246–300 (1965)

REINERT, G., BALTES, P., SCHMIDT, L.R.: Kritik einer Kritik der Differenzierungshypothese der Intelligenz. Z. exp. angew. Psychol. **13**, 602–610 (1966)

REVENSTORF, D.: Lehrbuch der Faktorenanalyse. Stuttgart 1976

RICKELS, K.: Nichtspezifische Faktoren in der medikamentösen Therapie neurotischer Patienten. In:

IV. Weltkongreß für Psychiatrie, S. 50–61. Excerpta Mesica Foundation 1967

ROBINSON, H.B., ROBINSON, N.M.: The mentally retarded child. New York 1965

ROTH, H.: Der Wandel des Begabungsbegriffs. In: ROTH, H., Jugend und Schule zwischen Reform und Restauration. Hannover 1961

ROTH, H. (Hrsg.): Begabung und Lernen. Stuttgart 1969

ROUSE, S.T.: Effects of a training program on the productive thinking of educable mental retardates. Amer. J. ment. Defic. 69, 666–673 (1967)

SANDER, E.: Der Einfluß eines Wahrnehmungstrainings auf die HAWIK-Leistung 8- und 9jähriger Schüler einer Sonderschule für Lernbehinderte. Heilpädagog. Forsch. 4, 339–348 (1973)

SANDER, E.: Wahrnehmungstraining und kognitive Lernförderung. In: KANTER, G., SPECK, O. (Hrsg.), Lernbehindertenpädagogik. Handbuch der Sonderpädagogik, Bd. IV. Berlin 1975

SAUER, J.: Ergebnisse einer Untersuchung zur Frage schichtspezifischer Intelligenzstrukturen. In: TACK, W.H. (Hrsg.), Bericht über den 29. Kongreß der Deutschen Gesellschaft für Psychologie in Salzburg 1974, Bd. 1, S. 211–213. Göttingen: Hogrefe 1975a

SAUER, J.: Zur Frage schichtspezifischer Intelligenzstrukturen. Z. Entwicklungspsychol. pädagog. Psychol. 7, 214–226 (1975b)

SCHENK-DANZIGER, L.: Begabung und Entwicklung. In: Handbuch der Psychologie, Bd. III. Göttingen 1958

SCHLICHTING, U.: Zum Intelligenzprofil verwahrloster Jugendlicher. Diagnostica 10, 101–107 (1964)

SCHMIDT, H.D.: Über die Zuverlässigkeit von Verhaltensbeurteilungen durch Rating-Skalen. Arch. ges. Psychol. 118, 47–72 (1966)

SCHÖNPFLUG, W.: Aktivierung, Leistung und zielgerichtetes Verhalten. In: MERZ, F. (Hrsg.), Bericht über den 25. Kongreß der Deutschen Gesellschaft für Psychologie Münster 1966. Göttingen 1967

SCHÜTTLER-JANIKULLA, K., KROHNE, H.: Transferprobleme und Schulreifetraining. Z. exp. angew. Psychol. 13, 632–644 (1966)

SIMONS, H., AHRENS, H.J.: Methodenabhängigkeit der Erfassung intra- und interindividueller Differenzen im Selbstkonzept. Arch. Psychol. 127, 220–237 (1975)

SKOWRONEK, H. (Hrsg.): Umwelt und Begabung. Stuttgart 1973

SÜLLWOLD, F.: Zur Frage der Präzision und Ergiebigkeit von pädagogischen Experimenten. Pädagogische Forschung und pädagogische Praxis. Heidelberg 1958

Tagungsberichte aus Selecta 4, Ja. 75: Läßt sich die Wirkung testen? Deutsche Gesellschaft für Psychiatrie München 1974, über Psychopharmaka (I)

THURSTONE, L.L.: The differential growth of mental abilities. Chapel Hill/North Carolina: University of North Carolina, Psychometric Laboratory, No. 14, 1955

ULLMANN, G.: Kreativität. Weinheim/Berlin 1968

WAGNER, J.: Trainingsversuche mit kognitiv impulsiven Kindern. Literaturbericht. Arch. Psychol. 125, 288–316 (1973)

WECHSLER, D.: The Measurement of Adult Intelligence. Baltimore 1939

WECHSLER, D.: Die Messung der Intelligenz Erwachsener, 2. Aufl. Bern-Stuttgart 1956

WEGNER, H.: Die Minderbegabungen und ihre sonderpädagogische Förderung. In: Begabung und Lernen. Stuttgart 1969

WEINERT, FR.: Experimentelle Untersuchungen über Formen und Bedingungen des kognitiven Lernens. Arch. ges. Psychol. 116, 126–164 (1964)

WELLEK, A.: Das Experiment in der Psychologie. Studium Generale 1, 18–32 (1947). Nachdruck in: WELLEK, A.: Ganzheitspsychologie und Strukturtheorie. Bern 1955

WERNER, H.: Einführung in die Entwicklungspsychologie, 4. Aufl. München: A. Barth 1959

WERTHEIMER, M.: Das produktive Denken, 1957. – Dt. Übers. von „Productive Thinking", New York 1945, 1959

WEWETZER, K.-H.: Das hirngeschädigte Kind. Stuttgart 1959

WEWETZER, K.-H.: Zur Differenzierung der Leistungsstrukturen bei verschiedenen Intelligenzgraden. In: WELLEK, A. (Hrsg.), Bericht über den 21. Kongreß der Deutschen Gesellschaft für Psychologie in Bonn 1957, S. 245–246. Göttingen: Hogrefe 1958

WEWETZER, K.-H.: Intelligenztests für Kinder. In: HEISS, R. (Hrsg.), Psychologische Diagnostik, S. 200–225. Handbuch der Psychologie, Bd. 6. Göttingen: Hogrefe 1964

WEWETZER, K.-H.: Intelligenz und Intelligenzmessung. Darmstadt: Wissenschaftliche Buchgesellschaft 1972

WITTE, E.H.: Ein Vergleich von Intelligenzstrukturen: Eine Anwendung der bilateralen Transformation und eine Kritik zu der Arbeit von K. STEINHAGEN (1970) über die Dedifferenzierungshypothese. Diagnostica 18, 18–25 (1972)

ZEAMAN, D., HOUSE, B.J.: The role of attention in retardate discrimination learning. In: ELLIS, N.R. (ed.), Handbook of Mental Dificiency. New York 1963

Verbale und nicht verbale Teilleistungsschwächen und ihre Behandlung

M.H. Schmidt

Teilleistungsschwächen haben in Forschung und Praxis in zunehmendem Maße die Aufmerksamkeit der mit der Neuropsychiatrie des Kindesalters befaßten medizinischen Disziplinen gewonnen. In welcher Form und in welchem Umfang solche Teilleistungsschwächen auch bei Adoleszenten und Erwachsenen bestehen, ist noch wenig untersucht. Nachstehende Ausführungen beschäftigen sich mit Teilleistungsschwächen nur im Hinblick auf das Kindesalter und die Pubertät. Neben inhaltlichen sollen auch methodische Aspekte dieses Arbeitsbereiches behandelt werden. Andere psychiatrische Auffälligkeiten im Zusammenhang mit Teilleistungsschwächen — sogenannte Sekundärstörungen — bleiben unberücksichtigt. Die Möglichkeit solcher Sekundärstörungen ist zwar allgemein anerkannt, deren Entstehungsbedingungen sind daher bisher kaum methodisch ausreichend untersucht (dafür genügen auch Längsschnittuntersuchungen nicht, sondern diese Frage müßte nach dem Design von Kohortenstudien angegangen werden). Ansatzweise hat das die Arbeitsgruppe um RUTTER mit der Stichprobe der Isle of Wight-Studie versucht (RUTTER u. YULE).
Für das zunehmende Interesse am Arbeitsgebiet der Teilleistungsschwächen sind vier Entwicklungen sicher wesentlich: Einmal wurden mit der Entwicklung des Faches Neuropsychologie die Möglichkeiten neuropsychologischer Diagnostik stetig verbessert. Zum anderen erbrachte eine streng naturwissenschaftlich orientierte Entwicklungspsychologie zunehmende Einsichten in die Ontogenese sensumotorischer und kognitiver Prozesse im weitesten Sinne, die überwiegend in ein hierarchisch gegliedertes Modell solcher Funktionen mündeten. Gleichzeitig ergänzte die klinische Medizin ihren kurativen Schwerpunkt durch eine zunehmend präventive Orientierung und dies besonders im Bereich der pädiatrischen Disziplinen; dazu gehört auch die mit der Verselbständigung der Kinderpsychiatrie einhergehende verstärkte Beobachtung weniger gravierender Verhaltensauffälligkeiten, wie sie parallel zu Teilleistungsschwächen häufig auftreten. Schließlich nahm mit verfeinerten neuropathologischen und psychopathologischen Untersuchungsmethoden und mit der Entwicklung wirksamer Behandlungsmöglichkeiten das wissenschaftliche und praktische Interesse an Fragen zerebraler Funktionsstörungen beim Kind stark zu.

Definitionsfragen, Überschneidung mit dem Begriff der zerebralen Dysfunktion

Wegen der notwendigen Diskussion der Zusammenhänge zwischen frühkindlicher Hirnschädigung und Teilleistungsschwächen sei an den Prozeß des zunehmenden wissenschaftlichen Interesses an Folgezuständen frühkindlicher Hirnschädigungen erinnert. Er begann mit den Versuchen der Arbeitsgruppe um STRAUSS, zwischen „endogenen" und „exogenen", d.h. durch erworbene hirnorganische Veränderungen entstandenen Intelligenzminderungen zu unterscheiden. Die damit begründete Arbeitsrichtung mündet in die Beschreibung der Psychopathologie der Folgezustände leichter frühkindlicher Hirnschäden und wurde belebt durch die Feststellung, daß derartige Zustandsbilder Grundlage mannigfaltiger kinderpsychiatrischer Sekundärstörungen sind. Die Ergebnisse dieser Forschungsrichtung lassen sich heute etwa wie folgt summieren:
1. Folgezustände von Schädigungen des unreifen Gehirns lassen sich aufgrund der noch fehlenden Lernerfahrung von solchen des reifen Gehirns unterscheiden, dessen sensumotorische Fähigkeiten sich im 1. und 2. Lebensjahr ungestört entwickeln konnten.
2. Die Folgezustände auch leichter Schädigungen des unreifen Gehirns können eine sehr unterschiedliche und vielgestaltige Symptomatik aufweisen.
3. Bei dieser Vielgestaltigkeit lassen sich auf der Verhaltensebene Symptome einer Entwicklungsverzögerung von Defekten im Sinne einer Minussymptomatik, gelegentlich auch von einer Plussymptomatik unterscheiden.

4. Diese relativ gut umschriebenen Syndrome auf der Verhaltensebene können auch bei fehlendem Nachweis struktureller Veränderungen des Zentralnervensystems — soweit sich solche mit unseren heutigen Methoden erfassen lassen — vorliegen; ebenso — wenn auch seltener — ist es bei einem Teil der Fälle unmöglich, pathophysiologische Korrelate dieser Symptomatik zu erfassen.

5. Diese Voraussetzungen verbieten ätiologische Aussagen häufig; neben erworbenen Hirnschädidungen kommen für die gleichen Zustandsbilder Folgezustände ausgeprägter frühkindlicher Deprivation ursächlich oder mitursächlich in Frage, wahrscheinlich auch genetische Varianten. Aus diesen Gründen wird heute der Begriff der frühkindlichen Hirnschädigung (minimal brain damage) häufig vermieden und auf den Terminus „Hirnfunktionsstörung" (cerebral dysfunction) ausgewichen.

Unter diesem Oberbegriff der zerebralen Dysfunktion läßt sich auch die Symptomatik praktisch aller Teilleistungsschwächen subsummieren. Demgemäß treffen auf diese Teilleistungsschwächen die oben zu Folgezuständen frühkindlicher Hirnschädigungen gemachten Aussagen zu:

1. Teilleistungsschwächen unterscheiden sich von den Folgesymptomen von Schädel-Hirn-Traumen (also von Verletzungen des reifen Gehirns) in ihren Auswirkungen; sie sind weniger scharf begrenzt, aber oft globaler in ihren Folgen.

2. Teilleistungsschwächen verbergen sich oft unter einer psychopathologischen Symptomatik und können dann mehr als Verhaltens- denn als Leistungsstörungen imponieren.

3. Teilleistungsschwächen können eine im betroffenen Teilbereich verzögerte Entwicklung beinhalten, aber auch in nicht aufholbaren Defekten bestehen, für die allenfalls Kompensation möglich ist.

4. Sie zeigen häufig keine pathologisch-anatomischen, histologischen oder neurophysiologischen Korrelate.

5. Für ihre Genese kommen neben hirnorganischen Schädigungen der Einfluß gravierender soziokultureller Faktoren und hereditärer Belastungen gleichermaßen in Frage.

Von daher scheint es günstig, Teilleistungsschwächen nicht im Hinblick auf eine bestimmte Ätiologie, sondern rein phänomenologisch zu definieren. Aus dieser Sicht ist GRAICHENs Definition der Vorzug zu geben, der Teilleistungsschwächen als „Leistungsschwäche für einzelne Faktoren oder Glieder innerhalb eines größeren Systems, das zur Bewältigung einer bestimmten komplexen Anpassungsaufgabe erforderlich ist", umschreibt.

Diese Definition setzt die in der Neuropsychologie von LURIA vielfach gestützte Vorstellung halbautonomer Teilfunktionen oder Subsysteme des Zentralnervensystems voraus. Sie läßt nicht nur die Aufgaben, die die betroffenen Funktionen innerhalb solcher Systeme erfüllen können, offen, sondern auch die Ebene, auf der diese Systeme gestört sind. Einzige Voraussetzung dieser Definition ist die Isolierbarkeit von Leistungen, die zentralnervösen Subsystemen zugeordnet werden können.

Probleme eines diagnostischen Bezugssystems

JOHNSON u. MYKLEBUST reflektieren mit der von ihnen gegebenen Definition ganz pragmatisch auf ein Bezugssystem für die Diagnostik von Teilleistungsschwächen. Unter der Voraussetzung intakter Sinnesorgane und wenigstens durchschnittlicher Intelligenz genügt ihnen beim Vorliegen neuropathologischer Befunde der Nachweis eines umschriebenen Defekts bzw. einer Leistungsschwäche für die Diagnostik, unabhängig davon, ob diese einem zentralnervösen Subsystem zugeordnet werden kann. Zwar zeigt GRAICHENs Versuch der Klassifizierung von Teilleistungsschwächen aus dem Bereich der Sprachbenutzung unter konsequenter Zuordnung der Störungen zu solchen Subsystemen, wie viele Fragen ein solches Verfahren heute offenlassen muß, aber die von JOHNSON u. MYKLEBUST vorgelegte Systematik kann bei manchen Details auf ein deduktives Vorgehen nicht verzichten oder muß sich an Epiphänomenen — insbesondere aus dem Bereich des schulischen Lernens — orientieren.

In der Praxis hängt die Möglichkeit der Diagnostik von Teilleistungsschwächen nicht nur stark von den Fortschritten im jeweiligen neuropsychologischen Teilbereich ab, sondern auch vom Alter des zu beurteilenden Kindes, von der Prävalenz der in Frage stehenden Teilleistung bzw. Teilleistungsschwäche und vom kognitiven Niveau des zu Untersuchenden.

Die Bedeutung des Alters als Bezugsvariable für die Diagnostik ergibt sich aus der biologischen Basis der Entwicklung der zentralnervösen Funktionen, der entwicklungspsychologisch eine Reihe von Gesetzmäßigkeiten entsprechen, die HECKHAUSEN als sachimmanente Entfaltungslogik bezeichnet hat. Beispiele dafür sind Phänomene wie die Objektkonstanz, das Erfassen topographischer Beziehungen, das Überblicken von Zeitabläufen, vermutlich auch die Verhaltenssteuerung durch hemmende Impulse, auf deren Grundlage bestimmte psychische Funktionen sich jeweils erst entwickeln können. Natürlich gilt für diesen Bereich wie allgemein, daß die biologischen Möglichkeiten nicht genutzt bzw. die damit vorgegebenen Maxima ohne ein Minimum an Lernanreizen und Übung nicht erreicht werden können. Die Entwicklungspsychologie PIAGETs bietet eine Fülle solcher Beispiele, die auch belegen, daß der Verlauf der Entwicklung in den meisten Dimensionen des Psychischen keinen linearen Funktionen entspricht. Aus diesem Grunde ist auch das Entwicklungsalter eine für die Quantifizierung von Teilleistungsschwächen nur bedingt taugliche Maßeinheit; allein, daß z.B. ein Rückstand in der Leseleistung eines 10jährigen von 2 Jahren nicht mit dem gleichen Rückstand eines 14jährigen verglichen werden kann, weil die Behandlungschancen im letzteren Falle wesentlich ungünstiger sind, zeigt, wie problematisch ein solches Vorgehen ist und daß man idealerweise auf Abweichungen von altersspezifischen Verteilungen zurückgreifen muß. Der Altersfaktor verlangt ohnehin Tests, die Funktionen unter Berücksichtigung altersspezifischer Besonderheiten erfassen können.

Die Rolle der Prävalenz von Teilleistungsschwächen als Bezugskriterium für die Diagnostik ergibt sich daraus, daß erwartete Leistungen das für einen Kulturkreis spezifische Produkt aus biologischen Grundlagen und Lernanreizen darstellen und daß Teilleistungsschwächen ein Verfehlen dieses Lernziels implizieren. Gerade für komplexe und häufig anhand von Epiphänomenen aus dem Bereich schulischen Lernens definierte Teilleistungsschwächen spielt dieser Gesichtspunkt eine wichtige Rolle. Wenn z.B. nach den Erhebungen der Arbeitsgruppe um RUTTER fast 10% der Kinder eines Londoner Bezirks einen auf Lebensalter und Intelligenzniveau bezogenen Leserückstand von mehr als 2–4 Jahren gegenüber der Erwartungsnorm aufweisen, muß man fragen, woran diese Erwartungsnorm sich orientiert. Sie orientiert sich bei den genannten Autoren an der Annahme, daß Legasthenie i.e. S. (specific reading retardation) eine Auffälligkeit analog dem medizinischen Modell ist, sich also aus den Gesetzmäßigkeiten einer Normalverteilung nicht erklären läßt. Wichtiger erscheint aber, daß wir über die Verteilung der als Bezugspunkt benutzten Erwartungsleistungen oft nur wenig wissen, so daß Untersuchungen zur Prävalenz von Teilleistungs-

schwächen als Voraussetzung für eine schärfere Diagnostik schon daran scheitern.

Diskutiert werden muß auch die Bedeutung des kognitiven Niveaus als Bezugspunkt für die Diagnostik von Teilleistungsschwächen. Zahlreiche Definitionen setzen bei der Diagnose einer Teilleistungsschwäche eine wenigstens durchschnittliche Intelligenz voraus. Das impliziert in der Regel den Gedanken, daß die Teilleistungsschwächen unabhängig vom intellektuellen Niveau bestehen und keine ungünstigen Folgen für die Entwicklung der kognitiven Funktionen haben. Sicher gibt es zerebrale Teilleistungen, die die Höhe des kognitiven Niveaus kaum beeinflussen, zum Beispiel viele Fähigkeiten, die mit musikalischer Begabung im Zusammenhang stehen; mit anderen Teilfunktionen verhält es sich aber fast entgegengesetzt: so beeinflußt die Leseleistung die Testintelligenz (ausgenommen die mit sprachfreien Tests ermittelte) dadurch erheblich, daß das Lesen in unserem Bildungssystem für den Wissenserwerb eine Schlüsselrolle hat. So ist es letztlich eine Fiktion anzunehmen, die Testintelligenz eines Legasthenikers lasse sich ohne Rücksicht auf seine Lese-Rechtschreib-Schwäche betrachten. JOHNSON u. MYKLEBUST versuchten, dieser Schwierigkeit unter Rückgriff auf jeweils mit verbalen bzw. nichtverbalen Tests ermittelten Intelligenzschätzungen auszuweichen (nach dem Modell des Verbal- und Handlungs-IQ der Wechsler-Skalen). Das unterstellt aber, daß das gesamte Spektrum intellektueller Funktionen mittels sprachgebundener oder sprachfreier Tests valide und zuverlässig beurteilt werden kann. Als noch wichtiger als die absolute Höhe des kognitiven Niveaus erscheint die Ausprägung der Teilleistungsschwäche in Relation zu diesem. Theoretisch hat sich diese Einsicht zwar durchgesetzt, in der Praxis ist sie aber schwer bzw. nur vereinfacht anwendbar. Für die Diagnostik der Legasthenie wurde von BRACKMANN u. GERLICHER ein Modell entwickelt, das sich auf andere Teilleistungsschwächen übertragen läßt, wenn nicht nur für die Intelligenz, sondern auch für die betroffene Teilleistung verläßliche Verteilungsdaten vorliegen.

Nur mit den Einschränkungen dieses Abschnitts kann der von MYKLEBUST vorgeschlagene Lernquotient als zur Quantifizierung von Teilleistungsschwächen geeignet betrachtet werden. Dieser Lernquotient setzt das Niveau der in Frage kommenden Teilleistung in ein Verhältnis zum Alter, zur Beschulung und zum kognitivem Niveau des zu beurteilenden Kindes. Dieser Operationalisierungsversuch hat nämlich den Nachteil,

Schema 1. Ätiologie und Pathogenese von Teilleistungsschwächen

Spezifisch genetische Belastung oder/und erworbene hirnorganische Veränderungen begründen Teilleistungsschwäche	Verknüpfungsmodus unklar
in Relation zu — genetisch limitiertem kognitivem Potential — Lernanreizen und Übung — Alter bzw. Entwicklungsstand	Verknüpfungsmodus unklar

daß die Art der Verknüpfung zwischen den drei Bezugsgrößen, die keinesfalls eine additive Verknüpfung ist, nicht nur unbekannt ist, sondern auch für unterschiedliche Lebensalter unterschiedlichen Mustern folgt (vgl. Schema 1).

Prävalenzangaben

Für im Sinne der Definition von GRAICHEN operationalisierte Teilleistungsschwächen sind im Hinblick auf die dargestellten Probleme des diagnostischen Bezugsrahmens Prävalenzangaben schwer zu ermitteln. Für verbale Teilleistungsschwächen dürfte die Prävalenz mit etwa 7% höher liegen als für nichtverbale; auch sind verbale Teilleistungsschwächen persistenter. Nichtverbale Teilleistungsschwächen finden sich im Schulalter bei etwa 5% aller Kinder; gleichzeitiges Vorkommen von verbalen und nichtverbalen Teilleistungsschwächen ist möglich. Diese Angaben stellen Medianwerte aus methodisch zum Teil sehr unterschiedlichen Erhebungen dar. Sie berücksichtigen auch nicht die Veränderungen der Prävalenz in Abhängigkeit vom Alter. Während wir für einige Teilleistungsschwächen (z.B. für Störungen der optischen Wahrnehmung bzw. visuomotorische Funktionen) wissen, daß sie sich — sicher auch unter dem Einfluß entsprechender Förderung — mit zunehmendem Alter weniger gut nachweisen lassen bzw. aufgeholt oder kompensiert werden, ist für andere (so für die Lese-Rechtschreib-Schwäche im Sinne der specific reading retardation) bei einem erheblichen Anteil der Betroffenen mit steigendem Alter mit einer deutlicheren Ausprägung der Symptomatik zu rechnen. Die für kinderpsychiatrische Symptome bzw. Erkrankungen bekannte Knabenwendigkeit wird bei den Teilleistungsschwächen mit etwa 2:1 bis 2,5:1 verstärkt beobachtet. Dieses Phänomen ist bei isolierten Teilleistungsschwächen ausgeprägter als bei solchen, die zusammen mit anderen Symptomen einer frühkindlichen Hirnschädigung auftreten; dort sinkt die Knabenwendigkeit auf etwa 1,2:1 bis 1,5:1.

Neurophysiologische Korrelate

Es wäre reizvoll, die heute bekannten neurophysiologischen Korrelate von Teilleistungsschwächen unter dem Aspekt der Funktion von Subsystemen des Zentralnervensystems ordnen zu können. Dieser Versuch ist jedoch verfrüht, so daß sich eine Ordnung nur nach der hier vorgeschlagenen Systematik der Teilleistungsschwächen anbietet; auch dieser Versuch hätte ein sehr lückenhaftes Ergebnis und könnte zum Problem der Klassifizierung nichts beitragen. Deswegen sollen hier nur einige interessante neurophysiologische Korrelate beispielhaft angemerkt werden.

In diesem Sinne seien die Bedeutung der linkshemisphärischen Reifungsverzögerung für die Genese der Lese-Rechtschreib-Schwäche genannt (STEFFEN), die Rolle der gekreuzten Lateralität ebenfalls für die Entstehung der Lese-Rechtschreib-Schwäche (GUBBAY u.a. Autoren) und die bekannte Korrelation von Lese-Rechtschreib-Schwächen mit Rechts-Links-Unsicherheit (RUTTER u.a. Autoren). Aus dem Bereich der EEG-Forschung läßt sich die stärkere Ausprägung der Aktivität aus dem Theta-Band im Frequenzspektrum lese-rechtschreib-schwacher Kinder erwähnen (SKLAR et al.) und die von den gleichen Autoren festgestellte höhere Kohärenz der hirnelektrischen Aktivität zwischen Regionen derselben Hemisphäre bei solchen Kindern, die längere Latenzzeit für Wortassoziationen im linkshemisphärischen EEG jüngerer Kinder (SURWILLO), die der längeren Latenzzeit auf evozierte Potentiale in jüngeren Altersstufen entspricht, und auf Besonderheiten, die sich den unterschiedlichen Korrelationen zwischen evozierten Potentialen und kognitivem Niveau entnehmen lassen; erwähnenswert scheint auch die Häufung von EEG-Abnormitäten bei Kindern mit Teilleistungsschwächen parallel zur Häufung von Geburtskomplikationen (wobei Kinder mit solchen EEG-Abnormitäten unter den Teilleistungsschwachen vermehrt neuropathologische Befunde aufweisen), die testpsychologisch aber nicht mit dem kognitiven Niveau, sondern mit visuomotorischen Parametern korrelieren.

Einteilungsaspekte

Eine Systematik der Teilleistungsschwächen wäre nach ihrer Ätiologie, ihrem Beeinflußbarkeitsgrad, ihrem Entstehungs- bzw. Manifestationszeitpunkt sowie nach den betroffenen Funktionssystemen, die sich idealerweise zentralnervösen Subsystemen zuordnen lassen, möglich. Untersuchungen zur Ätiologie liegen wegen der Definitionsschwierigkeiten bislang nur ansatzweise vor; schon die für das gut untersuchte Gebiet der Lese-Rechtschreib-Schwäche dabei erkannten methodischen Probleme sind erheblich. Wie erwähnt, bestehen zwar Hinweise auf eine erbliche Genese, auf eine Deprivationsgenese und auf eine Hirnschädigungsgenese; der Verknüpfungsmechanismus dieser Ursachenfaktoren, die natürlich kombiniert vorkommen können, ist jedoch unbekannt, entspricht aber sicher einer multiplikativen Verknüpfung oder Funktionen höherer Ordnung. Aussagen zu diesen Bedingungskomponenten können demnach nicht als Grundlage einer Klassifizierung dienen.

Ausreichender bzw. praktikabler ist bei hinreichender Diagnostik schon die Einordnung nach der Beeinflußbarkeit. Nichtbehandlungsbedürftige Teilleistungsschwächen wie z.B. eine Rot-Grün-Schwäche unterscheiden sich von solchen, die durch vermehrtes Üben oder durch ein spezifisches Training behebbar sind. Andere werden auf diese Weise nur bis zur Erfüllung gewisser Mindestanforderungen ausgleichbar sein, einige nicht ohne deutliche Defekte, die allenfalls irgendwie kompensiert werden können. Da jedoch evaluierte Behandlungsmethoden fehlen, kommt auch dieses Kriterium für eine wissenschaftliche Klassifikation nicht in Frage.

Ebenso entfällt der Entstehungszeitpunkt für die Klassifikation. Er ist oft schon deswegen unbekannt, weil bestimmte Teilleistungsschwächen nur unter konkreten Anforderungen manifest werden, d.h. vor dem Auftreten dieser Anforderungen gar nicht erkannt werden können. Ähnlich untauglich ist der Versuch einer Ordnung nach dem Manifestationstermin, da dieser sich nach Besonderheiten des Milieus, in dem die Teilleistungsschwäche auftritt, richtet.

Klassifikation, Symptomatologie und Diagnostik

Somit bleibt beim heutigen Stand der Forschung nur die Einteilung anhand der betroffenen Funktionen bzw. zentralnervösen Subsysteme. Eine Orientierung an Epiphänomenen aus dem Bereich schulischen Lernens soll dabei möglichst vermieden werden. Für eine solche Systematik bestehen zwei Arten von Anhaltspunkten, entwicklungspsychologische und neurophysiologische. Die entwicklungspsychologischen Erkenntnisse legen die Unterscheidung unterschiedlicher, hierarchisch geordneter Ebenen kognitiver Prozesse nahe, weiter die Annahme unterschiedlicher Integrationsebenen von Lernvorgängen, die sich ebenfalls hierarchisch gliedern lassen und schließlich die Annahme, daß entwicklungspsychologische Vorgänge anders als neurophysiologische nicht nach dem Alles-oder-Nichts-Gesetz funktionieren, sondern daß die minimale Entwicklung bestimmter hierarchisch niedriger Funktionen als Voraussetzung für die Entwicklung höherer ausreichen kann, jedoch nicht muß. Neurophysiologisch kann man auf die Vorstellung zurückgreifen, daß verbale Prozesse vorwiegend mittels der dominanten Hemisphäre des Großhirns erworben und automatisiert werden und umgekehrt weiter auf die Vorstellung, daß nichtverbale Lernvorgänge dabei im Zentralnervensystem quantitativ ausgeprägter repräsentiert sind als verbale und schließlich auf die Anwendbarkeit von Reglermodellen auch auf neuropsychologische Funktionen.

Die unter Berücksichtigung dieser Regeln vorgeschlagene Klassifikation (vgl. Schema 2), die beiliegendes Schema veranschaulicht, vermag folgende Erfahrungen aus Forschung und Praxis zu berücksichtigen:

1. Eine Klassifizierung anhand von Funktionen bzw. neuropsychologischen Ausfällen ist fruchtbarer als eine anhand nosologischer Entitäten im Sinne der Neuropsychiatrie des Kindesalters.

2. Unter dieser Voraussetzung ist es im Hinblick auf entwicklungspsychologische Erkenntnisse sinnvoll, eine Unterscheidung zwischen verbalen und nichtverbalen Teilleistungsschwächen vorzunehmen, zumindest ist dies ebenso sinnvoll wie die Unterscheidung zwischen sensorischen, motorischen und integrativen Teilleistungsschwächen.

3. Auch die Suche nach optimalen Behandlungsmöglichkeiten läßt es nicht sinnvoll erscheinen, Minderleistungen von Patienten nach Möglichkeit auf intrasensorische bzw. intramodale Stö-

sensorisch	*integrativ*	*expressiv*
	Störungen der integrativen Funktionen bzw. der Funktionen der Konzeptbildung	
Störungen von Decodierungsfunktionen, z.B. sensorische Dyslexie, dysgnostische Störungen inkl. agnostische Agraphie, mangelndes mimisches Verständnis	Störungen der Speicherung bzw. (Wieder-) Vorstellung von Inhalten intramodal-, intermodal- oder seriativ-sensorischer, -sensorisch-expressiver oder -expressiver Operationen, von Decodierungs- bzw. Symbolisierungsoperationen oder integrativen Operationen	Störungen von Symbolisierungsfunktionen, z.B. ideatorische, ideomotorische und kortikale Apraxie (inkl. buccal-lingual aphasia?), apraktische Dysgraphie, „Asymbolie", motorische Dysphasie, Anomie, syntaktische Dysphasie (?), Störungen des mimischen und gestischen Ausdrucks und der sozialen Reaktionen
Störungen sensorisch-seriativer Funktionen, betreffend die Beurteilung von Positionen und Sequenzen bezüglich Raumlage, topographischer Beziehungen inkl. Körperschemastörungen, Rechts-Links-Orientierung und Zeit	*sensorisch-expressiv* Störungen sensorisch-expressivseriativer Funktionen, betreffend die Beurteilung von Positionen und Sequenzen bei visuomotorischen, akustomotorischen oder sensomotorischen Operationen	Störungen der expressiv-seriativen Funktionen, betreffend die Steuerung von Positionen und Sequenzen bezüglich räumlicher Anordnung, topographischer Beziehungen und zeitlicher Abfolgen bei motorischen und artikulomotorischen Abläufen sowie anderen „Reihungsvorgängen"
Intermodal-sensorische Störungen, betreffend Diskrimination und Gliederung visuell-akustischer, visuell-kinästhetischer oder akustisch-kinästhetischer Reize	Störungen sensorisch-expressivintramodaler Funktionen bei visuomotorischen, akustomotorischen oder sensomotorischen Funktionen	Intermodal-expressive Störungen, betreffend Körperkoordination, Handmotorik, Artikulomotorik und Graphomotorik
Intramodal-sensorische Störungen, betreffend Diskrimination und Gliederung visueller, akustischer oder taktil-kinästhetischer Reize.		Intramodal-expressive Störungen, betreffend selektive Bewegungsmuster(?)

Störungen der Leistungsvoraussetzung (z.B. der Vigilanz) sind nicht berücksichtigt. Rückkopplungsmechanismen werden außer acht gelassen. Das Schema benutzt bei der Benennung einzelner Störungen Begriffe unterschiedlicher Provenienz.

rungen zurückzuführen. Störungen der optischen Wahrnehmung beispielsweise sind als längerfristige Prädiktoren für legasthenie-typische Leseschwierigkeiten untauglich, auch visuomotorische Störungen und Störungen der optischen Wahrnehmung höherer Ordnung (ROBINSON u. SCHWARTZ; BLANCK).
4. Nicht nur die Unterscheidung zwischen intra- und intermodalen Störungen (im Bereich der Wahrnehmung nach JOHNSON u. MYKLEBUST als intra- und intersensorische Störungen bezeichnet) ist sinnvoll, sondern auch die zwischen intra- und supra-modalen, wie sie AFFOLTER vorgeschlagen hat. Die von MYKLEBUST als trennschärfste Indikatoren zur Ermittlung teilleistungsschwacher

Kinder bezeichneten Fähigkeiten syllabication (Aussprechen gelesener sinnloser Worte), Situationsverständnis und Verständnis für komplexe vorgelesene Passagen sind sämtlich als solche supramodalen Störungen zu betrachten.
5. Auch die sogenannten sensumotorischen Störungen sind offensichtlich nicht nur intermodale sensorisch-expressive Störungen, sondern beziehen höhere integrative Prozesse ein; u.a. deshalb scheinen Koordinationsstörungen gute Indikatoren für die Dekompensationsgrenzen von Kindern zu sein.
6. Bezüglich der Rolle der betroffenen Teilleistungen im Rahmen der Subsysteme ist der Gesichtspunkt der Integrationshöhe im Sinne der Hierar-

chie intellektueller Funktionen für Klassifikation und Diagnostik wichtig.

Klassifikationsversuche lassen sich nur im Rahmen laufender Forschung als sinnvoll erweisen. Ihre Verifikation hängt von der Verfügbarkeit geeigneter diagnostischer Verfahren ab. Zur Dimensionierung der Meßbereiche der heutigen neuropsychologischen Tests ist aber um so weniger bekannt, je höher die Integrationsebenen der Zielfunktionen liegen. An den Schwierigkeiten, die die Konstruktion des Entwicklungstests für die optische Wahrnehmung von FROSTIG gemacht hat, kann man diese Probleme ermessen. Es erscheint unerläßlich, subsystem-spezifische Tests zu konstruieren, also solche, die die Funktionen eines Subsystems oder ein Glied in dieser Funktionskette möglichst frei von Begleitfunktionen erfassen. Wünschenswert wäre weiter, daß diese Tests quantifizieren könnten und nicht nur über das Vorhandensein oder Nichtvorhandensein von Störungen entscheiden würden. Derzeit würde eine Aufzählung von Untersuchungsverfahren zur Erfassung von Teilleistungsschwächen nur das Repertoire der gegenwärtigen Forschung bzw. die in der Praxis angewandten Konzepte widerspiegeln, so daß sie hier unterbleibt. Die Untersuchung von MYKLEBUST zur Auffindung von Indikatoren für Teilleistungsschwächen ist ein Beispiel dafür, mit wie globalen Ansätzen derzeit in diesem Bereich noch gearbeitet werden muß.

Behandlung, Verlauf, Prognose

Es versteht sich von selbst, daß vor diesem Hintergrund über die Behandlung von Teilleistungsschwächen wenig Exaktes gesagt werden kann. Untersuchungen wie die zur Eignung von Störungen der optischen Wahrnehmung als Prädiktoren für das Entstehen von Legasthenie (ROBINSON u. SCHWARTZ; BLANCK) oder wie die über die Zusammenhänge von Intelligenz und Wahrnehmung (WURST) legen nahe, daß ein Großteil aller Behandlungseffekte bei Teilleistungsschwächen unspezifisch ist.

Die heute ausgearbeiteten und reproduzierbaren Übungsprogramme — eine direkte pharmakologische Beeinflussung von Teilleistungsschwächen ist nicht vorstellbar — beziehen sich vorrangig auf die Behandlung der Lese-Rechtschreib-Schwäche, also eines schulrelevanten Epiphänomens. Ihre Evaluation im Hinblick auf die diesem

Epiphänomen zugrundeliegenden Teilleistungsschwächen ist schon von daher schwierig. Außerdem ist ja bisher die Rolle des zunehmenden Alters unter der Behandlung nicht isoliert untersucht worden. Programme für die Behandlung von Teilleistungsschwächen im Sinne der Aphasien und Apraxien lassen sich aus Methoden der Rehabilitation Hirnverletzter ableiten; für Störungen der optischen Wahrnehmung unterschiedlicher Integrationshöhe hat FROSTIG ein Programm vorgelegt. Evaluierungsversuche scheitern heute noch weithin an den Schwierigkeiten der Differentialdiagnostik, derentwegen Behandlungseffekte von unspezifischen Nebeneffekten nicht hinreichend abgegrenzt werden können. Der weitere Ausbau gerade der Behandlungsversuche, in deren Begleitung die Diagnostik differenzierter geworden ist, erscheint aber wichtig, weil auf diesem Wege auch eine Annäherung an Klassifikationsfragen möglich ist. Von wirksamen Behandlungsmethoden aus lassen sich durchaus auch Screening-Verfahren entwickeln, die dann zur experimentellen Isolierung von Teilfunktionen führen können.

Von Interesse ist, was über die Prognose von Teilleistungsschwächen bekannt ist. GUBBAY hat dafür an seinem kleinen, aber exakt untersuchten und längsschnittlich verfolgten Patientengut aus der Newcastle-Studie Kriterien als bedeutsam herausgestellt, die aus der klinischen Arbeit zum Teil vermutet worden waren, zum Teil auch für Störungsbilder im Sinne der zerebralen Dysfunktion gelten. Danach wird die Prognose mit zunehmendem Alter (möglicherweise auch durch den damit verbundenen Wegfall schulischer Zwänge und Anforderungen) günstiger, des weiteren mit guter Intelligenz und schließlich mit konsequenter Behandlung. Für die Praxis bedeutet das, daß auch im Hinblick auf die Vorbeugung von Sekundärstörungen vorrangig jüngere, intellektuell knapp ausgestattete Kinder mit ausgeprägten Teilleistungsschwächen intensiv behandelt werden müßten. Diese Kinder entstammen allerdings vorwiegend sozialen Schichten, die solcher Behandlung weniger zugänglich sind. Diese Behandlungsindikation ist auch auf die Vorbeugung von Sekundärstörungen gerichtet. Sie bestimmen die Prognose teilleistungsschwacher Kinder oft dadurch, daß sie auch bei Behebung der Primärsymptomatik bzw. bei Abnahme von deren Bedeutung mit dem Alter bestehen bleiben können. Ihre Rolle ist in der Literatur vielfach erwähnt, jedoch wenig belegt, wie beispielsweise in den Erhebungen der Gruppe um RUTTER, die zeigen konnte, daß das psychiatrische Erkrankungsrisiko für Kinder mit specific reading retardation relativ hoch ist. Dieses Erkrankungsrisiko ist durchaus von praktischem Interesse und könnte bei unterschiedlichen Teilleistungsschwächen schwanken; zu seiner exakten Feststellung sind allerdings — wie schon gesagt — Kohortenstudien notwendig.

Überlegungen für die weitere Forschung

Für die weitere Forschungsarbeit auf dem Gebiet der Teilleistungsschwächen lassen sich aus dem Vorgesagten einige Schlüsse ziehen. Zunächst gilt es, um die ätiologischen Erkenntnisse zu verbreitern, nach dem Beispiel von MATTIS et al. oder von GUBBAY, nicht nur mit Kontrollgruppen zu arbeiten, sondern auch jeweils teilleistungsschwache Patienten mit Zeichen einer frühkindlich erworbenen hirnorganischen Schädigung im Vergleich zu Patienten mit isolierten Teilleistungsschwächen zu untersuchen. Auf diesem Wege wären nicht nur wesentlich homogenere Patientengruppen zu erreichen als sie den jetzigen Studien zugrundeliegen, sondern es fiele auch die implizite (jüngst von RETT wieder ausgesprochene) Gleichsetzung von teilleistungsschwach und frühkindlich hirngeschädigt weg, die sicher nicht überall berechtigt ist. Ähnliches gilt nach dem überzeugenden Beispiel der epidemiologischen Studie von BETTSCHART für den weitestmöglichen Ausschluß von Sekundärstörungen, da sich bei ihrer Überlagerung mit Teilleistungsschwächen zum Teil signifikant andere Merkmalsprofile ergeben als bei ihrem Wegfall. Sofern die Clusterung teilleistungsschwacher Kinder im Hinblick auf die neuropsychologische Symptomatik und auch auf die Ätiologie mit dem von MATTIS et al. demonstrierten Vorgehen nicht gelingt, käme auch die konsequente Anwendung unterschiedlicher Behandlungsverfahren auf unausgelesene Stichproben in Frage, um am Erfolg etwa spezifische Effekte zu ermitteln und deren Wirkungsmechanismus aufdecken zu können (vgl. Schema 3). Unverzichtbar erscheinen außerdem epidemiologische Studien zur Praevalenz einzelner Teilleistungen bzw. Teilleistungsschwächen, weil die Kenntnis solcher Verteilungen Normvarianten gegen Zustandsbilder anderer Qualität — denen man nicht unbedingt Krankheitswert zuerkennen muß — abzugrenzen erlaubt.

Schema 3. Forschungsstrategien für den Bereich der Teilleistungsschwächen

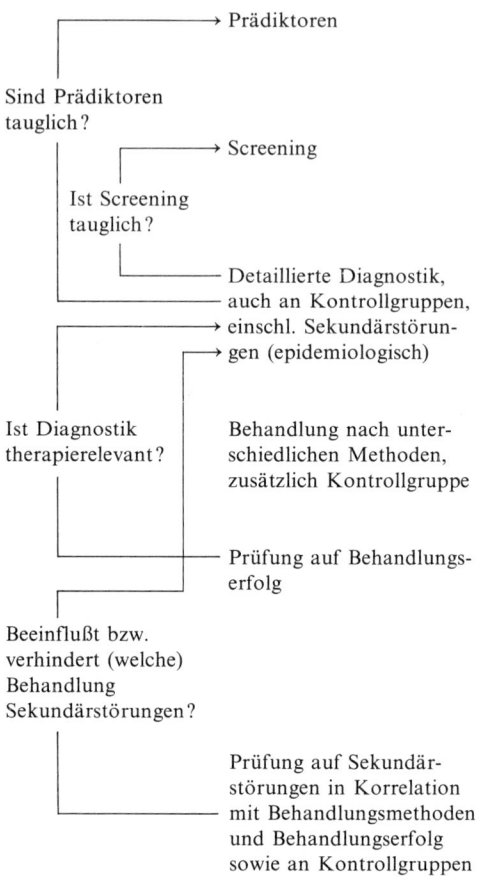

Literatur

AFFOLTER, F.: Wahrnehmungsprozesse, deren Störung und Auswirkung auf die Schulleistungen, insbesondere Lesen und Schreiben. Z. Kinder-Jugendpsychiat. 3, 223–234 (1975)

BETTSCHART, W.: Contribution à la recherche épidémiologique en psychiatrie d'enfants. Séries Paedopsychiatrica, fasc. 4. Basel-Stuttgart: Schwabe & Co. 1975

BLANCK, F.W.: Neurogenic findings in reading-retarded children as a function of visual perceptual ability. Perceptual Motor Skills 36, 359–362 (1973)

BRACKMANN, S., GERLICHER, K.: Anwendung eines gängigen statistischen Modells zur exakteren Erfassung der Legasthenie (Lese-Rechtschreibschwäche). Prax. Kinderpsychol. 25, 18–21 (1976)

FROSTIG, M.: Wahrnehmungstraining. Dortmund: Crüwell 1972

LOCKOWANDT, O.: Frostig's Entwicklungstest der visuellen Wahrnehmung. Weinheim: Beltz 1975

GRAICHEN, J.: Teilleistungsschwächen, dargestellt an Beispielen aus dem Bereich der Sprachbenützung. Z. Kinder-Jugendpsychiat. **1**, 113–143 (1973)

GUBBAY, S.S.: The Clumsy Child. A Study of Developmental Apraxia and Agnostic Ataxia. London-Philadelphia-New York: W.B. Saunders 1975

HECKHAUSEN, H.: Wachsen und Lernen in der Genese von Persönlichkeitseigenschaften. Rep. 24. Kongr. Dtsch. Ges. Psychol. Hogrefe, Göttingen, 1965

JOHNSON, D.F., MYKLEBUST, H.R.: Lernschwächen. Ihre Formen und ihre Behandlung. Dtsch. Übers. Hippokrates, Stuttgart, 1971

KNIGHTS, R.M.: Problems of criteria in diagnosis. A profile similarity approach. Ann. N.Y. Acad. Sci. **205**, 124–131 (1973)

LURIA, A.R.: Die höheren kortikalen Funktionen des Menschen und ihre Störungen bei örtlichen Hirnschädigungen. Berlin: Dtsch. Verlag d. Wissenschaften 1970

MATTIS, S., FRENCH, J.H., RAPIN, J.: Dyslexia in children and young adults: three independent neuropsychological syndromes. Develop. Med. Child Neurol. **17**, 150–163 (1975)

MYKLEBUST, H.R.: Identification and diagnosis of children with learning disabilities: an interdisciplinary study of criteria. In: Minimal Cerebral Dysfunction in Children (WALZER, S., WOLFF, P.H., eds.). New York and London: Grune & Stratton 1973

PECHSTEIN, J.: Umweltabhängigkeit der frühkindlichen zentralnervösen Entwicklung. Stuttgart: Thieme 1974

PIAGET, J. INHELDER, B.: Die Psychologie des Kindes. Olten/Freiburg: Dtsch. Übers. Walter, 1972

REITAN, R.M., BOLL, T.J.: Neuropsychological correlates of minimal brain dysfunction. Ann. N.Y. Acad. Sci. **205**, 65–88 (1973)

RETT, A.: Gibt es ein Legasthenie-Syndrom? Pädiat. Pädol. **11**, 100–107 (1976)

ROBINSON, M.E., SCHWARTZ, L.B.: Visuo-motor skills and reading ability: a longitudinal study Develop. Med. Child Neurol. **15**, 281–286 (1973)

RUTTER, M., YULE, W.: The concept of specific reading retardation. J. Child Psychol. Psychiat. **16**, 181–197 (1975)

RUTTER, M., TIZARD, J., YULE, W., GRAHAM, P., WHITMORE, K.: Isle of Wight Studies 1964–1974. Psychol. Med. **6**, 313–332 (1976)

SKLAR, B., HANLEY, J., SIMMONS, W.W.: A computer analysis of EEG spectral signatures from normal and dyslexic children. Trans. Biomed. Engineer. **20**, 20–26 (1973)

SURWILLO, W.W.: Word-association latency in normal children during development of brain electrical activity. Psychophysiol. **10**, 154–165 (1973)

WEINSCHENK, E.: Rechenstörungen. Ihre Diagnostik und Therapie. Berne-Stuttgart-Vienna: Huber 1975²

WURST, E.: Faktorenanalytische Untersuchungen zum Hamburg-Wechsler-Intelligenztest für Kinder und dem Developmental Test of Visual Perception nach M. Frostig. Z. klin. Psychol. **3**, 61–70 (1973)

Diagnostizierung und Behandlung von Lernproblemen unter besonderer Berücksichtigung perzeptuo-motorischer Mängel

Marylou Ebersole und James B. Ebersole

Zwölf Jahre haben wir mit KEPHART zusammengearbeitet, dem wir einen Großteil der neueren Erkenntnisse im Bereich der perzeptuo-motorischen (perceptual-motor) Aspekte des Lernens verdanken. Wir haben seine Theorie und seine Methoden in Schulklassen und auch in einzelnen Fällen von Lernproblemen angewandt. Wie können wir das, wofür er eintrat, interpretieren? Welche Erkenntnisse kommen hinzu, die ein neues Bedürfnis nach Kommunikation zwischen den Gebieten der Medizin, Erziehungswissenschaft und Psychologie als notwendig erscheinen lassen? Um es kurz zu beantworten, möchten wir hier sieben Themen behandeln:

1. Warum sind perzeptuo-motorische Tests wichtig für viele Personen mit Lernproblemen?
2. In welchem Zusammenhang sollte man perzeptuo-motorische Bewertungen anwenden?
3. Was vermittelt uns der Purdue Perceptual-Motor Survey als Beispiel für ein Verfahren zur qualitativen Bewertung der perzeptuo-motorischen Fähigkeiten (ROACH und KEPHART, 1966)?
4. Welches sind — ungeachtet des Auswertungsverfahrens, das zur perzeptuo-motorischen Diagnose angewendet wird — einige der allgemeinen Aspekte, die man immer mit berücksichtigen sollte?
5. Wie hat sich, in KEPHARTS Arbeit in den 60er Jahren, die Unterscheidung zwischen motorischer und perzeptuo-motorischer Behandlung herausentwickelt?
6. In welcher Beziehung stehen — um eine Rangordnung der Behandlungsmethoden anzunehmen — die allgemeinen motorischen, perzeptuo-motorischen und begrifflichen Erkenntnisse zueinander?
7. Wie sind die aus den Auswertungen gewonnenen Informationen aufzuzeichnen, damit sie zweckmäßig geordnet werden können, leicht zugänglich sind und vergleichende Studien zulassen?

1. Warum sind perzeptuo-motorische Tests wichtig für viele Personen mit Lernproblemen?
Eine perzeptuo-motorische Auswertung beobachtet gröbere und feinere motorische Koordina-

Tabelle 1. Diagramm der motorischen Integration

	Grob-motorisch	
	Fein-motorisch	
Input (Aufnahme)	neurale Integrierung	Output (Ausdruck)

tion in ihrer Beziehung zu Sinneswahrnehmung, Integration und Ausdruck. Sowohl Genauigkeit als auch zeitliche Koordinierung der Fähigkeiten einer Person auf diesen Gebieten werden aufgezeichnet. Falls perzeptuo-motorische Mängel vorhanden sind, ist es möglich, daß einer Person die grundsätzlichen Fähigkeiten fehlen, um sich erfolgreich mit ihrer Umgebung auseinanderzusetzen oder um ein akademisches Pensum zu erreichen.

2. In welchem Zusammenhang sollte man perzeptuo-motorische Bewertungen anwenden?
Wenn ein Verdacht auf perzeptuo-motorische Insuffizienz besteht, dann sollten perzeptuo-motorische Untersuchungen im Rahmen einer *Gruppe* durchgeführt werden, um alle Stärken und Schwächen des Individuums zu überprüfen. Nachdem viele verschiedene Ursachen für perzeptuo-motorische Probleme vorliegen können, sollte diese Untersuchung kein isolierter Vorgang sein. Beurteilungen des sozialen, medizinischen und bildungsmäßigen Hintergrundes, Sprech- und Hörfähigkeit sowie spezielle Bezugnahmen auf diese Quellen sind mit einzuschließen. Die Gruppe sollte von einer Person geleitet werden, die einen Gesamtüberblick und eine entsprechende Ausbildung besitzt, und die dann als „Mittelpunkt" (pivot point) oder „Gruppenphilosoph" (group philosopher) fungieren kann. Darauf kann dann das Vorgehen der Gruppe sorgfältig abgestimmt werden.

3. Was vermittelt uns der Purdue Perceptual-Motor Survey als Beispiel für ein Verfahren zur qualitativen Bewertung der perzeptuo-motorischen Fähigkeiten (ROACH u. KEPHART, 1966)?

Der Purdue Perceptual-Motor Survey ist ein zuverläßiges Verfahren (N.C. Kephart Center, 1973), um Leistung auf psychomotorischen Gebieten wie z.B. Gleichgewicht, Körperhaltung, Beherrschung der Augen, Formwahrnehmung, perzeptuo-motorische Koordinierung sowie Vorstellung und Differenzierung des Körpers einzuschätzen. Zu Anfang ist die Anwendung des Surveys beruhigend für den Beurteiler, da viele der elf Untertests sich gegenseitig bestätigen. Auch ist der Survey nicht durch überflüssige Elemente belastet; er bietet vielmehr eine nützliche Vielfalt von Möglichkeiten, das Kind zu beobachten. Sobald der Prüfer mit der Untersuchungsmethode vertrauter wird, können je nach Fähigkeit des Kindes Arbeitsleistungen ausgelassen oder kombiniert werden.

Einer der Untertests dieses Surveys heißt „Engel im Schnee". Er bewertet folgendes: neuromuskuläre Differenzierung, Bewegungseinschränkung, Lateralität, motorischen Überschuß, bilaterale und kreuzlaterale Musterbildung (patterning), Übertragung von visuellen- auf motorische- verbalen- auf motorische, und kinaesthetischen- auf

Tabelle 2. Verhaltensleistungen der Purdue Perceptual-Motor Surveys

---

1. Gehplanke
   vorwärts
   rückwärts
   seitwärts

2. Hüpfen

3. Identifizierung der Körperteile

4. Nachahmung von Bewegungen

5. Hindernislauf

6. Tafel
   Kreis
   Doppelkreise
   Linien lateral
   Linien vertikal

7. Kraus-Weber (nur Punkte 4 und 5)

8. Engel-im-Schnee

9. Verfolgungsbewegungen mit den Augen:
   beide Augen
   rechtes Auge
   linkes Auge

10. Entwicklungszeichnen:
    Form
    Organisation

11. Rhythmisches Schreiben
    Rhythmus
    Wiedergabe
    Orientierung

---

motorische Fähigkeiten sowie die für jeden Vorgang benötigte, vergleichbare Zeitspanne. Sind diese Fähigkeiten hinreichend durch eine andere Leistung innerhalb des Surveys bewiesen, dann ist die Einbeziehung von „Engel im Schnee' nicht wesentlich — bis auf eine Ausnahme: diese spezielle Leistung zeigt Fähigkeiten des Kindes auf, wenn es liegt und *Gleichgewicht* deshalb keine Rolle spielt. Wo Gleichgewicht die anderen perzeptuo-motorischen Leistungen eines Kindes beeinflußt, wird dieser kleine Unterschied recht bedeutungsvoll.

4. Welches sind — ungeachtet des Auswertungsverfahrens, das zur perzeptuo-motorischen Diagnose angewendet wird — einige der allgemeinen Aspekte, die man immer mit berücksichtigen sollte?

Sechs werden hier aufgeführt:

a) Prüfung auf Farbenblindheit, die, wenn sie vermutet wird, durch eine ophthalmologische Untersuchung bestätigt werden kann. Ein Kind mit einer Rot-Grün-Farbstörung sieht vielleicht nicht, was mit gelb auf einer grünen Tafel geschrieben steht. Als Warnung dient eine neuere Studie (JUSTEN u. HARTH, 1976) die zeigt, daß Figur-Hintergrund-Probleme bei lernbehinderten Kindern die Leistung beim pseudoisochromatischen Test für Farbenblindheit tatsächlich beeinflussen. Dies mag 25% der Varianz ausmachen, die die Leistung während des Testes beeinflußt. Was benötigt wird, sind visuell-motorische und perzeptive (perceptual) Erkenntnisse bevor Entscheidungen in bezug auf Verwendung von Farbe im Lehrmaterial getroffen werden.

b) Das Verhalten des Kindes und seine Einstellung muß sorgfältig beurteilt werden. Wie werden Antworten formuliert? Wieviel Umweltstruktur ist erforderlich, um beste Leistungen zu erzielen? Emotionale Regungen, Motivation, Impulsivität und Ausdauer müssen berücksichtigt werden. Schließlich muß dann noch festgestellt werden, ob es an Aufmerksamkeit für eine Aufgabe fehlt oder ob stattdessen ein tatsächlicher Mangel an Wahrnehmungsfähigkeit (perceptual deficit) besteht.

c) Achten Sie auf schwache neurologische Zeichen (STRAUSS u. LEHTINEN, 1947) und Verhaltenscharakteristika wie z.B. Überaktivität, Hartnäckigkeit oder eine Katastrophenreaktion, welche anzeigen können, daß eine neurologische Untersuchung notwendig wäre.

d) Beobachten Sie Geschmeidigkeit, Reihenfolgen, Alternierungen und die zeitliche Abstimmung von Bewegungen. Diese verraten die Gesamtfähigkeit des Kindes, sich, Stärken und Mängel integrierend, zu bewegen. Wenn eine bestimmte Aufgabe nicht ausgeführt werden kann, dies aber durch Substitution ausgeglichen werden kann, dann sollte gefragt werden: „*Warum* tritt die Kompensation ein und wie fügt sich dies in die Funktionsabläufe des Kindes?" Vielleicht besteht ein Defizit; aber es ist *nur* wichtig, wenn es die Erreichung eines Zieles verhindert.

e) Nach meiner Erfahrung bedarf ungefähr eins von 100 Kindern, die wir wegen einer Lernstörung sehen, einer Entscheidung *von seiten des Therapeuten*, ob eine Rechts- oder Linksdominanz angenommen werden muß. Für diese Entscheidung ist der „Harris Test of Lateral Dominance" (HARRIS, 1974) nützlich. Eine reflexbedingte Aufgabe, wie z.B. den Schüler auffordern, schnell einen Bleistift zu ergreifen sobald er ihn zu Gesicht bekommt, hilft ebenfalls, eine solche Dominanz herauszufinden.

Wenn sich während der Untersuchung überhaupt keine Dominanz feststellen ließ, haben wir das Kind mehrere Tage lang beobachtet und Verhaltensweisen wie z.B. Essen, Werfen, Türe öffnen und Schreiben aufgezeichnet.

Häufig ist das Nichtvorhandensein einer eindeutigen Dominanz auf einen Mangel, ein anatomisches oder emotionales Problem zurückzuführen; dies sollte erkannt und korrigiert werden, bevor mit der perzepto-motorischen Behandlung begonnen wird.

f) Beobachten Sie das Verhältnis zwischen Hör-, Seh- und kinaesthetisch-rezeptiven Fähigkeiten in Beziehung zur expressiven motorischen Fähigkeit. Welcher sensorische Input verstärkt oder stört einen anderen? Bezeichnen Sie das Defizit mit dem richtigen Fachausdruck wie z.B. „visuell-motorisch" anstelle von „perzeptuo-motorisch". Geben Sie den Grad entweder des visuellen oder des motorischen Problems an und wie eines das andere beeinflußt. Eine *spezifische* Diagnose ist für die Ausarbeitung des Lehrplans notwendig. Für einen visuell-motorischen Untersuchungsbe-

reich liefern der „Motor-Free Visual Perception Test (COLARUSSO u. HAMMILL, 1972) und der Bender-Visual-Motor Gestalt Test (BENDER, 1938) wertvolle Erkenntnisse.

5. Wie hat sich, in KEPHARTs *Arbeit in den 60er Jahren, die Unterscheidung zwischen motorischer und perzeptuo-motorischer Behandlung herausentwickelt?*

Ursprünglich experimentierte KEPHART mit reinem, kontrolliertem, motorischen Training. Er fing an mit der Teilbewegung von Gliedmaßenabschnitten, sowohl in bezug auf spezifische Reflexe als auch auf die Gesamtbewegung in der Längsrichtung sowie proximo-distal. Danach wurde dem Kind beigebracht, die speziellen einzelnen Bewegungen zu einer Kette von zueinander in Beziehung stehenden, anhaltenden, zielgerichteten Bewegungen zu verbinden, was als Bewegungsmuster bezeichnet wurde. In begrenztem Maße sprachen die zurückgebliebenen und körperlich behinderten Kinder gut auf diese rein motorische Übung an. Jedoch beim Arbeiten mit einem fortgeschrittenen Kind wurde klar, daß die Koordination des Feedbacks für motorische Tätigkeit durch eine Kombination von kinaesthetischer, visueller und auditiver Überwachung geschieht — so baut sich ein perzeptuo-motorisches System auf.

Indem er einen bewußt motorisch ausgerichteten Ansatz wählte, betonte KEPHART die Regulierung von Input und Output bei diesem System, um ein *fehlerfreies* Feedback für das Kind zu ermöglichen. Wenn die motorische Tätigkeit und die sensorische Kontrolle einander entsprechen konnten, kam es zu einer perzeptuo-motorischen Übereinstimmung. Abb. 1 zeigt die Verbindung von Input, neuraler Integration, Output und Feedback während eines solchen perzeptuo-motorischen Ablaufs.

In seinem Text „*The Slow Learner in the Classroom*" bezieht sich KEPHART speziell auf die perzeptuo-motorische Generalisation (perceptual-

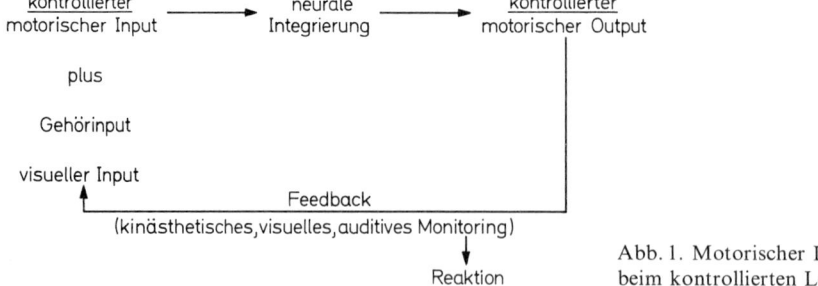

Abb. 1. Motorischer Input und Output beim kontrollierten Lernen

motor generalization) über die Wiedergabe geometrischer Formen. Er verlangt ein allgemeines Urteil über die Fähigkeiten des Kindes, die Formen aus dem Gedächtnis mit verschiedener motorischer Geschwindigkeit, in verschiedenen Größen ausgefüllt und umrissen, in verschiedenen Richtungen und entweder mit der rechten oder der linken Hand wiederzugeben. Die verbale Komponente begleitet die allgemeinen perzeptuomotorischen Feststellungen.

6. In welcher Beziehung stehen — um eine Rangordnung der Behandlungsmethoden anzunehmen — die allgemeinen motorischen, perzeptuo-motorischen und begrifflichen Erkenntnisse zueinander?

Diese Frage ist besonders wichtig, da die Schritte zum begrifflichen Lernen, besonders über die perzeptuo-motorischen Feststellungen hinaus, erst anfangen, sich klarer abzuzeichnen. Durch Lernen wird es einer Person schließlich ermöglicht, Wahrnehmungs- und Begriffsfähigkeit dazu zu verwenden, Dinge vorauszusehen und zu planen. In unserem Text *Steps to Achievement for the Slow Learner* fangen wir an, das Verhältnis zwischen den motorischen und begrifflichen Stadien aufzuzeigen. Es wird ein pyramidenartiges Bild der Hierarchie des Lernens vorgestellt. Der Weg verläuft vom Motorischen → Motorisch-Perzeptiven (motor-perceptual) → Perzeptuo-Motorischen → Perzeptiven (perceptual) → Perzeptiv-Begrifflichen (perceptual-conceptual) → Begrifflichen. Es wird nicht behauptet, daß alle Kinder nacheinander diese Stadien durchschreiten müssen, um nicht bei einem späteren Schritt zu versagen, weil Kompensation tatsächlich vorkommt. Das Pyramidenmodell ist ein Leitfaden für Behandlungsmaßnahmen, wenn ein Kind in einem höheren Stadium Schwierigkeiten hat. Das Pyramidenmodell ist eine theoretische Vergegenständlichung dessen, was vermutlich vor sich geht, wenn sich Kinder auf systematische Weise mit Lernen beschäftigen. Für Diagnostiker liefert es ein Modell, an dem wir unsere Methoden in Frage stellen und weiterentwickeln können.

Seit kurzem beschäftigt sich PIAGET (1970) mit der Lernhierarchie und er hat uns veranlaßt, die visuelle Darstellung dieses Pyramidenmodells zu korrigieren. Er schlägt vor, sich menschliches Wissen „als eine Spirale vorzustellen, deren Radius nach oben hin zunimmt". Um die Fortschritte auf dem Gebiet des Lernens, die Umwandlungen einer Struktur durch Lernen, die gegenseitige Abhängigkeit unter den Strukturelementen und das Feedback darzustellen, ist dieses revidierte Bild in Abb. 2, rechter Teil, wiedergegeben.

Es war zu einfach, motorische oder perzeptuomotorische Übungen für eine Abkürzung zur Erlangung akademischer Schulleistungen zu halten. Dies trifft für bestimmte Arten der Behandlung zu, wie z.B. der zur Entwicklung des Richtungs-

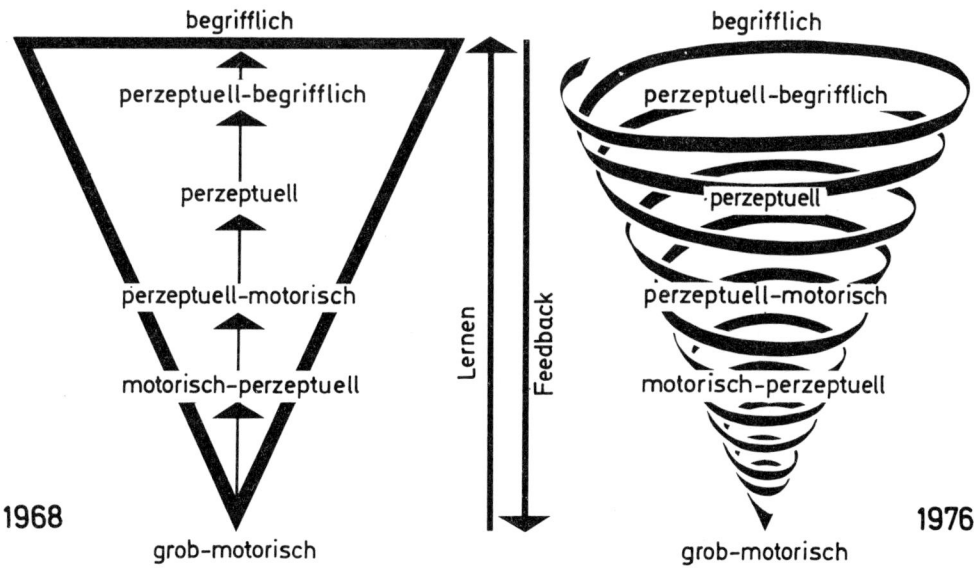

Abb. 2. Lern-Hierarchie-Modell von KEPHART-EBERSOLE (mit Genehmigung der Merrill Publishing Co.; 1976: beeinflußt von PIAGET, 1970)

sinnes. Aber es ist besser, perzeptuo-motorische Übungen als einen wichtigen Aspekt sowohl akademischer Bereitschaft (WOZNIAK, 1975) als auch der Behandlung zu betrachten. Deshalb bedarf der Weg von motorischer Differenzierung bis zu komplexer begrifflicher Fähigkeit eines systematischen, individuellen, überwachten Aufbaus sorgfältig geplanten Unterrichtes. Dazu gehört eine ausführliche Zusammenarbeit mit dem Schüler und seiner Familie über einen längeren Zeitraum hinweg.

Weitere medizinische, erziehungswissenschaftliche und psychologische Forschung ist notwendig, um unser Wissen über die Beziehung der Lernstufen untereinander zu erweitern.

So bedürfen wir z.B. eines besseren Verständnisses, was Physiologie, Gedächtnispsychologie, Motivation, sinnliches Erinnerungsvermögen und Integration anbetrifft. Hoffentlich werden wir von der Kommunikation zwischen den Disziplinen profitieren können, so daß Lehrprogramme im Hauptstrom unseres Erziehungssystemes durch *vorhersagbares* Lernen wirksam *individualisiert* werden können.

7. Wie sind die aus den Auswertungen gewonnenen Informationen aufzuzeichnen, damit sie zweckmäßig geordnet werden können, leicht zugänglich sind und vergleichende Studien zulassen?

Der Versuch, Daten aus den vielen medizinischen und erziehungswissenschaftlichen Untersuchungen an lernbehinderten Kindern kritisch zu vergleichen, ist außerordentlich unbefriedigend wegen der Uneinheitlichkeit der aus den zahlreichen betroffenen Wissensgebieten gesammelten Informationen, der Vielfalt der Sachbegriffe und der Schwierigkeit, vergleichbare Informationen für gemeinsame Studien zu gewinnen.

Es besteht auf diesem Gebiet eine Notwendigkeit, das Problem zu klassifizieren, Resultate zu vergleichen, die Qualität der Untersuchung und Behandlung zu bestimmen und diese Informationen ohne Schwierigkeiten von einer Person auf die andere zu übertragen. Dies sollte und kann auch geschehen, ohne daß deswegen die individualisierte Betrachtungsweise, die wir alle als unerläßlich anerkennen, aufgegeben werden muß.

Die heutige Technologie hat uns dieses bemerkenswerte „Gehirn", den Computer, geliefert, der als unermüdlicher Gedächtnisspeicher arbeitet, der die gespeicherten Daten in jeder gewünschten Form umstellen und diese Informationen mit unglaublicher Genauigkeit und Schnelligkeit analysieren kann. Dazu müssen die für den Computer bestimmten Daten geordnet und fehlerfrei sein.

Aus all diesen Gründen scheint daher irgendein einheitliches System der Befunderhebung dringend erforderlich.

Für einen sowohl praktizierenden als auch in der medizinischen Ausbildung tätigen Hausarzt ist der Wert eines solchen Verfahrens offenkundig. Die Medizin hat sich den 1969 von Dr. LAWRENCE L. WEED von der Universität Vermont entwickelten, *Problem Oriented Record* zugewandt. Ich möchte Ihnen zu bedenken geben, daß das *Problem Oriented System* auf dem Gebiet der Lernstörungen genauso zweckmäßig und anwendbar ist wie in der Medizin.

Dieses zielgerichtete System arrangierte die Befunde des Patienten zu einem dynamischen Hilfsmittel, welches eine bestimmte Richtschnur und Unterlage für die Behandlung des Patienten liefert. Das System besteht aus drei Stufen: erstens dem problemorientierten Befund, zweitens der Überprüfung zur Bewertung der Gedanken und Handlungen des Prüfers und drittens der Korrektur von bei der Prüfung entdeckten Mängeln.

Der problemorientierte Befund besteht aus vier Teilen: 1. einer Basis definierten Datenmaterials, 2. der vollständigen Aufstellung der Probleme, 3. den Anfangsplänen, und 4. den Fortschrittsnotizen.

Die definierte Datengrundlage

Die *definierte Datengrundlage* enthält Informationen aus der Vorgeschichte (nicht nur medizinische, sondern auch solche, die den sozialen und bildungsmäßigen Hintergrund betreffen), aus der medizinischen Untersuchung und aus allen anderen Tests und Laboruntersuchungen. Sie wird im Voraus bestimmt (definiert), um Patienten eines bestimmten Kollektivs auf Mängel und Unfähigkeiten hin zu überprüfen und um den Bedürfnissen und Interessen derer zu entsprechen, die diese Unterlagen sammeln.

Wenn sie einmal genau definiert ist, erhält man für jeden Patienten der jeweiligen Gruppe die gleiche Art von Daten (s. Tabelle 3).

Da es möglich wäre, eine unendlich große Zahl von Daten über jede untersuchte Person zu sammeln, muß sich die erhaltene spezifische Information nach dem Untersuchungsziel, der zur Verfügung stehenden Zeit, der Ausbildung der Prüfer und der Ausbeute der vorgesehenen Tests richten. Jeder Prüfer oder jede Gruppe muß seine oder

Tabelle 3. Ausgefüllte Problemliste

Patient: *Richard Josey Myer*			Geburtsdatum: *1. Juni 1971*	
Gruppennr.: *7654*			Telephon-Nr. *787-9662*	
Liste permanenter Probleme (wesentlich)	Code	Zeitpunkt der Erfassung	Zeitpunkt der Lösung	
A. *Meningomyelocele*		Geburt		
B. *Hydrocephalus*		*27.9.71*	*30.10.75*	
C. *Auswärtsschielen, congenital*		*3.10.75*		
Liste zeitweiliger Probleme (weniger schlimm, begrenzt)	Code	Zeitpunkt der Erfassung	Zeitpunkt der Lösung	zu Prob. „A"
1. *Urinkontinenz-8*		*15.3.73*	*23.3.73*	
2. *Rezeptive Sprachdefizienz*		*8.12.75*		
3. *Wutanfälle*		*21.8.76*		

ihre eigene Datengrundlage genau definieren, aber sie muß für jeden Patienten eines bestimmten Kollektivs einheitlich sein.

Die vollständige Problemliste

Die vollständige Problemliste wird nach Zusammenstellung und Auswertung der definierten Datengrundlage formuliert. Für unsere Zwecke definieren wir ein Problem als alles, was einer Diagnose oder Behandlung bedarf oder was das Leben des Patienten verändert. Jedes Problem auf dieser Liste wird benannt und numeriert. Die Problemliste wird zu den Unterlagen des Patienten gelegt und die ganze Zeit aufbewahrt. Dies dient sowohl zur Information als auch zur Erinnerung an die verschiedenen Faktoren, die dazu beigetragen haben, die Behinderung dieser Person zu verursachen.

Probleme können auf verschiedene Weise registriert werden: *Dauerprobleme* gegenüber *temporären Problemen, größere* im Gegensatz zu *kleineren* oder *in sich begrenzten Problemen, heilbare* oder *unheilbare*. Diese Abgrenzungen sind nur insofern wichtig, als sie dazu beitragen, die gesammelten Daten wirksam für Interpretation und Planung zu ordnen. Alle gefundenen Anomalien sollten ungeachtet ihrer vermeintlichen Wichtigkeit oder ihrer Ätiologie oder ihrer Lösungsphase eingetragen werden. Zum Beispiel könnte „Blasen- und Darm-Inkontinenz" nach der ersten Auswertung eingetragen werden und später, nach

entsprechender Untersuchung, zu „Meningomyelocele mit Diplegie" abgeändert werden.

Ein nützlicher und häufig verwendeter Eintrag auf der *Problemliste* nennt sich „unzureichende Datengrundlage". Dieses Problem zeigt an, daß die Datengrundlage nicht vollständig ist und daß weitere Auswertungen notwendig und dringend sind. Alle Probleme auf der *Problemliste* werden datiert wenn sie aufgenommen und ebenfalls wenn sie gelöst worden sind. Dies trägt dazu bei, Diagnose und Behandlung in ihrer zeitlichen Abfolge festzuhalten. Die Kodifizierung der *Problemliste* dient dazu, die erhaltenen Informationen zu standardisieren.

Anfangspläne

Für jedes Problem werden *Anfangspläne* entworfen, um das Problem auf eine höhere Stufe diagnostischer Lösung zu bringen. Diese Pläne enthalten für jedes bezeichnete Problem drei Komponenten: eine diagnostische, eine therapeutische und eine erzieherische.

a) Der *diagnostische Plan* führt die möglichen Differenzialdiagnosen für jedes Problem auf sowie den spezifischen Test, der zur Erstellung einer richtigen Diagnose erforderlich ist.

b) Der *therapeutische Plan* beinhaltet die spezifische Therapie oder Behandlung für jedes Problem.

c) Der *Patientenaufklärungsplan* zeichnet auf, was

Tabelle 4. Anfängliche Auswertung und Plan

Name: *Richard Josey Myer*   Datum: *15.3.73*

Gruppen Nr.: *7654*

Problem Nr. 1: Urinkontinenz

Subjektiver Bericht:

Urinkontinenz seit Geburt. Mutter berichtet, daß sich sein Unterleib 3–4 × tägl. ausdehnt, und nach dem Harnlassen wieder abflacht. Kein Fieber festgestellt. Anscheinend keine Schmerzen beim Wasserlassen.

Objektiver Bericht:

22 Monate altes männliches Kind mit beidseitiger Lähmung der Beine was auf eine (operativ behobene) Meningomyelocele zurückzuführen ist.

Auswertung:

Urinkontinenz, vermutlich auf Meningomyelocele zurückzuführen.

Plan:

A. Diagnostisch:

Auszuschließen:	Neurogene Blase, Infektion der Harnwege, Entwicklungsanomalie, verspätetes Sauberwerden
Laboratorium:	Urinanalyse mit Kultur, BUN, CBC
Tests:	Cystoscopie und Cystogramm durch Urologen.
Röntgenaufnahme:	Intravenöses Pyelogramm
Fachärztlicher Berater:	Dr. James Green, Urologe

B. Therapeutisch: Keine Behandlung bis die Diagnose feststeht

C. Erzieherisch: Diagnostische Möglichkeiten und geplante Tests mit Mrs. Myer diskutiert. Sie sollen nach einer Woche wiederkommen

---

dem Patienten oder seiner Familie über das Problem gesagt wurde.

Fortschrittsnotizen

Nachdem diese Planung ausgeführt worden ist, liefern die Ergebnisse *Fortschrittsnotizen* für jedes numerierte und bezeichnete Problem in vier Teilen: *subjektive* und *objektive Information, Beurteilung* und *Plan*. Bei jedem neuen Zusammentreffen sollte eine *Fortschrittsnotiz* über jedes einzelne Problem angelegt werden, das bei dieser Zusammenkunft behandelt wurde. Es wird in folgendes Schema gebracht:

Nummer und Bezeichnung des Problems

(S)	Subjektive Information:	Angaben von Seiten des Patienten oder der Familie
(O)	Objektive Information:	Durch Untersucher festgestellte Angaben oder Testergebnisse
(A)	Auswertung:	Die Interpretation der subjektiven und objektiven Daten durch den Untersucher
(P)	Plan:	Der auf der Beurteilung beruhende Plan, der die angemessenen diagnostischen, therapeutischen und die Aufklärung des Patienten betreffenden Komponenten beinhaltet.

Die *Fortschrittsnotizen* können in Form erzählender Notizen, als Flußdiagramm oder als Notizen zur Lösung des Problems geführt werden.

Der Problem-Oriented Record dient keinem Selbstzweck. Er liefert eine Handhabe, durch die eine Prüfung oder Auswertung des Vorganges und der Ergebnisse ermöglicht wird. Eine Prüfung kann auf die folgenden drei Arten ausgeführt werden:

1. Definition der Arbeitsqualität, die für den jeweiligen Teil der Unterlagen gewünscht und erwartet wird, d.h. was in der Datenunterlage zu finden sein sollte, wie die Probleme in den drei Planbestandteilen zu finden sein sollten, was in den vier Bestandteilen der Fortschrittsnotizen zu finden sein sollte, etc.

2. Prüfung der Unterlagen, um festzustellen, ob die Bestandteile einer guten, der Definition entsprechenden, LD-Diagnose und Behandlung vorhanden sind.

3. Zusammenstellung der Prüfungsergebnisse, um die gefundenen Mängel zu identifizieren.

Der letzte Schritt im Problem-Oriented System ist die Korrektur der Mängel, die bei der Prüfung entdeckt werden. Obwohl die Problem-Oriented Record und die *Prüfung* keine Garantie für Qualität sind, ermöglichen sie doch ein Erkennen der vorhandenen Gegebenheiten. Die Qualität diagnostischer Überlegungen und der Therapie kann festgestellt werden. Mängel können durch eine Reihe von Methoden beseitigt werden: Diskussion zwischen Einzelpersonen, in Vorträgen und in Konferenzen.

Eine umfassende *Problemliste* und die Lösung der Probleme, wie sie im *Plan* und in den *Fortschritts-*

Tabelle 5. Fortschrittsnotizen

23.3.76 Problemfall Nr. 1 — Urinkontinenz

S: Keine Veränderung. Weiterhin Inkontinenz

O: Untersuchungsergebnis unverändert. Urinanalyse normal, Kultur: kein Wachstum; BUN und CBC normal. I.v. Pyelogramm: normal; Cystoscopie und Cystogramm, von Dr. Green durchgeführt, normal ohne Urinnachfluß

A: Inkontinenz ist zurückzuführen auf neurogene Blase als Folge einer Meningomyelocele

P: Dx: gelöst
Rx: 3–4mal tägl. Credesches Verfahren zur Reflexentleerung
Pt. Ed.: Der Mutter wurde die Diagnose mitgeteilt, ebenso, daß zu erwarten sei, daß die Inkontinenz fortdauern werde. Sie wurde angeleitet, Abdominalmassage anzuwenden und beauftragt, unerklärbares Fieber sofort zu melden und alle 6 Monate den Urin überprüfen zu lassen

---

notizen beschrieben sind, stellen ein einheitliches Gerüst dar, das für eine wirkungsvolle technische Datenverarbeitung der gesammelten Informationen erforderlich ist. Auf diese Weise wäre es möglich, die relative Wirksamkeit bestimmter diagnostischer Maßnahmen, das Vorkommen verschiedener Mängel in bestimmten Patientenkollektiven, die Wirksamkeit verschiedener Therapien etc. festzustellen. Arbeiten aus verschiedenen Gegenden könnten zum Zweck der Analyse und Beurteilung wirkungsvoll kombiniert werden. Klinische Forschung könnte auf alle ausgeweitet werden, die auf dem Gebiet der Lernbehinderung tätig sind, von den größeren Zentren bis zu solchen mit weniger Mitteln, ungeachtet dessen, wo sie sich befinden. Viele sind der Meinung, daß Diagnose und Behandlung heute hochentwickelt sind. Lassen Sie uns dann also den nächsten Schritt tun und das, was wir tun, schriftlich festhalten und auswerten.

Literatur

BENDER, L.: Visual Motor Gestalt Test and Its Clinical Use. New York: American Orthopsychiatric Association 1938

COLARUSSO and HAMMILL: The Motor-Free Visual Perception Test. San Rafael, Calif.: Academic Therapy Publications 1972

EBERSOLE, M., KEPHART, W., EBERSOLE, J.B.: Steps to Achievement for the Slow Learner. Columbus, Ohio: Charles E. Merrill 1968

HARRIS, A.J.: Harris Test of Lateral Dominance, 3rd ed. New York: The Psychological Corporation 1974

JUSTEN, J.E., HARTH, R.: The relationship between figure-ground discrimination and Color Blindness in learning disabled children. J. Learn. Dis. **9**, No. 2, (1976)

KEPHART, N.C.: The Slow Learner in the Classroom, rev. ed. Columbus, Ohio: Charles E. Merrill 1971

PIAGET, J.: Structuralism. Translated and edited by C. MASCHLER. New York: Harper and Row 1970

Psycho-Motor Needs Assessment of Virginia School Children, The N.C. Kephart Glen Haven Achievement Center, in cooperation with the Virginia Department of Education Rask Force on Psycho-Motor Needs Assessment: Federal Programs Office, State Department of Education, Richmond, Virginia 23216, November, 1973

ROACH, E.G., KEPHART, N.: The Purdue Perceptual-Motor Survey. Columbus, Ohio: Charles E. Merrill 1966

STRAUSS, A., LEHTINEN, L.: Psychopathology and Education of the Brain-Injured Child. New York: Grune and Straton 1947

WEED, L.L.: Medical Records, Medical Education, and Patient Care. Chicago, Ill.: Year Book Medical Publisher 1969

WOZNIAC, R.H.: Psychology and education of the learning disabled child in the Soviet Union. In: Perceptual and Learning Disabilities in Children (CRUIKSHANK, W.M., HALLAHAM, D.P., eds.), Vol. 1. Syracuse, N.Y.: Syracuse University Press 1975

Frühkindlich-hirnorganisch bedingte Lernstörungen und ihre Behandlung

Reinhart Lempp

Das Lernen, die Fähigkeit neue Verhaltens- und Reaktionsweisen einzuüben und als Anpassungsleistung unter bestimmten Bedingungen zu reproduzieren, ist eine zerebral-organische Funktion. Diese Funktion kann damit auch durch zerebral-organische Funktionsstörungen beeinträchtigt sein. Dies ist für den Schwachsinn im Zusammenhang mit schweren morphologisch oder chemisch nachweisbaren Hirnschädigungen oder nach schweren Hirnschädigungen, Gehirnentzündungen und degenerativen Prozessen ohne weiteres evident.

Daß zwischen dieser Gruppe der schweren, ohne weiteres nachweisbaren hirnorganischen Schädigungen der geschilderten Art einerseits und einer normalen, gesunden zerebral-organischen Funktion eine große Gruppe von Minimalschäden zu finden sein muß, wurde in den letzten Jahrzehnten neu in Erfahrung gebracht und ist inzwischen zum festen diagnostischen Begriff geworden, sei es als "minimal brain dysfunction" (WENDER), sei es als leichtgradige frühkindliche Hirnschädigung (STRAUSS u. LEHTINEN; GÖLLNITZ; LEMPP). Der von Amerika übernommene Begriff der "minimal brain dysfunction" und der vorwiegend im deutschsprachigen Raum nicht von pädiatrischer, sondern speziell von kinderpsychiatrischer Seite her eingeführte Begriff der leichtgradigen frühkindlichen Hirnschädigung unterscheiden sich dadurch, daß der letztere die Ursache und ihre zeitliche Begrenzung während der Gehirnentwicklung miterfassen will, wogegen der Begriff der "minimal brain dysfunction" in dieser Hinsicht völlig offen bleibt. Tatsächlich ist die ursächliche Festlegung auf eine Läsion in der Phase der frühen kindlichen Entwicklung wahrscheinlich in dieser Ausschließlichkeit nicht haltbar, da wir den typischen psychopathologischen Besonderheiten und intellektuellen Strukturen, wie wir sie von der leichtgradigen frühkindlichen Hirnschädigung her als exogenes frühkindliches Psychosyndrom (LEMPP) kennen, auch als erbliche Familieneigenschaft begegnen können. So kann uns von den Eltern eines Kindes mit charakteristischem frühkindlich exogenem Psychosyndrom berichtet werden, daß auch ein Elternteil, meist der Vater, in seiner Kindheit die nämlichen Verhaltensbesonderheiten gezeigt habe. Ob es sich dabei tatsächlich um eine ererbte minimale zerebrale Dysfunktion handelt oder ob lediglich eine verminderte Widerstandsfähigkeit gegen exogene Noxen vererbt wurde, die schließlich dazu geführt hat, daß selbst ein klinisch normaler Geburtsverlauf eine frühkindliche Schädigung verursachen konnte, muß als theoretische Erörterung offen bleiben. Immerhin wissen wir von HALLERVORDEN, daß pathologisch-anatomisch auch nach klinisch scheinbar unkomplizierten Geburtsverläufen sichere zerebrale Schädigungen nachweisbar sein können. Dennoch bleibt festzuhalten, daß es Kinder mit den typischen psycho-pathologischen Folgen einer frühkindlichen Hirnschädigung gibt, bei denen anamnestisch keinerlei Hinweise auf ein durchgemachtes Trauma während der empfindlichen Phase der Entwicklung nachgewiesen werden können, und daß solche familiären Wiederholungen von Generation zu Generation berichtet werden. Wie weit es also eine nicht frühkindlich erworbene minimale zerebrale Dysfunktion gibt, kann hier unerörtert bleiben. Das inzwischen allgemein anerkannte Faktum, daß es solche psychopathologisch und lernpsychologisch bedeutsamen zerebralen Funktionsstörungen gibt, die sich ohne eindeutige Abgrenzbarkeit zwischen die Normalität als Variante psychischer Entwicklung einerseits und eine eindeutige defizitäre Struktur im Sinne des Schwachsinns und des organischen Psychosyndroms klassischer Prägung andererseits einschieben, ist bei der Erörterung von Lernstörungen und ihren Ursachen als wesentliches Faktum festzuhalten.

Die Existenz dieser minimalen zerebralen Dysfunktion und ihrer charakteristischen neurologischen, insbesondere motorischen und psychopathologischen Folgen ist inzwischen in zahlreichen Untersuchungen aufgrund klinischer Beobachtungen (WENDER, GÖLLNITZ, LEMPP), aber auch durch tierexperimentelle Untersuchungen und systematische neurophysiologische Untersuchungen (PRECHTL, KALVERBOER u.a.) gesichert worden. Schon KNOBLOCH und PASAMANICK haben 1959 auf das Kontinuum der Schwere schädi-

gender Noxen in der prä- und perinatalen Periode hingewiesen, sowie auch auf die hypothetische Möglichkeit, daß ein ähnliches Kontinuum der dadurch verursachten Hirnschädigung bestehe. Damals wurde der Begriff des "minimal brain damage" geprägt. PRECHTL gab 1973 einen Überblick über die bis dahin vorliegenden Tierversuche zu den Folgen neonataler Hirnschäden. Die meisten dieser Tierversuche geben jedoch kaum Antwort auf die Frage nach der Folge minimaler zerebraler Schädigung, da es sich dabei um größere, meist lokal umschriebene Schädigungen handelt. Man müsse, so betont PRECHTL, dabei bedenken, daß 1. im allgemeinen niedere Säuger wahrscheinlich größere Kompensationsmöglichkeiten im Nervensystem besitzen als der Mensch und daß 2. außerdem zirkumskripte und isolierte Läsionen, wie sie im Tierversuch gesetzt werden, beim Kinde nur selten entstehen. Am ehesten vergleichbar sind Versuche mit experimentellen Asphyxien, die man während der Geburt bei Affen erzeugte und deren Folgen über Jahre beobachtet wurden. Diese Schädigung kann als den frühkindlichen Hirnschädigungen sehr ähnliches Modell gewertet werden. Viele dieser Affenkinder zeigen in den ersten Lebenswochen und -monaten schwere neurologische Störungen, die sich aber später oft zurückbilden und — wenn überhaupt — nur leichte motorische Defekte, wie Ungeschicklichkeit in der Feinmotorik, zurücklassen. Bei einer Zahl von motorisch nicht behinderten Tieren war als Folge zu beobachten, daß sie in ihrer Entwicklung der Lokomotion, der Tiefenperzeption und der visuellen Stehbereitschaft wesentlich verzögert sind. Diese Entwicklungsretardierung könne das einzige Zeichen einer später histologisch nachweisbaren schweren Hirnschädigung sein. Im Verhalten unterscheiden sich diese neonatal asphyxierten Rhesusaffen dadurch, daß sie im Alter von 10 Monaten hyperkinetisch sind und signifikant weniger häufig emotionelles Verhalten äußern. Sie zeigen sich weniger von den Gegenständen beeindruckt und durchschreiten den Raum ungehemmt, und sie reagieren signifikant weniger auf eine einfache Stimulussituation. Bei lange überlebenden Versuchstieren bestehen Störungen des Kurzzeitgedächtnisses. Sie lernen auch weniger schnell aus ihren Fehlern. Wenn sie zum Beispiel eine nicht geköderte Futterschale öffnen, so versuchen sie nicht, wie die Kontrolltiere, sofort die andere Schale aufzumachen, sondern sie greifen immer wieder in die leere Schale, setzen sich dann im Käfig zurück und starren in die Luft (SAXON et al., HYMAN).
Die sorgfältigsten Untersuchungen über die Ent-

wicklung und das Verhalten frühkindlich hirngeschädigter Kinder stammen ebenfalls aus dem Institut von PRECHTL. Sie wurden vor allem von KALVERBOER vorgelegt. Er erstellte bei einer Gruppe von Kindern anhand fester neurologischer Kriterien eine Skala von minimalem bis zu optimalem neurologischem Status und beobachtete diese Kinder in ihrem Verhalten in einem freien Beobachtungsraum unter standardisierten Bedingungen. Wie in allen derartigen Untersuchungen konnte auch er eine größere Zahl nicht optimaler neurologischer Verhältnisse bei Knaben feststellen. Die geschädigten Jungen zeigten eine größere Ungleichmäßigkeit in der motorischen Aktivität und im Spielverhalten als Reaktion auf einen Mangel an Motivierung. Auch in der visuellen Exploration zeigten sich Schwächen. Die neurologisch nicht optimalen Mädchen ließen eine stärkere Abhängigkeit von der Mutter erkennen.
Wir selbst haben schon 1964 anhand von 505 milieureaktiv verhaltensgestörten und neurotischen Kindern und Jugendlichen anamnestisch den relativ großen Anteil von leichtgradiger frühkindlicher Hirnschädigung festgestellt. 41,6% dieser Kinder zeigten 2 und mehr hinweisende Symptome, waren im Sinne von KALVERBOER „nicht optimal". Bei einer Vergleichsuntersuchung an 275 unausgelesenen 7jährigen Schulkindern betrug dieser Prozentsatz nur 17,9%. Dabei konnte als typische psychopathologische Folge dieser leichtgradigen frühkindlichen Hirnschädigung das frühkindlich exogene Psychosyndrom dargestellt werden, das sich seither als ein fester und in der Klinik der Kinder- und Jugendpsychiatrie brauchbarer diagnostischer Begriff behaupten konnte. Die wesentlichen Symptome dieses frühkindlich exogenen Psychosyndroms sind eine allgemeine Reizüberempfindlichkeit, eine herabgesetzte Konzentrationsfähigkeit, eine Persistenz der im Kleinkindalter physiologischen unwillkürlichen Aufmerksamkeit, eine erhöhte affektive Labilität, eine Distanzstörung oder Distanzunsicherheit, eine Kommunikationsstörung und ein beeinträchtigtes Sozialgefühl sowie eine verminderte Angstbildung, d.h. eine verminderte Fähigkeit, Situationen in ihrer Gefährlichkeit zu erkennen.
Das gehäufte Auftreten dieses frühkindlich exogenen Psychosyndroms bei milieureaktiv verhaltensgestörten und neurotischen Kindern wurde dadurch erklärt, daß die primär organisch bedingten Verhaltensauffälligkeiten dieser Kinder zu unangemessenen Reaktionen der über die Ursache dieser Auffälligkeiten uninformierten El-

tern und Erzieher, zu einer Beziehungsstörung zwischen diesen Kindern und ihrer Umwelt und damit zur sekundären Neurotisierung führen.

Die Ursache für die einzelnen psychopathologischen Symptome des frühkindlich exogenen Psychosyndroms wurde von uns anfangs, gestützt auf Untersuchungen von WEWETZER und GOLDSTEIN, im wesentlichen in einer visuellen Reizaufnahme- und Differenzierungsschwäche, wir würden heute sagen, in einer visuellen Teilleistungsschwäche, gesehen. Dadurch, daß bei den leichtgradig frühkindlich hirngeschädigten Kindern die im allgemeinen optisch auslösenden Reize durch eine gestörte Figur-Hintergrund-Relation, bzw. infolge einer geringeren Differenzierungsfähigkeit von Figur und Hintergrund, ihre Auslöserqualität mehr oder weniger eingebüßt haben, vermögen die Kinder den Auslöser nicht immer oder nur z.T. als solchen zu erkennen.

Inzwischen hat sich der Begriff der Teilleistungsschwäche (GRAICHEN) fest eingebürgert und als brauchbarer klinischer Begriff bewährt. Als Teilleistungsschwäche verstehen wir eine Leistungsminderung einzelner Faktoren oder Glieder innerhalb eines größeren funktionellen Systems, das zur Bewältigung einer bestimmten komplexen Anpassungsaufgabe erforderlich ist. Dabei zeigte sich, was von vornherein zu erwarten war, daß neben den visuellen Reizaufnahme- und Verarbei-

tungsschwächen eine mindestens ebenso große, wenn nicht gar noch größere Bedeutung den auditiven Teilleistungsschwächen mit ihrer besonderen Bedeutung für die Sprachentwicklungsstörung und den taktil-kinästhetischen Funktionen, die man auch als Raumlagelabilität bezeichnen kann, beizumessen ist.

Neben der primären Schwäche in der Reizaufnahme und Differenzierung sind spezielle integrative Funktionen zu berücksichtigen, die ihrerseits isoliert geschädigt und funktionell gemindert sein können, wie die Fähigkeit, einzelne, in unterschiedlichen Reizqualitäten aufgenommene Signale sinnvoll untereinander zu verbinden und miteinander in Beziehung zu setzen, also z.B. einen ertasteten Gegenstand bestimmter Form mit den Phonemen in Beziehung zu setzen, die das ihn beschreibende Wort kennzeichnen, oder mit der visuell aufgenommenen Gestalt oder den dem Gegenstand zugeordneten Symbolen. Schließlich steht über diesen Funktionen die vielleicht wichtigste Fähigkeit der Programmsteuerung, d.h. die Fähigkeit, die Abfolge der unterschiedlichen Reize in ihrem Bedeutungsgehalt zu erfassen bzw. ein entsprechendes motorisches Handlungsprogramm aufzustellen und in hierarchischer Gliederung wiederzugeben, wie dies gerade für die Sprachbildung, aber auch für jeden anderen Handlungsablauf notwendig ist. Auf die große

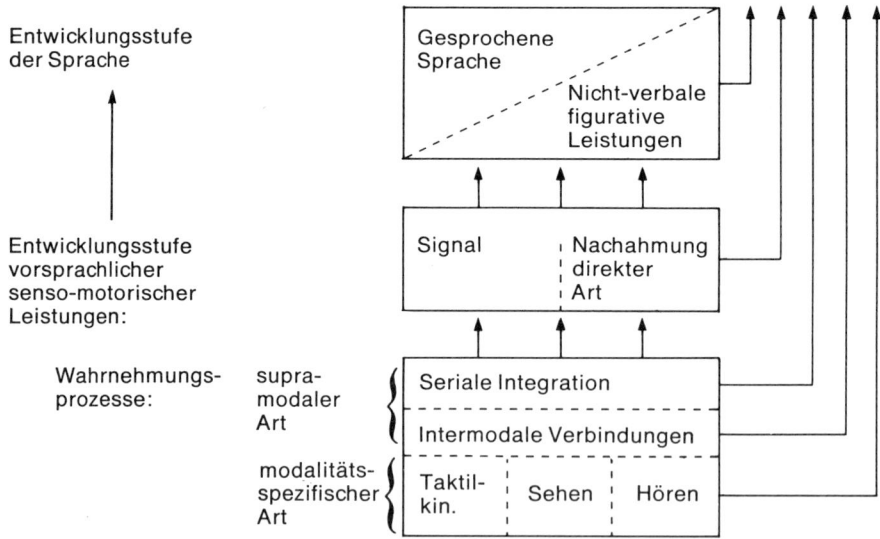

Die Pfeile deuten die Richtung der Entwicklung an (aus AFFOLTER [1975])

Abb. 1. Entwicklung der Wahrnehmungsprozesse und der Sprache [Aus AFFOLTER, F.: Wahrnehmungsprozesse, deren Störung und Auswirkung auf die Schulleistungen, insbesondere Lesen und Schreiben. Z. Kinder-Jugendpsychiat. 3, 223–234 (1975)]

Bedeutung der Handlungsabläufe haben generell MILLER, GALANTER u. PRIBRAM, speziell für den sprachlichen Bereich auch LENNEBERG, hingewiesen.

Die Teilleistungsstörungen sind von AFFOLTER am Beispiel der Sprachentwicklung in eine sinnvolle Ordnung gebracht worden, indem man die Wahrnehmungsprozesse modalitätsspezifisch in die Gruppe der taktil-kinästhetischen Prozesse, in das Sehen und Hören einteilt, und diesen die supramodalen Wahrnehmungsprozesse in Form intermodaler Verbindungen und serialer Integration überordnet (Abb. 1).

Es liegt auf der Hand, daß solche Teilleistungsstörungen, die erfahrungsgemäß einzeln oder in unterschiedlicher Kombination auftreten können, in jeglicher Form geeignet sind, den Lernprozeß zu stören, zu behindern und zu verlangsamen, auf jeden Fall aber die Intelligenz, d.h. also die Summe der zerebral-organischen Leistungen wenn nicht unbedingt zu vermindern im Sinne einer Unterbegabung oder eines Schwachsinns, so doch in ihrer Struktur zu verändern. Warum die durch eine minimale zerebrale Hirnschädigung hervorgerufenen Ausfälle, Teilleistungsschwächen und daraus resultierenden Verhaltensstörungen so unterschiedlich ausfallen können, macht das Schema von ISAACSON deutlich (Abb. 2a–c).

Das Ausmaß der Teilleistungsschwäche hängt

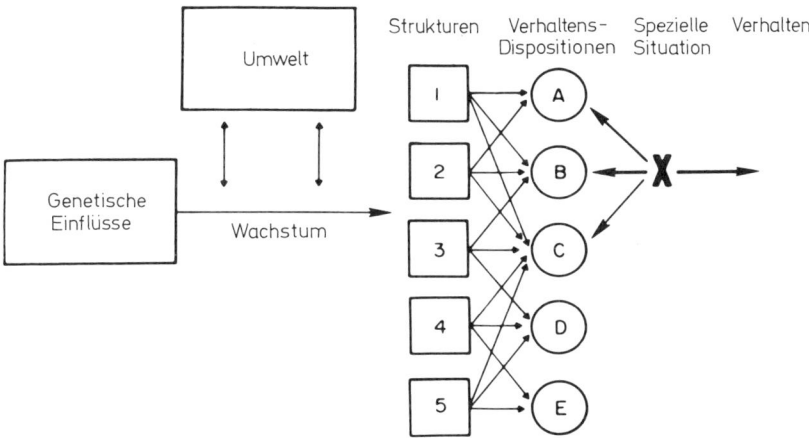

Abb. 2a. Schematische Darstellung der Entwicklung von Strukturen und Verhaltensfähigkeiten [Aus ISAACSON: The myth of recovery from early brain damage.

In: Aberralt development in infancy. N.R. ELLIS (Hrsg.) Lawrence, Erlbaum, Associate, Publishers, New York, S. 1–26, 1975]

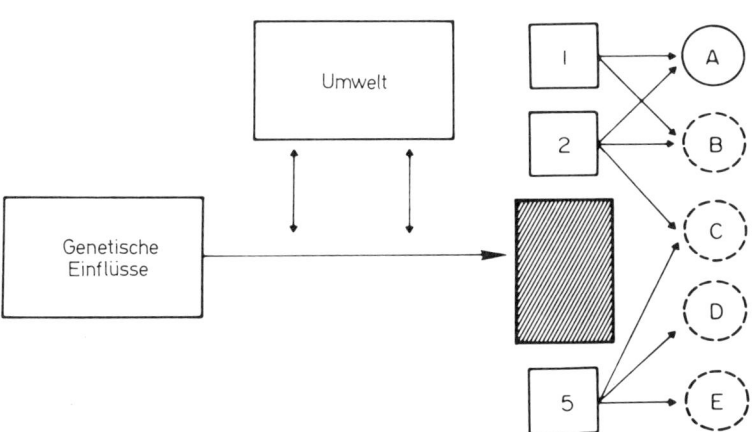

Abb. 2b. Hypothetische Auswirkungen einer Hirnschädigung. Die Strukturen 3 und 4 sind zerstört, es ist aber keine Fähigkeit ausgefallen; aber alle Fähig-

keiten außer A sind verändert. (Nach ISAACSON, s. Abb. 2a)

nicht nur vom Ausmaß der Schädigung ab, sondern auch von der Abhängigkeit einzelner Funktionen, von den verschiedenen geschädigten Strukturen wie auch von der mehr oder weniger ausdifferenzierten Verzweigung, d.h. der Beteiligung der einzelnen Strukturen an den einzelnen Teilleistungen. An diesem Modell wird darüber hinaus deutlich, daß Teilleistungsschwächen meist nicht mit definitiven Ausfällen von Fähigkeiten gleichgesetzt werden dürfen, sondern mit beeinträchtigten Funktionen, die durch entsprechende Übungsbehandlung — sprich: Heilpädagogik — gebessert, wenn nicht gar ausgeglichen werden können.

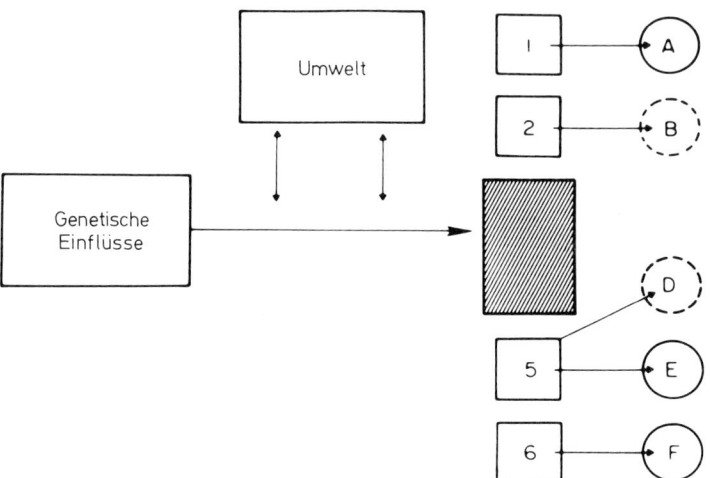

Abb. 2c. Hypothetische Auswirkungen einer Hirnschädigung. Die Strukturen 3 und 4 sind verloren und bedingen einen Verlust der Fähigkeit C, sowie eine Veränderung der Fähigkeiten B und D. (Nach ISAACSON, s. Abb. 2a).

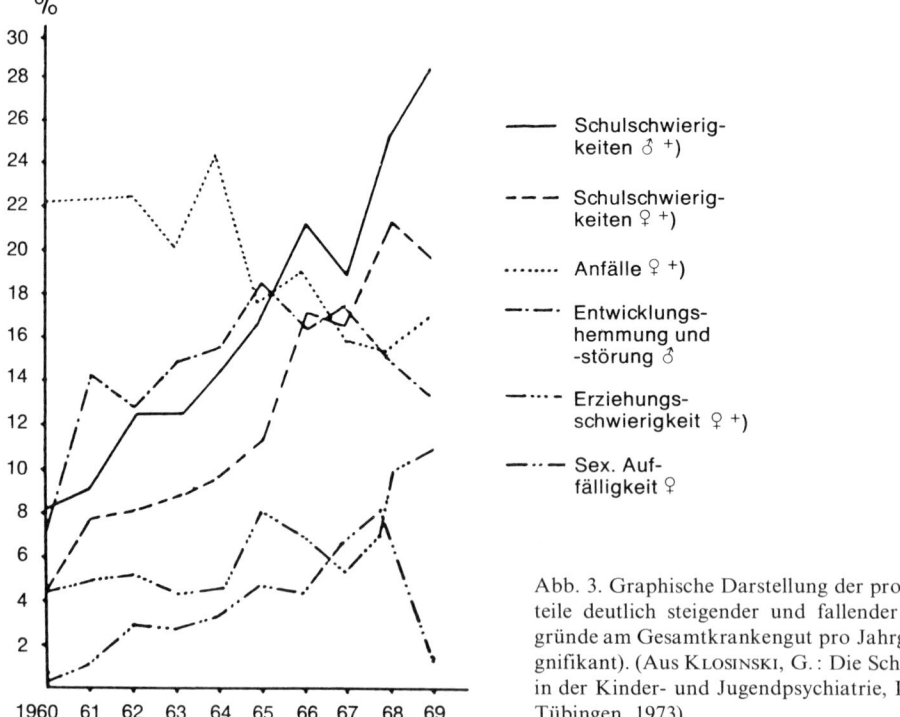

Schulschwierigkeiten ♂ +)

Schulschwierigkeiten ♀ +)

Anfälle ♀ +)

Entwicklungshemmung und -störung ♂

Erziehungsschwierigkeit ♀ +)

Sex. Auffälligkeit ♀

Abb. 3. Graphische Darstellung der prozentualen Anteile deutlich steigender und fallender Einweisungsgründe am Gesamtkrankengut pro Jahrgang (+) = signifikant). (Aus KLOSINSKI, G.: Die Schulproblematik in der Kinder- und Jugendpsychiatrie, Inauguraldiss., Tübingen, 1973)

Tabelle 1. 3729 Kinder über 7 Jahre aus den Jahrgängen 1969–1972 der Abteilung für Kinder- und Jugendpsychiatrie

Diagnose (prozent. Anteil an 3729 Kindern)		Anteil der wegen Schulschwierigkeiten Eingewiesenen 1 219 = 32,7% Kinder
1. Schulische Überforderung durch Unterbegabung	718 = 19,3%	310 = 43,2%
2. Konstitutionsanomalie und Mißbildung	324 = 8,7%	103 = 34,9%
3. Frühkindliche Hirnschädigung	2 287 = 61,3%	575 = 25,1%
4. Milieu-reaktive Verhaltensstörung	1 447 = 38,8%	329 = 22,7%
5. Zustand nach Schädeltrauma	178 = 4,8%	31 = 17,4%
6. Pubertätskrisen und Reifungsstörungen	319 = 8,6%	51 = 16,0%
7. Neurosen	262 = 7,0%	35 = 13,4%
8. Psychosen	86 = 2,3%	10 = 11,6%
9. Kein sicherer pathologischer Befund	248 = 6,4%	27 = 10,9%
10. Schwachsinn	489 = 13,0%	47 = 9,7%
11. Sonstige	2 246 = 60,2%	194 = 8,6%

Es ist daher naheliegend zu überprüfen, inwieweit Lernstörungen, Lernschwächen und speziell Schulversagen mit minimaler zerebraler Dysfunktion bzw. frühkindlicher Hirnschädigung in Verbindung zu bringen sind. KLOSINSKI hat in einer gemeinsam an unserer Abteilung und der Abteilung von Herrn MÜLLER-KÜPPERS durchgeführten Untersuchung gezeigt, welch große Bedeutung die frühkindliche Hirnschädigung für das Schulversagen hat. KLOSINSKI konnte zunächst zeigen, daß von 1960 bis 1969 die Schulschwierigkeiten als Einweisungsgrund die größte Steigerungsrate aufwiesen, sie betrug bei Jungen 1960 8,2% und 1969 28,8% (Abb. 3).

Der Anteil leichtgradig frühkindlich-hirngeschädigter Kinder, die wegen Schulschwierigkeiten eingewiesen worden waren, zeigte in Tübingen wie in Heidelberg eine bemerkenswerte Übereinstimmung; der Anteil betrug bei Jungen in Tübingen 42,7%, in Heidelberg 43,7%, bei Mädchen in Tübingen 36,2% und in Heidelberg 37,4%.

Dieser hohe Grad an Übereinstimmung bei der Häufigkeit der Diagnosen an 2 verschiedenen Kliniken beweist meines Erachtens die Validität, die diese Diagnose in der Zwischenzeit in der kinder- und jugendpsychiatrischen Praxis gewonnen hat. KLOSINSKI fand darüber hinaus, daß sowohl bei Knaben wie auch bei Mädchen mit Schulschwierigkeiten überdurchschnittlich häufig motorische Unruhe und Konzentrationsstörungen nachzuweisen sind, auch bereiteten sie in erhöhtem Maße außerschulische Erziehungsprobleme, waren häufiger ängstlich und litten vermehrt unter Zwängen, vergleichen mit Kindern, die nicht wegen Schulschwierigkeiten eingewiesen waren (Tabelle 1–3).

Tabelle 2. Diagnosen von 1219 wegen Schulproblemen eingewiesener Kinder

1. Frühkindliche Hirnschädigung	575 = 47,2%
2. Milieu-reaktive Verhaltensstörung	329 = 27,0%
3. Schulische Überforderung durch Minderbegabung	310 = 25,4%
4. Konstitutionsanomalien Mißbildungen	113 = 9,3%
5. Pubertätskrisen und Reifungsstörungen	51 = 4,2%
6. Epilepsie	51 = 4,2%
7. Schwachsinn	47 = 3,9%
8. Enuresis und Enkopresis	36 = 3,0%
9. Neurosen	35 = 2,9%
10. Sprachstörungen	34 = 2,8%
11. Keine sicheren psychiatrischen Störungen	27 = 2,2%
12. Sonstige	114 = 9,4%

Diese Ergebnisse konnten durch ergänzende Untersuchungen der über 7jährigen Kinder, die zwischen den Jahren 1969 und 1972 bei uns aufgenommen worden waren, bestätigt werden. Von insgesamt 3729 Kindern über 7 Jahre waren 1219 oder 32,7% allein oder auch wegen Schulschwierigkeiten eingewiesen worden. Vergleicht man den Einweisungsgrund „Schulschwierigkeit" mit den später gestellten Diagnosen (Tabelle 1–3), so ist der Anteil logischerweise bei der späteren Diagnose „Lernstörung durch Überforderung" mit 43% am größten, er ist bemerkenswert hoch bei

189

Tabelle 3

	Wegen Schulversagen eingewiesene Kinder	Neurosen	Milieureaktive Verhaltensstörungen	Frühkindliche Hirnschäden	Schwachsinn	Kein sicherer path. Befund
Geburtsgew. unter 2500 g	7,8	4,6	3,5	6,4	7,2	2,0
Asphyxie	13,3	5,0	5,5	11,1	7,8	2,4
Zange	2,5	0,8	1,1	2,1	1,8	0,4
sonstige Kunsthilfe	5,9	4,2	2,1	3,7	3,9	2,0
Kaiserschnitt	2,7	2,3	1,3	1,4	1,0	0,4
Mehrlingsgeburt	1,3	0,8	1,0	1,2	1,0	1,2
Erythroblastose	2,1	0,8	0,6	1,4	1,0	1,6
Ernährungsstörung	10,5	6,9	4,1	7,1	4,5	4,4
Krankheit	19,6	11,1	8,0	13,6	11,0	4,0
Krämpfe	4,3	1,9	1,6	3,5	4,1	1,2
Lebensschwäche	5,3	1,5	2,3	4,8	5,5	1,6

der zahlenmäßig kleinen Gruppe der „Konstitutionsvarianten und Mißbildungen" mit 34%, danach folgt aber bereits ein Anteil von 25% bei den Kindern, bei denen die Diagnose einer leichtgradigen frühkindlichen Hirnschädigung gestellt wurde.

Die Diagnosen in ihrer Häufigkeit bei den wegen Schulproblemen eingewiesenen Kindern zeigt Tabelle 2. Hier steht die Diagnose der leichtgradigen frühkindlichen Hirnschädigung mit 47,2% am Anfang, mit Abstand gefolgt von den Kindern mit der Diagnose einer milieu-reaktiven Verhaltensstörung und der schulischen Überforderung durch Unterbegabung. Die Gesamtsummen ergeben jeweils weit mehr als 100%, da bei einem

Kind bis zu 4 Diagnosen gestellt werden konnten. Solange die Kriterien für die Diagnose einer frühkindlichen Hirnschädigung jedoch nicht eindeutig operationabel gemacht werden können, haftet solchen Tabellen stets etwas Unbestimmtes an. Die Bedeutung der leichtgradigen frühkindlichen Hirnschädigung läßt sich jedoch sehr eindeutig objektivieren, vergleicht man, wie oft in der Vorgeschichte dieser Kinder Ereignisse berichtet werden, die ursächlich für eine solche frühkindliche Hirnschädigung sein können (Abb. 4 u. 5), also z.B.: Geburtsgewichte unter 2500 g, Geburtsasphyxie, Zangenentbindung, sonstige Kunsthilfe, Kaiserschnittgeburt, Mehrlingsgeburt sowie Komplikationen im Säuglingsalter wie schwere

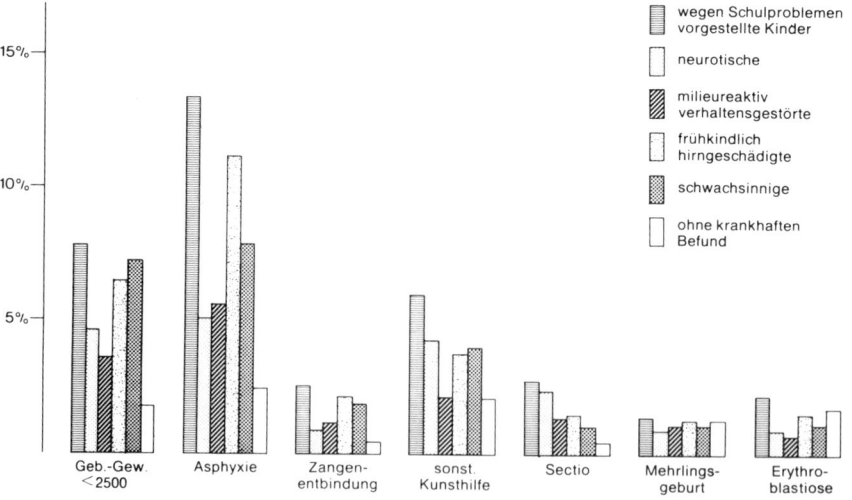

Abb. 4. Vergleich der Häufigkeiten von Geburtsschädigungen bei Kindern mit Schulschwierigkeiten, mit Neurosen, milieureaktiven Verhaltensstörungen, frühkindlichen Hirnschädigungen oder Schwachsinn

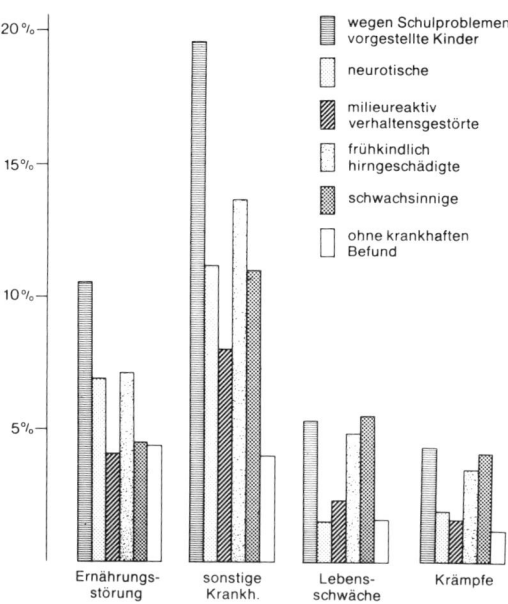

20%			▨ wegen Schulproblemen vorgestellte Kinder
			☐ neurotische
			▨ milieureaktiv verhaltensgestörte
15%			☐ frühkindlich hirngeschädigte
			▦ schwachsinnige
10%			☐ ohne krankhaften Befund

Ernährungs-   sonstige   Lebens-   Krämpfe
störung   Krankh.   schwäche

Abb. 5. Vergleich der Häufigkeiten von Komplikationen im Säuglingsalter bei Kindern mit Schulschwierigkeiten, mit Neurosen, milieureaktiven Verhaltensstörungen, frühkindlichen Hirnschädigungen oder Schwachsinn

Ernährungsstörungen, fieberhafte Erkrankungen, Krämpfe.

Alle diese Ereignisse kommen bei den wegen Schulschwierigkeiten eingewiesenen Kindern stets am häufigsten vor, häufiger als bei Kindern mit der Diagnose Neurose, milieu-reaktiver Verhaltensstörung, ja selbst bei den Diagnosen frühkindliche Hirnschädigung und Schwachsinn. Die Kinder, bei denen kein pathologischer, neurologischer oder kinderpsychiatrischer Befund erhoben werden konnte, können hier gewissermaßen als Vergleichsgruppe der gesunden Kinder gelten; bei diesen liegen die Werte erwartungsgemäß am niedrigsten.

Damit kann wohl die Bedeutung einer leichtgradigen frühkindlichen Hirnschädigung für Lernstörungen und ihre Konkretisierung in Schulschwierigkeiten kaum bestritten werden. Damit ist allerdings noch nicht gesagt, auf welche Weise die frühkindliche Hirnschädigung sich so lernbehindernd auswirkt, daß die von ihr Betroffenen in einem hohen Prozentsatz Schulschwierigkeiten zeigen. Hier kommen zweifellos mehrere primäre und sekundäre Faktoren hinzu:

Hier sind 1. die bereits genannten durch leichtgradige frühkindliche Hirnschädigung auch verursachten Teilleistungsschwächen zu erwähnen, die primär zu einer Verzögerung des Lernens auf dem

betroffenen Teilgebiet führen müssen, besonders dann, wenn ein besonderes Schulsystem oder eine ungenügende, weil sich an der üblichen Intelligenzstruktur allein orientierende Pädagogik den rechtzeitigen Ausgleich der Teilleistungsschwäche verhindert.

2. Diese von der Umwelt, den Eltern und Erziehern in der Regel nicht erkannten Leistungsschwächen führen häufig zu einer falschen Bewertung des Versagens der Kinder auf Teilgebieten, eben weil sie nur auf Teilgebieten versagen und damit ja doch eigentlich beweisen, daß sie „könnten, wenn sie nur wollten". Diese über die ganze Entwicklungszeit sich wiederholende Vorwurfshaltung, denen die Kinder ausgesetzt sind, führt zu einer emotionellen Beziehungsstörung zwischen diesen Kindern und ihrer Umwelt und damit zu einer geringeren Bereitschaft, sich für diese Umwelt anzustrengen. Es leidet also die Leistungsmotivation ebenso wie sie

3. durch das sich ständig wiederholende Mißerfolgserlebnis beeinträchtigt wird, dem die Kinder ausgesetzt sind. Auch wenn keine besonderen Leistungsanforderungen von den Eltern und der Erwachsenenwelt an sie herangetragen werden, so erleben sie doch, wie ihre Altersgenossen, mit denen sie auf dem Spielplatz ebenbürtig, wenn nicht gar überlegen sind, in scheinbar einfachen Leistungen Erfolg haben, die sie selbst nicht zu bewältigen vermögen. Die Kinder können die an sie gestellte Forderungen nicht erfüllen, sie können der internalisierten Leistungsnorm nicht genügen. Dies muß alsbald zu Resignation und Depression, zu Erwartungsangst und damit zu noch schlechteren Leistungen führen als sie allein durch die Teilleistungsstörungen begründet wären.

Die leichtgradig frühkindlich hirngeschädigten Kinder sind aufgrund ihrer besonderen Reizempfindlichkeit besonders anfällig für die Belastungen aus unangemessener Anforderung und den Mißerfolgserlebnissen; es entsteht auf diesem Wege leicht ein Circulus vitiosus.

Das Wesentliche an der Leistungsschwäche sind jedoch die Teilleistungsstörungen, die der veränderten Leistungsstruktur und damit der möglichen Enttäuschung der Eltern wie auch den Mißerfolgserlebnissen und ihren Folgen zugrunde liegen. Dies ist deswegen von besonderer Bedeutung, weil, wie wir noch sehen werden, hier eine entsprechende Therapie zunächst ansetzen muß und auch durchaus erfolgversprechend ansetzen kann.

Eine Abhängigkeit der Teilleistungsschwäche vom sozialen Status der Eltern oder der Familiensituation konnte sich nicht sichern lassen, wie wir auch eine sichere Abhängigkeit der leichtgradigen frühkindlichen Hirnschädigung bzw. der Häufigkeit der dazu disponierenden pathogenen Ereignisse der frühen Kindheit vom sozialen Status der Familie nicht wahrscheinlich machen konnten.

Mit der Feststellung der Bedeutung der leichtgradigen frühkindlichen Hirnschädigung für die Lernstörung und die Schulschwierigkeiten ist allerdings die auffallende Zunahme dieser Probleme als Einweisungsgrund nicht erklärt. Die Zunahme der Schulprobleme in der kinderpsychiatrischen Sprechstunde ist übrigens kein isoliertes Problem in der Bundesrepublik oder in der westlichen Welt. Bei einer Tagung der Kinderpsychiater sozialistischer Länder 1973 in Sofia war ein Tag dem Thema Schule gewidmet, und es ergab sich, daß auch in den sozialistischen Staaten dieselben Probleme bestehen. Auf die negativen Auswirkungen hoher Leistungsanforderungen durch die Eltern haben u.a. TEICHMANN, GÖLLNITZ und GÖHLER aus Rostock in der DDR hingewiesen. Es scheint sich um ein Problem der Industrie- und Leistungsgesellschaft zu handeln. Ich sehe hier die Ursache in einer mangelnden Anpassung des Schul- und Ausbildungssystems an die veränderten soziologischen Notwendigkeiten und in einer Zunahme der von der Schule wahrgenommenen Auslesefunktion. Hier sind es aber zunächst die Kinder mit einer leichtgradigen frühkindlichen Hirnschädigung, insbesondere solche mit einer vom Normtyp abweichenden Leistungsstruktur mit Teilleistungsschwächen, die betroffen werden.

Die Auslesekriterien, die den Weg zu höheren sozialen Positionen freigeben, stützten sich seit über 100 Jahren im wesentlichen auf verbale und aktive Fähigkeiten. Diese Fähigkeiten bestimmten den Ausbildungsgang für eine schmale Bildungs- und Verwaltungsoberschicht der Bevölkerung, die vielleicht etwa 5% aller Kinder entsprach. Der mit der zunehmenden Technisierung entstandenen Notwendigkeit, eine größere Zahl von Kindern mit einer vorwiegend technischen Intelligenz heranzubilden, konnte das Schulsystem nicht in genügendem Maße Rechnung tragen. Man ging vielmehr dazu über, den herkömmlichen Bildungs- und Ausleseweg über die einseitigen verbalen und reproduktiven Fähigkeiten der Kinder zu erweitern, zu verfeinern und zu intensivieren, was dazu führte, daß ein großer Teil der vorwiegend visuell und taktil-kinästhetisch begabten Kinder auf dem üblichen Bildungsweg in Schwierigkeiten kommt. Die scheinbare Zunahme der Legasthenie beruht darauf, daß auf die dabei im Vordergrund stehenden auditiven Fähigkeiten ein immer größerer Wert gelegt wurde und allein diese Fähigkeit als Auswahlkriterium für weitere Bildungsgänge ein immer größeres Gewicht bekam.

Wir haben also nicht immer mehr Kinder mit einer leichtgradigen frühkindlichen Hirnschädigung und damit immer mehr Kinder mit Teilleistungsschwächen, sondern ein unangemessenes Bildungssystem, das inzwischen 20–30% der Kinder einem einseitigen verbal-auditiv orientierten Ausleseprinzip unterwirft; es läßt Kinder mit einer davon abweichenden Intelligenzstruktur, also vorwiegend die visuomotorisch und darüber hinaus integrativ und sozial befähigten Kinder scheitern, die früher mit ihrer besonderen Begabungsstruktur im Rahmen einer handwerklichen oder polytechnischen Ausbildung erfolgreich sein konnten.

Es sind also hier veränderte soziale und gesellschaftliche Bedingungen, die eine sicher schon immer bestehende unterschiedliche Begabungsstruktur und eine unterschiedliche Belastungstoleranz der Kinder offenbar werden ließen. Ich schätze, daß 15–20% aller Kinder heute von dieser Diskrepanz zwischen einseitiger Anforderung und davon abweichender Begabungsstruktur betroffen sind und damit Gefahr laufen, wenn nicht schon in der einfachen Schulleistungsfähigkeit, so doch an den reaktiven Folgen anhaltender Mißerfolgserlebnisse zu scheitern.

Zum Abschluß noch ein Wort zur Therapie. Diese muß zwangsläufig an verschiedenen Stellen einsetzen. Da die Ansatzpunkte jedoch unterschiedlich manipulierbar und korrigierbar sind, ergeben sich eindeutige therapeutische Schwerpunkte:

Eine Änderung des Bildungsweges und des Auswahlsystems und seine Anpassung an neue gesellschaftliche Forderungen ist dringend notwendig. Es ist dies jedoch Sache der Bildungspolitik, und es bleibt unsere Aufgabe, die dafür Verantwortlichen entsprechend zu informieren.

Die falsche Erwartungshaltung der Eltern und die ungerechte Bewertung der speziellen Leistungsart ihrer Kinder bedürfen einer eingehenden und geduldigen Aufklärung aller Eltern, die mit ihren Kindern wegen deren Schulschwierigkeiten in unsere Sprechstunde kommen und bei welchen sich eine sekundäre Neurotisierung und damit eine Beziehungsstörung zwischen Kind und Umwelt mit nachlassender Leistungsmotivation bereits eingestellt hat.

Der wesentliche kinderpsychiatrische und pädagogische Ansatzpunkt liegt jedoch bei den Teilleistungsschwächen. Deren Früherfassung ist daher ein zentrales Anliegen bei der Therapie und Prophylaxe von Schulleistungsstörungen.

Da die funktionellen Störungen, wohl auch die Teilleistungsschwächen, mit Wahrscheinlichkeit durch falsche synaptische Verdrahtungen, durch Verdrahtungsfehler, bedingt sind, diese Verdrahtungsfehler aber keine funktionell irreparable Störung begründen, sondern durch frühzeitiges Training ausgeglichen werden können, ist frühestmögliches „Umprogrammieren", d.h. frühes angepaßtes und anpassendes Training anzustreben. Dies nützt die anfängliche Plastizität des Zentralnervensystems aus.

Die Früherkennung von Schulleistungsstörungen darf auch nicht erst einsetzen, wenn das Kind in der Schule die ersten Mißerfolge erlebt hat, sondern die Kinder müssen, wenn irgend möglich, davor bewahrt werden, ungeschützt solchen sich dann rasch wiederholenden und steigernden Mißerfolgen ausgesetzt zu sein.

Es ist daher notwendig, möglichst schon vor der Einschulung im Kindergarten und in der Vorschule diejenigen Kinder zu erkennen, die wahrscheinlich oder mit Sicherheit Schulprobleme aufgrund von Teilleistungsschwächen haben werden. Um diese Kinder zu erfassen, ist

1. die Erhebung einer genauen frühkindlichen Anamnese erforderlich. Alle Kinder, die in ihrer frühkindlichen Entwicklung Ereignissen ausgesetzt waren, die geeignet sind, eine leichtgradige frühkindliche Hirnschädigung hervorzurufen, sollten schon vor der Schule einer speziellen psychologischen Untersuchung zur Feststellung von Teilleistungsschwächen zugeführt werden. Besondere Hinweise bieten dabei Sprachentwicklungsstörungen jeglicher Art, insbesondere Sprachverzögerungen. Jedes Kind, das mit 2 Jahren noch nicht spricht, bedarf einer gezielten Untersuchung und Behandlung.

2. Aber auch Kinder, die im Kindergarten durch eine mangelhafte Einordnungsfähigkeit und eine Spielunfähigkeit auffallen, sind auf Teilleistungsschwächen verdächtig. Es sind gerade die Behinderungen bei der visuellen Erfassung bestimmter Situationen, die solche Kinder zu situationsinadäquatem und kurzschlüssigem Verhalten veranlassen.

3. Schließlich sind Kinder mit einer retardierten Motorik, einer mangelhaften motorischen Integration und eindeutiger Lateralisation einer gezielten Untersuchung zuzuführen. Hat man eine Teilleistungsschwäche modaler, intermodaler oder serialer Art im Sinne von AFFOL-TER festgestellt, ist die entsprechende heilpädagogische Therapie in Einzel- oder Gruppenbehandlung einzuleiten.

Wegweisend hierfür waren JOHNSON u. MYKLEBUST sowie FROSTIG. Die dort gezeigten Übungsverfahren betonen aber in besonderer Weise die visuomotorischen Fähigkeiten. Es ist nicht uncharakteristisch, daß die auditiv-verbalen Fähigkeiten auch vielfach erst mit Beginn der Schule bemerkt werden, wo sie dann das Kind selbst und die Eltern damit überraschen, daß es so einfache Leistungen wie das Lesen und Schreiben nicht mit der erwarteten Selbstverständlichkeit erbringen kann. Hier ist es notwendig, Sprachentwicklungsverzögerungen durch frühzeitige logopädische Behandlung, verbunden mit frühzeitiger, regelmäßiger, langanhaltender und gezielter Krankengymnastik, auszugleichen.

Eine Früherkennung von Teilleistungsschwächen ermöglicht in vielen Fällen ihren weitgehenden Ausgleich bis zum Schulbeginn, zumindest aber eine gewisse Besserung und — was am wichtigsten ist — eine von vornherein veränderte Einstellung der Eltern und Erzieher gegenüber dem Kind und der von ihm zu erbringenden Leistung. Allein eine Vermeidung inadäquater Reaktionen durch Eltern und Erzieher und ein pädagogisch geschicktes Auffangen von schwachen Teilleistungen, die das Kind selbst belasten, können eine Störung der Motivation und eine sekundäre Neurotisierung verhindern. Ist das Kind bei stärker ausgeprägten Teilleistungsstörungen nicht in der Lage, auf diesen Teilbereichen zu einem gewissen Erfolg zu kommen, sollte es frühzeitig in eine seinen speziellen Fähigkeiten entsprechende Schulform und Ausbildung gegeben werden. Auch sollte ihm die Möglichkeit gegeben werden, seine fast stets vorhandenen, aber leider meist in der Schule nicht gefragten Teilleistungsstärken zu entfalten.

Eine leichtgradige frühkindliche Hirnschädigung und eine minimale zerebrale Dysfunktion sind in aller Regel nicht vermeidbar. Ihre Folgen sind jedoch, sofern es sich nicht um schwere und von vornherein deutlich sichtbare Defektzustände handelt, in aller Regel bei frühzeitiger Erkennung weitgehend ausgleichbar. Da die leichtgradige frühkindliche Hirnschädigung durch das mit ihr regelhaft verbundene frühkindliche exogene Psychosyndrom aber nicht nur Störungen der Leistung, speziell der Schulleistung, verursachen kann, sondern auch den Boden für eine mangelhafte soziale Anpassung und Bindungsfähigkeit, also für eine Neurose, bereitet, ist die Früherkennung und Frühtherapie der Teilleistungsstörungen, einschließlich der entsprechenden begleitenden Beratung der Eltern, auch eine echte Neuroseprophylaxe und damit eine zentrale Aufgabe der Psychohygiene überhaupt.

Literatur

AFFOLTER, F.: Wahrnehmungsprozesse, deren Störung und Auswirkung auf die Schulleistungen, insbesondere Lesen und Schreiben. Z. Kinder-Jugendpsychiat., 3, 223–234 (1975)

FROSTIG, M., HORNE, D.: The FROSTIG-Program for the development of visual perception. Chikago: Follett publishing Company, 1964

GÖLLNITZ, G.: Die Bedeutung der frühkindlichen Hirnschädigung für die Kinderpsychiatrie, Leipzig: Thieme 1954

GOLDSTEIN, K., SCHEERER, M.: Abstract and concrete behavior. Psychol. Monogr. 53, Nr. 2 (1941)

GRAICHEN, J.: Teilleistungsschwächen, dargestellt an Beispielen aus dem Bereich der Sprachbenutzung. Z. Kinder-Jugendpsychiat. 1, 113–143 (1973)

HALLERVORDEN, I.: Handbuch der inneren Medizin. 4. Aufl., Bd. V/III. Berlin-Heidelberg-New York: Springer 1953

HARDESTY, F.P., PRIESTER, H.J.: Handbuch für den Hamburg-Wechsler-Intelligenztest für Kinder (Hrsg. C. Bondy), 3. Aufl., Bern-Stuttgart: Huber 1966

HYMAN, A., BERMAN, D., BERMAN, A.J.: Deficits in unsignaled avoidance behavior in rhesus monkeys asphyxiated at birth Exp. Neurol., 30, 362–366 (1971)

JOHNSON, E.J., MYKLEBUST, H.R.: Lernschwächen. Stuttgart: Hippokrates 1971

ISAACSON, R.L.: The myth of recovery from early brain damage. In: Aberralt development in infancy. N.R. Ellis (Hrsg.) Lawrence, Erylbaum, S. 1–26, Associates, Publishers. New Jersey, 1975

KALVERBOER, A.F., TOUWEN, B.C.L., PRECHTL, H.F.R.: Follow-up of the infants at risk of minor brain dysfunction. Annals of the New York, acad. of sciences, 205, 173–187 (1973)

KNOBLOCH, H., PASAMANICK, B.: Syndrome of minimal damage in infancy. J.A.M.A. 170, 1384–1387 (1959)

KLOSINSKI, G.: Die Schulproblematik in der Kinder- und Jugendpsychiatrie. Inauguraldiss., Tübingen, 1973

KLOSINSKI, G., LEMPP, R., MÜLLER-KÜPPERS, M.: Die Bedeutung frühkindlicher Hirnschädigungen bei schulschwierigen Kindern. Praxis der Kinderpsychologie, 21, 82–86 (1972)

LEMPP, R.: Frühkindliche Hirnschädigung und Neurose. 2. Aufl. Bern-Stuttgart-Wien: Huber 1970

LEMPP, R.: Warum ist unsere Schule zum führenden pathogenen Faktor für Verhaltensstörungen geworden? In: H.E. Ehrhardt (Hrsg.), Aggressivität, Dissozialität, Psychohygiene S. 180–195. Bern-Stuttgart-Wien: Huber 1975

LENNEBERG, E.H.: Biologische Grundlagen der Sprache. Frankfurt: Suhrkamp 1972

MILLER, G.A., GALLANTER, E., PRIBRAM, K.H.: Plans and the structur of behavior. New York 1960

MÜLLER-KÜPPERS, M.: Das leicht hirngeschädigte Kind. Stuttgart: Hippokrates 1969

PRECHTL, H.F.R.: Das leicht hirngeschädigte Kind. In: R. Rümke, P.E. Bueke, W.K. van Dijk (Hrsg.) van Kinderanalyse todd Y-Chromosoome. S. 282–305. VLF. Boek, Deventer, 1973

SAXON, F.V.: Differences in reactivity between asphyxial and normal rhesus monkeys. J. Gen. Psychol. 99, 283–287 (1961)

STRAUSS, A., LEHTINEN, L.: Psychopathology and education of the brain injured child. Vol. 1. New York: Grune and Stratton 1947

TEICHMANN, H., GÖLLNITZ, E., GÖHLER, I.: Entstehung und Wirkung hoher Leistungsanforderungen durch das Elternhaus. Tagung der Kinderpsychiater sozialistischer Länder. Sofia, Oktober 1973

WENDER, P.H.: Minimal brain dysfunction in children. New York-London-Sidney-Toronto: Wiley-interscience 1971

WEWETZER, K.H.: Das hirngeschädigte Kind. Stuttgart: Thieme 1959

Schlußkommentare

Prof. Cattell: Ladies and gentlemen, I will not, in this summary, comment on any individual papers, because they are so numerous that if I dealt with all of them it would take more than five minutes and if I do not deal with all of them I would be making invidious distinctions. You will recall the Biblical story of the Tower of Babel in which man became too proud and God frustrated him by creating a confusion of tongues – our different languages. An interdisciplinary symposium, you all recognize, has a very similar function of developing a modesty by opening up a broader horizon in which we realize how little our own speciality really covers. But it broadens us too and provides that total Gestalt in which alone each specific finding can be properly understood. For example, I personally shall go away greatly enriched in knowledge of neurological, physiological and clinical aspects of my subject.

In passing I would like to thank whoever planned the conference for building in a fine balance and comprehensiveness in the whole. As I listened to the first half dozen papers I was impressed by the uniformly high quality, especially in the conceptual and methodological aspects, which frankly were higher than I am accustomed to finding in more local symposia. At first I thought this standard could not continue but happily it continued with higher quality throughout. Nevertheless, I must quote the off-stage comment attributed to Abraham Lincoln that though all people are equal some are more equal than others. So here there were some absolutely superlative papers, outstanding in my recollect. You may know the definition of a diplomat as a man who knows at least ten languages and who knows how to say nothing in all of them. A scientist is the opposite, since his ideal is to offer all the knowledge he has. And as you have seen from some papers here, he sometimes achieves even more. I now propose to be somewhat undiplomatic, but I hope useful, by offering some general criticism of our papers.

First, in what has to do with drug research, I am a little ashamed as a psychologist, of the crudeness of our behavioural analyses compared with the precision of the chemical and anatomical data to which they are related. Just as *medical* clinical work has advanced through the stethoscope, the clinical thermometer and the laboratory technician, so it is evident in the papers that *psychological* clinical work is making a very progressive use of psychological measures. My criticism in this field remains, however, that not enough attention is being given to the advantages of the special *factored* tests of ability, personality and dynamics that have more recently become available. A better yield of information in a given testing time is gained if the measures are related to behavioural structures demonstrated beforehand.

Secondly, I would refer to the sensitive awareness shown in so many papers here of the importance of the interaction of genetic, maturational factors, on the one hand, and environmentally-conditioned learning, on the other. Here I detect an unawareness that more sophisticated and potent methodologies than the twin method are now actually becoming available. I refer to the multiple abstract variance analysis method, called for short the MAVA method. One conspicuous advance of the MAVA method over older designs is that it will answer the question often raised in papers here about the mode of interaction of heredity and environment. For example, our preliminary results with this method applied to intelligence show that across the social status range of families the amount of environmental contribution to intelligence is correlated about $+0.4$ with the genetic component, but *within* families the correlation is of opposite sign, and about -0.5. In other words, what we are showing here is that within the families parents work hard to advance the less gifted siblings towards the same level as the more gifted, whereas in society as a whole that does not happen. If one wishes to build more sophisticated theories then analysis must surely proceed to more quantitative and exact analysis of this kind.

Over these three days we have heard a lot of ingenious speculation on such relations. These hypotheses could now be objectively investigated, though requiring some experimental work of an extensive kind.

My third and last comment is of a more general methodological character. We recognize broadly two methods that are applicable across all the life sciences. First there is the classical bivariate design, using analysis of variance as its statistical method. The second is multivariate experimental design, employing correlational methods such as factor analysis and multiple regression. In the first, one tries to exclude all but the independent variable which ranges over certain values and measures the dependent variable in simultaneous observations. In the multivariate method one observes many variables and seeks to uncover and separate by superior statistics what one cannot do by manipulation. This freedom from the need to manipulate is an important advantage in a lot of human situations where one cannot, for ethical or other reasons, indulge in manipulation. I think there is still insufficient realization that, relative to the physical sciences, psychology and medicine need more use of multivariate methods. A multidisciplinary interest, such as we have here, even more urgently needs advance from bivariate to multivariate designs. For this reason it would be a good strategy to send in a task-force of factor analysts into such fields as clinical symptomatology, electroencephalography and many others to reduce the confusing variety of possible measurements before resorting to bivariate designs and analysis of variance, applied then to the factor measures.

I would like to finish on a personal note: I came 10000 miles to attend this meeting and I want to say that the fatigues of the journey have been far more than compensated for by the rich experience I have found here. I am sure that both you and I owe to this meeting a harvest of significant ideas and congenial new friendships which, hopefully, will endure. I promised to speak about this symposium to the Hawaiian Psychological Society. I shall thus be carrying your views to the farthest corner of the earth, literally so, because it is just 180 degrees longitude from here. All travellers from Ulysses to Baron Münchhausen have been apt to elaborate on their memories and I am not immune to this human weakness. Consequently I assure you that if any of you think that you are not geniuses and giants of the scientific world you will be so viewed by the time I have finished describing you to the amazed psychologists of the Far West.

Prof. Harbauer: Meine Damen und Herren, ich erfuhr erst heute morgen, daß ich in diese „Schlußapotheose" eingeschaltet bin. Eigentlich wollte ich Ihre Aufmerksamkeit für fünf Minuten auf eine Behinderungsgruppe lenken, bei der der Informationsfluß über einen oder mehrere Sinneskanäle vermindert oder gar ganz aufgehoben ist, bei sonst intaktem Cerebrum. Gemeint sind Kinder mit primärem Stimulationsmangel, vor allem sehbehinderte Kinder. Vielleicht darf ich hierzu nur noch einen Satz sagen, weil ich glaube, daß diese Form der Behinderung bei intaktem Cerebrum für die Interaktion zwischen Grundlagenforschung und der Klinik außerordentlich wichtig ist. Wir wissen von den sehbehinderten bzw. blinden Kindern aus neuromorphologischen Untersuchungen, daß es bei ihnen zu einer mangelnden Differenzierung des Cerebrums mit veränderten „Dornen", mit zu schmaler Dendritenbildung kommt. Es ergeben sich so Brücken zu klinischen Befunden. Sie kennen alle den Entwicklungswandel oder die Akzeleration, von der weltweit in allen Kulturen auch Behinderungsgruppen erfaßt sind, z.B. die Hörbehinderten oder auch die intellektuell Behinderten. Nur die Sehbehinderten und Sehschwachen folgen diesem Entwicklungswandel nicht. Ich glaube, daß sich hier gut Brücken schließen lassen zwischen Grundlagenforschung und klinischen Befunden.

Nun zum heutigen Tag: Ich bin aufgefordert, in wenigen Sätzen Ihnen noch einmal Revue passieren zu lassen.

Zum ersten Vortrag: Bei ihm blieb mir vor allem die Diskussion haften über die polare Position der mehr behaviouristischen und der psychodynamischen Einstellung. Dabei glaube ich, daß die Sicht der Klinik eine andere ist, als die Sicht des niedergelassenen Kollegen. Sinnvoll wäre es, sich überwiegend mit einer Methode zu beschäftigen, die andere aber zumindest nicht zu übersehen.

Danach kamen die Vorträge über „schulpolitische" Probleme, Teilleistungsschwächen, über die Differenzierung posttraumatischer Lernstörungen, über die „schwachen Lerner", über die frühkindlich-hirnorganisch bedingten Lernstörungen, und vor allem — ich glaube, daß das für unsere Gastgeber ein wichtiges und legitimes Anliegen war — über die Objektivierung der Medikation. Ich darf dazu noch einmal unterstreichen: Aus theoretischer Sicht, was auch heute morgen schon gesagt wurde, läßt sich zur Objektivierung vieles sehr sachverständig beitragen, aber der Alltag der Klinik mit seinen Möglichkeiten und Unmöglichkeiten gestaltet trotzdem vieles anders.

Welche persönlichen Impressionen nehme ich von diesem Tag mit? Ich darf mich auf vier Punkte beschränken:

1. Es war sicher für uns alle sehr nützlich und außerordentlich fruchtbringend, mit Grundlagenforschern zusammenzukommen, neue Gedanken zu erfahren, darüber hinaus überhaupt einmal Persönlichkeiten zu sehen, sie in der Diskussion zu erleben, die aus persönlicher Kenntnis bisher nicht bekannt waren. Trotzdem glaube ich, daß die einzelnen Gruppen ihre Position sehr ausgeprägt darstellen konnten, die Interaktion, das Zwiegespräch aber zwischen den Disziplinen nicht in dem Ausmaß möglich wurde, wie es sich der Einzelne gewünscht hat. Deshalb hierzu ein gewisses Fragezeichen (Stichwort: die unterschiedlichen Positionen zum Lernen), versehen mit der Bemerkung, daß es immer wieder so versucht werden sollte, wie es hier geschehen ist.

2. Was ich eben sagte, hängt wahrscheinlich auch damit zusammen, und ich sage dies wieder aus klinischer Sicht, daß der Grundlagenforscher vorwiegend seine „Verteilungskurve" sieht, die aber selbst in ihren Extrembereichen des Normalen sehr oft und häufig nicht dem Kollektiv entspricht, das sich als Krankes oder Gestörtes in unseren Sprechstunden findet. Wir müßten also bei der Verteilungskurve am Anfang und am Ende nochmals eine kleine eigene Kurve anbringen.

3. Erwachsenen-Modelle sind nicht ohne Weiteres auf Kinder übertragbar. Es sollte deshalb noch mehr als bisher auf den „Zeitfaktor" geachtet werden und

4. müssen wir uns, wie es auch Frau Wallis unterstrichen hat, bevor praktikablere Untersuchungsmethoden zur Verfügung stehen, tatsächlich mehr auf Einzelfallanalysen und Beobachtungen kleiner Gruppen beschränken, um so die Effizienz von Untersuchungen zu erhöhen. Aber auch dabei werden wir bescheiden bleiben müssen.

5. Es sollte, wenn von behandlungsbedürftigen Lernstörungen beim sogenannten Milieugeschädigten Kind die Rede ist, bedacht werden, ob diesem überhaupt mit einem Pharmakon begegnet werden darf. Es ist für uns in der Klinik täglich eine Gewissensfrage, ob wir mit einem Pharmakon in den Entwicklungsvorgang eines Kindes, das hirngesund ist, eingreifen dürfen. Ansatzpunkt eines Pharmakons kann nur das Gehirn bleiben und nicht das Milieu.

Ich habe vielleicht etwas kritisch formuliert. Damit soll in keiner Weise das große Verdienst und damit auch der Dank der hier teilnehmenden kinderpsychiatrischen Kliniker an der Veranstaltung geschmälert werden. Ich hoffe, daß der Wunsch nach baldiger Fertigstellung des Kongreßbandes, der uns manchmal hier aus verständlichen Gründen „gejagt" hat, schnell in Erfüllung geht.

Prof. Benedetti: Meine Damen und Herren, ich bin von Herrn Nissen gebeten worden, zu sagen, was ich am meisten von diesem Symposium über Lernen, Lernstörungen und Lernbehandlung gelernt habe. Wenn ich diese Frage in 5 min. beantworten soll, so muß ich mich auf diejenigen Dinge beschränken, die mich am meisten interessierten, ungeachtet dessen, daß ich manchen Vortrag, den ich hier nicht erwähnen werde, als glänzend empfand. Am ersten Tage hat mich zunächst der Vortrag von Herrn Becker sehr interessiert, nicht nur wegen der klaren didaktisch ansprechenden Darstellung des genetischen Gesichtspunktes, sondern auch wegen seiner Betonung daß selbst eine Heritabilität von 0,8 der Umwelt noch einen weiten Spielraum läßt und zur pädagogischen Resignation kein Grund vorhanden ist. Dies entspricht meiner These einer Zusammenarbeit von Genetikern und Psychotherapeuten, wobei der Streit um die Prozente keine wesentliche Bedeutung haben soll. Auch wenn der Umwelt in der Frage der Lernfähigkeit eine Wirkungsbreite von nur 20 Punkten zugewiesen wird, gibt es in diesem Rahmen genügend Arbeit und Erfolg, wobei im Dialog immer die Möglichkeit besteht, über das klinisch Meßbare hinauszugehen. Freilich scheint mir die Abgrenzung der angeborenen Faktoren von den milieureaktiven nicht endgültig vollzogen. Hier hat mir Herr Heckhausen ein bedeutsames Wort mit der Bemerkung gesagt: eine erhebliche Crux aller bisherigen Versuche, die Erblichkeit von IQ oder Schulleistungen zu schätzen, besteht darin, daß bei der Stichprobenerhebung Umweltunterschiede weit weniger berücksichtigt werden können als auf Grund von Verwandtschaftsgraden geschlossene genotypische Unterschiede.

Die Vorträge von Herrn Guttmann und von Herrn Domagk gaben mir eine Möglichkeit der Orientierung über die neueste neuropsychologische Entwicklung. Es war für mich interessant zu hören, daß der lernbereite Zustand nicht nur in geeigneten Versuchsanordnungen erreicht werden kann, sondern durch geeignete Techniken gelernt wird. Die Neuropsychologie zeigt uns also, wie man lernen kann zu lernen.

Stimulierend war für mich auch die These von Ley-

hausen, daß Lernen und Intelligenz von einem Motivationssystem abhängen, das selbst von beiden stammt. Provozierend wirkte auf mich freilich seine These, daß erst das Erbteil im Verhalten den höheren Tieren die Freiheit gibt, sich selbst gegen ihre Umwelt durchzusetzen. Wenn Freiheit erst Erleben der Freiheit ist, dann kenne ich sie nur beim Menschen. Es kommt bei diesem Erleben nicht darauf an, ob Verhalten ererbt oder gelernt ist, sondern nur, ob der Mensch dabei eins mit sich selber ist. So spannte sich für mich in diesem Symposium der Bogen von der Grundlagenforschung bis zur Philosophie.

In ein ganz anderes Gebiet versetzte mich am anderen Tag das Referat von Herrn Heckhausen, dessen Befund mich überzeugte, daß in Schulklassen, deren Lehrer nach individueller Bezugsnorm bewertet, auch eine stärkere internale und erfolgszuversichtliche Lernmotivation vorliegt als in Klassen, deren Lehrer sich nur an sozialen Bezugsnormen orientiert und der entsprechende konstante Begabungsfaktoren für die Leistungen der einzelnen Schüler verantwortlich macht. Vielleicht liegt in dieser Erkenntnis, die auch ohne wissenschaftliche Beweisführung dem begabten Lehrer eigen ist, und die ich im Vortrag von Herrn Heckhausen nur wiederfand, der Schlüssel zu jenen chinesischen Erziehungsprogrammen, von denen uns Herr Stevenson berichtete und die nicht bloß, wie es mir scheint, eine Anpassung des Individuums an die Gesellschaft, sondern auch der Gesellschaft an das Individuum erstreben.

Am dritten Tag hat mir der Vortrag von Herrn Müller-Küppers ein eindrucksvolles Bild der Schulsituation in der BRD gegeben. Ich habe mir den Satz gemerkt, daß nach der Forschung von ihm und Lempp heute in Tübingen und Heidelberg fast jedes 3. Kind, das in die Klinik kommt, Schulschwierigkeiten hat, im Gegensatz zu jedem 12. Kind im Jahre 1960. Ich vermute, daß die Situation in der Schweiz nicht viel anders ist. Die Ausführungen von Herrn Spiel haben mich wegen der Hinweise auf die Forschung von Broadbent und Sperling deshalb interessiert, weil sie mir zeigten, wie neuropsychologische Modelle in der psychiatrischen Denkweise zunehmend angenommen werden, was heute ein besonderes Anliegen des Psychiaters sein sollte.

Freilich ist mir eine gewisse Uneinheitlichkeit in der Verwendung des Begriffs „Lernen" von Psychologen, Ethologen, Klinikern nicht entgangen; aber für eine Begriffsbestimmung, die uns einander näherbringen würde, wäre nochmals ein ganzes Symposium nötig.

Zuletzt möchte ich sagen, daß nach meiner nicht geradezu kleinen Erfahrung bei anderen Kongressen die Organisation dieses Symposiums in jeder Hinsicht hervorragend gewesen ist. Sie hat, wenn nicht den genetisch fixierten IQ von uns allen erhöht, so mindestens unsere sozial bedingte Lernfähigkeit erleichtert.

Dr. Sommer: Wir sind damit am Schluß des wissenschaftlichen Teils unseres Programms angelangt, und Herr Professor Nissen hat mir freundlicherweise das letzte Schlußwort übergeben.

Ich möchte es in erster Linie zunächst dazu benutzen, Ihnen, sehr geehrter Herr Prof. Nissen, meinen und vielleicht auch im Namen aller sehr herzlichen Dank auszusprechen für das, was das Symposium gezeigt hat: Ihre exzellente Idee zu diesem Symposium sowie Ihre vorzügliche Auswahl der Teilnehmer und der wissenschaftlichen Themen. Die hervorragende Leitung des Symposiums hat bewiesen, daß unser Chairman das Modell eines charmanten und geschickten sowie gleichzeitig unauffälligen Moderators ist.

Die Vorträge und Diskussionen haben an diesen 3 Tagen sichtbar gemacht, wie wichtig und nützlich es sein kann, verschiedene Disziplinen zu einem so komplexen Thema „Lernen und Lernstörungen" einmal zusammen zu bringen. Der multidisziplinäre Charakter dieses Symposiums hat vor zu spezialisierter und einseitiger Betrachtungsweise bewahrt, was zu einer positiven Stimulation der einzelnen Forschungsrichtungen führen könnte. Ich hoffe jedenfalls, daß jedem von uns sein Stückchen weiterer Erkenntnis zu Teil wurde.

Mein Standpunkt zu der Frage, die sich natürlich uns, den Veranstaltern, stellt, was dieses Symposium uns gebracht hat, möchte ich versuchen, kurz verständlich zu machen.

Wir sind, wie am Eröffnungsabend bereits erwähnt, an dem therapeutisch immer bedeutsam werdenden Thema „Lernen und Lernstörungen" vom Grundsatz her interessiert, da sich hieraus auch Überlegungen nach einer medikamentösen Therapie ableiten.

Zunächst glaube ich, wie aus verschiedenen Vorträgen und Diskussionsbeiträgen u.a. der Professoren Domagk und Kanig hervorgeht, daß eine Beeinflussung bestimmter biochemischer Faktoren im Hinblick auf das Gedächtnis eine wünschenswerte pharmakologische Richtung ist, die Entwicklung pharmakodynamischer Substanzen auf z.B. die RNA- und Proteinsynthese im Gehirn, wie es bereits vom Piracetam angegeben worden ist. Wir sind danach auf dem richtigen Wege.

Natürlich werden neben diesen biochemischen Wirkungen pharmakologische Ergebnisse im Tierexperiment auf cerebrale, besonders kortikale Reaktionen von Bedeutung sein.

Der hochinteressante Vortrag von Prof. Cronholm hat gezeigt, daß auch klinisch-pharmakologische Modelle mit einem zumindest einheitlich gesetzten Störfaktor — hier die Verringerung der Hirndurchblutung durch Herzfrequenzsenkung bei Schrittmacher-Patienten — denkbar und brauchbar sind.

Oftmals haben jedoch positive Befunde im tierexperimentellen Lernmodellen, in Lerntests am Menschen keine Entsprechung gefunden. Das mag metabolische Gründe haben, pharmakokinetisch oder organisch bedingt sein. Daß jedoch die Diskrepanz zwischen objektiv meßbaren Wirkungen am Tier und am Menschen bei einer cerebral-medikamentösen Therapie weitaus größer ist als bei der Therapie anderer Organe, hängt offensichtlich mit der großen Differenzierung und Komplexität der menschlichen Individuen zusammen.

Mir scheint, daß im Hinblick auf die klinische Objektivierung medikamentöser Wirkungen auf mentale Funktionen — wie es u.a. von Dr. Heinhold in so eindrucksvoller Weise dargelegt wurde — von ausschlaggebender Bedeutung ist, nicht gleiche Prüfmethoden an nicht genügend geschichtete Probanden anzuwenden. Welche Faktorenanalysen künftig stärker eingesetzt werden sollten, wird Gegenstand vieler weiterer Untersuchungen in der klinischen Pharmakologie sein und setzt eine entsprechende Bereitschaft und die Schaffung von Möglichkeiten in Kliniken voraus.

Die heutigen Methoden der klinischen Objektivierung pharmakodynamischer Wirkungen auf mentale Funktionen bedürfen sicherlich einer Überprüfung mit dem Ziel, Patienten anhand vieler Faktoren vergleichbarer zu machen.

So lange nicht brauchbarere Methoden klinischer Prüfungen entwickelt worden sind — und das wäre unser Wunsch um Mithilfe an die Kliniker, denn wir sind hier ganz auf sie angewiesen — wird der objektive klinische Nachweis von im Tierversuch wirksamer Substanzen in der medikamentösen Therapie von Lernstörungen eine Crux bleiben. Für die pharmazeutische Forschung hat jedenfalls die Entwicklung einer Substanz mindestens 2 Seiten, wie die im Programm abgebildete antike griechische Münze, Eule und Palas Athene.

Bis zu besseren Standardbewertungen müssen wir uns leider noch oftmals mit dem positiven klinischen Eindruck eines Präparates zur Behandlung von Lernstörungen bescheiden, was nicht bedeutet, daß wir damit zufrieden wären. Im Falle von Piracetam haben wir zumindest deutliche Hinweise für die klinische Wirksamkeit aus objektiven Studien, die wir natürlich hier nicht darstellen wollten.

Vor den Gefahren eines von Prof. Cattell angesprochenen „Schierling Bechers" schützen uns heute natürlich weitestgehend die ausgefeilten Methoden toxikologischer Untersuchungen. Keinen Schaden zu setzen, ist natürlich heute mehr denn je die wichtigste ethische Forderung.

Den Veranstaltern dieses Symposiums, eines internationalen multidisziplinären Experimentes, entringt sich natürlich ein Stoßseufzer der Erleichterung, daß das Symposium einen so guten Verlauf genommen hat, ein Erfolg und ein angenehmes arbeitsreiches Erlebnis in einer sehr menschlichen Atmosphäre wurde. Hier möchte ich mich sehr herzlich an Sie, die Referenten und Diskutanten wenden. Denn natürlich ist es Ihnen zu danken, Ihnen vor allem für Ihre hochinteressanten Beiträge und Mitarbeit.

Die gute Zusammenarbeit und der positive Geist des Symposiums ist auch eine Belohnung für die große aufopferungsvolle Arbeit aller beteiligten Mitarbeiter der UCB und Cassella-Riedel. Sie alle sind Ihnen sehr verbunden für Ihr Verständnis und Ihre Geduld.

Nach diesen arbeitsintensiven Tagen freuen wir uns nun auf die Exkursionen mit Ihnen an den nächsten 2 Tagen ins antike Griechenland.

Sachverzeichnis

W. Arnold, Universität Würzburg

Der Pauli-Test

Anweisung zur sachgemäßen Durchführung, Auswertung und Anwendung des Kraepelinschen Arbeitsversuches

5., korrigierte Auflage. 32 Abbildungen, 29 Tabellen. 182 Seiten. 1975
DM 28, −; US $ 12.40
ISBN 3-540-07461-9
Die vorherigen Auflagen erschienen im Barth-Verlag, München

N. Birbaumer, Universität München

Physiologische Psychologie

Eine Einführung an ausgewählten Themen
Für Studenten der Psychologie, Medizin und Zoologie

169 zum Teil farbige Abbildungen.
XII. 268 Seiten. 1975
DM 48, −; US $ 21.20
ISBN 3-540-06894-5

H. Hörmann, Ruhr-Universität Bochum

Psychologie der Sprache

Verbesserter Neudruck. 69 Abbildungen. XII, 395 Seiten. 1970

Gebunden DM 68, −; US $ 30.00
ISBN 3-540-04879-0

G.R. Lefrancois

Psychologie des Lernens

Report von Kongor dem Androneaner
Übersetzt und bearbeitet von W.F. Angermeier, P. Leppmann, T. Thiekötter

41 Abbildungen, 10 Tabellen. XI, 215 Seiten. 1976
DM 28, −; US $ 12.40
ISBN 3-540-07588-7

Lehrbuch der speziellen Kinder- und Jugendpsychiatrie

Von H. Harbauer, R. Lempp, G. Nissen, P. Strunk

3. überarbeitete Auflage.
43 Abbildungen. XIV, 475 Seiten. 1976
Gebunden DM 98, −; US $ 43.20
ISBN 3-540-7650-6

Psychodrama

Theorie und Praxis
Band 1
G.A. Leutz
Leiterin des Moreno-Institutes Überlingen/Bodensee
Das klassische Psychodrama nach J.L. Moreno

17 Abbildungen. XIV, 214 Seiten. 1974
DM 38, −; US $ 16.80
ISBN 3-540-06824-4

F.L. Ruch, P.G. Zimbardo

Lehrbuch der Psychologie

Eine Einführung für Studenten der Psychologie, Medizin und Pädagogik
Übersetzt und bearbeitet von W.F. Angermeier, J.C. Brengelmann, T.J. Thiekötter, W. Gerl, S. Ortlieb, G. Ramin, R. Schips, C. Schulmerich.

2. korrigierte Auflage. 257 zum Teil farbige Abbildungen, 20 Tabellen. XIV, 565 Seiten. 1975
DM 38, −; US $ 16.80
ISBN 3-540-07260-8

I. Marks

Bewältigung der Angst

Furcht und nervöse Spannung − leichter gemacht
Herausgeber: Brengelmann, J.C., München
Übersetzt aus dem Englischen von G. Ramin; R. Bender

XIII, 168 Seiten. 1977
Geheftet DM 28, −; US $ 12.40
ISBN 3-540-08077-5

Preisänderungen vorbehalten

Springer-Verlag
Berlin-Heidelberg-New York

Heidelberger Taschenbücher

Basistext Medizin
Band 96

Grundriß der Neurophysiologie

Herausgeber: R.F. Schmidt, Universität Kiel

Mit Beiträgen von J. Dudel, W. Jänig,
R.F. Schmidt, M. Zimmermann

4., neubearbeitete und ergänzte Auflage. 136
Abbildungen, 166 Testfragen zur Selbstkon-
trolle. VIII, 350 Seiten. 1977
DM 21.80, – US $9.60
ISBN 3-540-07827-4

Band 97

W.D. Keidel, Universität Erlangen-Nürnberg

Sinnesphysiologie

Teil I: Allgemeine Sinnesphysiologie.
Visuelles System

2., korrigierte Auflage.
158 Abbildungen. XI, 229 Seiten. 1976.
DM 18,80; US $8.30
ISBN 3-540-07922-X

Basistext Psychologie
Band 100

W.F. Angermeier, Universität Köln

Kontrolle des Verhaltens

Das Lernen am Erfolg

2., neubearbeitete Auflage. 49 Abbildungen,
2 Tabellen. XI, 195 Seiten. 1976
DM 19,80; US $8.80
ISBN 3-540-07575-5

Band 134

W. Köhler

Intelligenzprüfungen
an Menschenaffen

Mit einem Anhang zur Psychologie des
Schimpansen

3., unveränd. Auflage. 7 Tafeln, 19 Skizzen,
4 Abbildungen. VII, 234 Seiten. 1973
DM 16,80; US $7.40
ISBN: 3-540-06409-5

Basistext Medizin
Band 136

Grundriß der Sinnesphysiologie

Herausgeber: R.F. Schmidt, Universität Kiel

Mit Beiträgen von H. Altner, J. Dudel, O.-J.
Grüsser, U. Grüsser-Cornehls, R. Klinke,
R.F. Schmidt

2. Auflage. 122 Abbildungen, 109 Testfragen
zur Selbstkontrolle. X, 249 Seiten. 1976
DM 18,80; US $8.30
ISBN 3-540-07587-9

Basistext Psychologie – Medizin
Band 138

W.F. Angermeier, M. Peters, Universität
München

Bedingte Reaktionen

Grundlagen – Beziehung zur Psychosomatik
und Verhaltensmodifikation

44 Abbildungen. XI, 204 Seiten. 1973
DM 16,80; US $7.40
ISBN 3-540-06393-5

Başistext Medizin
Band 149

Medizinische Psychologie

Hrsg. M. v. Kerekjarto

2. Aufl. 1976
DM 19.80; US $8.80
ISBN 3-540-07578-X

Preisänderungen vorbehalten

Springer-Verlag
Berlin-Heidelberg-New York